PORTRAITS

DU

GRAND SIÈCLE

DU MÊME AUTEUR

I

LIBRAIRIE ACADÉMIQUE DIDIER ET Cie (EM. PERRIN, successeur).

PRÉCIEUX ET PRÉCIEUSES, caractères et mœurs littéraires du
XVIIe siècle. — [Mme de Rambouillet ; — l'abbé Cotin ; — Mme Cornuel ; — l'abbé d'Aubignac ; — Scudéry ; — Mlle de Gournay ;
— Jean Grillet ; — Bois-Robert ; — *La Guirlande de Julie.*] —
1 vol. in-8° (épuisé). — 2e édit., 1 vol. in-18.

LA GRAMMAIRE FRANÇAISE ET LES GRAMMAIRIENS DU XVIe SIÈCLE.
— [Dubois (Sylvius) ; — L. Meigret ; — J. Pelletier ; — G. des
Autels ; — P. Ramus ; — J. Garnier ; — J. Pillot ; — Ab. Mathieu ;
— Rob. et Henri Estienne ; — Claude de Saint-Lien ; — Théo-
dore de Bèze ; — *Lexique comparé,* etc.] — 1 vol. in-8°.

HISTOIRE DE L'ACADÉMIE FRANÇAISE, par Pellisson et d'Olivet,
avec introduction, notes, bibliographie académique, tables, etc.,
par CH.-L. LIVET. — 2 vol. in-8°.

II

LIBRAIRIE PAUL DUPONT ET Cie.

Éditions de Molière, couronnées par l'Académie française.

LES PRÉCIEUSES RIDICULES ; — TARTUFFE ; — LE MISANTHROPE ;
— L'AVARE ; — LES FEMMES SAVANTES ; — LE BOURGEOIS
GENTILHOMME.

*Chacune de ces pièces est accompagnée d'une introduction historique
et littéraire, de notes et d'un Lexique spécial.*

Fontainebleau. — M. E. Bourges imp. breveté.

PORTRAITS

DU

GRAND SIÈCLE

PAR

CH.-L. LIVET

MADAME DE FIESQUE. — MARIE MANCINI.
MADEMOISELLE DE VALOIS. — MADAME DE CHANTAL.
LOUIS XIV.
ANTOINE CORNEILLE. — CHARLES DE SIMIANE.
SAINT-AMANT. — PHILIPPE COSPEAU.
FLÉCHIER. — RACAN.

PARIS

LIBRAIRIE ACADÉMIQUE DIDIER

ÉMILE PERRIN, LIBRAIRE-ÉDITEUR

35, QUAI DES AUGUSTINS, 35.

1885

Tous les siècles ont eu leur part dans le développement de la société humaine et ont été grands par quelque service rendu.

En France, le seizième siècle doit sa grandeur à la renaissance des lettres et à la Réforme; le dix-huitième, au réveil de la philosophie et à son indépendante intervention dans les questions politiques et religieuses; le nôtre, au génie des grandes découvertes, à l'emploi des agents physiques les plus puissants de la nature, à ses essais de transformation de la vie politique et sociale du monde moderne.

Aucun de ces siècles, cependant, ne serait reconnu si on l'appelait « le Grand Siècle »; il n'est personne, au contraire, qui refuse au dix-septième ce glorieux titre.

Pourquoi cette faveur accordée d'un commun accord à une époque ainsi limitée? Pourquoi cette sorte de prééminence reconnue à une période, et l'amoindrissement qui en résulte pour les autres?

Quelle que soit l'opinion qu'on ait à cet égard, c'est un fait indiscuté et indiscutable que notre Grand Siècle est le dix-septième : doit-on le regretter? peut-on le justifier?

Pour nous, tout en faisant à notre époque, aux idées qui y ont le plus généralement cours, aux services que lui doit la nation, la part la plus large, nous croyons que le dix-huitième siècle, en nous léguant une expression maintenant définitive, a été juste, de toute la justice compatible avec les idées des temps qui nous ont précédés. Sans doute, au dix-septième siècle, le pays tout entier, y compris ses habitants, était la propriété, formait le domaine propre du Roi, et Louis XIV le dit crûment dans ses *Mémoires*; ni pour ses sujets, ni pour lui-même, le Roi n'était un homme; sa volonté, pourquoi ne pas dire son caprice? donnait l'impulsion, ou arrêtait le mouvement de la nation; rien n'était que par son bon plaisir; tout ce qu'il ne permettait pas expressément était expressément défendu; il était l'état, il était la loi.

C'est là, certes, le mauvais côté du dix-septième siècle; mais si quelques esprits heureusement rétifs en souffraient, la nation elle-même ne s'en était pas aperçue avant la Révolution, parce qu'on vivait sous l'influence des mêmes idées, dont on ne voyait pas le défaut à force de le trop voir et d'y avoir l'œil accoutumé : et voilà pourquoi les générations qui nous ont précédés n'ont pas hésité à donner le nom de Grand au dix-septième siècle; ce nom lui est acquis aujourd'hui, et il est trop tard pour le changer.

Acceptons-le donc de bonne grâce. Est-ce un si grand mal d'ailleurs qu'après la féodalité, après la puissance vaincue de tous ces tyrans, sous-tyrans et tyranneaux, le fétichisme monarchique ait permis au Souverain, reconnu maître absolu, de constituer l'unité de la nation et de préparer pour nous cette égalité civile et politique dont la possession nous est si précieuse? Vus de sa hauteur, tous les hommes valaient autant, valaient aussi peu, si on le préfère, aux yeux du Roi, et c'est par l'égalité devant le châtiment, s'appelât-on Montmorency, Cinq-Mars ou Chalais, qu'on perdait sa supériorité sur le populaire; c'est par l'égalité de la récompense accordée au mérite, fût-on sorti du peuple, qu'on effaçait son infériorité vis-à-vis de la noblesse, qu'on arrivait à l'intimité du Roi, comme Racine, et qu'on obtenait les plus hautes dignités dans le clergé, comme Cospeau ou Fléchier, dans l'armée, comme Fabert, dans l'administration, comme Colbert.

Ceci posé, ces réserves faites sur l'action trop prépondérante et toujours dangereuse du Souverain, — si heureuses qu'en aient été sur tel ou tel point les conséquences, — si nous pouvons continuer sans regret à considérer le dix-septième siècle comme le Grand Siècle de notre histoire, c'est que nous saluons en lui tous les genres de grandeur et non un seul; c'est qu'il fut grand par son clergé, plus indépendant qu'on ne le croit de la Curie romaine, grand par ses magistrats, grand par ses administrateurs, grand par ses généraux et ses marins, grand par ses philosophes, par ses poètes, par ses orateurs, par ses architectes, par ses sculpteurs et ses peintres, par tous ceux enfin à qui une nation doit sa prospérité, sa gloire et son influence sur le monde.

Depuis notre première jeunesse, le dix-septième siècle nous a toujours attiré et retenu; il y a près de trente ans qu'un maître illustre, bien cher encore et regretté, Sainte-Beuve, écrivait, en parlant de nous à l'occasion d'un de nos premiers ouvrages sur ce siècle : « c'est sa province ».

Cette province, nous l'avons étudiée dans toutes les directions, à toutes les hauteurs, dans toutes ses gloires, qui ravissent notre patriotisme, et dans toutes ses misères, que ses gloires ne nous ont point cachées. Le temps nous permettra-t-il de coordonner nos études dans un travail d'ensemble? Nous n'osons l'espérer. Mais en attendant, nous offrons au public une série de notices qui, avec celles que nous avons publiées, il y a vingt-cinq ans, sous le titre de *Précieux et Précieuses*, contribueront à faire connaître la vie publique du dix-septième siècle, à l'aide de la vie privée, soigneusement reconstituée, et placée dans le milieu dont elle a subi l'influence.

CH.-L. LIVET.

Vichy, 1er décembre 1884.

PORTRAITS DU GRAND SIÈCLE

GILONNE D'HARCOURT

MARQUISE DE PIENNES, PUIS COMTESSE DE FIESQUE

La Fronde, étudiée avec soin et intelligence depuis quelques années, a pris désormais dans notre histoire la place qu'elle y doit occuper. On a négligé ce qu'elle offre de romanesque pour rechercher et mettre en lumière ce qu'elle recèle de grave et d'instructif; on a reconnu que, sous les apparences d'une agitation futile, les plus sérieux intérêts y étaient en jeu. Les uns, s'attachant surtout aux actes du Parlement, ont signalé l'importance de la ligne politique qu'il adopta dans cette crise nationale; les autres se sont plus particulièrement inquiétés des résultats favorables ou fâcheux que pouvait amener pour le peuple cette insurrection des hautes classes. Chaque fraction de la société a sa place marquée dans ce mouvement, comme élément de trouble ou de résistance au désordre. Les femmes elles-mêmes, et, parmi elles, Mme de Fiesque, y ont exercé leur part d'influence.

1

Je ne voudrais pas qu'on se méprît sur mes intentions, que l'on vît une ironie dans ce rapprochement involontaire entre des noms frivoles et des événements qui ont eu leurs aspects menaçants et sombres, qui même, à certains moments, ont fait courir à la monarchie de grands périls. A nos yeux, la Fronde est le dénouement d'un drame qui s'ouvre par la révolte des Protestants (révolte assez mal expliquée encore, mais bien moins religieuse que politique), et qui se continue par la Journée des Dupes, par les pratiques séditieuses de Montmorency, de Cinq-Mars, du comte de Soissons, pour aboutir aux tentatives avortées de Retz et de Beaufort. Mais ces dernières convulsions de la Féodalité ne doivent point nous faire illusion sur son degré de puissance. Refoulée violemment et poursuivie par l'autorité royale, que relevaient deux ministres supérieurs à leurs maîtres, elle était atteinte en plein cœur et frappée à mort par un ennemi caché; sous l'action dissolvante du repos, du plaisir, de la paix rétablie, les durs gentilshommes cessaient d'être eux-mêmes; leur énergie habituelle les abandonnait; leurs opiniâtres ressentiments s'éteignaient peu à peu; une révolution s'opérait dans les mœurs : la galanterie adoucissait et amollissait les caractères.

Voilà comment les femmes sont dans la tragi-comédie de la Fronde des personnages indispensables; voilà comment, dans nos troubles·civils, nous avons été amené à distinguer des éléments tout nouveaux, qui semblent au premier abord n'appartenir en rien à l'Histoire.

Personne, grâce aux belles études de M. Cousin, n'ignore la part qu'ont prise aux affaires de leur temps

Mesdames de Chevreuse et de Longueville, Mademoiselle
de Montpensier, la reine Anne d'Autriche; à côté ou au-
dessous de ces héroïnes, d'autres noms se présentent,
qui, sans être aussi connus, ne méritent point cependant
que l'historien les dédaigne. Dans la galerie, qui renferme déjà de si beaux portraits tracés par un écrivain
illustre, il y a place encore pour d'humbles médaillons.

I

Dans sa *Gazette* du 25 octobre 1653, Loret écrivait :

> Le quinze du mois, on rapporte
> Que madame de Fiesque est morte,
> Et qu'elle a trouvé son tombeau
> Au beau palais de Saint-Fargeau.
> On m'a dit que Mademoiselle
> Larmoya tant soit peu sur elle...
> Mais pour qu'on ne s'y trompe pas,
> Celle dont je dis le trépas
> Est madame sa gouvernante,
> Et non pas cette bru charmante,
> Dame d'esprit et de renom,
> Qui s'appelle du mesme nom.
> Je pense agir avec prudence
> De faire cette différence,
> Et je croy vray-semblablement
> Que, sans cet éclaircissement,
> (La jeune ayant beaucoup de charmes),
> J'ùsse mis la France en alarmes.

Nous aussi, pour bien préciser l'objet de cette étude,

Et pour qu'on ne s'y trompe pas,

lorsque, même parmi les contemporains, la confusion est
si fréquente entre deux femmes qui portèrent dix ans le
même nom, nous préviendrons, dès le début, toute équivoque. Mme de Fiesque, celle que nous allons voir agir et
se signaler pendant la Fronde, n'était pas la sage gouvernante de Mademoiselle, mais la femme de son fils
unique, Gilonne d'Harcourt, qui, veuve de Louis de
Brouilly, marquis de Piennes, épousa, en 1644, Charles-
Léon, comte de Fiesque.

Gilonne d'Harcourt naquit, selon toute apparence,
en 1619. Son père, Jacques d'Harcourt, marquis de Beuvron, tenait, par ses alliances, aux plus nobles et aux
plus anciennes familles du royaume : aux Goyon de Matignon, aux Daillon du Lude, aux Bouillon la Marck, aux
Saint-Luc ; sa mère, Éléonore Chabot, comtesse de Cosnac,
se rattachait aux Durfort de Duras, aux Rochechouart,
aux Clermont Galerande ; quand elle épousa le marquis
de Beuvron, la comtesse de Cosnac était veuve de Louis
de Vivonne, seigneur de la Châtaigneraie, mort en 1612,
sans laisser de postérité. De son second mariage, elle eut
deux fils, qui moururent jeunes, et une fille sur qui se
reportèrent les espérances, et qui devait recueillir toute
la fortune de sa maison. Bien jeune encore, le 19 octobre 1622, l'enfant perdit son père, tué sous les yeux du
Roi à ce siège fatal de Montpellier, où périrent dans les

deux camps tant de Français, bien plus divisés par les intérêts contraires de coupables ambitions que par leurs opinions religieuses.

Les premières années de l'orpheline furent donc tristes; mais ces douleurs, qui devaient laisser sa mère inconsolable, l'atteignirent à un âge où l'oubli n'est pas même un effort; elles épargnèrent son enfance, qui s'écoula heureuse et facile, auprès d'une mère trop rudement éprouvée pour n'être pas indulgente, et que tant de pertes multipliées rendaient timide à contrarier, dans ses inclinations naissantes, l'unique enfant qui lui restait. Sa jeunesse se passa sans doute dans la retraite et loin du bruit; du moins elle est demeurée obscure et inaperçue, et l'entrée de M\ᵉ d'Harcourt dans le monde ne date, pour le biographe, que de son mariage avec le marquis de Piennes.

Cette union s'explique par une parenté assez rapprochée, comme d'autres alliances qui se firent vers le même temps dans cette famille. En effet, c'est par Louise d'Hallwin, arrière-cousine d'Éléonore Chabot, marquise de Beuvron, et petite-fille de Philippe Chabot, amiral de France, que le marquisat de Piennes avait été transmis à François de Brouilly, seigneur de Mesvilliers. Celui-ci eut un fils, Charles de Brouilly, premier marquis de Piennes, qui, de son mariage avec Renée de Rochefort, laissa quatre enfants; ses deux filles s'allièrent dans les familles Pot de Rhodes et d'Angennes de Poigny; de ses deux fils, le cadet, Antoine, qui devint marquis de Piennes, après la mort de son frère, fut gouverneur de Pignerol, et épousa Françoise Godet Desmarets; l'aîné, Louis de Brouilly,

marié le 26 janvier 1632 à Gilonne d'Harcourt, lui porta
le titre de marquise de Piennes.

C'était une très jeune marquise; car, en 1632, elle avait
à peine treize ans. Son mariage fut-il une de ces alliances
arrêtées par l'accord et l'intérêt de deux familles, une de
ces unions hâtives qui permettaient à une femme, comme
on vit M^{mo} de Lesdiguières, de devenir grand'mère à
vingt-huit ans? Nous ne pouvons nous prononcer; nous
savons seulement qu'elle eut une fille qui, née avant 1640,
se maria moins jeune que n'avait fait sa mère, en 1655.

Après son mariage, nous rencontrons la marquise de
Piennes à la cour d'Anne d'Autriche. Elle y portait, avec
une brillante santé, ce caractère léger, ce goût pour le
plaisir, cette gaieté facile, fleur de jeunesse qu'elle conserva toujours. C'était le temps où le roi Louis XIII,
amoureux de Mlle de Hautefort, et bientôt après amant
aimé de Mlle de Lafayette, affectait envers la Reine une
injurieuse et méprisante indifférence. Blessée dans son
orgueil d'épouse, accablée de douleur et de décourage-
ment, en proie par moments à une irritation violente,
Anne d'Autriche fuyait les distractions, les plaisirs, et
donnait un libre cours à ses sentiments religieux, souvent
exagérés dans leur expression; elle visitait fréquemment
les couvents et les églises, où elle trouvait, avec l'oubli
de ses chagrins, des sujets d'espérance et de consolation
qui ne furent pas longtemps un secret pour le Roi.

Attachée à la maison de la Reine en même temps que
Mlles de Mornay-Villarceaux, d'Angennes de Maintenon,
de Flotte, de Marolles, de Vieuxpont, d'Esche de Gau-
court, elle n'était point admise, à ce qu'il paraît, comme

l'étaient Mlles de Chemerault, de Saint-Louis, de Beaumont, Mlle d'Escars, et sa sœur Mlle de Hautefort, à ces plaisirs sans cesse renouvelés que Louis XIII prodiguait à la vertueuse favorite. Mlle de Montpensier, qui avait alors de six à huit ans, mais qui l'oublie, parle avec une grande vivacité de souvenir de ces parties de chasse, de ces soirées de musique, de ces longues promenades où le Roi se plaisait tant à converser avec elle, — la pauvre enfant! — et avec Mlle de Hautefort; elle ne parle pas de Mme de Piennes, qui, en effet, restait auprès de la Reine et s'en désolait tout bas, mais point encore assez discrètement pour qu'un chansonnier n'ait surpris ses regrets :

> La Brouilly se plaint bien souvent,
> Et c'est sa seule maladie,
> Que la Royne ayme le couvent
> Au lieu d'aymer la comédie[1].

Ces œuvres pies n'étaient donc pas trop du goût de la marquise, et le diable n'y perdait rien. C'était chez elle, dans son appartement de la place Royale, qu'elle cherchait un dédommagement aux ennuis de la cour.

Mme de Piennes n'était pas belle, si la beauté consiste dans la régularité des traits; je sais qu'il s'est trouvé un auteur pour signer ce quatrain :

> On ne voit dans tout l'univers
> Rien de si beau que de Pienne,

---

1. Chansonnier Maurepas, t. I, p. 428. *Chanson sur les Filles de la Reine* (vers 1634).

> N'y personne qui ne soustienne
> Ce que vous soustiennent ces vers[1].

Propos de poète, et de poète pauvre : les vers de l'émail-
leur Jean Grillet ne sauraient nous faire illusion et démentir un portrait peint; mais la marquise avait cet éclat
de la jeunesse et de la santé, cette grâce charmante, ces
allures dégagées et franches des femmes qui n'ignorent
pas le danger, et c'était là un attrait puissant pour les
jeunes seigneurs de la cour. De plus, elle était riche et
avait déjà une humeur libérale dont nous lui verrons
plus tard faire un puéril abus; elle recevait grandement,
et c'était un mérite auquel on n'était pas insensible. Aussi
quand Scarron quitta le Marais, en 1639, pour aller demeurer au faubourg Saint-Germain, il n'oublia pas Mme de
Piennes, et en célébrant de son mieux cette aimable personne,

> .... Libérale, opulente,
> Jeune, belle, saine et galante,

il adressait au ciel des vœux pour qu'elle fût heureuse.

Dieu exauça-t-il la prière du pauvre cul-de-jatte?
Mme de Piennes, que son caractère insouciant mettait à
l'abri des grandes douleurs, eut à subir une épreuve
cruelle : son mari, qui servait dans l'armée du maréchal
de la Meilleraye, fut tué en 1640 devant Arras. Demeurée
veuve avec une toute jeune enfant, elle ne prit point le
deuil pour le reste de ses jours. Le marquis n'avait pas

---

1. *La Beauté des plus belles dames de la cour*, par Jean Grillet,
p. 70.

fait grand bruit de son vivant; après sa mort, on ne paraît point s'en être beaucoup occupé. Mme de Piennes tarda très peu à reprendre sa vie ordinaire, si même elle l'interrompit.

Elle ne cessa donc pas de recevoir nombreuse .compagnie. « C'étoit alors, dit MADEMOISELLE[1], une jeune femme, de la plus agréable taille du monde; elle avoit de beaux yeux et un beau teint; mais elle étoit fort maigre, et elle avoit un air fort étourdi, qui faisoit juger, aussi bien que sa conduite, de son peu de jugement. » Et Mademoiselle ajoute : « Tout ce qu'il y avoit de jeunesse à la cour ne bougeoit de chez elle depuis le matin jusques au soir. On y vivoit sans respect, dînant et soupant chez elle quand il y avoit de quoi; car, bien qu'elle ne fût pas dans une grande opulence, elle en avoit assez pour maintenir sa dignité. Dans son déréglement, qui faisoit que tout alloit chez elle dans un grand désordre, elle conservoit néantmoins sa majesté dans son train; et, entre ses principaux officiers, elle avoit un chancelier[2] qui étoit une aussi bonne tête qu'elle. »

En venant se loger à la place Royale, Mme de Piennes avait suivi la mode et choisi le quartier général de la galanterie : aucun autre point de Paris ne réunissait en aussi grand nombre les maisons opulentes et les personnes les plus qualifiées de la cour.

Commencée en 1604, la place Royale venait d'être terminée (1630). Henri IV s'était intéressé vivement à sa

---

1. Dans l'*Histoire de la Princesse de Paphlagonie*.
2. M. de Lionne, de la famille (branche aînée) du ministre Hugues de Lionne.

construction. Il avait lui-même fait bâtir les neuf pavillons de l'un des côtés, et, au milieu, le Pavillon-Royal ; les
terrains des trois autres côtés avaient été donnés par le
Roi, à la condition que chacun des hôtels ou des pavillons
construits aurait les mêmes dimensions et présenterait la
même façade que ceux dont Sa Majesté s'était elle-même
chargée : malgré cette obligation qu'il imposait, le Roi
n'eut pas à rechercher hors de sa cour à qui concéder les
emplacements restés libres. C'est là que Richelieu était
venu s'établir avant l'achèvement du Palais-Cardinal ; le
maréchal de Brézé y avait également logé. C'est là aussi
qu'était née, peu de temps auparavant, une enfant qui
devait être Mme de Sévigné ; là que se trouvaient les hôtels
de Saint-Géran, de Chaulnes, d'Aumont, de Guémené ;
Mme de Bassompierre y demeurait, non loin de son mari,
prisonnier à la Bastille ; Mme de Blérancourt, Mme de Mau-
giron, Mme de Sablé, les comtesses de Belin et du Lude,
la marquise de Grimault, Mme de la Suze, Mme de Choisy,
y avaient leurs appartements. C'est parmi cette société
choisie et brillante dont les noms sont mêlés au récit de
toutes les fêtes, de toutes les galanteries de ce temps,
que nous rencontrons, environnée d'une cour assidue et
nombreuse, la jeune Mme de Piennes.

Quelle était la disposition de cette demeure si connue
et si recherchée ? Nous ne saurions le dire. D'ordinaire,
l'appartement de Monsieur était en bas, et Madame se
tenait au premier étage ; mais nous apprenons, par une
note des Manuscrits de Maurepas, que la marquise, alors
veuve, avait pris au rez-de-chaussée un appartement
dont l'une des pièces, garnie de moquette, n'est guère

moins fameuse au xviie siècle que la chambre bleue d'Arthénice (la M[ise] de Rambouillet).

Une galanterie, particulière à ce temps, fit la célébrité du réduit de Mme de Piennes. Elle institua un ordre de la Moquette dont les chevaliers l'honoraient sous le nom de la reine Gillette. Nous n'en connaissons pas les statuts ; mais, en voyant ce qui se faisait ailleurs, il est permis au moins de présumer l'esprit des règlements imposés aux galants chevaliers par leur jeune reine.

Ainsi cette société si nouvelle, si capable de se suffire à elle-même, allait chercher ses modèles dans un passé qu'elle connaissait mal. On aimait à composer et à échanger entre soi des vers en vieil langage, et Dieu sait avec quelle adresse se faisaient ces pastiches ! On revenait aux formes surannées de la poésie du siècle précédent : ballades, triolets, rondeaux, étaient à la mode ; on créait des royaumes imaginaires peuplés de géants, de fées, de paladins ; on se ressouvenait des neuf preux ; et l'usage était si répandu de créer des ordres de chevalerie galante, qu'on le trouve même alors transporté en province.

Le fils aîné d'Arnauld d'Andilly raconte, dans les Mémoires qu'il écrivit après avoir quitté le parti des armes pour se faire d'église, que lui-même eut deux fois l'occasion d'être armé chevalier. A Metz, dit-il, lorsqu'il y arriva, Mlle de Feuquières, sa cousine, « venoit d'instituer un ordre de chevalerie qu'elle avait nommé l'*Ordre des Égyptiens*, parce qu'on n'y pouvoit être admis qu'on n'eût fait quelque larcin galant. Elle s'en étoit fait la reine, sous le nom d'Epicharis, et tous ses chevaliers portoient, avec un ruban gris-de-lin et vert, une griffe

d'or avec ces mots : *Rien ne m'échappe*. Beaucoup d'officiers de l'armée et du parlement qui étoit à Metz avoient
été enrôlés dans cet ordre qui étoit fort à la mode ; car il
falloit avoir quelque esprit pour y être admis, puisqu'on
ne le pouvoit être qu'en présentant une requête en vers
à la reine Epicharis. Et je me souviens, à propos de cela,
d'un fort honnête homme, M. de Vivans, qui étoit chambellan de feu M. le duc d'Orléans et capitaine de cavalerie,
lequel voulant estre aussi de cet ordre, et n'ayant pu obtenir de dispense de la requête en vers, comme il n'étoit
pas né poète, quoique Gascon, fit enfin celle-ci, qui donna
plus de plaisir qu'une meilleure : ·

> Princesse, recevez Vivans,
> Tout le monde vous y condamne,
> Je reconnois qu'il a dessein
> De vous servir, ou Dieu me damne.

Il ne faut pas demander, ajoute gaîment l'abbé, si je voulus
être admis au nombre des chevaliers d'Epicharis ! »
  Les chevaliers de la Moquette, comme les chevaliers
d'Epicharis, devaient présenter à leur reine une requête
en vers. Malheureusement les plus curieuses nous manquent : nous n'avons ni celle du prince de Condé, ni celle
de ce pauvre Nangis, qui fut tué à Gravelines à la tête du
régiment de Picardie, ni celle de Rouville, ni celle du
chevalier de Boisdauphin, ni celle enfin de M. de Lionne,
un des plus fervents adorateurs de la marquise ; mais
voici une pièce assez peu connue dont l'intérêt est doublé
par le nom de son auteur, l'abbé, puis chevalier, et enfin
comte de Gramont. Nous ne la donnons qu'à titre de

rareté, car nous devons convenir qu'elle ne brille ni par la poésie, ni même par l'esprit :

CHANSON

Sur l'air d'une courante dite *Chabot.*

Marquise de Piennes, mon cœur,
J'admire si fort cette belle humeur
Que je n'ay point de plaisir plus parfait
    Qu'en vostre cabinet.
    J'ose vous supplier
Comme à Nangis me vouloir octroyer,
    Ma reine Gillette,
    Que de la Moquette
    Je sois chevalier.

Le galant chevalier se croit obligé ensuite à une déclaration :

Si vous me faites cet honneur,
Je seray toujours vostre serviteur,
Et laisseray madame de Maulny
    Avecque son mary.
    Si vous voulez m'aymer,
Belle marquise, je veux employer
    Tous mes bénéfices
    A vostre service
    Jusqu'à un denier[1].

Chansons que tout cela, dira-t-on. Nullement. Sous

1. *Chansonnier Maurepas.*

cette forme légère se trahissait un amour vrai, et si l'on en croit les méchantes langues, la reine Gillette se serait volontiers laissé attendrir. Ici encore l'Histoire est muette ; mais interrogeons les romans : l'auteur de la *Princesse de Paphlagonie*, Mlle de Montpensier, se chargera de nous répondre et de nous apprendre les suites de cette aventure :

« Un certain chevalier, dit-elle, jeune et étourdi comme elle, en devint amoureux. Assurément cela se pouvoit, car elle avoit beaucoup de choses aimables. Ce chevalier ne lui déplut point. Un prince de ses cousins (Chabot)¹, qui lui étoit obligé de sa fortune, prenant grand intérêt à la conservation de la sienne, fit son possible pour lui faire connoître l'inégalité qu'il y avoit de lui à elle, dans la crainte qu'elle ne l'épousât. Je ne sais si elle le redit au chevalier, ou s'il l'apprit d'ailleurs. Le chevalier l'envoya appeler, et lui donna rendez-vous sur le rempart de la ville, où le prince se rendit. C'étoit en hyver. Comme le chevalier arriva, d'abord il s'excusa de son retardement sur quelque indisposition ; ensuite il lui dit que le feu de son amour avoit tellement éteint sa chaleur actuelle, qu'il ne se pouvoit aider ni de ses pieds ni de ses mains ; qu'il falloit qu'il s'allât chauffer avant que de se battre. L'autre, qui ne passoit pas pour un grand héros de ce temps, le contrefit fort à l'égard du chevalier ; il le menaça, il lui dit plusieurs paroles outrageantes, et il s'en alla rendre

1. Chabot, qui épousa depuis Mlle de Rohan, et qui était en effet parent de la marquise de Piennes.—Voyez Tallemant, édition Paulin Pâris. On y lit toute cette histoire, et l'éditeur la confirme encore par une lettre d'Henri Arnauld.

compte de son démêlé à la reine, qui, depuis, fut dégoûtée de son amant. »

Ainsi disgracié, le chevalier de Gramont laissait un accès libre aux prétendants : le marquis de Rouville se présenta ; il fut trouvé trop vieux et fut évincé :

> Je ne suis pas si mal habile
> De me charger de ce vieux cœur.
> Non, je ne veux point de Rouville
> Pour amant ny pour gouverneur [1].

La jeune veuve était destinée à un parti plus brillant : le 21 octobre 1644, elle épousa le comte de Fiesque, et nous aurons à la suivre désormais sous ce nom, que cependant elle ne porta pas dès les premiers temps de son mariage.

II

Le comte de Fiesque aimait le plaisir, la dépense, le bruit, l'éclat, la bonne chère ; un peu vaniteux, très brouillon, cherchant le désordre pour le désordre ; ambitieux par boutades, mais étonné de l'avoir été, et consolé bien vite de ses espérances perdues ; dévoué à ses amis et bravant pour eux les disgrâces de la cour et le danger des combats ; ne leur demandant en échange de sa fidélité que de rester fidèles eux-mêmes aux causes mauvaises, c'est-à-dire au parti de l'insurrection et du mouvement ; en même temps, tout à tous, affectueux,

1. *Manusc. de Maurepas*, t. II, p. 277.

aimable, irrésistible dans les séductions, sachant se faire
des amis même parmi ses adversaires; merveilleusement
adroit aux exercices du corps, plus apte encore aux exercices de l'esprit et amateur éclairé des arts; passionné
tour à tour pour la peinture, pour la musique, pour les
belles-lettres; protecteur des savants, savant lui-même,
parlant toutes les langues de l'Europe, il joignait à ces
qualités brillantes et à ces défauts aimables l'éclat d'un
grand nom et les ressources d'une fortune considérable.

Charles-Léon, comte de Fiesque, était né en 1613. Son
père, François, unique héritier de Scipion de Fiesque et
d'Alphonsine Strozzi, cousine de la Reine Marie de Médicis, tenait, par cette alliance, à la famille d'Angennes de
Rambouillet. François de Fiesque, comte de Lavagne et
baron de Bressuire, avait épousé, en 1609, Anne Le Veneur, fille de Jacques, comte de Tillières, et petite-fille,
par sa mère, de Léonor Chabot, comte de Charny, grand
écuyer de France : cette étroite parenté qui rattachait les
Fiesque aux Beuvron d'Harcourt, aux Brouilly de Piennes,
et dont l'illustre famille des Chabot était le lien commun,
ne fut assurément pas sans influence sur le mariage qui
devait unir Charles-Léon, comte de Fiesque, et Gilonne
d'Harcourt, veuve du marquis de Piennes.

Le jeune comte de Fiesque était l'aîné de six enfants.
Il avait deux frères dont l'un, comte de Castellan (en
Italie) et baron de Brion, fut en même temps abbé de
Lonlay; l'autre, chevalier de Malte, fut tué, le 13 août 1645,
à Mardick; il étoit, dit Mlle de Montpensier, le plus sage et
le plus dévot gentilhomme de la cour. De ses trois sœurs,
deux moururent sans alliance; l'autre, Marie de Fiesque,

épousa Pierre de Bréauté, qui fut tué aussi devant Arras, en 1640, à ce siège fatal au marquis de Piennes.

Le comte François de Fiesque ayant péri lui-même en 1621, au siège de Montauban, Anne Le Veneur, restée veuve, eut la tutelle de ses enfants : c'était une femme pieuse, sévère, volontiers grondeuse, un peu intrigante et attachée aux biens de la terre. Elle prit de l'éducation de son fils aîné les soins les plus intelligents. Charles-Léon suivit les cours du collège de La Marche : il y trouva comme condisciples Chanut, qui devint ambassadeur en Suède; Nicole, une des futures gloires de Port-Royal; Gomberville, plus tard académicien, et Marolles, que les soins de son abbaye de Villeloin ne devaient pas assez préserver d'un goût malencontreux pour la traduction des chefs-d'œuvre de l'antiquité.

Attachée en qualité de dame d'honneur à la reine Marie de Médicis, la mère du jeune comte sut néanmoins attirer sur elle les bonnes grâces du Roi et de ses ministres; et comme son mari n'avait jamais renoncé à ses prétentions sur Gênes dont sa famille s'était vu chasser, après avoir eu ses biens confisqués, à la suite d'une mémorable conjuration entreprise dans l'intérêt de la France, elle obtint de Sa Majesté, en 1625, une déclaration glorieuse à son nom, avantageuse aux siens et qui témoignait d'une grande faveur : le roi prenait Charles-Léon, comte de Fiesque, et ses frères, sous sa protection spéciale et daignait faire de ses droits sur Gênes la cause de la France'; nous verrons plus tard les effets du bon vouloir de nos rois.

1. « Louis, par la grâce de Dieu..., les grands et recomman-·

Les premières années du comte nous le montrent reconnaissant de cette faveur si marquée, ou du moins
étranger aux menées politiques des partis. Il semble alors
épris de la noble passion des Lettres et vivement attiré
vers les choses de l'esprit. Segrais prétend même qu'il
eut grande part à l'introduction de la fameuse règle des
vingt-quatre heures dans les poèmes dramatiques du
temps. « Ce fut, dit-il, M. Chapelain qui fut cause que
l'on commença à observer la règle de vingt-quatre heures
dans les pièces de théâtre, et parce qu'il falloit premièrement la faire agréer aux comédiens, qui imposoient
alors la loi aux auteurs, sçachant que M. le comte de
Fiesque avoit du crédit auprès d'eux, il le pria de leur

dables services que les sieurs comtes de Fiesque ont rendus aux
rois nos prédécesseurs en divers lieux et endroits d'Italie, tant en
leurs justes conquêtes qu'au recouvrement et conservation de leur
estat de Gennes, et les grandes pertes et dommages qu'ils y ont
soufferts en leurs biens, leur ont acquis une si particuliere recommandation près de nosdits prédécesseurs, qu'ils leur ont non
seulement fait l'honneur de prendre en leur protection leurs personnes et biens, mais encore ont pris soin de les comprendre pour
la restitution de leurs dits biens aux traitez de paix qu'ils ont faits
avec leurs voisins..., etc., Sçavoir faisons que... Nous, en tant que
besoin seroit, avons de nouveau pris et mis, prenons et mettons
par ces présentes, signées de nostre main, ledit sieur comte
Charles-Léon de Fiesque et ses frères en nostre protection et
sauvegarde spéciale, ensemble tous leurs droits et prétentions,
mesmes toutes les terres, seigneuries et fiefs qui se trouveront
leur appartenir, à titre successif et de substitution, tant en ladite
seigneurie de Gennes que partout ailleurs en Italie...

« Donné à Fontainebleau le quinzième jour de septembre, l'an
de grâce mille six cent vingt-cinq...

        « *Signé* : LOUIS;

Et sur le repli : *Par le roy* : PHELIPPEAUX; et scellé. »

en parler, comme il fit. Il communiqua la chose à M. Mairet, qui fit la *Sophonisbe*, qui est la première pièce où cette règle est observée[1]. » Ami des comédiens, le jeune comte était un intermédiaire influent entre eux et leurs très humbles serviteurs les poètes : il partageait sa vie entre les acteurs de l'hôtel de Bourgogne, Belle-Rose, Turlupin, Beauchasteau, Guillot-Gorju, Jodelet, Mlles Bellerose, Beaupré et Beauchasteau, les artistes de la troupe du Marais, Mondory, d'Orgemont, Belle-Ombre, Beau-Soleil, Beau-Séjour, Belle-Fleur, Mlles La Cadette, du Clos, de la Roche, et les auteurs, Richemont-Banchereau, Rotrou, Mairet surtout, avec qui il était lié d'amitié et dont il se plaisait à répéter les louanges. Aussi, en 1632, Richemont-Banchereau lui dédia les *Passions égarées*, et lorsqu'en 1635 Rotrou fit imprimer sa tragédie de *Diane*, il en offrit au comte la dédicáce.

M. de Fiesque quitta Paris en 1633 et fit à Rome un voyage où le suivirent les lettres de Chapelain, son ami. Il fut un des premiers à qui le poète confia son projet du poème de *la Pucelle* et avec qui il se réjouit de la pension dont l'honorait le duc de Longueville ; il l'entretenait de leurs amis communs, de Lhuillier entre autres, et de ce pauvre comte d'Elbeine, toujours si besogneux à la fois et si gai ; il l'engageait à profiter de son long séjour à Rome pour apprendre à fond la langue italienne, le priait de lui rapporter des livres, de lui ménager la bienveil-

---

1. *Mémoires-Anecdotes* de Segrais, dans ses *Œuvres*, 1755, t. II, p. 107.

lance du Saint-Père et surtout d'user de ses relations avec M. de Noailles, notre ambassadeur[1].

En 1636, nous trouvons le comte de Fiesque revenu en France. Sans emploi à l'armée, il sert comme volontaire sous les ordres directs du comte de Soissons ; il reçoit le baptême du feu dans la malheureuse retraite que fit le corps de troupe auquel il appartenait, après s'être vainement sacrifié pour empêcher les Espagnols de passer la Somme. Légèrement blessé d'un coup de mousquet, il est envoyé à la cour par le comte de Soissons, qui veut sans doute mettre sous les yeux du Roi le courage du jeune débutant, le seul parmi les volontaires qui se fût distingué dans cette occasion : il partit de Rouy, le 5 août 1636, chargé de porter à Paris la nouvelle de ce désastre[2]. Mais, attiré par le désir de se signaler, le comte de Fiesque resta peu de temps à Paris, et déjà il est à l'armée de Picardie depuis quelques jours quand Chapelain lui écrit, à la date du 25 septembre 1636, et lui parle de ses démarches pour le faire payer d'un débiteur récalcitrant[3].

Attaché par cette première campagne à la fortune du

1. *Corresp. manuscr.* de Chapelain. — *Lettres* du 9 septembre et de novembre 1633, du 23 avril 1634, etc. — M. Sainte-Beuve, à qui appartenait le recueil manuscrit de cette correspondance, l'a légué à la Bibliothèque nationale. M. Tamizey de Larroque a publié un choix des lettres qui le composent, et cette publication forme deux volumes de la collection des Documents historiques. Le choix, malheureusement trop restreint, de M. Tamizey de Larroque, ne comprend qu'une partie des lettres de Chapelain au comte de Fiesque.

2. *Lettres* de Campion.

3. *Corresp. manuscr.* de Chapelain.

comte de Soissons, Fiesque devint un des complices
les plus actifs de sa révolte, à laquelle devait s'associer
aussi Gaston, duc d'Orléans. Lorsque, le 20 novembre
1636, Monsieur eut quitté Paris, Fiesque, chargé de représenter auprès de lui les intérêts du comte de Soissons
en attendant l'arrivée de Montrésor, accompagna à Blois
son Altesse Royale : la partie lui semblait si bien con-
certée, disait-il lui-même, que le Cardinal ne pourrait jamais s'en relever[1]. Imprudentes paroles qui nous font
mesurer l'étendue de son erreur! Le Cardinal n'ignora
point ce propos. Cependant, lorsque Monsieur eut ren-
voyé Fiesque vers le comte de Soissons, pour s'entendre
avec lui sur les conditions d'un accommodement, Richelieu fit donner au diplomate improvisé des passeports
pour aller de Blois à Sedan et revenir : mais tels étaient
les griefs du Cardinal contre le jeune comte que ces passeports n'inspiraient aucune confiance à sa mère, et qu'elle
cherchait à tromper elle-même ses craintes en assurant
à ses amis et à ses ennemis que Chavigny et le comte de
Guiche, envoyé du Roi près de Monsieur, y seraient gar-
dés en otage jusqu'au retour de son fils[2]. Il revint en effet
à Blois sans avoir couru aucun danger, mais de plus en
plus compromis, et rapporta un mémoire de prétentions
nouvelles que Monsieur devait ajouter aux conditions
dont il faisait le prix de sa soumission au Roi. Trop faible
pour soutenir plus longtemps une position difficile, cir-

1. *Mém. de Montrésor*, collection Michaud et Poujoulat, Paris,
Didier, p. 207. — *Mém. de Richelieu*, même édition, t. III, p. 87. —
Campion, *Lettres*, 28 déc. 1636; 7 janv. 1637.

2. *Mém. de Richelieu*, édit. citée, p. 93.

convenu par les émissaires de Richelieu, poussé par son secrétaire Goulas, que le Cardinal avait gagné, et, comme il était toujours prêt à la révolte, toujours prompt aussi à trahir ses complices et ses amis, Monsieur n'hésita pas alors à détacher sa cause de celle du comte de Soissons, et signa (8 février 1637) un traité avec le Roi; il réclamait vaguement la sûreté pour les siens, mais, dit Montrésor, sans rien stipuler de particulier pour ceux qui étaient les plus notés dans cette occasion. Par une disposition captieuse qui prouve l'habileté des négociateurs, le traité réglait l'affaire du comte de Soissons dans les mêmes termes que celle de Monsieur, s'il consentait à mettre bas les armes; comme garantie, on lui offrait pour séjour Mouzon, c'est-à-dire la plus mauvaise place du royaume [1], et, certainement avec la pensée d'aigrir l'un contre l'autre et de brouiller pour toujours ces incommodes alliés, Sa Majesté déclarait qu'elle accordait au comte toutes ces satisfactions par considération pour les instantes prières du duc d'Orléans. Cette dérisoire clémence en faveur d'un ennemi qui ne l'avait pas implorée devait se produire en pure perte. Le comte de Soissons resta fortifié dans Sedan, et Monsieur, toujours aussi reconnaissant pour ceux qui l'avaient servi, « commanda au comte de Fiesque d'aller trouver M. le comte de Soissons pour ne plus retourner vers lui [2]. » Fiesque n'eut garde de se faire répéter cet ordre, dans une ville où il ne trouvait plus que des amis de Richelieu; malgré le pardon accordé

---

1. Montrésor, p. 213. — *Mém. de Richelieu*, p. 112.
2. *Mém. de Richelieu, ibid.*, p. 112.

par le traité, il partit avec Alexandre de Campion, parta-
geant ses inquiétudes, et évitant, comme lui, les chemins
trop battus. « Nous nous en allons, M. le comte de Fiesque
et moi, écrivait Campion, par des chemins détournés pour
deux raisons : l'une, que nous vous portons l'argent que
Monsieur vous a fait rendre, et l'autre, que nous sommes
avertis qu'il y a ordre de nous arrêter tous deux sur de
nouveaux prétextes[1]. »

Cependant, à la fin de cette année, le comte de Soissons traita aussi avec la cour ; le Roi « pardonne » alors
en termes formels « à ceux qui l'avaient servi, et abolit
les crimes par eux commis à ce sujet[2]. »

Que devint le comte de Fiesque pendant les années de
calme qui suivirent ? Les complots avaient cessé, et avec
eux le genre de rôle qu'il aimait à jouer. Dès qu'il n'y
avait plus d'agitation, il devenait inutile ; le fait est qu'il
disparaît complètement pendant cette courte période. Il
ne semble même pas qu'il ait pris part à la nouvelle levée
de boucliers que fit le comte de Soissons qui, traître à sa
patrie et allié des Espagnols, fut aussi, à ce qu'il paraît,
frappé par trahison et tomba sous des coups payés d'a-
vance[3]. La conspiration de Cinq-Mars, l'ambassade en
Espagne de M. de Frontailles passèrent sans le compromettre ; toutefois, en 1643, après la mort de Richelieu, les
Carnets de Mazarin nous le montrent attaché au parti des
Importants, sous la conduite des ducs de Vendôme, de

1. *Lettre* du 2 mars 1637.
2. *Mém. de Richelieu*, édit. citée, t. III, p. 117.
3. Parival, *Histoire de ce siècle de fer.* — *Mém.* de l'abbé Arnauld,
collection Michaud et Poujoulat. Paris, Didier.

Beaufort, de Mercœur, et traitant de leurs intérêts avec le nouveau ministre. La Châtre va jusqu'à dire que, dans son ardeur à servir ses chefs, Fiesque révéla au Cardinal les secrets du parti. De ce fait, s'il est vrai, il faut conclure seulement que cette tête légère n'était pas de force à faire assaut de finesse avec Mazarin, qui lui dérobait ses secrets au moment même où le comte s'entendait avec les Vendôme pour leurrer le Cardinal par l'espoir mensonger d'un mariage entre le duc de Mercœur et l'une des nièces de son Eminence [1].

Lorsque la folle équipée des Importants qui voulaient, fût-ce au prix d'un meurtre, se défaire de Mazarin, eut été réprimée par l'emprisonnement de Beaufort, la dispersion de ses complices suivit de près cet acte de vigueur. Le comte de Fiesque partit pour le Portugal. Un double intérêt l'y appelait : il s'éloignait d'un ennemi puissant à qui il avait donné trop de sujets de plaintes, et il aidait une insurrection; il dut seulement regretter que la cause du duc de Bragance, parvenu au trône, grâce à l'influence française, fût légitime aux yeux du Cardinal : une cause mauvaise aurait bien mieux fait son affaire.

Dans les rencontres qui suivirent la prise de Montijo, il donna de nombreuses preuves de sa valeur et mérita les louanges publiques de la *Gazette* [2].

---

1. Voyez les Extraits des Carnets de Mazarin, donnés par M. Cousin dans les *Pièces justificatives* de *Mme Chevreuse*. Paris, Didier, p. 363, 376, 379. Nous nous permettrons seulement de remarquer que le dernier Extrait ne doit pas être de l'année 1644, mais de 1643 comme le précédent.

2. *Gazette de France. — Extraordinaire* du 6 juillet 1644.

A son retour, il trouva sa mère, qui avait été dame d'atours de la duchesse d'Orléans, nommée depuis quelques mois gouvernante (1643) de Mlle de Montpensier, fille de la princesse; l'absence l'avait en quelque sorte justifié; l'État d'ailleurs était tranquille, et il n'était pas de force à le troubler seul. Il fit ce que firent les autres jeunes étourdis dont il avait partagé les imprudences; il espéra des temps meilleurs; il semblait pressentir la Fronde. Pour l'attendre plus patiemment, il se maria. Sa conduite passée pouvait donner lieu à quelques inquiétudes sur l'avenir; mais sa femme n'y regardait pas de si près, et nous la verrons bientôt rechercher avec lui les dangers et s'y associer, sinon avec courage, du moins avec une impétuosité, une fougue, un élan qui égalait celui du comte, et qui fit paraître les deux époux aussi brouillons l'un que l'autre.

III

La conduite toujours légère et souvent coupable du comte de Fiesque n'était un mystère pour personne, et Mme de Piennes ne pouvait l'ignorer. Lorsqu'elle l'épousa (21 octobre 1644), elle savait très bien quels étaient ses antécédents politiques, quel fond il pouvait faire sur la bienveillance du ministre, quelles chances de fortune il apportait à sa maison. Tant de légitimes sujets d'appréhension ne l'arrêtèrent point. Les deux jeunes gens s'aimaient avec passion; mais cette passion ne devait pas même attendre, pour s'éteindre, la signature du contrat.

A tous les moyens de plaire que réunissait un homme

d'esprit beau et aimable, et dont la tête avait été longtemps mise à prix, ce qui, aux yeux de la marquise,
devait être un charme nouveau, le comte de Fiesque
voulut joindre les séductions commandées par le code
galant de cette époque. Les fêtes du *Menteur* n'étaient
que jeux au prix de ceux que le jeune comte, formé aux
belles manières par ses voyages en Italie, imaginait
chaque jour pour sa maîtresse. Ce n'étaient que courses
de bagues, courses de têtes, courses au faquin ; aux car-
rousels succédaient les plaisirs du théâtre ; il fit venir
d'Italie « des comédiens qui représentaient les plus belles
pièces du monde, en musique, et avec des machines dont
on n'avait point encore vu de pareilles. » C'est-à-dire
que la marquise de Piennes et la France durent au comte
de Fiesque l'introduction de l'opéra. Si la France a été
ingrate et n'a pas attaché le nom du comte à ce grand
événement théâtral dont elle a fait honneur à Mazarin, au
marquis de Sourdéac de Rieux, à Perrin et à Lully, la
comtesse, du moins, se montra reconnaissante, et c'était
sans doute tout ce qu'il désirait.

« *Gélatille*, dit Mademoiselle, l'aimoit extrêmement, et
cela est facile à croire, puisque, par-dessus toutes ses
bonnes qualités, il avoit celle de la nouveauté, ce qui
n'étoit pas peu de chose pour elle. Leurs amours durèrent
longtemps, et cette longueur les diminua. Ils entrèrent
en jalousie l'un de l'autre à tel point qu'ils se querel-
lèrent souvent, et même je ne sais s'ils ne s'étoient point
battus ; mais tout cela n'empêcha pas qu'ils ne se ma-
riassent ensemble sans s'aimer, car pour lors l'amour
étoit tout passé. »

Mademoiselle, à qui nous devons ces piquants détails, a tracé du comte un portrait que nous devons joindre à celui de la comtesse, déjà reproduit d'après *la Princesse de Paphlagonie*; on nous saura gré de transcrire cette page charmante :

« *Le Prince italien* avoit infiniment de l'esprit; il étoit adroit à toutes sortes d'exercices; il écrivoit bien, se connoissoit en vers, et en faisoit de fort agréables; il n'y avoit passions qu'il n'eût eues avant celle de l'amour; il sembloit que c'eût été pour s'y rendre plus propre et pour se mieux faire aimer que cela étoit arrivé ainsi; car il avoit aimé toutes sortes de danses, toutes les courses dont j'ai parlé, tous les jeux d'exercice, ceux des cartes et des dez; mesme je pense que cela avoit été jusqu'aux jeux de la mérelle, de la poule et du renard, tant il portoit loin les choses. Pour la poésie, il en avoit été fou aussi bien que de tous les vieux livres; il n'ignoroit pas une langue; il avoit aimé la peinture, et il avoit la connoissance des tableaux, celle des fleurs, des plantes et des médailles, même des papillons et des coquilles. Il connoissoit la sculpture; il avoit aimé les bâtiments, les jardinages et les fontaines; il avoit eu la curiosité des meubles et des pierreries; et toutes ces choses avoient succédé les unes aux autres quand l'amour pour *la reine Gélatille* vint à son tour. Il n'y avoit que l'astrologie dont il n'avoit point eu connoissance, et sa fortune le fit assez connoître; car s'il eût connu l'avenir, il auroit évité toutes les disgrâces qui lui sont arrivées[1]. »

---

1. *Histoire de la Princesse de Paphlagonie* (au commencement).

Ce portrait moral, si délicatement touché, est confirmé et comme garanti ressemblant par la fine analyse que nous a laissée du caractère de Fiesque Mlle de Scudéry, dans *le Cyrus*. Nous lui emprunterons aussi quelques lignes qui nous montrent quel fut, au physique, ce brillant séducteur. *Pisistrate*, dans le *Cyrus*, n'est autre que le comte de Fiesque.

« Pour sa personne, elle plaît infiniment, car *Pisistrate* est grand et bien fait, et il a tous les traits du visage beaux. Il est vray qu'il a le nez un peu grand et eslevé vers le milieu; mais cela sert tellement à sa bonne mine qu'il lui est avantageux de l'avoir ainsi; estant certain qu'on ne peut pas avoir l'air plus grand et plus noble que l'a Pisistrate, principalement quand il n'est point négligé et qu'il n'est point en un de ces jours où il est si différent de luy-mesme qu'à peine le connoît-on. En effet, quand il est en une de ces humeurs paresseuses qui luy prennent quelquefois, il n'est pas seulement négligé en ses habillements, il semble mesme encore qu'il soit un autre homme : les cheveux, qu'il a si beaux, paroissent fort bruns et ne sont plus frisez; la taille, qu'il a si bien faite, est moins agréable, et il y a un certain abandonnement en toute sa personne qui fait qu'on diroit que son esprit ne soutient plus son corps, ou que ce n'est plus le même *Pisistrate*[1]. »

Quoique les portraits de la comtesse de Fiesque soient moins rares que ceux de son mari, nous n'en avons aucun qui nous la représente au temps de son mariage; mais si

---

1. *Le Grand Cyrus.* t. IX, 2º part., p. 924.

l'on veut bien interroger les écrivains qui l'ont connue
dans sa vieillesse, Saint-Simon et Mme de Sévigné, par
exemple, on verra qu'avec cette femme, heureusement
douée, « qui eut toujours dix-huit ans », il ne faut pas
tenir trop grand compte de quelques années. Rien ne le
prouve mieux d'ailleurs, que la comparaison des portraits
qui nous ont été laissés de son caractère et de son esprit
à différentes dates dans *le Cyrus*, dans *les Divertissements
de la princesse Aurélie*, dans *l'Histoire amoureuse des
Gaules*.

Mme de Fiesque paraît, dans *le Cyrus*, sous le nom de
Cléocrite. Deux clefs sont d'accord pour la reconnaître :
l'une est imprimée ; l'autre, différente de la première en
quelques points, et importante à tous égards, soit qu'elle
complète, confirme ou contredise celle-ci, est manuscrite,
et nous avons pu la faire connaitre à M. Cousin. Cependant l'illustre écrivain, malgré cet accord et ce contrôle,
pense que *Cléocrite* ne saurait être madame de Fiesque.

Qu'il nous soit permis, avant de transcrire le portrait
de *Cléocrite*, d'invoquer contre l'opinion de M. Cousin,
le témoignage même de Tallemant, sur lequel il s'appuie.

« Vous ne sauriez croire, dit l'auteur des *Historiettes*,
combien les dames sont aises d'être dans ses romans
(les romans de Mlle de Scudéry), et, pour mieux dire,
qu'on y voie leurs portraits, car il n'y faut chercher que
le caractère des personnes ; leurs actions n'y sont point
du tout. Il y en a pourtant qui s'en sont plaintes, comme
Mme Tallemant, la maîtresse des requêtes, qui s'appelle
Cléocrite. La comtesse de Fiesque dit là-dessus : « La
voilà bien délicate ; je la veux bien être, moi. » C'est-à-

dire : « Je veux bien être *Cléocrite*, je veux bien qu'on me reconnaisse sous ce nom. »

Quelle conclusion tirer de là, sinon que les Caractères de Mlle de Scudéry, formés, comme ceux de La Bruyère, d'éléments divers, empruntés à de nombreux modèles, peuvent s'appliquer à plusieurs personnes ; on reconnaissait telle ou telle figure, selon qu'on était plus ou moins frappé de tel ou tel détail de physionomie, de telle ou telle nuance dans la peinture. On n'a pas assez tenu compte de ce fait ; si nous le signalons avec insistance, c'est que nous voulons avoir le droit de ne pas démentir les contemporains et Mme de Fiesque elle-même, dont le caractère, à ce qu'il parait, n'était pas sans quelque analogie avec celui de Mme Tallemant.

« *Cléocrite* estoit blonde, blanche et vive ; elle avoit pourtant les yeux noirs et brillants, mais d'un feu extrêmement vif. Ses regards, quoique doux, n'avoient rien de fort passionné ; au contraire, il y paroissoit si peu d'application, qu'il estoit aisé de voir qu'elle aimoit mieux se regarder dans son miroir[1] que toute autre chose et qu'elle s'aimoit plus que tout le reste du monde. *Cléocrite* étoit de belle taille, avoit de belles dents et une belle couleur aux lèvres ; elle avoit aussi le nez bien fait et tous les traits du visage agréables ; mais outre cela, elle avoit un fonds de joie et de tranquillité dans la physionomie qui servoit encore à la rendre plus belle, de sorte qu'on pouvoit assurer, sans la flatter, que *Cléocrite* étoit une

1. Mme de Fiesque vendit une fois une terre pour avoir un miroir. (Saint-Simon.)

fort belle personne, et qui eust esté infiniment aimable si elle eust sceu aimer quelque chose... *Cléocrite* a beaucoup d'esprit, et de l'esprit galant, et mesme de l'esprit éclairé. En effet, elle parle agréablement et de bonne grâce, et aime fort la conversation... Elle sert ses amies de bonne grâce quand il s'en présente occasion, et elle les reçoit souvent[1]. »

Tel est le portrait que nous avons trouvé de Mme de Fiesque à l'époque la plus rapprochée de son mariage. « Le plus frivole du grand monde, où elle passoit sa vie », dit Saint-Simon, s'occupa fort de cet événement. Avant les fêtes qui l'accompagnèrent, on fit courir une petite pièce fort galante dont une des copies manuscrites est conservée à la Bibliothèque nationale (*Barnab.*, 21); c'est une allégorie des plus transparentes, dans le genre *précieux*, où l'auteur fait la « description de la superbe entrée de la reyne Gillette, passant à Venise, en faveur du roi de la Malachie, son futur époux, le 1er jour de septembre 1582 ». On la fit circuler comme « traduicte de langue caractérée (*sic*) en langue françoise. » C'est un petit in-4° de 82 pages. Une brève analyse fera connaître à la fois cette pièce qui est si bien dans l'esprit du temps, et l'hommage rendu à la comtesse.

La pièce débute ainsi :

« Messieurs de la Seigneurie de Venise, sçachans que la Royne Gillette estoit à Padoue, envoyerent au-devant devant de Sa Majesté cent barons avec deux cents pages

---

1. *Artamène ou le Grand Cyrus*, livre VII, 3e partie.

et vingt-cinq gentilshommes; cinquante comtes avec cent
pages et cinquante gentilshommes; vingt-cinq ducs avec
cinquante pages et cent gentilshommes, tous magnifiquement vestus. » La description des costumes est fée-
rique : le velours, le satin, l'or, l'argent sont prodigués;
la variété des habits, autres pour les barons que pour les
comtes ou les ducs, et pour les gentilshommes que pour
les pages, ajoute encore à la magnificence du somptueux
cortège; *les montures étaient des chevaux, des droma-
daires, des éléphants*, tous richement caparaçonnés :
l'imagination de l'écrivain n'a rien épargné.

» Ainsi chemina cette troupe en bon ordre; et, arrivez
qu'ils furent à Padoue, lesdits vingt-cinq ducs porterent
la parole à la Royne Gillette, de la part de la Seigneurie
de Venise, faisans cette harangue en luy présentant seulement ces six lettres de l'alphabet : R. R. E. H. P. M.,
la signification desquelles ensuict : Robert règnera en
honneur par mariage. — La Royne Gillette oyant ce nom
de Robert, une couleur extraordinaire s'apparut en son
visage, pensant à son futur époux. »

Le nom magique de Robert décide la Reine à partir
pour Venise. Les Balivernois expérimentés, haussant les
voiles, chevauchent d'abord portant les fatras de Sa
Majesté : la Reine venait ensuite, accompagnée de deux
mille chevaux, et « cheminoit de fort bonne grâce dedans
un chariot de nacre de perles enrichy de pierreries toutes
orientales, semblables à celles de la mythre de l'évesque
de Capo d'Istrie, au diocèse de Bagnolet. Ledict chariot
étoit attelé en premier rang de deux forts et grands lions;
au second, de deux cerfs volants; et, au tiers, de deux

belles et grandes licornes. Si cela estoit foudroyant, je vous le laisse à penser! »

Gillette avait une robe à l'éthiopienne, présent offert à Sa Majesté par le prêtre Jan : cette robe était de serge, mais quelle serge! « de la serge de cristal, barrée de corail blanc; et entre les barres il y avoit des caractères de perles grosses et blanches comme les raisins d'Alzante (sic) en Céphalonie. — En après, alloient — à pied — les vingt-quatre rhinocéros, montés par jeunes filles éthiopiennes, belles en perfection, blanches comme pruneaux du pays. »

Quand ce magnifique cortège arriva près de Venise, la ville entière, précédée de ses Magnifiques, se présenta au-devant de la Reine. Les cérémonies de l'entrée furent dignes de la Sérénissime République et de Sa Majesté incomparable, Gillette, première et seule du nom. Des présents d'une inappréciable valeur lui furent offerts : clefs de la ville en sucre candi; caméléon marqué de la devise royale : « le change me agrée »; limaçons à cornes de diamant, avec les lettres prophétiques : R. S. M. D. C., c'est-à-dire « Robert sera maire de Cornouailles »; barils pleins de joyeuses pensées. Gillette daigna tout accepter : « les présents susdits étoient estimez à six millions sept cens quatre-vingt-onze mille escus, sauf erreur de calcul. »

Quand on arriva sur la place Saint-Marc, on trouva des tables dressées; un festin splendide était préparé; des harmonies merveilleuses remplissaient l'air. Après le festin, la Reine, avec sa cour, assista à divers combats d'éléphants et de rhinocéros, de géants et de sauvages, et le lendemain, après la messe, d'une géante contre un tigre. La géante victorieuse étrangla le tigre, lui arracha le cœur et le dévora : « de ce les assistants, esbahis à merveilles, entre eux murmuroient que doresnavant ce séroit beaucoup le meilleur et le plus sûr se faire aimer et bien vouloir que d'encourir l'indignation d'un sexe qui se repaist de telles viandes! » — Quelques galanteries nouvelles s'ajoutèrent encore à celle-ci : mais l'auteur a dit son dernier mot quand il a montré, par un exemple éclatant, qu'une femme est à craindre, même pour les tigres, et qu'il ne faut pas s'exposer à la haine d'un sexe si cruel.

Après son mariage, la comtesse « s'en alla dans le pays de son mari, ce qui fâcha fort toute la jeunesse de cette cour[1] »; les regrets et les chansons la suivirent dans sa nouvelle demeure :

> Comtesse en votre absence,
>   Que deviendront
> Les jeux, les ris, la danse?
>   Ils languiront.
> Hélas! je crois, hélas!
>   Qu'ils en mourront.

Mais bientôt chansons et Mémoires vont garder le silence et nous faire défaut; le bruit cesse pendant quelques années autour du nom de Mme de Fiesque : retirée dans ses terres, elle semble un peu oubliée. Sans doute elle fut forcée par trois grossesses successives de

---

1. *Histoire de la Princesse de Paphlagonie.*

vivre un peu à l'écart. En effet, elle eut coup sur coup trois enfants dans les années 1646, 1647 et 1648 : deux filles d'abord, puis un fils, Jean-Louis-Mario, qui resta seul héritier du nom; elle eut, enfin, une troisième fille, qui, comme ses sœurs, se fit religieuse, poussée peut-être par le triste état où les dissipations de leur père et de leur mère réduisirent leur maison.

Ce calme momentané, cette tranquillité forcée, ne pouvaient que déplaire au comte et à sa femme. Habitués l'un et l'autre à une vie d'agitation, ils regardèrent comme une bonne fortune les troubles de la Fronde. La part qu'ils prirent à ces événements est signalée dans tous les Mémoires qui nous sont restés de cette période d'effervescence et de passions tumultueuses : les cabales, les conjurations, les complots, où nous avons déjà vu le comte, montrent suffisamment qu'il n'était que trop préparé à se jeter et à entraîner sa femme dans ces désordres nouveaux.

IV

Une appréciation complète et exacte de la Fronde présentera toujours, à ceux qui l'essayeront, de grandes difficultés, parce que, dans cet étrange soulèvement, les secrètes passions et les honteux intérêts déjouent à chaque instant et démentent les motifs avoués. Ainsi, rien de plus simple, rien de plus net en apparence, que la ligne de conduite et les prétentions des principaux adversaires : — ce que poursuit la Royauté, c'est l'exercice incontesté du pouvoir absolu fondé par Richelieu, mais qui, à peine

affermi encore, est déjà compromis et presque perdu depuis la Régence; les princes du sang aspirent à une sorte
de partage de l'autorité royale, à une indépendance sans
limites; le Parlement revendique le droit de contrôle sur
tous les actes d'administration intérieure; enfin, pour le
Clergé comme pour la Noblesse, il s'agit de rentrer dans
leurs immunités, dans leurs privilèges, de ressaisir leur
influence. Mais ce ne sont là que des surfaces, auxquelles,
sous peine d'être dupe ou trompeur, l'historien de la
Fronde ne devra point s'arrêter. Les ambitions person-
nelles, les jalouses rancunes, les mesquines intrigues, la
soif de l'argent et des dignités, tels sont les vrais mobiles
qui expliquent ces unions aussitôt formées que rompues,
ces défections intéressées, ces ruptures calculées, ces
ménagements, ces rapprochements hypocrites, — qui les
expliquent et les condamnent. — Quant à Mazarin, on
frappe en lui tout ce que l'on ne peut atteindre, tout ce
que l'on n'ose attaquer ailleurs : il paye pour Richelieu
dont il accepte et accomplit les desseins; il paye aussi
pour le Roi, dont le nom reste toujours respecté; il subit
en quelque sorte la fatalité de sa position. Aussi, décla-
rons-le franchement, nous n'éprouvons aucun embarras
à choisir notre drapeau. Dans la Fronde, nous sommes
Mazarin, parce qu'à nos yeux la grandeur de la nation,
l'ascendant de la France dans les conseils de l'Europe,
l'égalité civile possible seulement par la sécurité sociale,
parce que, enfin, la haute et large politique est du côté
où le Cardinal soutient la lutte auprès du jeune Roi.

   Telle n'était point l'opinion du comte de Fiesque. Adversaire de la veille, il aurait failli à ses habitudes et à

son caractère s'il ne se fût point jeté dans la résistance et le désordre. Du vivant de Richelieu, il luttait déjà; la mort du ministre n'était point faite pour calmer cet esprit inquiet. Si la dernière révolte de la féodalité, sous Louis XIII, commence à la guerre des Protestants, la Fronde, qui la continue sous Louis XIV, date de la mort de Richelieu et se poursuit sourdement, mais sans interruption, jusqu'à ces grands éclats d'une mêlée plus générale où chacun voulait avoir sa part de butin, quand le butin parut facile à prendre.

Dès 1647, le comte de Fiesque, jugé dangereux, est exilé, puis rappelé, puis exilé de nouveau. Dans des événements où le Parlement, le Clergé et la Noblesse paraissent en corps, où figurent Mazarin, Condé et Turenne, le comte et la comtesse de Fiesque ne tiennent qu'une place secondaire : ici se présente pour nous un véritable danger, qui serait d'outrer l'importance de leur rôle, de concentrer sur eux l'intérêt de cette dramatique période, et d'amoindrir les événements en les ajustant à leur taille. Nous nous efforcerons d'y échapper; préoccupé seulement de ce qui les touche, nous traverserons les troubles de la Régence, en suivant avec attention leur conduite publique, sans négliger l'étude de leur vie privée.

Le comte de Fiesque était un homme dangereux, parce que, dans les occasions, ce fanfaron de faux honneur était toujours prêt à se mettre en avant et à sonner le tocsin : « Il n'étoit jamais content, dit Mme de Motteville, et il désapprouvoit toujours les actions de ceux qui gouvernoient. » C'est aussi ce que dit Mlle de Scudéry : « Il

a dans l'esprit une certaine droiture délicate qui fait qu'il
ne peut souffrir le gouvernement de qui que ce soit, et
qu'il se plaint continuellement de ceux qui ont l'administration des affaires, quels qu'ils puissent estre : si bien
qu'encore qu'il ait le bien public pour objet, et que ses
intentions soient les meilleures du monde, il ne laisse
pas de faire comme ceux qui ne les ont pas, et de se
mesler parmy ceux qui sont les plus remuants dans la
république. »

On ne devra donc point s'étonner que, prompt à repousser les avances de Mazarin, qui lui avait fait dire par
Mᵐᵉ de Montausier « qu'il auroit pour lui toutes les considérations imaginables s'il vouloit bien vivre avec lui[1], »
le comte se soit mis, dès la première Fronde, en état de
rupture déclarée et avec sa mère et avec le ministre.
Mᵐᵉ de Fiesque la mère, alors gouvernante de Mademoiselle, « faisoit de grandes plaintes contre elle, l'accusant
d'imprudence en beaucoup de ses actions, et particulièrement de ne se pas appliquer avec soin à conserver les
bonnes grâces du ministre[2]. » Lorsque la cour se retira
à Saint-Germain, Mademoiselle et sa gouvernante y suivirent la Reine et le jeune Roi. Mais Fiesque resta à
Paris, et, sans penser que c'était faire tort à lui-même
que de s'amuser à de si petites prétentions, il prétendit
commander à l'Arsenal; mais le duc d'Elbeuf s'y opposa
pour y faire mettre un conseiller de ses amis : préférence
honteuse pour le comte, qui vit ensuite sans regret le

1. Segrais, *Mémoires*, édit. citée, p. 135.
2. Mᵐᵉ de Motteville, édit. Michaud. Paris, Didier, p. 166, 1ʳᵉ col.

duc d'Elbeuf gagné par la cour. Six jours après il signait,
chez le duc de Bouillon, un engagement qui l'associait à
celui-ci et au duc de Beaufort, ainsi qu'à MM. de la Mothe,
de Noirmoutiers, de Vitry, de Brissac, de Maure, de la
Rochefoucauld, de Sévigné, de Luynes, de Béthune et,
enfin, au cardinal de Retz[1]. Il signait aussi, à la fin de février, le manifeste de la Noblesse; et, frondeur incorri-
gible, lorsque la paix de Saint-Germain fut conclue,
qu'une abolition en règle y eut été formellement et no-
minativement convenue pour lui, il demeura dans la faction du Coadjuteur; — « nous fîmes, dit celui-ci, une
espèce de corps qui, avec la faveur du peuple, n'étoit
point un fantôme. » La persistance du comte s'explique
par son ambition déçue, et par son amour-propre blessé
d'un second échec, que Mme de Fiesque dut ressentir vivement. En effet, excité par l'exemple de Noirmoutiers.
de Vitry et du marquis de Beuvron, oncle de la comtesse,
qui demandaient le titre de duc, Fiesque crut pouvoir réclamer le tabouret pour sa femme : on n'eut garde d'accorder à ses exigences un honneur qu'on eût volontiers
offert à sa soumission.

Au milieu de toutes ces intrigues, Mme de Fiesque continuait à tenir son salon et à recevoir bonne compagnie.
Si nous en croyons Segrais, qui lui offrit la dédicace de
son roman de *Bérénice*, c'est chez elle que cette histoire
aurait été composée; c'est elle qui aurait donné à l'auteur
l'ordre de publier son livre[2] : et comment un faible mor-

---

1. *Mém. de Retz,* Genève, 1751, t. I, p. 301.
2. Les quatre volumes qui comprennent les deux seules parties
publiées du roman de *Bérénice* furent achevés d'imprimer aux

tel eût-il pu refuser rien à une femme à qui le ciel lui-
même n'avait rien refusé ? A l'entendre, « toutes les
beautez éclatoient dans l'âme, ou brilloient sur le visage »
de Mme de Fiesque ; sa générosité était grande, sa bonté
pure, et son naturel bienfaisant couronnait avantageusement tant de riches dons que le ciel lui avait faits ; à cet
éloge il ajoutait : « Il n'est point nécessaire de discourir
de ceste louable passion que vous avez pour toutes les
belles choses, et du discernement que vous en sçavez
faire avec une si parfaite connoissance, et de prendre
enfin un soin si exact de faire votre peinture qu'on y pût
remarquer jusqu'à cet air galand, jusqu'à cet abord plein
d'accueil et jusqu'à ceste charmante humeur qu'un chacun admire en vous. » Comme s'il eût voulu prouver son
dire, Segrais demanda à la gravure une confirmation de
ses éloges : il mit, comme frontispice à son ouvrage, un
portrait de la comtesse, gravé par Huret, d'après une peinture des Beaubruns[1] ; au-dessous on lit ces vers flatteurs :

> Vénus, dans ce divin portraict,
> Voyant de ses beautez jusques au moindre traict,
> Se figure d'abord en être le modèle.
> Le regardant mieux toutefois :
> « Pourquoi tant de grâces, dit-elle ?
> « Car jamais avec moi je n'en vis plus de trois. »

Malheureusement, il faut en convenir, le peintre a dé-

dates suivantes : 8 février 1648, 20 février 1649 ; 20 septembre et
15 octobre 1649. Les titres portent des dates fausses.
   1. Il est en effet signé de cette manière : « Les Beaubruns pinx.
— Gr. Huré, sculps. »

menti le poète, et l'on est forcé de trouver bien indulgente la Déesse de la beauté.

La comtesse porte la coiffure charmante à laquelle nous ont habitués presque tous les portraits du temps : ses cheveux forment sur le front un étroit bandeau, et se relèvent ensuite pour se réunir derrière la tête ; de longues boucles tombantes encadrent, de chaque côté, un visage ovale, plat et terminé par un menton rond et mince. Les yeux sont doux et voilés ; la bouche petite, et relevée des coins, est un peu saillante, ce qui rend le menton fuyant ; les lèvres sont minces et pincées, le cou gros, les épaules larges, le sein étranglé sous un corsage roide et serré : on voit, quand même le talent du peintre et celui du graveur seraient ignorés, que ce portrait doit être ressemblant, et cependant on y cherche en vain cette physionomie gracieuse, « cet abord plein d'accueil, » cette gaieté toujours prête, cet air évaporé même, sur lequel nous faisaient compter les écrivains du temps, poètes, historiens et romanciers.

Cette légèreté de caractère dont nous parlons se manifeste dans les moindres circonstances de la vie de Mme de Fiesque. Ainsi, à l'époque où la seconde Fronde se préparait, lorsque la Reine avait encore du temps de reste pour s'occuper si

..... Les Déesses
Faisoient un peu trop les princesses,

Mme de Saint-Loup, Mme de Bonnelle et Mme de Fiesque furent éloignées,

Par un ordre un peu bien grotesque[1],

pour une sémaine; après ce temps, Sa Majesté devait
permettre leur retour. Les trois exilées revinrent, en effet;
mais, en ce qui concerne Mᵐᵉ de Fiesque, ce ne fut que
pour tomber sous le coup d'une nouvelle disgrâce où elle
eut pour compagnes Mᵐᵉ de Sévigné et Mᵐᵉ de Montglat :

Pour estre un peu guillerettes,

Ces dames,

Toutes trois jeunes et brillantes,
De belle humeur et fort galantes,
Qui, chez la princesse d'Harcourt,
Faisaient assez souvent leur cour,

déplurent au prince, et il obtint contre elles des lettres
de cachet

Portant défense très expresse
D'aller plus voir cette princesse,
Au moins le bruit en court icy,
Ce prince le voulant ainsi,
Qui, touchant la galanterie,
N'entend point du tout raillerie[2].

Le comte était lancé dans des affaires plus sérieuses :
tantôt il fait cause commune avec Beaufort dans cette
sotte rencontre du jardin de Renard; tantôt il publie une
« Remontrance de la Noblesse à monseigneur le duc

1. Loret, *Muze hist.*, lettre du 29 may 1650.
2. Loret, *Muze hist.*, lettre du 16 juillet 1650.

d'Orléans, pour estre admise conjointement avec le
Clergé, à l'audience de Leurs Majestés, et pour obtenir
d'elles le temps et la députation libre pour la tenue des
États Généraux (1651)[1]. » Il se compromit à tel point par
son zèle bruyant contre la cour, qu'il dut se tenir toujours prêt à fuir. Dans cette prévision, et à tout événement, il passa procuration, à la date du 23 octobre, « à
dame Gilonne d'Harcourt, son épouse, pour régir et gouverner ses biens et droits, faire transports, emprunts,
soit par promesses, obligations, constitutions de rentes,
avec pouvoirs d'affecter ses biens et de s'y obliger soli-
dairement. » Ces pouvoirs si étendus, qui ne réservaient
au comte que le droit de vendre, restèrent plus de deux
années sans effet : les troubles durèrent assez longtemps
pour que le comte n'eût rien à redouter de la juste vengeance du Roi, et pût aller et venir à Paris comme s'il
était le plus fidèle serviteur de Sa Majesté. Nous le trouvons de mois en mois dans cette ville, et, à chaque instant, ses visites chez son notaire trahissent ses besoins
d'argent : ainsi, le 21 février 1652, il a vendu sa terre de
Varaville ; il en reçoit le prix et donne quittance ; le 4 et·

----

1. In-4°. — Cf. Loret, lettre du 12 mars 1651 :

> Des gentilshommes l'assemblée,
> Dont la cour est un peu troublée...
> Continue à se congréger,
> Quand on en devroit enrager.
> Plusieurs, de diverses provinces,
> La plupart gens obscurs et minces,
> Avec leurs habits retournez,
> Y viennent présenter leur nez
> Et quelque compliment grotesque
> A leur grand président de Fiesque..., etc.

le 12 juin, il est condamné à payer ce qu'il doit aux sieurs
Gence et Parmentier; le 17 juillet, il conclut avec un sieur
Varin, — peut-être le célèbre graveur de monnaies, —
un bail dont il négligea toujours de remplir la première
condition : le payement; le 6 septembre, il vend, d'accord
avec la comtesse, les vins et cidres qui lui restaient de
sa terre de Varaville; enfin, et c'est la dernière fois que
nous le trouvons en personne à Paris, le 19 février 1653,
il souffre condamnation au profit d'un de ses créanciers
nommé Legendre.

Mais en quoi toutes ces tracasseries de créanciers mal
appris pouvaient-elles toucher un homme qui avait la
prétention de sauver l'État? Un représentant de monseigneur le prince de Condé, presque un ambassadeur! En
effet, dès le commencement de l'année 1652, le comte se
rendait auprès de Monsieur, de la part de Condé, avec un
plein pouvoir pour signer un traité, et, malgré l'opposition de Madame, il réussit dans sa négociation. Il sut aussi
se concilier de plus en plus l'affectueuse confiance de Mademoiselle, en caressant ses projets ambitieux : n'étaient-
ils pas parents? Quelle joie et quel honneur pour lui si la
princesse pouvait devenir reine de France! Personne
d'ailleurs ne s'y emploierait de meilleure grâce que
Condé, et le comte n'était pas homme à ne pas rappeler
souvent au prince des intérêts si chers : « Je reçus fort
bien ce compliment[1], » dit Mademoiselle. Il faudrait ne
pas la connaître pour en douter.

L'alliance fut signée, et cette princesse, engagée plus

1. *Mémoires*, édit. de Maëstricht, 1776, t. II, p. 41 et 140.

fortement dans un parti où elle pouvait rendre de grands
services, se montra de plus en plus opposée à un projet
qui souriait à la cour, et qui lui avait été déjà proposé
par la mère du comte et par la duchesse d'Aiguillon. En
donnant au jeune roi d'Angleterre, réfugié en France
après le meurtre de Charles Ier, la main de Mademoiselle,
on voulait ruiner Monsieur qui n'avait pas encore rendu
ses comtes de tutelle, et lui imposer un gendre qui ne
pouvait lui être d'aucun secours dans les difficiles con-
jonctures où il se trouvait[1]. Fiesque, on le voit, ne se
préoccupait nullement de soutenir une cause chère à sa
mère; *tout entier au nouveau chef qu'il avait acquis au
parti de Condé,* il ose, au moment où la cour revenait
d'Angers à Paris, se jeter dans Orléans au nom de Monsieur, et décider les magistrats à refuser l'entrée de la
ville au Roi et à Mazarin. Après ce beau succès, que Mademoiselle explique par éloquence du comte, et que Loret
attribue à ses largesses, Fiesque revint en hâte à Paris
trouver le duc. « Orléans, disait-il, ne tiendra pas sans
Votre Altesse : sa présence est indispensable. — Mais,
reprenait le duc, je suis plus nécessaire à Paris. » La
vérité était que la personne du duc ne pouvait servir nulle
part, mais que son nom était utile partout.

Informée des répugnances du prince, son père, heureuse de faire quelque chose pour Condé, qui avait de si
grandes vues sur elle, Mademoiselle prend alors la place
de Gaston : c'est elle qui ira organiser et soutenir la résistance dans Orléans.

1. *Ibid.*, p. 31.

Le jour de Notre-Dame de mars, elle fait ses dévotions
et part accompagnée des deux comtesses de Fiesque, la
belle-mère et la bru, du comte et de Mme de Frontenac.
Cette petite troupe quittait Paris dans des sentiments
bien différents. Mademoiselle voulait gagner les bonnes
grâces de Condé, qu'elle supposait assez fort pour la
placer sur le trône de France; elle brûlait de donner au
héros de Lens et de Rocroy des preuves de sa vaillance
et de ses talents militaires; la comtesse, sa gouvernante,
n'exerçait qu'avec regret une charge qui l'obligeait à accompagner sa pupille dans une expédition coupable à ses
yeux; la jeune comtesse et Mme de Frontenac regardaient
ce voyage comme une partie de plaisir, une source d'é-
motions et de souvenirs. Pour le comte, c'était le personnage important de la troupe; il avait déjà séjourné a
Orléans, il connaissait les dispositions des esprits, il avait
appris l'art de les conduire : c'est à lui que Mademoiselle
devait, par ordre de son père, demander des avis.

Sur la route, les conseils de guerre à présider, les ordres à donner, les lettres interceptées à décacheter, sont
pour Mademoiselle, qui s'en défend dans ses *Mémoires*,
mais qui ne peut cacher l'enivrement que lui causent sa
vanité satisfaite et le sentiment de son importance, autant
de fêtes dont les comtesses, ses compagnes, prennent leur
part avec bonheur. Enfin on arrive à Orléans. Grand est
l'embarras des magistrats municipaux! Entre le Roi d'un
côté, Mademoiselle de l'autre, que feront-ils? Ils prient
respectueusement la fille de Gaston, comme si elle avait
l'irrésolution de son père, de feindre une maladie, de se
retirer dans quelque château voisin; ils s'engagent d'ail-

leurs à ne pas recevoir le Roi, s'il se présente. C'était demander à Mademoiselle la permission de ne pas se prononcer : leur naïve prière n'était point de celles que pouvait admettre la princesse, n'eût-elle pas eu pour conseiller l'aventureux comte de Fiesque : elle insista donc pour entrer. Messieurs de la ville la firent alors humblement supplier de ne point aller à Orléans, parce qu'ils seraient obligés, et avec douleur, de lui refuser la porte. La situation, comme on le voit, se dessinait fort nettement. Mademoiselle, trop avancée pour reculer, apprend que le premier président Molé, qui était en même temps Garde des Sceaux, est d'un autre côté de la ville avec le Conseil du Roi : impatiente, elle monte dans la chambre haute d'un cabaret, et fait tour à tour aux gens de guerre qui gardaient les portes, des prières et des menaces; on lui répond par des révérences; elle se montre, pendant une longue promenade sur les fossés, au peuple qui l'acclame avec enthousiasme, mais sans pouvoir lui ouvrir les portes. Pendant ce temps, sur un autre point, l'armée du Roi s'avance, et Messieurs de la Ville délibèrent.

Jusqu'ici cette folle équipée de la princesse n'a rien qui l'excuse. Le mot du duc d'Orléans, qui ne l'avait laissée partir qu'à regret, allait devenir cruellement vrai : « Cette chevalerie, disait-il au cardinal de Retz, seroit bien ridicule, si le bon sens de Mmes de Fiesque et de Frontenac ne la soutenoit. » Mais un succès imprévu vient justifier Mademoiselle et les deux comtesses, ses maréchales de camp, toujours restées près d'elle. Des bateliers proposent de rompre une porte voisine : leur offre est acceptée avec bonheur; Mademoiselle leur donne

de l'argent, et, pour les animer par sa présence, elle
monte sur une butte de terre qui regardait cette porte :
« Je songeai peu, écrit-elle, à prendre le bon chemin pour
y parvenir; je grimpai comme un chat; je me prenois
aux ronces et aux épines, et je sautai toutes les haies. »
Autant en firent ses compagnes.

Enfin le passage est ouvert. Deux bateaux placés au
pied du quai reçoivent une échelle; les bateliers, stimulés
par la comtesse de Fiesque surtout, amènent la petite
troupe à ce ponton improvisé : Mademoiselle est dans Orléans; à un échec prévu succède une victoire inespérée :
il y avait trois ans, jour pour jour (car c'était le Jeudi
saint), que la cause royale semblait avoir conquis la paix
par le traité de Saint-Germain.

Ce glorieux fait d'armes fut dignement célébré, en vers
et en prose. Scarron, écrivant à Mme de Fiesque, ne tarit
pas sur l'éloge de Mademoiselle et des deux comtesses,
qui valent bien deux comtes : « Comment diable esca-
lader une ville! nos plus déterminés héros n'auroient pas
plus fait que votre illustre héroïne, et Clorinde et Camille
n'auroient pas esté à l'assaut plus gayement que vous et
Mme de Frontenac[1]. » Les chansons ne prirent point ce
ton épique :

> Or, escoutez, peuple de France,
> Comme, en la ville d'Orléans,
> Mademoiselle, en assurance,
> A dit : Je suis maistre céans...

----

1. *Dernières Œuvres de Scarron*, Paris, 1701, t. i, p. 1.

> Deux belles et jeunes comtesses,
> Ses deux maréchales de camp,
> Suivirent sa Royale Altesse,
> Dont on faisoit un grand cancan.
>
> Fiesque, cette bonne comtesse,
> Alloit, baisant les bateliers :
> Et Frontenac, quelle détresse!
> Y perdit un de ses souliers[1].

Nos guerrières improvisées restèrent dans Orléans jusqu'au 2 mai. On partit alors pour Paris : « Je trouvai à Angerville l'escorte que l'on m'avoit envoyée, et, comme il faisoit très beau temps, je montai à cheval avec Mmes les comtesses de Fiesque et de Frontenac, lesquelles m'avoient toujours accompagnée, et à cause de cela, Monsieur leur avoit écrit, après mon entrée à Orléans, des compliments sur leur bravoure d'avoir monté à l'échelle en me suivant, et au-dessus de la lettre, il avoit mis : *A Mesdames les comtesses maréchales de camp dans l'armée de ma fille contre le Mazarin.* » Tout cela était plein de dignité; aussi, on le comprend, « depuis ce temps-là, tous les officiers de nos troupes les honoroient fort. »

Chemin faisant, Mademoiselle tint un conseil de guerre. Elle y appela les compagnes de ses hauts faits. Un mot de Mme de Fiesque montre la femme sous l'héroïne; à peine sortie du conseil : « Pas de guerre! pas de guerre! s'écrie-t-elle; je ne suis pas d'avis qu'on se batte. — Si je suivois mon inclination, répondit Mademoiselle, l'on combattroit. » Mais un plus sage parti l'emporta, et la

1. Cf. Loret, lettre du 7 avril 1652.

4

comtesse rentra à Paris; elle y retrouva son mari et le prince de Condé avec tous ses adhérents. Une déclaration royale du 8 août 1651, enregistrée en Parlement le 4 décembre suivant, malgré l'opposition du duc d'Orléans, les avait cependant condamnés à mort comme coupables de lèse-majesté : mais qu'importait cette vaine menace à un prince tout-puissant, véritablement maître de Paris, et aux gentilshommes qui suivaient sa fortune?

A peine arrivée à Paris, Mademoiselle toujours accompagnée de la comtesse de Fiesque et de Mme de Frontenac, alla se montrer au Cours, où le prince de Condé vint aussi dans un autre carrosse. Ce fut un triomphe. Tranquilles sur la disposition des Parisiens, sans inquiétude du côté de la cour, mais toujours en proie à une exaltation fébrile, la princesse et ses dames d'honneur mêlent tout ensemble les distractions bruyantes et les soins plus sérieux des affaires du parti.

Pendant ce temps, l'armée royale assiégeait Étampes où les troupes de Monsieur, manquant de poudre, appelaient du secours. Le duc de Lorraine, beau-frère de Monsieur, promit de s'y rendre; ce fut une fête que la revue des bandes qu'il y devait mener. Monsieur et Condé se rendirent pour les voir à Villeneuve-Saint-Georges; Mademoiselle y courut à cheval; autour d'elle chevauchaient, formant un brillant état-major, la comtesse de Fiesque, Mme de Frontenac, Mme de Sully, Mme d'Olonne même, bien que son mari fût alors auprès du Roi cornette de chevau-légers; d'autres dames suivaient en carrosse. Le soir, on rentra à Paris, où l'on reprit la vie accoutumée.

Un grave événement vint bientôt en secouer la courte monotonie.

Le 2 juillet 1652, à six heures du matin, le comte de Fiesque frappait à la porte de la chambre où dormait Mademoiselle et la réveillait en sursaut. L'armée de Condé avait été attaquée à la pointe du jour par les troupes royales entre Montmartre et la Chapelle; il demandait instamment du secours à Monsieur, ou, pour mieux dire, à sa fille. Si l'on s'adressait à elle tout d'abord, c'est qu'on savait qu'en toute circonstance elle faisait preuve de résolution, tandis que Monsieur, dominé par le cardinal de Retz, ou plutôt par son caractère inerte, montrait les hésitations pusillanimes d'une femme. Désespérant de décider son père, sans même chercher à discuter avec lui les droits invoqués par le prince de Condé pour réclamer son assistance, elle appelle Mme de Nemours, Mmes de Fiesque, mère et fille, et court à l'Hôtel de Ville. Elle obtient, non sans peine, l'autorisation pour Condé de faire entrer ses troupes dans Paris, l'envoie prévenir de ce succès, et donne au marquis de la Boulaye l'ordre de faire entrer par la porte Saint-Honoré les troupes qu'il avait amenées de Poissy. Mademoiselle se croyait encore à Orléans. Elle commandait, dit-elle, et on lui obéissait. M. le Prince, qui s'était concerté avec elle dans la maison d'un maître des comptes voisine de la Bastille, lui avait laissé ses instructions, et avait été se mettre à la tête des cinq mille hommes qu'il avait à opposer aux douze mille soldats de Turenne, déjà établis dans le faubourg Saint-Antoine.

C'est alors que Mademoiselle, qui avait obtenu un

ordre du duc d'Orléans, se fit ouvrir les portes de la Bastille par le fils de Broussel, M. de Louviers, qui y avait succédé à M. du Tremblay, frère du Père Joseph. Près de la princesse était toujours la comtesse de Fiesque, dont le mari se multipliait, allant et venant sans cesse de Condé à Mademoiselle.

Monsieur, une fois lancé, et il avait fait un premier pas en laissant ouvrir la Bastille, sortit enfin de son indécision et s'entendit avec le prince. Cependant, du haut du clocher de l'abbaye de Saint-Antoine, Condé surveillait les mouvements de l'armée de Turenne; il se décida par prudence à faire rentrer ses troupes dans la ville. Mademoiselle alla les voir passer, d'une des fenêtres de cette maison, voisine de celle où elle avait été reçue déjà : pendant que les premiers corps défilaient en bon ordre, les derniers et l'arrière-garde étaient vigoureusement poursuivis par Turenne et commençaient à se débander; en ce moment décisif, quelques volées des canons que Mademoiselle avait fait charger peu auparavant vinrent protéger la retraite du prince. Le même coup qui sauva l'armée de Condé tua, comme on l'a dit, le mari de Mademoiselle : c'en fut à jamais fini du mariage qui devait la faire reine de France.

Le surlendemain (4 juillet), une terrible sédition éclata dans Paris. Enivrée de ses succès précédents, Mademoiselle se jeta résolûment au milieu de l'émeute et entraîna avec elle Mme de Fiesque et Mme de Frontenac, qui, dit-elle, avaient assez peur. Ces trois dames prirent la paille, comme M. le Prince avait ordonné à ses soldats de le faire, pour se reconnaître, et comme ensuite tout le peuple

de Paris l'avait lui-même. On portait quelques brins de
paille dans les cheveux, sur les habits, attachés aux éven-
tails : ce signe rendait inviolable dans la ville. Monsieur
n'avait pas osé s'aventurer au milieu des séditieux qui
avaient déjà commis plusieurs meurtres, et qui essayaient
de mettre le feu aux portes de l'Hôtel de Ville : Mademoiselle et ses compagnes allèrent hardiment à la Grève.
Pour entrer dans la cour de l'Hôtel de Ville, il leur fallut passer sur des poutres encore fumantes : il était une
heure du matin. Mademoiselle, laissant dans la grande
salle ses dames d'honneur, alla négocier avec le Prévôt
des marchands : pendant ce temps, la nuit se passait ; le
jour commençait à poindre ; le peuple se rassemblait ; un
coup de mousquet tiré de la place lança jusque dans
la salle où étaient Mme de Fiesque et Mme de Frontenac,
une balle qui passa entre elles deux. Enfin Mademoiselle
revint, délivra les pauvres comtesses toutes tremblantes,
et rentra au Luxembourg : il était quatre heures du matin.

Des incidents de cette importance ne se présentèrent
plus jusqu'au retour du Roi. Toujours placée auprès de
Mademoiselle, soit qu'elle allât au Parlement appuyer la
vérification des lettres de duc données à Chabot, qui
avait épousé Mlle de Rohan, soit qu'elle fût appelée chez
M. de Chavigny pour donner au duc de Lorraine le pardon de sa conduite équivoque, soit qu'elle se rendît à Gros-
bois où M. le Prince improvisait pour elle une fête guerrière, Mme de Fiesque a sa part de tous les ennuis comme
de tous les plaisirs de la princesse. Quand elle pouvait
avoir quelques heures de liberté, elle se dédommageait

largement avec ses amis de ses inquiétudes et de ses
fatigues.

M. de Lorraine venait souvent chez elle, et il y apportait cette tournure d'esprit originale, ces contes bizarres,
ces manières fantasques qui le rendaient si plaisant. On y
jouait aussi, et le jeu, que le comte de Gramont savait
au besoin corriger, n'attirait pas moins ce fidèle adorateur
de la comtesse que son amour opiniâtre. On faisait des
lectures : Segrais lut *Don Quichotte*; Saint-Evremond ne
trouvait alors aucune suite dans ce roman qu'il admira
plus tard;

> Monsieur Scarron, auteur burlesque, .
> Fort aimé du comte de Fiesque[1],

avait-il écrit quelque lettre en prose ou quelque épître en
vers, on la communiquait à toute l'assemblée, qui se divertissait et applaudissait fort. On pense bien que M. de
Fiesque n'était point le dernier à prendre sa part de ces
plaisirs; il faisait plus, il y contribuait, et comme il avait
une jolie voix, il faisait souvent appeler des musiciens et
chantait avec eux; puis, le concert fini, il s'empressait
de les renvoyer. Il faut, disait-il, faire des musiciens ce
qu'on fait de leurs instruments, qu'on met dans l'étui dès
qu'on ne s'en sert plus[2]. Il n'y avait d'exception que pour le
chanteur Lambert, celui qu'un vers de Despréaux a im-
mortalisé; et encore, Lambert tout intimidé ne venait
chez la comtesse que sur la foi d'un aimable sauf-conduit

1. Loret, lettre du 5 octobre 1652.
2. Segrais, *Mém.*, II, 155.

signé Madeleine d'Outrelaize[1] : c'était une des intimes amies de Mme de Fiesque.

D'autres fois encore, on faisait venir des comédiens pour jouer les pièces nouvelles. S'il survenait quelque incident, un tumulte du populaire ou une panique dans l'esprit de Monsieur, on suspendait la représentation pour la reprendre à la fin de la soirée. Loret nous a conservé le récit d'une de ces fêtes : on joua une comédie de Thomas Corneille, sans doute les *Illustres ennemis*, qu'il dédia ensuite à la comtesse ; le duc de Lorraine, le prince de Condé s'y trouvaient. On s'amusa fort et la reine Gillette

> .... Qui se pique
> D'être comtesse magnifique,
> Avec grande profusion,
> Y donna la collation,
> De vins, de fruits et confitures,
> Et diverses autres pastures[2].

Quelques jours après cette fête, la cour rentrait dans Paris (21 octobre), et d'autres plaisirs allaient animer, sous l'impulsion du jeune Roi, une société dont le comte, la comtesse et tous les partisans de Monsieur et de Condé ne se virent pas exclus seulement par des motifs de simple convenance, mais en vertu de sévères représailles. Monsieur, le duc de Beaufort, le duc de Rohan, Mademoiselle, durent se retirer à la hâte ; Mme de Montbazon, Mme de Choisy, Mme de Bonnelle, Mme de Fiesque

---

1. *Recueil de Sercy*, II, 346.
2. Loret, lettre du 12 octobre 1652.

furent exilées, et allèrent à Saint-Fargeau former la cour
de la princesse. Mme de Fiesque, la mère, resta d'abord à
Paris : elle était de plus en plus attirée vers la cour, où
elle voyait pour son fils des perspectives d'avenir qu'elle
ne trouvait pas ailleurs; elle était âgée, du reste, et la
position que son fils s'était faite n'était pas de nature à
lui inspirer grande sympathie pour le parti qui l'avait en-
traîné. Elle donna donc de nombreux sujets de mécontentement à Mademoiselle; celle-ci était irritée elle-même
de son influence perdue, de son éloignement forcé, de
ses espérances détruites, et son caractère naturellement
ombrageux et inégal, hautain et envieux, rendait son
commerce fort peu agréable, quelques efforts qu'elle fît
pour paraître aimable et pour plaire.

Confinée la plupart du temps à Saint-Fargeau, cette
petite société de femmes ne pouvait vivre longtemps en
paix. D'abord oh brava le vainqueur, on défia l'ennui, on
s'arrangea à loisir une existence charmante; mais la vue
des mêmes visages, le retour des mêmes plaisirs, la monotonie de la vie des champs à laquelle on n'était pas ha-
bitué, les préférences de la princesse pour celle-ci, les
intrigues de celle-là, puis les petits commérages, et jusqu'à la Gazette qui racontait des fêtes auxquelles, hélas!
il était si dur de ne plus assister, tout concourut à faire
du séjour de Saint-Fargeau un véritable enfer pour Mademoiselle, qui ne l'avoue pas, et pour ses amis, qui surent
mal dissimuler leur dépit.

A ces motifs généraux de prendre en haine un exil
dont on ne prévoyait pas le terme, se joignait pour Mmes de
Fiesque des griefs d'un autre ordre contre une impérieuse

maîtresse, et celle-ci ne l'ignorait pas. Un jour qu'elle
était entrée dans la chambre de la vieille comtesse, elle
trouva, dans son écritoire ouverte, une lettre adressée à
Mme d'Aiguillon. La pauvre mère se plaignait de voir son
fils engagé dans le parti de M. le Prince qui continuait la
guerre en Guienne, et elle témoignait son vif désir de
l'en retirer. « Pour cela, disait-elle, il falloit proposer à
la cour quelque négociation pour M. le Prince par le
comte de Fiesque, et dire que le comte de Fiesque étoit
un bon homme, plein d'honneur, qui étoit aussi aisé à
tromper qu'un autre ; qu'elle avoit beaucoup de pouvoir
sur son esprit ; que s'il étoit une fois ici, elle le feroit bien
parler, et tireroit de lui bien des circonstances, si ces
commerces étoient une fois établis ; et que, sous prétexte
de servir M. le Prince, pourvu que l'on le sût bien prendre
et lui parler toujours d'honneur et de probité, on le feroit
passer par-dessus. »

Ces sentiments peu honorables à coup sûr, mais trop
faciles à comprendre de la part d'une mère, étaient aussi
ceux de la femme du comte : on les voit donc l'une et
l'autre se tourner du côté de Monsieur, qui avait fait sa
paix, et se détacher chaque jour de sa fille. Celle-ci, bien
avertie, par son indiscrétion, de leurs arrière-pensées,
leur prodiguait mille et mille déboires, d'autant plus pénibles à supporter qu'on était à sa merci et qu'on prenait
plus volontiers en haine un joug auquel on ne pouvait se
soustraire. Les deux comtesses s'inquiétaient assez peu
de Fiesque lui-même dans leurs arrangements ; la mère
se rappelait de quelle façon le comte, envoyé comme ambassadeur, avait desservi sa propre cause en croyant la

sauver, et espérait lui faire trahir à son insu son parti.
La jeune comtesse était lasse de la politique, fatiguée de
l'exil, inquiète pour son mari, et elle trouvait excellentes
toutes les raisons qui pouvaient le ramener auprès d'elle.

Tantôt la Gazette leur apportait la nouvelle de périls
imaginaires : il était malade, il était prisonnier[1]; tantôt il
courait des dangers trop réels, mais qui, soupçonnés plutôt que connus, excitaient encore davantage les inquiétudes de sa mère et de sa femme. Envoyé en Espagne
par le prince de Condé, lorsqu'il dut revenir en France,
il s'embarqua à Saint-Sébastien et vint aborder au cap de
Buch : il trouva tous les habitants sous les armes, se
sauva avec les plus grandes difficultés, et fut obligé
d'abandonner sa frégate. Parvenu, non sans peine, à
Bordeaux (12 juillet 1653), il promit à la faction de l'armée les secours du roi d'Espagne : peut-être disait-il
vrai; peut-être s'abusait-il lui-même, aveuglé qu'il était
par la prison et l'intérêt de son parti. On prétendit que
les présents qu'il recevait de la cour d'Espagne contribuaient à augmenter son illusion. La calomnie alla plus
loin : on l'accusa de vouloir assassiner à la fois le prince
de Conti, l'abbé de Cosnac, depuis évêque de Valence, et
jusqu'à Sarasin avec qui il était lié, et qui plus tard se
mit en correspondance avec lui[2]. Condé, qui savait bien
à quoi s'en tenir sur tous ces bruits, vengea le comte d'un
mot : « C'est une personne d'honneur et de condition,

1. Loret, lettre du 14 décembre 1652.
2. Voyez dans les *Œuvres de Sarasin* (Paris, Courbé, 1656, in-4°),
parmi les *Poésies*, n° 49, une longue épître en style marotique,
écrite par Sarasin au comte de Fiesque pendant son exil.

écrivait-il à Lenet[1], et fort désintéressée... je vous prie d'y prendre confiance comme à moy-mesme. »

Cette personne désintéressée se ruina, en effet, au service du prince. Ses affaires étaient fort compromises déjà, lorsqu'en 1653 il perdit sa mère. Elle mourut à Saint-Fargeau, et, quoi qu'en ait dit Loret, ne fut guère pleurée de Mademoiselle[2]. Cette mort ne changea en rien la fortune du comte. Trop bien renseignée sur les dissipations de son fils et sur le caractère prodigue de sa bru, elle laissa un testament assez peu flatteur pour l'un et l'autre, qui assurait à l'aîné du nom la jouissance des biens de sa grand'mère.

« Pour tout le reste de mon bien, dit un article, après que mes legs testamentaires seront acquittez, voyant le peu de soin que mon fils et ma belle-fille ont de conserver celuy que Dieu leur a donné, et prévoyant dans leur conduite la ruine totale de leurs enfants, j'ay jugé à propos de donner et léguer, comme je donne et lègue par les présentes à J.-L.-Mario de Fiesque la baronnie, terre et seigneurie de Leuroux, la baronnie de Brion et la chastellenie, terre et seigneurie d'Ecvilly, ensemble les terres et seigneuries de Crosy et Ciery.

» Item, tout ce qui m'appartient sur les rentes des aydes, sel, clergé et recette générale de Rouen, avec ce

1. Lettre du 28 juin 1653, datée de Bruxelles. — *Mém. de Lenet,* édition Michaud, page 609.
2. Loret, lettre du 25 octobre 1653. Il fait remonter la mort de la comtesse au 15 du mois, et c'est aussi la date fournie par la *Gazette* de Renaudot.

que j'ay à prendre sur la rente du sieur d'Hiauville ; ensemble tous mes meubles, deniers comptants, vaisselle d'argent, et généralement tout ce qui me pourroit estre dû quand il plaira à Dieu m'appeler. »

Un autre article constituait à Charles-Léon une rente de trois mille livres. Le comte était donc formellement déshérité, et l'exhérédation, étant motivée, était irrévocable aux yeux de la loi. Il n'aurait eu garde, du reste, de demander l'annulation du testament ; sa tête était à prix, ses biens étaient légalement confisqués par suite de la déclaration royale du 8 octobre 1651, et sa fuite augmentait encore son crime. C'est par cette considération qu'il faut expliquer la dureté du testament de sa mère à son égard. La minorité de son fils lui laissait d'ailleurs et lui assurait pour longtemps l'usufruit de son bien. Mais ce qu'il eût fallu au comte, engagé dans une voie ruineuse, c'était la libre disposition d'une grande fortune. Aussi voyons-nous, à la suite du décès de sa mère, ses embarras pécuniaires se trahir par de nombreux actes.

Le 11 janvier 1654, munie d'une procuration datée du 23 octobre 1651, et dont elle n'avait pas encore fait usage, Mme de Fiesque empruntait, au nom de son mari, une somme de 90,000 livres du sieur le Pelletier ; le 31 janvier suivant, 20,000 livres du sieur Goury ; enfin, le 17 avril 1655, une somme de 18,000 livres de dame Elisabeth d'Angennes. Peu rassurée sur la solvabilité de la comtesse, ce dernier prêteur exigea une obligation solidaire de la part de la marquise de Bréauté, tante de Mme de Fiesque, et un cautionnement qui fut fourni par le nommé Justice.

A cette époque, le comte possédait encore de son chef

une terre très considérable, la baronnie de Bressuire, qui
n'avait pas été saisie ; un acquéreur se présenta, et Fiesque
n'eut pas plus de peine que sa femme à comprendre tous
les avantages d'une vente. De Madrid, où il était alors, il
envoya à la comtesse pouvoir d'aliéner ce domaine ; l'acte,
rédigé en espagnol, à la date du 29 novembre 1656, fut
traduit en français, sous les yeux du lieutenant civil, le
3 février 1657. En vertu de cette procuration, Bressuire
fut vendu au sieur de la Chausseraye pour une somme de
370,000 livres ; mais le marché ne tint pas. Nous aurons
terminé la triste histoire de tous ces embarras d'argent,
quand nous aurons dit que, le 18 avril 1654, M^{mo} de
Fiesque fut obligée de provoquer une séparation de
biens entre elle et son mari, et que, le 9 août 1656, le
comte fut condamné à payer à Varin une somme de
8,500 livres, prix du bail qu'il avait contracté avec celui-ci le 17 juillet 1652.

Aux poursuites des créanciers, à une ruine presque
complète, devaient bientôt se joindre pour lui les tristesses de l'exil. Lorsque Bordeaux eut fait sa soumission
(juillet 1653), la princesse de Condé et son fils, le duc
d'Enghien, se retirèrent à Chastillon en Médoc ; le comte
de Marsin partit pour l'Espagne par mer ; le comte de
Fiesque s'y rendit en poste. C'est là que vint le trouver
le décret du 27 mars 1654, portant qu'il serait assigné à
cri public et que ses biens seraient saisis et annotés. Ce
décret ne fut jamais exécuté, malgré le crime de félonie
dont étaient accusés Fiesque et les autres adhérents de
M. le Prince.

Depuis cette retraite, le comte, agent accrédité du

prince de Condé auprès du Roi d'Espagne, est perdu
pour la France, pour cette société qu'il charmait et pour
sa femme. Bien qu'il soit mort seulement à la fin d'octobre 1658, la comtesse, déjà séparée de biens, était aussi,
en fait, séparée de corps ; elle était réellement veuve,
elle était libre.

V

Mme de Fiesque touchait alors à cet âge que nos romanciers modernes ont si brillamment poétisé. Les registres de l'église lui donnaient de trente à quarante
ans ; mais, à ne consulter que son visage et son caractère, on aurait pu révoquer en doute son acte de naissance. C'est alors, si l'on en croit Bussy-Rabutin, pour
qui l'amour est la loi commune, qu'elle se serait permis
quelques galanteries, et l'*Histoire amoureuse des Gaules*
n'a eu garde de l'oublier.

Avant de rappeler et d'examiner les médisances de
Bussy, nous devons dire par quelle suite d'humiliations
et de mesquines avanies Mme de Fiesque se vit forcée de
rompre ouvertement avec Mademoiselle.

Ce fut auprès de cette princesse, dans le château de
Saint-Fargeau, que Mme de Fiesque maria, avec M. de
Guerchy, la fille qu'elle avait eue d'un premier mari,
M. de Piennes. Celle-ci, après la cérémonie, alla vivre
dans les terres du marquis. Le devoir et le désir de se
rendre près d'elle furent souvent, pour Mme de Fiesque,
un prétexte qui lui permit de multiplier ses voyages et
de faire diversion aux ennuis de Saint-Fargeau.

Elle y souffrit beaucoup en effet. Tantôt Mademoiselle la blessait dans son amour-propre par de petites cachotteries faciles à surprendre ou des désaveux humiliants. S'agissait-il de s'attacher une dame d'honneur, elle disait à Mᵐᵉ de Frontenac : « Je vous choisirai, mais n'en parlez pas à Mᵐᵉ de Fiesque. » Or Mᵐᵉ de Frontenac était l'amie intime de la comtesse. Celle-ci osait-elle murmurer bien bas son désir de voir Mademoiselle intervenir pour amener entre le Roi et le prince de Condé une réconciliation qui lui rendît son mari, la princesse l'en blâmait hautement ; elle écrivait au prince « que si jamais elle avoit une telle pensée, Mᵐᵉ de Fiesque ne seroit pas dans sa confidence ; » et elle ajoutait : « Je vous ai écrit mes sentiments pour la comtesse de Fiesque ; je n'en changerai jamais. C'est une dame qui fait fort bien les assemblées, chez qui il y a plaisir d'en aller voir, qui pare un cercle, mais avec qui il n'y a pas de plaisir de demeurer. Je vous assure que je ne l'aurois pas retenue chez moi, ou du moins je ne l'aurois pas gardée si longtemps sans la considération de son mari, que j'aime et estime parce qu'il a du mérite et qu'il est mon parent et attaché à votre service. »

De son côté, la comtesse n'était pas sans donner à Mademoiselle quelques sujets de plaintes. Pendant que M. de Fiesque était à Madrid, représentant les intérêts de M. le Prince, lassée de ces troubles sans fin ; inquiète pour son mari, dont des gens, soi-disant bien informés, annonçaient la mort[1] ; fatiguée de Saint-Fargeau ; attirée vers

---

1. *Lettres de Guy-Patin*, etc.

Paris, après avoir essayé de faire intervenir Mademoiselle dans un accomodement, elle s'était tournée du côté de Monsieur, qui tendait à se rapprocher de la cour. A chaque ordinaire, elle recevait de Blois ou y envoyait des lettres, et Mademoiselle n'ignorait par le secret de cette correspondance, entretenue avec un mystère inutile. Le fait seul de cette intrigue avec son père, qui était son ennemi politique et son adversaire devant le Parlement, l'irritait profondément. Elle soupçonnait, peut-être avec raison, sa compagne de donner au duc d'Orléans des avis qui étaient une véritable trahison. Bientôt entre les deux amies commença une lutte sourde qui devait infailliblement amener, avec une rupture, leur commune délivrance. Si le Prince exigeait de Mademoiselle le renvoi de quelqu'un de ses *domestiques* mal vu de la comtesse, elle s'exécutait de mauvaise grâce, et se hâtait de chasser quelqu'un des amis de celle-ci. Monsieur traitait-il avec la cour, Mademoiselle ne cachait point son dépit ; les comtesses de Fiesque et de Frontenac, au contraire, en témoignaient des transports de joie inouïs [1].

Cependant les apparences étaient sauvées pour le public ; les personnes du dehors pouvaient croire encore à l'influence de Mᵐᵉ de Fiesque, et c'était à elle que s'adressaient les gens du parti, ennuyés de leur isolement, qui voulaient obtenir des invitations pour eux-mêmes et leurs amis. C'est ainsi que vinrent à Saint-Fargeau Mˡˡᵉ de Haucourt ; sa sœur, Mˡˡᵉ d'Aumale (la duchesse de Schomberg), et Mˡˡᵉ de Vandy, toutes trois liées avec la com-

1. *Mém. de Mademoiselle,* édit. citée, t. II, p. 97.

tesse. — « Ces dames, disait à Mademoiselle le comte d'Escars, n'auront pas été ici trois jours qu'elles vous déplairont; elles sont amies de Mme de Fiesque, elles seront toujours ensemble, et cela ne vous plaira pas. » Le comte d'Escars voyait juste : une rivalité de séduction, d'influence, de domination morale, ne pouvait manquer de s'établir entre ces deux femmes, excitées par la présence d'une galerie fort en état de juger des coups.

Avertie cette fois par le comte d'Escars, guidée surtout par ce secret instinct qui ne trompe pas la vanité des femmes, Mademoiselle voulut à tout prix régner chez elle ; ce fut une gageure, un défi. Elle fit venir des comédiens, elle donna des bals. Le jour même où un courrier de Flandre vient apporter à Mme de Fiesque *la nouvelle de la prise de Valenciennes par le prince de Condé et de la défaite du maréchal de la Ferté, on affecta de ne pas croire à cet échec des armes françaises et l'on dansa.* « Mademoiselle en étoit fort aise, dit-elle dans son âme; c'étoit une fort belle action pour M. le Prince, et qui l'accréditoit extrêmement parmi les Espagnols. »

Les journées se passaient en conversations où la princesse avait grand soin de retenir auprès d'elle, pour leur dire tous ses griefs, les amies de sa dame d'honneur, et en promenades, où Mmes de Fiesque et de Frontenac ne manquaient point de se communiquer toutes ses petites menées et de s'en moquer. A table, on en riait encore ; et si Mademoiselle demandait le motif de cette gaieté, on ne répondait pas, et les rires redoublaient.

C'est pendant cette crise, qui agitait si violemment au fond la petite cour de Saint-Fargeau, que toute cette

société, paisible à la surface, cherchait les plaisirs les plus
calmes ; des journées entières se passaient à soutenir et
à débattre des questions de galanteries; on lisait des
vers; on improvisait des Nouvelles. Ainsi fut composé,
au jour le jour, un volume que le secrétaire de Mademoiselle, Segrais, publia en .1656, sous le titre de : « *les
Nouvelles françoises*, ou *les Divertissements de la princesse
Aurélie*. » Rien de plus galant, rien de plus précieux.
Réunies au château des Six-Tours, c'est-à-dire à Saint-
Fargeau, les amies de la princesse Aurélie, comme autrefois le petit cercle de la reine de Navarre, s'engagent
à dire chacune quelque histoire qui fasse briller son esprit
pour le plus grand plaisir de Mademoiselle et de ses compagnes. Le sort décide qui parlera la première; celle-ci
choisit le lieu où elle veut faire son récit, et désigne à son
gré la personne qui doit parler après elle. A la suite de
chaque conte, on dit ses impressions, on discute les caractères, on plaint, on accuse ou on loue les héros, on
établit des maximes morales. Tel est, en résumé, le livre
de Segrais. Au début, on trouve les portraits des dames
qui vont successivement entrer en scène : la *princesse
Aurélie*, c'est Mademoiselle; *Aplanice*, Mme de Valencay;
Frontenie, Mme de Frontenac; *Silérite*, la marquise de
Mauny ; *Uralie*, Mme de Choisy ; *Gelonide*, enfin, Mme de
Fiesque. C'est elle qui raconte l'histoire d'Honorine, une
histoire vraie, dit-elle, sous des noms supposés. Une
discussion s'élève sur les agréments de la ville et ceux
de la campagne : Vive la campagne, dit-on en chœur
pour flatter Mademoiselle et braver l'exil. — Vive la
ville! s'écrie Mme de Fiesque, qui pense tout haut ce que

les autres pensent tout bas. — Elle ne devait pas tarder à voir se réaliser ses vœux.

Un jour, Mademoiselle, revenant des eaux de Forges avec sa suite accoutumée, reçut du Roi l'ordre de se rendre à Saint-Cloud, chez M. le Chancelier. Elle y alla aussitôt, et vint coucher chez Mme de Launay-Gravé, belle-mère du marquis de Piennes, frère du premier mari de la comtesse. La maison de Mme de Launay-Gravé dominait Paris; Mme de Fiesque et Mme de Frontenac restèrent *toute la soirée, et encore au clair de lune, les yeux fixés sur la ville, à regretter, à se lamenter.* La tentation était trop forte pour la comtesse; elle n'y put tenir, prétexta de grandes affaires, partit pour Paris, et y prolongea son séjour de telle sorte, que Mademoiselle, qui avait obtenu du Roi la permission de voir la reine de Suède, dut se présenter chez cette princesse sans avoir *toute son escorte de dames d'honneur.* Son orgueil en souffrit fort. La comtesse revint pour une seconde entrevue, et eut l'honneur d'être présentée; elle n'eut point le bonheur de plaire. « La comtesse de Fiesque n'est pas belle, dit la Reine à Mademoiselle, qu'elle prit à part, pour avoir fait tant de bruit. Le chevalier de Gramont est-il toujours amoureux d'elle ? »

Le voyage de Paris n'avait fait que rendre plus vif le désir qu'avait Mme de Fiesque d'y venir retrouver sa liberté et ses amis, loin de cette contrainte où elle vivait.

Le dernier jour de l'année 1656, elle prit résolument un grand parti; les conseils de Mme de Sully, qui connaissait les secrets sentiments de Mademoiselle, l'y firent

persister. Elle eut à combattre les supplications de
Mme de Frontenac; et elle-même, toute décidée qu'elle
était à en finir, ne pouvait se déterminer sans peine et
sans de grandes luttes intérieures à rompre avec une
longue habitude. La vie commune établit, même entre des
gens qui ne s'aiment pas, des liens qu'on ne rompt pas
sans effort. Mme de Fiesque et la princesse en étaient à
ce point : elles ne pouvaient ni se souffrir ni se séparer.

Mademoiselle fut prévenue de cette résolution par les
confidences de Mme de Sully, par les tristesses de Mme de
Frontenac, par l'embarras et l'agitation de Mme de Fiesque.
Il faut lire dans ses Mémoires toute cette petite scène de
la séparation; une femme seule pouvait la raconter : « Le
soir, j'étois dans mon cabinet, où je faisois écrire des
vers et des chansons dans un livre. J'allay querir Mme de
Fiesque pour me dire celles qu'elle savoit... Mme de
Fiesque vint avec moi, puis elle sortit et revint; elle
avoit les yeux égarés, beaucoup plus qu'à son ordinaire.
Mlle de Vandy, qui la regardoit, lui dit : « Je ne sçay ce
que vous avez aujourd'huy ; vous n'êtes pas comme les
autres jours. » Elle alloit et venoit. Il y avoit dans ma
chambre Mme de Thianges, Mlle de Vandy, et Segrais, qui
écrivoit avec un conseiller de Dombes. Tout d'un coup
elle entra d'une furie terrible, et avec un air évaporé elle
me dit : « Je viens de recevoir des nouvelles de Paris qui
m'obligent d'y aller pour mes affaires, et en même temps,
on m'en envoye la permission, dont j'ai la plus grande
joye du monde; je suis ravie de vous quitter. » — Je lui
répondis : « Je suis ravie que vous ayez cette liberté;
c'est un bon signe pour M. le comte de Fiesque; et,

comme je l'aime et l'estime fort, je luy souhaite toutes sortes d'avantages. » — Elle me répondit : « Il y a long-temps que je souhaite sortir d'ici ; je ne sçavois où aller, sans cela je n'y serois pas demeurée ; je me déplais fort auprès de vous, et ne trouve pas que vous m'ayez traitée comme je le méritois. » — Je lui dis : « Quand vous avez désiré venir céans, je vous ai fort bien reçue. » — Elle reprit : « Cela eût été fort ridicule, que vous ne m'y eus-siez pas bien reçue ; je vous ay fait honneur de venir icy. » — « Et moy, lui dis-je, je vous en ay fait beaucoup de vous y recevoir. »

Quelle page de roman vaudra jamais cette page d'his-toire ? D'un côté, une femme qui affecte la colère et se jette d'elle-même dans le péril pour montrer qu'elle ne le craint pas ; de l'autre, une princesse à qui son rang permet et prescrit la patience ; puis l'irritation croissante de part et d'autre, les injures sans gros mots, les re-proches pour des griefs qu'on pouvait croire oubliés ; les défis, les bravades : la scène est complète. Enfin Mᵐᵉ de Fiesque choisit elle-même et fixa le jour et l'heure de son départ. Elle dit à Mademoiselle, en sortant, qu'elle aurait l'honneur de venir le lendemain, après midi, prendre congé de Son Altesse.

Le lendemain, en effet, honteuse de son emportement et toute calmée, Mᵐᵉ de Fiesque parut devant la prin-cesse. Elle était fort embarrassée ; elle lui baisa sa robe, et la supplia humblement de croire qu'elle ne manquerait jamais au respect dû à Son Altesse, quelque traitement qu'elle en reçût. — Mademoiselle reprit l'avantage : « Vous ne ferez que votre devoir, lui dit-elle sèchement, et la considération que j'aurai pour vous sera à cause de votre mari, que j'estime fort. » — Et elles se séparèrent.

La princesse s'empressa d'écrire cette aventure aux parents de la comtesse, et à son mari tout le premier. Pendant ce temps, Mme de Fiesque s'en allait à Guerchy, auprès de sa fille; elle y reçut, grâce aux démarches de l'abbé Fouquet, la permission qu'elle n'avait pas encore, quoi qu'elle en eût dit, de rentrer à Paris. Là, sa conduite à l'égard de son ancienne amie et patronne fut telle qu'on pouvait s'y attendre. Engagée dans les hostilités, elle les continua dans ses lettres et dans ses conversations. — Mademoiselle ne manque pas d'en être informée; elle se plaint, elle menace : on répond par de grandes soumissions et des respects exagérés; on se tient au courant de tout ce qui se fait par des amis communs qui s'amusent, malgré le danger, de ce petit manège, et par des serviteurs qui sont renvoyés dès que leur complicité est soupçonnée.

Bientôt Mme de Frontenac elle-même alla à Paris, sous prétexte d'un procès à solliciter; elle descendit chez Mme de Fiesque. Toutes deux, invitées au bal chez le duc d'Orléans, eurent grand soin de le faire dire dans la *Gazette*. A son retour à Saint-Fargeau, Mme de Frontenac s'empressa de parler de Mme de Fiesque, du crédit qu'elle avait, des fêtes qu'elle donnait. Et, en effet, la comtesse voyait toute la cour, c'est-à-dire ses nombreuses amies et un monde de soupirants.

L'histoire des amours de notre héroïne appartenait de plein droit à Bussy. Triste histoire, tristes amours, et

surtout triste historien. Je ne veux point rompre de lance
pour la vertu de Mme de Fiesque. Mais quand on voit
Bussy, après avoir rappelé les soins que lui rendirent le
chevalier de Gramont, le marquis de Rouville, le comte
de Guiche, Guitaut et l'abbé Fouquet, arriver à dire :
« La comtesse, à ce qu'on croit, n'a jamais eu le cœur
touché que du mérite de Guitaut »; quand, dans sa Correspondance, on lit ce qu'il écrit de la vive amitié, de la
sincère estime qu'il a pour « sa petite cousine », comment
s'expliquer certain passage de ses *Mémoires*, où il dit :
« La conquête de la comtesse étoit de toutes les affaires
de galanterie la plus facile à terminer. » Il montre ensuite
« la dame faisant la difficile, pour l'honneur seulement »;
s'humanisant lorsqu'elle voit « que toutes les formalités
dont elle se prétendoit faire valoir ne servoient qu'à lui
faire perdre une bonne fortune. » Enfin Guitaut « ancien
patron de la case », arrive, et Vivonne, cet amoureux
dernier venu, est congédié [1].

Quoi! cette femme, si âpre aux bonnes fortunes, aurait
congédié, pour Guitaut, un homme jeune et aimable, qui
avait de la qualité, de l'esprit, et un grand établissement
à la cour! Il est à croire, en effet, qu'elle avait le cœur
peu tendre, comme le dit Bussy quelques lignes plus bas;
et qui sait si cette dureté de cœur, à défaut d'autre vertu,
ne l'a pas défendue, même contre Guitaut? Ce qu'il y a
de certain, c'est que les chansons, qui respectent peu de
femmes, ont respecté Mme de Fiesque, et je ne sais si leur
silence ne prouve pas mieux une vie irréprochable que

---

1. *Mém. de Bussy*, édit. Lalanne, t. I, p. 100.

les affirmations de Bussy n'établissent la probabilité d'une faute. Dans le volumineux Recueil de Maurepas, on trouve deux fois le nom de Mme de Fiesque, et ces deux fois, dans des couplets de l'année 1670 ou environ. La comtesse avait alors cinquante et un ans. — Ces couplets ne contiennent aucune indiscrétion compromettante.

Nous n'insisterons donc point sur les péchés galants de Mme de Fiesque, qui ne sont nullement prouvés; nous aimons mieux, ni nous avons à consulter Bussy, lui demander un portrait de la comtesse, qu'il a connue à l'époque de son retour à Paris, quand elle avait près de quarante ans : « La comtesse, dit-il, étoit une femme aimable; elle avoit les yeux bleus et brillants, le nez bien fait, la bouche agréable et belle de couleur, le teint blanc et uni, la forme du visage longue, et il n'y a qu'elle seule au monde qui soit embellie d'un menton pointu. Elle avoit les cheveux ondés et étoit toujours galamment habillée, mais sa parure venoit plus de son art que de la magnificence de ses habits. Son esprit étoit libre et naturel; son humeur ne se peut décrire, car elle étoit, avec la modestie de son sexe, de l'humeur de tout le monde. »

Cet esprit libre et naturel, et cette humeur qui était celle de tout le monde, nous sont déjà connus, et nous expliquent comment, malgré la modestie de son sexe, Mme de Fiesque accepta, en 1657, la dédicace des Lettres de Campion, ami et complice de son mari dans la révolte du comte de Soissons. Toutefois, elle ne lui permit pas d'imprimer son nom à la tête du volume, et on ne la reconnait que par ses initiales : Mme L. C. D. F. : sans doute, certain sonnet licencieux que l'auteur a ajouté, parmi

d'autres poésies, à son recueil de Lettres, rendit aux yeux
de la comtesse cette réserve nécessaire.

La même année où le souvenir de son mari attirait à
Mme de Fiesque les hommages d'Alexandre de Campion,
le petit de Beauchasteau, enfant trop précoce, improvisa
pour elle un de ces fades éloges qu'il lançait, comme autant de traites, sur toutes les personnes qui pouvaient lui
échanger ses vers contre un peu d'argent.

Si la comtesse eût pu être flattée de ces témoignages
équivoques d'admiration, les poursuites de Mademoiselle,
qui était depuis peu rentrée à Paris, étaient bien faites
pour la rappeler à une triste réalité. Toujours informée
de ce que disait Mme de Fiesque, elle ne manquait jamais
d'y trouver une insulte, pour peu que son nom fût prononcé, et alors c'étaient des ambassades de valets envoyés à la comtesse; c'étaient des menaces à ses amis,
des plaintes au Cardinal, et toujours du bruit. Mme de
Fiesque se confondait en excuses, en protestations de
respect et de dévouement : la princesse était implacable,
et sa haine, accrue déjà par cette soumission qui ne lui
donnait aucune prise, s'augmentait encore de l'impossi-
bilité où elle se trouvait de pousser bien loin sa vengeance. Un jour que le prince son père lui proposait
d'aller au Cours, elle refusa de l'y accompagner, parce
que, disait-elle, il n'était pas homme à chasser de la promenade Frontenac, sa femme et la comtesse de Fiesque,
si on les eût rencontrés. Le lendemain, la cour quitta
Paris. La princesse y resta, et, pendant plusieurs jours
de suite, elle alla au Cours, décidée à les faire chasser
par ses valets si elle les y avait vus. A Fontainebleau, un

autre jour qu'il y avait comédie au palais, elle apprend
que son père a causé, dans la forêt, avec les comtesses.
Aussitôt elle va trouver la Reine et lui dit, les larmes aux
yeux, la terrible nouvelle qu'elle avait apprise : — « Si
votre père amène ces femmes à la comédie, répondit la
Reine, que puis-je faire »? Mademoiselle pleura beaucoup; les comtesses ne parurent pas au spectacle; peut-
être même n'étaient-elles pas à Fontainebleau; mais de
tels échecs étaient loin de la désarmer et de la calmer.

Lorsque la cour fit le voyage des Pyrénées pour les
fêtes du mariage du Roi, Mme de Montausier, dont le mari
était gouverneur de l'Angoumois, vint à Bordeaux faire
visite à Mademoiselle. Elle essaya de réconcilier Mlle de
Vandy, nouvelle amie de la princesse, avec Mme de Fiesque; elle espérait ensuite, par cet intermédiaire, réconcilier aussi les deux anciennes amies. Cette démarche ne
fut pas inutile plus tard, si elle ne réussit pas sur-le-
champ. « La princesse de Paphlagonie, dit Mademoiselle,
a une guerre déclarée contre la reine Gillette;.... vous
ferez la paix entre ces deux couronnes, lorsque celle de
France et d'Espagne sera signée. »

La paix fut signée, et l'on vit en effet depuis, à plusieurs
reprises, Mme de Fiesque auprès de Mlle de Montpensier.

Cette longue querelle eût fini plus tôt si le comte de
Fiesque avait pu revoir la France; mais, dans l'année
même qui précéda cette réconciliation, il mourut à Madrid, jeune encore et exilé. Mademoiselle apprit cette
perte par le prince de Condé; mais, dure et fière, elle
n'eut pas un mot de consolation pour la veuve du comte,

son parent et son ami. La mort de Fiesque ne passa pas inaperçue; la *Gazette* de Renaudot l'annonça, comme une nouvelle de Madrid, à la date du 20 octobre[1]. Loret, moins empressé, n'en parle que dans sa lettre du 23 novembre, et nous apprend ce détail que le comte se repentit d'avoir servi contre la France :

> Cloton, qui n'épargne non plus
> Le Petrus que le Carolus...,
> Le sérieux que le grotesque,
> A ravy le comte de Fiesque,
> Qui, nonobstant son grand esprit,
> A fini ses jours dans Madrid,
> Non sans témoigner repentance
> De mourir déserteur de France.
> Hélas ! ils en viennent tous là.

Le comte n'eut pas d'autre oraison funèbre. Sa mort laissait M⁽ᵐᵉ⁾ de Fiesque dans une position difficile : de ses deux filles, l'une, Henriette, se fit, en 1660, religieuse au couvent nouvellement fondé des filles de Sainte-Marie, à Saint-Denis; l'autre, Catherine-Marguerite, était à Jouarre, où elle payait une pension de cinq cents livres : elles prirent le voile. Le fils était bien jeune encore. Dans son intérêt, ses tuteurs honoraires, le comte de Tillières et messire François Péan, et aussi le sieur Etienne Descoux, tuteur onéraire, durent renoncer, pour leur pu-

---

1. *Gazette,* année 1658, p. 1132; 29 octobre, de Madrid : « Le comte de Fiesque, qui résidoit icy pour M. le prince de Condé, est mort cette semaine. »

pille, à la succession de son père, qui mourait insolvable.

Le jeune comte avait encore, toutefois, la fortune de
sa grand'mère; sa mère faisait saisir la terre de Bressuire, que l'acquéreur n'avait pu payer; et, à ces ressources se devait joindre bientôt un grand espoir : le
traité des Pyrénées, en même temps qu'il donnait amnistie pleine et entière au prince de Condé et à ses adhérents, constatait et réservait les droits du comte de
Fiesque sur la République de Gênes.

Ni les embarras de cette succession, ni la perte de son
mari, ne paraissent avoir été bien sensibles à la comtesse.
Le chagrin glissait sur elle sans s'y fixer; elle était de
ces femmes qui se désolent vite et beaucoup à la fois, pour
n'y plus penser : heureuses natures dont il ne faut ni blâ-
mer l'insouciance ni plaindre la froideur; la mobilité de
leur caractère, la rapidité de leur imagination, la légèreté de leur esprit, expliquent leurs larmes sitôt séchées.

La maison de la comtesse, quelque temps fermée, ne
tarda pas à se rouvrir; et, au temps où s'imprimait le
Dictionnaire des Précieuses (1661), Somaize pouvait signaler sa ruelle comme la plus fréquentée de tout Athènes
(Paris) : « L'esprit de cette illustre femme, dit-il ensuite,
est généralement cherché de tout ce qu'il y a de plus grand
et de plus spirituel dans cette grande ville. » A l'entendre,
les auteurs les plus connus se faisaient gloire de soumettre leurs ouvrages à son jugement; ses lumières effa-
çaient toutes celles de son sexe, et c'est ce qui explique
l'empressement qu'avaient à la visiter le prince de Condé
et son fils, le duc d'Enghien.

Somaize parle d'elle encore ailleurs sous le nom de *Fé-licie*. Et, à ce sujet, qu'il nous soit permis de relever une erreur que commettent souvent les écrivains qui ont à citer cet auteur. S'il s'agissait, par exemple, de Mme de Fiesque, ils diraient certainement : « Son nom de pré-cieuse était *Félicie*. » Mais il n'y a jamais eu de noms de précieux ou de précieuses que dans des cercles peu nom-breux, et encore tout le monde n'avait pas une désigna-tion caractéristique, une sorte de signalement au moral. Lorsque Somaize publia son livre, il ne s'inquiéta ni des sobriquets adoptés dans telle ou telle société, ni de ceux imposés par tel ou tel roman. Il fit à sa guise sa nomen-clature, ayant soin seulement, en général, de conserver au nom de guerre l'initiale du nom de famille. Nous ne dirons donc pas que Mme de Fiesque s'appela *Félicie* chez les précieuses; elle fut tour à tour la reine Gilette, Gela-tille, Gelonide, Félicie. Enfin, lorsque Jean de la Forge publia, en 1663, son *Cercle des Femmes savantes*, il fit un éloge pompeux d'*Axiamire*, qui n'est autre que la com-tesse, chez qui l'on admire

> Le cœur grand, l'âme noble et pleine de bonté,
> Et la science jointe avecque la beauté,

et qui est à la fois « la plus illustre des savantes et la plus généreuse protectrice des savants. »

Malgré cette générosité tant vantée, nous ne voyons pas que d'autres savants aient, depuis, publié en son hon-neur de ces sortes d'hommages littéraires. Sa jeunesse était passée, et si elle attirait encore, si elle était tou-

jours recherchée à cause de son esprit, le temps n'était
plus de cette grande vogue qui faisait épier toutes ses
actions, répéter toutes ses paroles. Ses amis lui restaient
fidèles; mais la génération nouvelle suivait un courant
qui l'entraînait vers de plus jeunes visages et de plus
jeunes esprits.

Sa paix était faite avec Mlle de Montpensier; elle visitait la princesse au Luxembourg, où elle trouvait « une
cour admirable, mais divertissante à l'ordinaire[1]. » C'est
ainsi qu'elle en parlait à Bussy-Rabutin, qui ne savait
quelles marques lui donner de son amitié avant de lui
laisser des outrages posthumes. Elle faisait de lui son
confident; avec lui elle chantait « le tonrelontonton[2], »
c'est-à-dire un couplet qui raillait Mme de Piennes, femme
du frère de son premier mari; avec lui elle causait de ce
procès[3] qu'on faisait à elle et son fils pour d'anciennes
dettes. Elle était séparée de biens, et n'avait rien à craindre
des créanciers de son mari; son fils, de son côté, avait
renoncé à la succession : aussi le sieur Des Touches, qui
avait fait saisir leurs biens pour une rente de 4,500 livres,
représentant un capital de 90,000 livres, perdit son procès, et mainlevée fut donnée de la saisie qui avait tant
inquiété la comtesse. A Bussy encore elle disait jusqu'aux
idées tristes qui lui venaient par bouffées; alors elle trouvait la cour et le monde mal tournés : « Chacun a ses

1. Lettre de la comtesse de Fiesque à Bussy-Rabutin, 28 février 1667.

2. Bussy, lettre à Mme de Gouville, 19 octobre 1667.

3. Lettre de la comtesse de Fiesque à Bussy, 23 avril 1667, et
réponse de Bussy du 26 août.

chagrins; il y a la plus grande gueuserie parmi les courtisans; que sais-je? On ne sait que souhaiter[1]. »

Les accès de mélancolie ne duraient pas chez une femme du caractère de la comtesse : « C'est assurément nous qui faisons notre bonheur, écrit-elle à Bussy; il y a longtemps que je l'éprouve par moi-même; car, quoique ma fortune soit médiocre, et que dans toutes les affaires que j'ai eues j'aye essuyé mille chagrins, je n'ai pas laissé d'être gaillarde, comme celles qui en ont le plus de raison. Demeurons donc comme cela et nous moquons de tout[2]. »

Fidèle à de tels principes, la comtesse ne manque aucune des occasions qui se présentent de soutenir « son humeur gaillarde. » Il y a de grandes fêtes à Versailles pendant le carnaval de 1667 : c'est le beau temps où l'amour du roi pour La Vallière est dans toute sa ferveur; Mme de Fiesque s'y dispose longtemps d'avance, et paraît masquée pendant les trois jours; la comtesse de Guiche va à Verneùil pour se trouver aux noces de la duchesse de Sully, sa mère : la comtesse y court des premières : « elle est l'aimable Déesse de toutes les fêtes[3]. » Il y a une grande partie de plaisir à Chantilly, chez le duc d'Enghien; Mme de Fiesque y vient goûter

Tous les plaisirs que la campagne
Ajoute aux palais enchantez...
Le plaisir de la pêche à la ligne, à la nasse
Fut suivi d'une grande chasse.

1. Lettre à Bussy, 4 janvier 1668.
2. Lettre à Bussy, 20 juin 1667.
3. Lettre de Mlle d'Armentières à Bussy, 6 novembre 1668.

C'est en ces termes que Subligny parle de ce grand
événement dans sa *Muse Dauphine* : Mme de Fiesque figure
honorablement dans son récit. Du haut d'un échafaud
préparé pour la fête, elle assista, avec les autres dames,
à une chasse au sanglier.

> Un des sangliers blessez alla droit expirer
> Au pied de l'échafaut, et près d'une personne
>   Qui se leva pour l'admirer.
>   Je pense qu'on devine presque
>   Que c'est la comtesse de Fiesque?
>   — Oui, c'est elle. Tant qu'il vescut,
>   Qu'il se deffendit, qu'il courut,
>   Il n'avait pas la hure belle ;
>   Mais dès que l'épieu l'eut mit bas :
> « Hélas ! qu'il est joly, » dit-elle [1].

Cependant la comtesse n'aimait pas la chasse [2]; mais
elle aimait le monde, et c'est le monde qu'elle était venue
chercher.

Assez souvent elle s'en éloignait pour aller au château
de Guerchy voir sa fille ; un accident terrible vint la lui
enlever en 1672. Mme de Guerchy mourut à la campagne
« pour avoir eu peur du feu, dit Mme de Sévigné ; elle étoit

1. Subligny, *la Muse Dauphine*, p. 13.
2. C'est ce que dit formellement Savary dans un poème latin
sur la Chasse, en parlant de celle des sangliers de la forêt de Cin-
glais et de la terre de Fresnay, qui appartenaient à la comtesse :

> ..... Hanc inter domus illa fuit, venantibus apta
> Si qua domus, dominos nemorensis nempe Dianæ
> Si tetigisset amor; *sed fortior allicit aula...*

grosse de huit mois. Elle est accouchée et morte ensuite : cette manière de mourir m'a blessé le cœur[1]. » La comtesse fut désespérée. Elle se jeta dans un couvent : « Elle est bien embarrassée d'une affliction[2]. »

Mme de Fiesque secoua bientôt cette affliction qui la gênait. L'année suivante, elle était au château d'Epoisses, dans la famille de M. de Guitaut, qu'on lui avait jadis donné pour amant, et qui était son ami ; elle et Mme de Guitaut allèrent un jour surprendre Mme de Sévigné. « Enfin, s'écrie celle-ci dans une lettre à sa fille, voilà donc la comtesse à Bourbilly ; comprenez-vous cela ? plus belle, plus fraîche, plus magnifique et plus gaie que vous ne l'avez jamais vue[3]. » Or, c'est en 1673, et Mme de Fiesque a cinquante-quatre ans ; « elle pare et donne du plaisir à tous le pays[4]. » Aussi Mme de Scudéry disait-elle : « Mme de Fiesque est une amie qui n'aime rien fortement que le plaisir[5]. »

Le caractère bien connu de Mme de Fiesque a heureusement inspiré la vieille Mme Cornuel. Un jour (en 1676) qu'on parlait de la comtesse de Fiesque : « Ce qui conserve sa beauté, dit-elle, c'est qu'elle est salée dans la folie. » Un autre jour, la comtesse défendait le bon sens

1. Lettre du 27 janvier 1672.
2. Lettre de Mme de Scudéry à Bussy-Rabutin, *Corresp. de Bussy*, édit. Lalanne, t. II, p. 66. Bussy répond : « Je plains bien la pauvre comtesse d'avoir perdu sa fille et d'être obligée d'être triste. Je crois que sa joie lui est bien aussi chère que ses enfants » (22 janvier.) —Oh ! les bons amis !
3. Lettre du 21 octobre 1673.
4. *Id.*, Lettre du 25 octobre 1673.
5. *Corresp. de Bussy*, lettre de Mme de Scudéry du 4 avril 1672.

de Combourg : « Bonne comtesse, lui dit Mme Cornuel, vous êtes comme les gens qui ont mangé de l'ail[1]. » Voilà de ces mots qui faisaient rire aux larmes M. de Cou-langes. Bussy n'en riait pas moins ; et lui, qui se plaignait si volontiers que Mme de Fiesque ne s'attachait à personne, éprouvait, aux dépens de son amour-propre, presque de sa bourse, qu'elle savait prendre au besoin les intérêts de ses amis. Il voulait faire un procès à Mme de Montglat (comprend-on une pareille audace?) pour une somme de neuf mille livres qu'il lui avait prêtée, autant qu'il pou-vait y avoir entre eux un prêt et un emprunt. Mme de Fiesque, à qui on parla de cette mauvaise pensée, lui écrivit à ce sujet une lettre charmante, que nous donnons d'autant plus volontiers qu'elle est encore inédite[2]. « ... Je n'ai parlé à âme vivante de votre affaire que ce que je vous aurois dit à vous-même si je vous avois vu, qui est qu'il me semble que vous avez tort tous deux, vous de faire un procès à Mme de Montglat pour n'en avoir jamais un quart d'écu, et elle de vous en refuser un papier, par-devant notaire, pour n'être payé qu'après sa mort. Quand il y auroit eu cent mille écus, je vous l'aurois donné tout de même, parce qu'il est juste de payer ses dettes si elle a du bien ; et si elle n'en a pas, cela ne lui fait point de mal... Si je vous avois vu, je vous aurois dit mon senti-ment sur la comédie que vous allez donner au public, en cas que vous plaidiez contre Mme de Montglat. Je vous

1. Mme de Sévigné, lettres du 7 avril et du 6 mai 1676.
2. Elle fait partie du cinquième volume de la *Corresp. de Bussy,* qui sera prochainement publié chez l'éditeur Charpentier. Ce vo-lume a paru depuis la première publication de notre étude, et cette lettre s'y trouve, — 9 juin 1680.

parle ainsi par l'amitié que j'ai pour vous, et par l'intérêt que je prends en votre conduite. Si, après cela, vous voulez pousser cette affaire en justice, je m'en consolerai, et je croirai que vous savez mieux vos affaires que moi... »

L'année suivante, Mme de Fiesque vit son fils, conseillé par M. de Seignelay, présenter au Roi une première requête au sujet de ses droits sur la République de Gênes. Louis XIV n'ayant point répondu à cette réclamation, un second Mémoire du jeune comte « touchant la restitution de ses biens usurpez par l'Estat de Gênes, par ceux de la maison Doria et autres », imprimé à Paris en 1683 [1], eut plus de succès; le Roi exigea de la République qu'elle donnât à M. de Fiesque, en attendant que l'indemnité fût réglée, une somme de cent mille écus, représentant (tous droits réservés!) la valeur du comté de Lavagne.

Mme de Fiesque avait à ce succès un intérêt d'affection avant tout; mais ces ressources nouvelles offertes à son fils, qui partageait généreusement sa fortune avec elle, lui étaient précieuses. Quelques jours avant cette faveur accordée au comte, le Roi lui attribuait à elle-même (12 août 1684) une pension de quatre mille livres [2]. La comtesse en jouit sans bruit pendant près de quinze années : elle mourut le 16 octobre 1699, âgée de quatre-vingts ans. Son fils, qui lui laissait la jouissance d'une terre de huit à neuf mille livres, se trouva alors avoir plus de dix mille écus de rente, fortune assez considérable qu'il abandonna, par testament, à son ami le duc de Noirmoutiers.

1. In-4° de 38 pages.
2. *Dictionnaire des Bienfaits du Roi.*

Saint-Simon parle toujours avec plaisir de la comtesse
de Fiesque comme d'une personne dont il aimait l'esprit
enjoué, le caractère facile : « C'était, dit-il, la meilleure
femme du monde, la plus gaie, la plus rare, et qui, morte
à plus de quatre-vingts ans, ne chemina jamais qu'entre
quinze et dix-huit ans. »

Il y a là un éloge et une critique que nous acceptons
pour Mme de Fiesque. Il y eut, en effet, en elle, du mal et
du bien ; le mal, c'est sa dissipation et son désordre : elle
en souffrit seule ; le bien, c'est son caractère gai, ser-
viable, dévoué, fidèle : tout le monde en profita. Ne soyons
pas trop sévère pour une femme dont les défauts n'ont
nui qu'à elle-même, et qui s'est attaché toute la société
de son temps par ses charmantes qualités.

MARIE MANCINI

CONNÉTABLE COLONNA[1]

I

L'histoire de Marie Mancini a tenté plusieurs écrivains : M. Amédée Renée en 1856, plus récemment M. Chantelauze et M. Georges d'Heylli lui ont consacré des monographies plus ou moins étudiées, mais suffisantes pour montrer à quel point, dans certaines vies, la vérité peut présenter l'intérêt du roman.

M. Chantelauze a un peu élargi ce cadre restreint : à côté des aventures aussi nombreuses que variées de Marie Mancini, il a voulu expliquer de grands sentiments par de grands intérêts, et relever son sujet par des considérations politiques dignes de la grande histoire.

La notice de M. Renée, celle de M. d'Heylli, en tête de la réimpression de l'*Apologie* de Marie Mancini, sont de médiocre importance auprès de l'ouvrage de M. Chantelauze ; à en juger par son étendue, il semblerait avoir épuisé la question.

1. *Louis XIV et Marie Mancini d'après de nouveaux documents*, par R. Chantelauze. — Paris, Didier; 1 vol. in-8°.
Véritables mémoires de Marie Mancini, princesse Colonna, réimprimés pour la première fois avec notice et notes, par Georges d'Heylli. — Paris, E. Hilaire; 1 vol. in-18.

Cependant M. Chantelauze, qui, par ses précédentes publications, nous avait donné le droit de compter sur un travail définitif et qui ne devait laisser rien à dire après lui, a été loin de répondre à notre attente. On peut s'étonner à juste titre du petit nombre de textes qu'il a consultés, du parti pris évident avec lequel il travestit des intentions qu'il ne lui est pas permis de suspecter, et se livre à des interprétations que les faits contredisent. On constate avec surprise l'absence de critique dans le choix des documents, acceptés sans contrôle suffisant, le vague, les à peu près dans lesquels M. Chantelauze se tient souvent, les contradictions qui lui échappent, l'ignorance enfin où il est resté de sources qui lui auraient permis de préciser et de compléter son récit. Croirait-on, par exemple, pour n'insister que sur ce dernier point, qu'il n'a pas cherché, jusqu'à ce qu'il les ait rencontrés, la date exacte de la naissance, la date du mariage, la date et le lieu de la mort de Marie Mancini? Ce ne sont pas là cependant des détails sans importance, puisqu'ils forment la charpente en quelque sorte de son histoire, et nous pouvons assurer que, sans même se donner beaucoup de peine, M. Chantelauze les aurait trouvés aussi bien que nous.

II

Marie Mancini naquit à Rome le 28 août 1639, dans le palais de sa famille, aujourd'hui palais Salviati, sur le Corso. Voici son acte de naissance :

« *3 septembre 1639. — Ego Hieronymu' Barbensius, vic.
perpetuus Sanctæ-Mariæ-in-Via-Lata, baptizzavi infante'
nata' die vigesima octava mensis præterili Augusti 1639, ex
Domino Laurentio, filio Domini Pauli Mancini, et ex Do-
mina Hieronyma de Mazzariniis, conjugibus, cui impositu'
fuit nomen Maria. Patrinus fuit Dominus Vincentius Mar-
tinozzius de Fano¹.* »

« 3 septembre 1639. — Je, Jérôme Barbensi, vicaire perpétuel de Sancta-Maria-in-Via-Lata, ai baptisé une fille, née
le 28 août dernier, de Monsieur Laurent, fils de Monsieur Paul
Mancini, et de Madame Hieronyme Mazarin, mariés, à laquelle fut donné le nom de Marie. Le parrain fut Monsieur
Vincent Martinozzi de Fano. »

Nous glisserons sur les premières années de Marie
Mancini. Lorsque le cardinal Mazarin, son oncle, l'appela
en France, elle ignorait la langue française, et dut rester
huit mois à Aix, un mois en voyage, avant de pouvoir
paraître à la cour; mais son éducation fort incomplète et
ses manières trop peu formées ne permirent pas au Cardinal de la conserver près de lui : il la plaça au couvent
de la Visitation du faubourg Saint-Jacques, et l'y laissa
dix-huit mois, sous la direction de la Mère de Lamoi-
gnon; elle n'en sortit que pour rejoindre la cour à La
Fère et suivre de loin cette campagne contre Valenciennes, qui se termina par un insuccès et une savante
retraite de Turenne (16 juillet 1656).

Le Cardinal avait voulu profiter de ce voyage pour
rapprocher sa nièce du grand-maître de l'artillerie,

1. *La Rassegna settimanale,* nº du 15 janvier 1882; article de
M. Ademollo.

Armand-Charles de la Porte, alors âgé de vingt-cinq
ans, fils du maréchal de la Meilleraie, cousin germain du
cardinal de Richelieu, et d'une fille du maréchal d'Effiat;
mais le jeune grand-maître préférait Hortense, sœur
cadette de Marie, et ce fut elle qu'il épousa, pour leur
commun malheur, en substituant à son nom de La Porte
de la Meilleraie le nom et les armes pleines de Mazarin.

Dès cette époque, Marie montrait une nature indisciplinée et rebelle qui appelait les sévérités de sa mère et
de son oncle; elle se plaint beaucoup de l'un et de
l'autre, et il n'est pas douteux qu'en comprimant outre
mesure un semblable caractère on l'exaspérait, on lui
donnait le goût et l'habitude de la résistance, on s'assurait sa haine : aussi, disait dans ses *Mémoires* Hortense
Mancini devenue duchesse de Mazarin, « c'est une chose
remarquable qu'un homme de ce mérite (Mazarin), après
avoir travaillé toute sa vie pour élever et enrichir sa
famille, n'en ait reçu que des marques d'aversion, même
après sa mort. »

Introduite à la cour, Marie ne tarda pas à y marquer
sa place; si elle n'avait pas alors, à dix-sept ou dix-huit
ans, la beauté rayonnante qu'on admira en elle à quarante ans, elle avait aux yeux du jeune Roi un don infiniment plus précieux que la beauté : l'art de lui plaire.

Tous les *Mémoires* du temps ont parlé de l'impression
profonde qu'elle fit sur l'esprit de Louis XIV, de l'influence qu'elle prit sur lui, de la passion violente qu'elle
lui inspira et qu'elle éprouva elle-même. D'abord, le
jeune Roi n'avait vu en elle qu'une camarade, dont l'esprit et l'enjouement l'amusaient, et avec qui une certaine

familiarité lui était permise, dans cette cour sévèrement gourmée où la Reine-Mère veillait, avec un soin scrupuleux, à prévenir toute inclination qui pût le porter à offenser Dieu, comme le dit pudiquement Mme de Motteville. Puis vinrent la campagne de 1658, la prise de Dunkerque, la maladie du Roi à Calais : maladie grave, qui permit de distinguer les amis vrais des courtisans ambitieux. Pendant qu'avec une affectation cynique autant qu'imprudente certains s'empressaient autour de Monsieur, en qui l'on voulait être des premiers à saluer le prochain successeur de Louis, d'autres, comme la comtesse de Soissons, exagéraient une indifférence calculée; bien rares étaient ceux à qui la pensée de la perte prématurée du jeune prince causât une douleur sincère et désintéressée. C'est parmi ces derniers que se fit remarquer Marie Mancini : « Mlle de Mancini, à qui le Roi ne parloit que comme à la nièce de M. le Cardinal, et d'une manière fort indifférente, se tuoit de pleurer : cela donna occasion de dire, ajoute Mlle de Montpensier, qu'elle aimoit passionnément le Roi. »

Peu de temps après, la Reine-Mère et le Cardinal, soit avec l'intention sincère de prémunir Louis XIV, en le mariant, contre les entraînements de sa nature ardente, soit pour forcer l'Espagne à se déclarer, négocièrent le mariage du Roi avec la princesse Marguerite de Savoie, fille de Christine de France et, comme lui, petite-fille d'Henri IV. Un voyage à Lyon fut décidé : c'est là que devaient se voir et s'aimer Louis et sa jeune cousine. Marie Mancini suivit son oncle et la cour. Il faut lire dans les *Mémoires* de Mlle de Montpensier les intéressants détails de ce long trajet : ce que nous y notons surtout, c'est le développement rapide de la passion du Roi pour Marie. Une partie de la route se fit à cheval : « Le Roi fut toujours auprès de Mlle de Mancini, à lui parler le plus galamment du monde. » On s'arrêta à Dijon : « Sa Majesté ne soupoit point avec la Reine, et de cette manière il fut quatre ou cinq jours à causer avec Mlle de Mancini. » On arrive à Lyon ; l'entrevue du Roi et de la princesse a lieu : « N'êtes-vous pas honteux, dit au Roi Marie Mancini, qu'on vous veuille donner une si laide femme? » Le soir, on se réunit chez la Reine-Mère ; Madame Royale vient avec sa fille, la princesse Marguerite : « Le Roi causa toujours avec Mlle Mancini devant elle, et sans lui dire un mot. »

L'Espagne a fait enfin une démarche décisive ; le projet de mariage est rompu ; ce n'est plus de l'autre côté des Alpes, c'est de l'autre côté des Pyrénées qu'une alliance est désirable : la cour de Savoie quitte Lyon ; mais la Reine, le Roi, le Cardinal et leur suite y prolongent leur séjour : « Le Roi alloit voir le Cardinal, et, le reste du jour, il causoit avec Mlle de Mancini, avec laquelle il faisoit collation à l'ordinaire. Quand la Reine donnoit le bonsoir pour se coucher, il ramenoit Mlle de Mancini chez elle. Au commencement, il suivoit le carrosse, puis servoit de cocher, et à la fin il se mettoit dedans. Les soirs qu'il faisoit beau clair de lune, il faisoit quelques tours dans Bellecour. Mlle de Mancini fut malade deux ou trois jours ; il alloit souvent la voir. »

Jusqu'ici, mille circonstances montrent l'amour du Roi ; mais le mot n'est pas encore prononcé. Enfin on quitte

Lyon; entre un mariage manqué et un autre qui peut ne pas réussir, Louis a repris sa liberté : sa passion éclate à tous les yeux, et Mlle de Montpensier n'hésite plus à reconnaître que « le Roi est de bien meilleure humeur depuis qu'il est amoureux de Mlle de Mancini ». Encore quelques mois, quelques semaines, et nous arrivons à cette époque décisive où la cour entière put douter, où Marie elle-même se demanda si un jour ne viendrait pas qui ferait d'elle une reine de France.

III

Le rôle que joua le Cardinal dans cette grave affaire n'a pas été assez discuté : il semble que la haine contre le Mazarin dure encore après deux siècles passés. Nous en avons la preuve dans la persistance de ces couplets satiriques que l'on continue encore à chanter dans les vieilles familles, comme

> Un vent de fronde
> A soufflé ce matin;
> On dit qu'il gronde
> Contre le Mazarin...

Les préventions subsistent : on les retrouve dans le choix exclusif que l'on fait de documents notoirement hostiles à Mazarin, comme les *Mémoires* haineux et partiaux de Mme de Motteville; dans le soin exagéré que l'on prend de recueillir les plus petits faits, une ligne, un mot, pour en tirer à perte de vue des déductions honteuses contre sa duplicité et son ambition. On paraît subir une contrainte

lorsqu'on est forcé enfin de lui reconnaître quelque désintéressement, quelque patriotisme. Ce sont des conditions peu favorables à la vérité de l'histoire que celles où
se placent ainsi certains historiens et particulièrement,
puisqu'il faut arriver à lui, M. Chantelauze.

Nous protestons énergiquement contre cette manière
de faire. Nous croyons qu'il faut savoir distinguer, parmi
les écrivains de l'époque, les amis des ennemis, examiner
sans parti pris les textes des uns et des autres, se défier
des appréciations, aussi suspectes que variables à cette
époque comme dans tous les temps, donner aux faits une
importance prépondérante et, si on les explique, préférer
toujours, pour l'honneur de l'humanité, les motifs les
plus honnêtes à ceux qui le sont moins. M. Chantelauze
appartient à l'école pessimiste; il se complait à nier le
bien, à mettre le mal en relief : y trouve-t-il un grand
profit pour la moralité de l'histoire?

Le guide principal de M. Chantelauze est Mme de Motteville; il prétend que « son témoignage ne saurait être
suspect », qu'il est « irrécusable » parce que « elle savait
mieux que personne ce qui se passait dans l'intérieur de
la Reine ». En vain M. Chéruel, dont on connaît les
savantes études sur cette époque, se montre favorable à
la probité patriotique de Mazarin : qu'importe à M. Chantelauze quand Mme de Motteville a parlé? Mme de Motteville se contredit parfois : qu'importe encore? N'est-elle
pas d'accord avec Brienne et avec Mme de La Fayette
pour infirmer d'avance les « suppositions » de M. Chéruel?

Pour nous, nous le disons hautement : nous croyons
que Mazarin repoussa toujours et dès la première heure

la pensée du mariage du Roi avec Marie Mancini. Craignait-il que sa nièce ne lui nuisît plus facilement dans l'esprit du Roi quand elle serait sur le trône, et quand le mariage aurait calmé sa passion, que pendant les premières et folles ardeurs d'un amour contrarié? Nous ne le croyons pas; à nos yeux, Marie était plus dangereuse dans une période de résistance, où elle avait le Roi pour complice, qu'après l'apaisement qui aurait suivi le triomphe de leurs communes espérances.

Nous récusons Mme de Motteville toutes les fois qu'elle donne des faits une explication désavantageuse; nous la croyons, au contraire, toutes les fois que, se contredisant elle-même, elle donne de la conduite de Mazarin une interprétation favorable; et notre opinion, dans les deux cas, se justifie par cette seule raison que Mme de Motteville était l'ennemie implacable et injuste de Mazarin.

Mais, dira M. Chantelauze, l'opinion de Mme de Motteville est confirmée par Brienne et par Mme de La Fayette. Où a-t-il vu cela? Pour nous, dans les textes qu'il a cités, nous n'avons trouvé que des appréciations suspectes et non des faits, et encore ces appréciations sont-elles contredites par des contemporains dont les témoignages méritent plus de confiance.

Écoutons l'abbé de Choisy :

« Ça été un grand problème entre les politiques de savoir si le Cardinal agissoit de bonne foi, et s'il ne s'opposoit pas au torrent pour en augmenter la violence. »

Disons bien vite que cette idée ne serait jamais venue

aux politiques du temps si, comme nous, ils avaient
connu la correspondance de Mazarin, qui ne fut publiée
que beaucoup plus tard. Choisy continue :

« J'ai vu le maréchal de Villeroy et feu M. le Premier (le
premier écuyer, M. de Béringhen) agiter fortement la question,
Ils apportoient une infinité de raisons pour et contre, et d'ordinaire *ils concluoient en faveur de la sincérité du Cardinal.* »

Quoi qu'en puisse dire M. Chantelauze, si l'on s'en tient
aux appréciations, l'avis raisonné du vieux maréchal de
Villeroy et de M. de Béringhen nous paraît plus sûr que
celui d'une ennemie, Mme de Motteville, d'un mécontent,
Brienne, et d'une jeune femme de vingt-cinq ans, Mme de
La Fayette, qui, par son mari, tenait à une famille de
frondeurs.

Si, sans nous préoccuper de ces opinions, qui ne s'ap-
puyaient, en somme, que sur les sentiments éprouvés à
l'égard du Cardinal, nous examinons sa correspondance,
qui ne nous est bien connue que depuis ces dernières
années, le doute n'est plus permis ; il est certain que,
dans un temps où l'entourage même du Roi sacrifiait la
patrie à ses intérêts, où Condé combattait pour les ennemis de la France, Mazarin, étranger d'origine, mais Français de cœur, donna un glorieux exemple du patriotisme
le plus pur et le plus désintéressé.

M. Chantelauze fait deux reproches à Mazarin : d'abord
d'avoir « élevé le Roi dans l'ignorance et l'indifférence
des choses de l'État » ; ensuite, d'avoir voulu marier sa

nièce avec Louis XIV, et de n'avoir renoncé que par intérêt à ce beau projet.

C'est maintenant à Mazarin et à Louis XIV lui-même
que nous demanderons une réponse. Pressé de justifier
le Cardinal, nous ne nous arrêterons pas même sur cet
étrange passage où M. Chantelauze, copiant Amédée
Renée sans nous prévenir, — ce qui touche au plagiat, —
nous montre « Lyonne, Saint-Évremond, La Rochefoucauld causant avec Marie Mancini, l'un de politique, l'autre
d'histoire, celui-ci de morale; — Marie faisant à haute
voix la lecture des romans et des tragédies à la mode,
devant le cercle de la Reine; sa voix passionnée, amoureuse, et jusqu'à son accent italien donnant un charme
étrange à sa diction; — Marie faisant l'éducation littéraire du prince qui devait être le Mécène de son siècle, —
lui inspirant l'amour du pouvoir et de la gloire. » Peut-on
se figurer plus de fantaisie dans un tableau plus faux!

Mais revenons à l'ignorance des affaires où Mazarin
aurait laissé le Roi. Louis XIV, qui, à plusieurs reprises,
dans ses *Mémoires*, se reproche d'avoir commencé trop
tard à s'occuper du gouvernement, n'a pas, pour s'excuser,
un seul mot qui accuse Mazarin; dans une letre à la Reine
sa mère, il lui annonce « qu'il a reçu du Cardinal une
grande lettre dans laquelle le ministre l'exhorte à apprendre son métier de roi, et qu'il est bien résolu à
suivre ses conseils ». — Nous avons en effet des lettres
de Mazarin qui insistent vivement auprès du Roi pour
qu'il prenne une part active à la direction de son État.

Ce qu'on a dit de l'ambition du Cardinal pour sa famille,
et de sa conduite en présence de l'amour réciproque qui

entraînait le Roi et Marie Mancini, n'est pas plus vrai que
les prétendus calculs du Cardinal imposant au Roi l'oisi-
veté et les plaisirs au lieu d'un travail nécessaire. Ses
lettres, inconnues de ses contemporains, mais publiées
au xviii° siècle et, tout récemment, avec une plus exacte
fidélité, par M. Chantelauze lui-même, ne portent pas
seulement sa justification : elles font son plus incontestable éloge.

Avant d'en donner des extraits, nous voulons cepen-
dant relever chez Mme de Motteville, entre plusieurs contradictions qui sont autant d'hommages à la vérité, le
passage suivant, relevé par M. de Chantelauze, et qui nous
paraît décisif :

« Faisait-on entendre à la Reine, dit M. Chantelauze, que,
sans elle, le Cardinal ne se serait jamais avisé de faire partir
sa nièce? Elle répondait toujours que *lui seul* avait pris cette
résolution pour mettre fin aux folles prétentions de Marie
Mancini, *et que la timidité n'avoit point eu de part à sa
conduite.* Enfin murmurait-on à ses oreilles que le Cardinal
n'était pas fâché que le Roi persévérât dans le dessein d'épouser sa nièce? *Elle assuroit que, par lui-même et par ce qu'il
devoit au Roi, à elle et au royaume, il ne consentiroit* jamais
à cet excès d'honneur, dont la pensée seule le rendrait criminel
devant Dieu et devant les hommes. »

Comment M. Chantelauze, à qui nous empruntons tous
ces passages, n'a-t-il pas été frappé des témoignages
qu'ils apportent en faveur de la loyauté et du désintéressement de Mazarin? Qui donc opposa aux pleurs, aux
supplications du Roi la plus énergique résistance : est-ce

Mazarin, qui exila ses nièces à Brouage et s'opposa à ce que le Roi, allant dans le Midi, se détournât de sa route pour les aller visiter; ou la Reine-Mère, dont la faiblesse arracha au Cardinal cette concession qu'il blâmait, et qui se prêta à faire venir auprès d'elle Marie Mancini pour que son fils la vît au passage?

Nous arrivons aux lettres qui mettent à nu la vraie pensée de Mazarin, lettres dans lesquelles son habileté lui eut facilement permis de jouer un double rôle, de ménager deux volontés contraires, celle de la Reine et celle du Roi, afin d'avoir toujours gain de cause, quelle que fût l'issue de l'événement; lettres dans lesquelles, au contraire, il s'expose hardiment à la colère du Roi, sans espérance d'aucun profit personnel, et même avec l'arrière-pensée d'un échec probable, suivi d'une disgrâce plus probable encore.

Ce serait affaiblir la portée et la noble éloquence de ces lettres que de les citer seulement par extraits; il faut les lire tout entières dans le texte même qu'en a donné, d'après des copies authentiques, M. Chantelauze. Nous sommes assuré que quiconque les lira, dégagé de tout parti pris, sans ces préventions que leur éditeur s'applique à inspirer, sera forcé d'admirer ce Cardinal si injustement calomnié. Non, l'on n'écrit point ainsi quand on a désiré le contraire; non, mille fois non, on n'écrit point ainsi si l'on a une arrière-pensée, un regret, et si l'on n'est pas animé par le désir sincère de jouer un rôle glorieux dans l'histoire, d'être uniquement utile au Roi et à la France.

Le mariage de Louis XIV et de Marie Mancini n'eut

7

donc pas lieu; mais il ne fallait pas même que la jeune nièce de Mazarin restât à la cour, exposée à souffrir d'un amour déçu, à rallumer peut-être dans le cœur du Roi une passion qu'elle partageait, et à devenir la maîtresse de celui dont elle n'avait pu être la femme. C'est alors que Marie est reléguée à Brouage, près de la Rochelle, et qu'elle dit, en partant, ces paroles si connues : « Sire, vous êtes roi, je pars, et vous pleurez! » Tous les Mémoires les ont rappelées, longtemps après la date où elles ont été prononcées; mais, un poète du temps les ayant mises en vers, il est difficile d'en nier l'authenticité, si souvent douteuse quand il s'agit de ces mots qui résument une situation [1].

1. Voici ces vers, peu connus et que nous n'avons trouvés que dans un seul recueil du temps : *Sentiments d'amour, tirés des meilleurs Poètes modernes*, par le sr Corbinelli. — 2 vol., Paris, Barbin, 1671. — Privilège du 29 mars 1665.

PREUVES D'AMOUR.

Alcandre estoit aux pieds d'Aminte,
Le cœur gros de soupirs, la langueur dans les yeux;
Et mille serments amoureux
Accompagnoient sa triste plainte.
Elle, ne se payant de pleurs ny de sanglots,
Bannissant alors toute crainte,
Luy respondit en peu de mots :
« Je croy que mon départ vous touche,
Qu'il vous accable de douleur,
Et que vous avez dans le cœur
Ce que vous avez dans la bouche :
Je croy tous vos serments et tout ce que je voy;
Mais enfin je pars, Sire, et vous êtes le Roy! »

(Auteur inconnu.)

Racine, dans *Bérénice*, 1670, a repris la même idée, *vers* 1154 :
BÉRÉNICE : Vous êtes empereur, Seigneur, et vous pleurez!

A Brouage, Marie entretint une correspondance suivie
avec le Roi, malgré la surveillance active de sa gouvernante, Mme de Venelle, et peut-être avec la complicité de
Colbert de Terron. Le résultat en fut que Louis, allant
aux Pyrénées, voulut absolument avoir une entrevue avec
elle : Mazarin, persistant dans sa généreuse résistance,
s'opposa de toutes ses forces à ce désir ; ce fut la Reine-
Mère elle-même qui réunit les deux amants : incroyable
faiblesse, qui permet de penser qu'elle eût eu peut-être
moins de fermeté que Mazarin lui-même pour empêcher
le mariage de son fils avec la nièce du Cardinal.

IV

Une des plus graves préoccupations du grand ministre,
dans les derniers mois qui précédèrent sa mort, et pendant lesquels Guy Patin, suivant jour par jour le progrès
de sa maladie, nous le montre irrémédiablement atteint,
ce fut de préparer le mariage de Marie avec un prince
étranger qui l'emmènerait loin de la France. Le prince
Colonna, grand connétable du royaume de Naples, d'une
famille qui avait produit deux papes, dix-neuf cardinaux
et cinquante-quatre généraux d'armée[1], fut accepté par
Marie et agréé par le Cardinal. Si Marie pouvait regretter
ses illusions perdues en pensant au Roi ; s'il est vrai
qu'elle eût préféré au Connétable le prince Charles de
Lorraine, Mazarin, de son côté, était heureux et justement
fier de voir sa nièce entrer comme épouse dans ce riche

---

1. Misson, *Voyage en Italie*, 4ᵉ édit. 1702, t. II, p. 199.

palais Colonna où Pierre Mazarin, père du Cardinal, avait rempli les modestes fonctions d'intendant, et d'où lui-même, dans sa jeunesse, était sorti pour accompagner en Espagne, avec le simple titre de secrétaire, l'oncle du Connétable.

Mazarin mourut le 9 mars 1661, selon M. de Chantelauze, ou le 7 mars, suivant Guy Patin, qui, dans sa lettre du 9 mars, assure que l'on cacha sa mort pendant deux jours. Si l'on en croit l'*Apologie* de Marie Mancini, le Roi lui aurait alors « offert divers partis parmi la plus illustre noblesse de sa cour », et elles les aurait repoussés, protestant que, « si le Connétable avoit changé de sentiment, elle vouloit aller passer le reste de ses jours dans un couvent. »

Mais le Connétable était loin de renoncer à une alliance si avantageuse; il restait « toujours constant et amoureux », comme auparavant; et en effet, dit Louis XIV dans ses *Mémoires*, « le connétable Colonna, à qui le cardinal Mazarin avoit fait espérer une de ses nièces, poursuivit fort chaudement ce mariage, se promettant que l'affection que je conservois pour la mémoire de ce Cardinal s'étendroit sur tous ceux de sa famille ».

Ce mariage, si vivement désiré par tous les intéressés et par le Roi lui-même, eut lieu le 12 avril. M. Chantelauze, qui ne donne la date ni de la naissance ni de la mor de Marie Mancini, oublie aussi d'indiquer celle de son mariage. Il lui suffisait, pour se renseigner, de consulter Guy Patin :

« La nièce Marie, qui est une des princesses Mazarines, a été

mariée aujourd'hui par procureur au prince Colonna. » —
(*Lettre du 12 avril 1661.*)

Puis, le 18 avril :

« Enfin la petite Marie, nièce du cardinal Mazarin, a été
mariée par procureur avec le prince Colonna, et est partie le
13 de ce mois, par ordre du Roi, pour aller trouver son mari.
Elle emporte d'ici un million d'argent comptant. C'est ainsi
que la France nourrit ces petits poissons[1] d'Italie. »

« Par ordre du Roi », dit Guy Patin. M. Chantelauze ne
s'avance donc pas beaucoup quand il dit : « La vérité est
que le Roi ne fut pas fâché de la voir partir... On peut
trouver la preuve de ce sentiment, peu favorable à l'exi-
lée, dans ses refus constants de la laisser revenir à Paris. »
Cette preuve, M. Chantelauze l'aurait plus sûrement
trouvée dans Guy Patin, s'il n'avait pas négligé de le
consulter.

V

Nous arrivons à un moment où, pour suivre avec ordre,
dans ses divers incidents, la vie aventureuse de Marie
Mancini, il faut avoir recours à ses écrits. M. Chantelauze
y puise abondamment et avec raison ; on peut même dire

---

1. Pour comprendre ce passage, qui ne paraît pas avoir jamais
été expliqué, il faut se rappeler que les armes des Mancini por-
taient deux poissons ; ils étaient disposés parallèlement dans le
sens vertical.

que, à partir du départ pour l'Italie, son ouvrage n'est guère qu'une suite d'extraits reliés entre eux par un léger fil. Tantôt il les puise dans les *Mémoires* de M. L. P. M. M. (Madame la princesse Marie Mancini) Colonna, (*Grande*) *Connétable du royaume de Naples*, Cologne, 1676; tantôt il les tire de l'*Apologie ou les Véritables mémoires de Madame Marie Mancini, connestable de Naples, écrits par elle-même*, Leyde, 1678. — Il importe donc d'étudier l'authenticité et la valeur historique des deux ouvrages.

Voici en quels termes M. Chantelauze parle du premier :

« Les *Mémoires* de la duchesse de Mazarin, que cette belle personne écrivit de compte à demi avec le galant abbé de Saint-Réal [1], obtinrent un tel succès qu'un anonyme s'empressa de publier presque aussitôt des Mémoires *en partie* apocryphes, attribués à la connétable Colonna. La première moitié de cet opuscule est évidemment fabriquée à plaisir :

[1]. Rien n'est moins prouvé que cette collaboration ; Mme Dunoyer attribue ces mémoires à Mme du Ruth ; on les trouve parmi les Œuvres de Saint-Évremont. Par une singulière inadvertance, M. Chantelauze écrit en note : « Hortense Mancini, après avoir fui le palais de son mari, le duc de Mazarin, s'était réfugiée à Chambéry... L'abbé, *qui revint dans cette ville en 1676,* ne pouvait manquer de plaire à la belle duchesse. » Suit un passage non moins erroné de Desmaizeaux. En effet, les mémoires d'Hortense ont été publiés en 1675 ; de plus, en 1676, la Duchesse n'était plus à Chambéry, où elle était venue en 1672, et où elle était restée trois ans ; déjà en 1675 elle était en Angleterre. Le *Factum pour dame Hortense Mancini, duchesse Mazarin, défenderesse et demanderesse,* attribue les *Mémoires* à la Duchesse elle-même ; elle les aurait composés à Chambéry avant son départ pour Londres, par conséquent avant 1676 : « Ce fut là (à Chambéry) que... elle composa les mémoires de sa vie, où l'on voit, à leur naïveté, que le cœur conduisoit la main. »

pas la moindre vraisemblance, pas le moindre esprit, le tout
dans un français détestable. Il n'en est pas de même de la
seconde moitié, remplie de récits piquants, d'aventures parfois très légères, de détails qui ne peuvent avoir été donnés
que par la Connétable elle-même, mais en confidence, et à
quelque ami intime. Cette relation, qui n'était pas destinée à
voir le jour, paraît avoir été écrite par elle en Espagne, pendant qu'elle était captive dans le couvent de Saint-Dominique-
le-Royal. Une indiscrétion fit sans doute tomber cette relation
entre les mains d'un inconnu, et celui-ci, en la faisant précéder de quelques pages de sa façon, s'empressa de la publier. »

Nous ne partageons pas sur ce point l'opinion de
M. Chantelauze. Nous pensons, avec M. Ademollo et avec
M. Ferrero[1], que la mention placée au bas de l'*Avis au
lecteur* est vraie, et que l'ouvrage, écrit d'abord en italien,
fut traduit en français par un écrivain peut-être Italien
aussi, mais, dans tous les cas, peu expert dans notre
langue. Nous ne faisons aucune différence, quant au mérite du style et à l'intérêt des épisodes, entre la première
et la seconde partie du livre, ne sachant même où s'ar-
rêterait l'une, où commencerait l'autre; *nous croyons que
cette relation, destinée à voir le jour, n'a été écrite que
pour être publiée, qu'elle n'a pas été composée par Marie
Mancini*, qui a protesté en termes énergiques et sincè-

1. Voyez l'*Opinione,* nᵒ du 12 juin 1879, et la *Rassegna settimanale,* nᵒˢ du 18 décembre 1881 et du 15 janvier 1882. Nous devons
la copie de l'article de l'*Opinione,* dont les exemplaires sont aujourd'hui introuvables, à l'obligeance de Mᵐᵉ la marquise Isabelle
de Saint-André, née Villamarina, à qui nous sommes heureux de
pouvoir témoigner ici hautement notre gratitude.

rement indignés contre sa publication, bien que l'auteur n'ait parlé d'elle qu'en termes convenables; et enfin qu'aucune indiscrétion ne la fît tomber aux mains d'un inconnu.

Aux hypothèses de M. Chantelauze nous nous croyons fondé à substituer, après l'examen attentif du texte des *Mémoires*, cette opinion qu'il y faut voir seulement un de ces petits romans à scandale dont la mode s'était propagée à la suite du succès de l'*Histoire amoureuse des Gaules*, un de ces livres de Mémoires apocryphes comme il en parut plusieurs avant et après ceux qu'on attribuait à Marie Mancini, tels que les *Mémoires* du comte de Rochefort ou de d'Artagnan, fabriqués à l'aide de faits publics, connus de tous, et d'aventures imaginées à plaisir. La liste est longue des ouvrages de ce genre : il y faut comprendre les prétendus *Mémoires* de Marie Mancini.

Quant à l'*Apologie, ou véritables Mémoires de Marie Mancini*, nous admettons leur authenticité; avec M. Ademollo et M. Ferrero, nous pensons qu'ils ont dû être écrits en italien, la seule langue que Marie connût bien, et qu'ils furent aussi traduits en français, non pas « écrits par une grande dame très familiarisée avec notre langue », comme dit M. Chantelauze, mais par un étranger dont le style est hérissé d'italianismes.

De ces deux ouvrages, l'un nous paraît digne de toute confiance, l'autre n'en mérite aucune, au moins pour les faits qu'il est seul à raconter, et nous avons peine à nous expliquer que M. Chantelauze, sans plus de critique, les cite indifféremment tous les deux.

VI

Nous avions à faire ces réserves avant de suivre en Italie la jeune princesse qui quittait alors la France pour n'y plus revenir que dans sa vieillesse.

Elle partit, emmenant avec elle pour secrétaire Baudeau de Somaize, l'auteur du *Dictionnaire des Précieuses*, qui lui avait dédié deux de ses ouvrages : en 1660, la traduction en vers des *Précieuses ridicules*, de Molière, et, en 1661, *Alcippe ou Du choix des galants*. Elle était accompagnée d'un oncle de son mari, l'archevêque d'Amasie, plus tard patriarche de Jérusalem, et d'une escorte de cinquante gardes, « à qui Son Éminence avait donné l'ordre de l'accompagner jusqu'à Milan » : moins peut-être pour lui faire honneur, que pour protéger, sur les routes peu sûres, le million qu'elle emportait.

Nous n'avons point la prétention de refaire ici, après M. Chantelauze ou plutôt après l'*Apologie*, l'histoire de Marie Mancini jusqu'au jour où s'arrêtent ses souvenirs. Mais peut-être ne sera-t-il pas inutile de parler de sa famille, de donner quelques dates qu'on cherche vainement dans l'ouvrage de M. Chantelauze, et de combler quelques lacunes qu'on y remarque.

Après une première grossesse, qui fut malheureuse, la Connétable eut, à des intervalles assez rapprochés, trois enfants, trois fils, qui devaient, à ce qu'il semble, être autant de liens entre les deux époux. Son premier fils, né le 7 août 1663, fut Philippe-Alexandre, qui, en 1689, succéda à son père dans ses titres et dignités ; le second,

Marc-Antoine, né le 15 octobre 1664; le troisième, Charles, né le 4 novembre 1665.

Dans l'intervalle de ses grossesses, la vie de la jeune Connétable n'est qu'une suite non interrompue de plaisirs : les voyages, les bals, les festins, le jeu, les mascarades, à défaut des comédies alors momentanément interdites à Rome, se partageaient son temps; son frère le duc de Nevers, le duc et la duchesse de Brunswick, le cardinal Chigi, le chevalier de Lorraine, se joignent à son mari pour lui faire oublier la France et aimer cette Italie où elle n'est pas venue sans quelque tristesse.

Une si heureuse existence ne pouvait durer toujours : Marie elle-même prit soin de l'interrompre. Après la naissance de son troisième fils, elle crut avoir payé ce qu'elle devait au légitime désir du Connétable d'avoir une postérité, et refusa de s'exposer aux dangers d'une nouvelle grossesse; elle le dit elle-même assez brutalement : « Ce troisième successeur, dit-elle, m'ayant beaucoup plus coûté que les autres deux, jusqu'à me mettre en danger de ma vie, je pris la résolution de n'en faire pas d'autre, pour ne m'exposer pas à de semblables dangers. Mais, afin que cette résolution fût valide, il étoit nécessaire de son consentement : de quoi je le pressai fort et l'obtins, n'ayant, depuis cela, en tout le temps que nous avons été ensemble, jamais manqué à sa parole. »

Or le Connétable était fort épris de sa femme. Lorsqu'elle arriva en Italie, il était allé au-devant d'elle jusqu'à six lieues de Milan : « Le Connétable voulut consommer le mariage le même soir que nous fûmes arrivés, sans s'arrêter aux scrupules de ma gouvernante, qui disoit

que cela ne se devoit faire que le lendemain, après avoir
ouï la messe » ; — et sa passion avait toujours continué.

Les *Mémoires* font remonter à une époque postérieure
l'imprudente exigence de Marie, et l'attribuent à d'autres
causes. D'abord, lorsque l'abbé Marc-Antoine Colonna,
frère du Connétable, se maria, en février 1671, avec Clé-
lie Cesarini, fille du prince de Gensano, il reçut de son
frère, en pure libéralité, la principauté de Sonnino et
d'autres riches seigneuries : on prétend que Marie aurait
craint, si elle avait d'autres enfants, de ne pas leur laisser
une fortune suffisante pour les besoins de leur nom et de
leur rang. Ensuite Marie, qui s'occupait beaucoup d'astrologie, comme son père, et qui avait même fait venir à
Brouage un astrologue turc que le Cardinal son oncle dut
éloigner d'elle ; Marie, qui, en 1670[1], avait publié sous
son nom un livre d'astrologie, sorte de calendrier contenant les prédictions du temps pour l'année 1671, Marie
aurait lu dans les astres qu'une nouvelle grossesse en-

---

1. *Discorso astrosofico delle mutazioni de' tempi ed d'altri acci-
denti mondani dell' anno* 1671, *di* M^{ma} Maria Mancini Colonna,
principessa Romana,... Modena, 1670.

Amédée Renée prétend que « le caractère de l'auteur se retrouve dans cet ouvrage fort singulier ». — Il y a lieu de croire,
dit M. Ademollo, que Renée n'avait pas vu ce livre qu'il pro-
clame caractéristique et fort singulier. Singulières en effet sont
les règles pour les médecines et les saignées ; mais, caractéris-
tiques de Marie Mancini, non assurément. » — *Opinione*, n° du
12 juin 1879.

L'astrologie restait en grand honneur, même en France. A ce
sujet, nous renvoyons les curieux à une lettre adressée le 29 décembre 1664 à Colbert par le marquis de Castries. (*Correspondance
administrative sous le règne de Louis XIV.)*

traînerait sa mort. L'*Apologie* ne mêle à ses craintes ni
l'astrologie ni l'avarice; le motif qu'elle donne suffit seul
à expliquer sa conduite et le parti pris par elle dès la fin
de 1665, six ans avant le mariage de l'abbé Colonna.

Le Connétable n'avait rien perdu de sa première ardeur; son tempérament s'accommodait mal du serment
qui lui avait été arraché. Marie ne tarda pas à reconnaître
son imprudence. Son mari porta ailleurs, sans sortir toutefois de la famille, un amour rebuté. La marquise Muti,
une nièce peut-être de la sœur de Mazarin, qui, mariée à
Francesco Muti, n'en avait pas eu d'enfants, attira d'abord
ses regards, et provoqua les premières jalousies de la
Connétable; bientôt la marquise Rusca lui porta ombrage. Peu lui aurait importé, à ce qu'il semble, si son
mari avait conservé pour elle les mêmes égards et surtout la même faiblesse qu'autrefois; mais, dès ce moment, le prince commença à résister à ses caprices, à ses
perpétuels et dispendieux déplacements; lui-même aussi
était jaloux, et ne se plaisait guère à la laisser voyager
sans lui. Un jour qu'elle l'avait prié de lui permettre
d'aller à Venise avec son frère, le duc de Nevers, et sa
sœur Hortense, duchesse de Mazarin, déjà séparée de
son mari, « il me répondit à cela, dit-elle, qu'il ne pouvoit pas encore partir et qu'il ne vouloit pas que j'y al-
lasse sans lui. Ce refus, de la manière qu'il me le fit,
choqua si fort mon esprit, qui s'irrite par la résistance,...
que je l'aurois quitté dès ce moment-là, si mon ressentiment ne se fût rendu aux fortes raisons de la marquise
sa sœur, » (Anne Colonna, femme de Paul Spinola, marquis de Los Balbaces).

Nous connaissons par les *Mémoires* de la duchesse de Mazarin la date de cette première pensée d'une rupture définitive : c'est pendant l'été de 1669 que se fit le voyage de Venise, où Marie obtint enfin, sur les instances de son frère et de sa sœur, la permission de se rendre, pour aller de là assister à Sienne aux grandes chasses du cardinal Chigi. Mais une idée folle, dès qu'elle avait germé dans le cerveau de la Connétable, ne pouvait que s'y développer rapidement. L'avocat Érard, dans son plaidoyer contre la duchesse de Mazarin, attribue aux conseils de celle-ci la résolution de Marie Mancini ; Saint-Évremond, au contraire, dans l'oraison funèbre de la Duchesse, écrite, sinon prononcée de son vivant, assure que celle-ci n'avait oublié aucune bonne raison pour l'en détourner. Nous croyons que Saint-Évremond dit la vérité, qui s'accorde avec les faits.

Quoi qu'il en soit, Marie hésita pendant trois années ; mais enfin, en 1672, le 29 mai, elle prit irrévocablement le funeste parti qui devait à jamais la jeter dans cette vie d'aventure où nous avons maintenant à la suivre jusqu'à sa mort. « Quand les cervelles de nous autres femmes se démontent, écrit Mme de Scudéry à Bussy, le 6 mars 1671, à propos d'Hortense, en vérité cela ne se raccommode jamais. »

VII

Les *Mémoires* d'Hortense Mancini et l'*Apologie* de la Connétable, sa sœur, sont d'accord pour nous apprendre les difficultés, les dangers, les terreurs de cette fugue.

Ensemble elles sont parties; ensemble elles arrivent à la Ciotat, enchantées de quitter ce brigantin de Gênes[1] dont le capitaine pouvait si facilement les faire jeter à la mer pour s'emparer de leur fortune. Les voici à Marseille. Marie y va faire une visite à M. Arnoul, intendant des galères, correspondant actif de Colbert, dupe de Mme du Ruth, cette intrigante qui était parvenue à s'en faire épouser, et à qui Mme Dunoyer attribue la rédaction des *Mémoires* d'Hortense Mancini. Arnoul lui remit un paquet fermé, « où je trouvai, dit la Connétable, un passeport et une lettre de Sa Majesté, avec une autre de M. de Pomponne pour M. de Grignan, lieutenant du Roi pour la Provence, par laquelle il le chargeoit particulièrement de me recevoir à Aix et de m'assister de son autorité et, généralement, de tout ce qu'il me pouvoit offrir ».

Les deux sœurs s'empressent d'aller à Aix : six gardes et un gentilhomme, envoyés d'avance par le comte de Grignan, les y accompagnent depuis Marseille; le Comte et la Comtesse les attendent à une lieue de la ville. Bien piteux devait être leur équiqage quand elles se montrèrent aux regards, plutôt moqueurs que respectueux, du gendre et de la fille de Mme de Sévigné; et Mme de Grignan en fait une si plaisante description à sa mère, que dans un temps où « tout le monde pleure ou craint de pleurer, » à cause des pertes éprouvées au passage du Rhin (12 juin), Mme de Sévigné lui répond (20 juin 1672) : « Au milieu de nos chagrins, la description que vous me

---

1. Le texte donné par M. d'Heylli, et non corrigé par lui, donne *Ginobès* au lieu de *Genova*, Gênes.

faites de Mme Colonna et de sa sœur est une chose divine ;
elle réveille, malgré qu'on en ait ; c'est une peinture admirable. » — Le *Menagiana* prétend que les princesses
allèrent alors rendre visite à Mme de Sévigné, qui se serait trouvée chez sa fille, et que la Marquise, peinée de
voir le délabrement de leur costume, leur aurait envoyé,
le soir même, une douzaine de chemises avec une lettre
commençant par ces mots : « Vous êtes comme les héroïnes de roman ; force pierreries, et point de linge
blanc. » Mais l'anecdote est fausse, puisque Mme de Sévigné était à Paris. On voit aussi par une lettre de Mme de
Scudéry à Bussy (26 juin) que le bruit courait qu'elles
étaient arrivées vêtues en cavaliers. Elles étaient parties
de Rome, en effet, avec des habits d'hommes, mais cachés
sous leurs vêtements de femmes.

Un autre bruit s'était répandu, qui n'était guère à leur
honneur, et que nous connaissons aussi par Mme de Scudéry : on disait qu'elles avaient fait leur équipée pour
rejoindre à Aix le chevalier de Lorraine et son frère, le
comte de Marsan ; mais rien ne confirme cette assertion,
qui paraît controuvée.

Le fait seul de cette fugue et ses incidents roma-
nesques, n'étaient-ce pas d'assez lourdes fautes ? La duchesse de Bouillon et la comtesse de Soissons, les deux
sœurs de Marie et d'Hortense, « sont en furie contre ces
folles, écrit Mme de Sévigné, et disent qu'ils les faut enfermer ; elles se déclarent fort contre cette extravagante
folie. On ne croit pas aussi que le Roi veuille fâcher M. le
Connétable, qui assurément est le plus grand seigneur
de Rome. — En attendant, ajoute Mme de Sévigné (et ce

passage est l'origine de l'anecdote du *Menagiana*), nous les verrons arriver comme Mlle de l'Étoile », l'héroïne du roman comique de Scarron.

Mme de Sévigné ne vit arriver à Paris ni Marie, ni sa sœur. Après un séjour de deux semaines à Aix, elles partirent, Hortense pour Turin, Marie pour Grenoble, où elle fut reçue avec les plus grands témoignages de respect par le duc de Lesdiguières. Là, un ordre du Roi défendit à celle-ci de passer outre, malgré les prévisions contraires de Mme de Scudéry, qui croyait le Roi fâché qu'on les eût arrêtées, car, disait-elle, « comme il aime Mme Colonna, il ne lui voudroit pas nuire ». Sur cette défense, la duchesse de Mazarin, qui était revenue à Grenoble, retourna à Chambéry ; mais Marie, déjouant la surveillance de M. de La Gibertière, chargé de l'arrêter au passage du pont de Roanne, l'y laissa s'y morfondre et, suivant la route de Paris par Nevers, arrriva jusqu'à Fontainebleau.

Plaisante odyssée que la sienne, et qui se lit comme un roman : maître de poste gagné, voitures versées, calèche faite pour une personne en recevant plusieurs, à la grande colère des postillons, poursuite de La Gibertière : mille incidents animent le curieux récit que la Connétable nous a laissé de ses tribulations.

De Fontainebleau, Marie avait écrit au Roi pour le supplier de lui permettre le séjour de Paris : Louis, fidèle à une promesse qu'il avait faite au Pape et au cardinal Colonna, fut inflexible, et lui envoya l'ordre de retourner à Grenoble ; sur de nouvelles instances de celle qu'il avait tant aimée, il consentit seulement à autoriser son séjour dans l'abbaye du Lys. En même temps il lui envoyait mille pistoles, libéralité qu'il renouvela tous les six mois, tant que Marie resta sous sa protection : mille pistoles, onze mille livres, équivalaient à environ cinquante-cinq mille francs de notre monnaie.

Au Lys, la Connétable reçut les visites de ses deux sœurs, la duchesse de Bouillon et la comtesse de Soissons, et de ses deux beaux-frères, le dernier peu de temps avant sa mort. Les bons conseils qui lui furent alors donnés ne purent calmer cette cervelle indomptée; elle écrivit au Roi et à Colbert des lettres inconvenantes dont elle se repentit trop tard : on les trouve au tome IV de la *Correspondance administrative sous Louis XIV*[1]. Le Roi, irrité, lui enjoignit de se retirer dans une abbaye à soixante lieues de Paris, et finit par lui assigner pour rési-

1. Voici ces lettres :

I. — LA CONNÉTABLE COLONNA A COLBERT.
« *Du Lis, ce 23ᵉ septembre 1672.*

» Je croyé, Mgr, que vous auriés eu plus de charité pour vostre prochain, et que vous ne montreriés pas au Roy ma lettre, laquelle j'escrivis en colere, sans savoir ce que je faisois. J'en ay eu assé de regret, lorsque j'ay esté de sangfroid. Mais comme aux fautes commises il n'y a plus de remede, je vous prie au moins de radoucir le plus qu'il vous sera possible l'esprit du Roy, en ly faisant conoître que quand je serès icy retenue par ses ordres, je y demeurerès encor avec plus de satisfaction, dans l'esperance de fair quelque chose quy ly seroit agreable, et que de plus je ne sohaitte nullement sortir d'icy pour aler à 60 lieux de Paris, à moins qu'il ne me le commande expressément, ce que je feré apres pour l'obeir, mais non pas pour suivre mon plésir, le trouvant tout entier dans cette maison, où je demeureroy, si S. M. le trouve bon, jusques à ce que Dieu m'inspire ce que j'auré affair touchant mon acomodement. Cependant, soyés assuré que je ne me consoleré jamais d'avoir eu une promptitude si mal à propos, et d'avoir

dence l'abbaye d'Avenay, près de Reims. On s'occupait beaucoup d'elle à ce moment; les lettres de Mme de Scudéry, de Mme de Sévigné, du comte de Bussy en font foi; la *Gazette de Hollande* consacrait à elle et à sa sœur un article que Mme de Sévigné trouvait fort plaisant.

Marie était peu disposée à voir les choses du côté comique : la vie agréable qu'elle menait à Avenay lui devint bien vite impossible à supporter; aussi acceptat-elle avec empressement l'offre que lui fit son frère de le rejoindre à Nevers. Elle part, elle arrive; mais elle était auprès de lui depuis huit jours à peine quand le Duc, fantasque comme ses sœurs, éprouve le besoin d'aller à Venise. Il faut de nouveau boucler ses malles : on s'arrête à Lyon; le marquis de Villeroy fait à la nièce du Cardinal une brillante réception; après un temps d'arrêt fort court,

depleu à celluy à qui je dois tout ce que j'ay au monde. Je vous prie de m'escuser auprès de luy, et de me croire fort vostre..., etc. »

II

« *Du Lys, ce 25° septembre 1672.*

» Le commencement de vostre letre m'a fort réjouy, Mgr, voyant que le Roy avoit bien receu mes escuses et qu'il vouloit bien m'accorder tousjours sa protection; mais la suitte ne me fait que trop conoître qu'il me voudroit voir bien loing de son royaume, et que ce n'est que par une simple honêteté tout ce qu'yl en fait. Du reste, je ne scay pas assez bien la carte pour choisir un couvent dans une ville à 60 lieux de Paris; il n'a qu'à dir où veut que j'aylle, je m'y rendré, quoy qu'il me soit bien fâcheux de quitter un endroit où j'estois déjà toutte accouttumée, et où je recevois tous les bons traittemens que je pouvois sohaitter. Au moins que (ce) soit dans une abbaye et un beaux couvent, car je ne sauré pas y durer autrement. Je n'auré jamais cru ce que je voye; je n'en diré pas d'avantage, parce que je ne me possede pas si bien que vous : y vaut mieux finir. Dites seulement au Roy que je ly

voici Marie partie pour Turin, où le duc de Savoie l'accueille avec de grands honneurs ; de là elle fait une pointe sur Chambéry, où elle doit se rencontrer avec sa sœur Hortense ; celle-ci esquive sa visite, et Marie se voit forcée de rentrer à Turin, où elle prend une part active à tous les plaisirs de la cour. Tous les égards que lui témoignait le duc de Savoie étaient bien faits pour lui inspirer confiance dans ses conseils ; mais ces conseils mêmes l'irritèrent : il l'engageait à retourner à Rome ; elle voulait rentrer en France ; il en résulta entre eux une grande froideur, une rupture même.

Pour obtenir de Louis XIV l'autorisation nécessaire et pouvoir se rendre à Paris, elle n'hésita pas à s'adresser à son mari et à solliciter son intervention. La Connétable ne reçut pas de réponse à ses lettres : peut-être n'y

demande de ly parler une fois avant que de m'en aler, quy sera la dernière de ma vie, puisque je ne reviendré plus à Paris. Otroyés cette grâce, je vous conjure, Mgr, et après je ly promets que je m'en iré encore plus loing s'il le schaitte, estant tousjours fort disposée à ly obeir, et à vous de vous témoigner que je seré toutte ma vie vostre..., etc. »

III

« Ce 1er octobre.

» Vous ne me répondés pas un mot, Mgr, sur la prière que je vous avois fait de faire au Roy de ma part ; je ne sçay plus que en juger. Je conois la bonté et l'honêteté du Roy de tous tems, et ne say ce que je puis avoir démérité depuis mon arrivée en France, qu'il ne me juge pas digne d'une audiance ni d'un mot de réponse ; ou il faut que j'aye bien des ennemis, ou que mon malheur soit sans exemple, puisqu'il n'est pas possible que le Roy, qui est le plus obligeant roy du monde, comance par moy à être inexorable. Escusés, Mgr, la plainte que je vous fait, et croyés moy tousjours vostre..., etc. »

avait-il pas répondu. Bientôt après, il suggéra à sa femme
l'idée de passer en Flandre. Marie y était allée dans un
autre temps, et c'est là que, pendant la *petite vérole du
Roi*, elle s'était attachée à lui et avait conquis son amour.
Que les temps étaient changés! Tandis que les autres
hommes, lui fait dire Mme de Scudéry, donnaient de l'argent aux dames pour les voir, le Roi lui offrait une pension pour ne la point voir!

Marie céda-t-elle aux charmes des premiers souvenirs?
espérait-elle que quelque circonstance favorable la rap-
procherait du Roi, *qui suivait alors la campagne?* Quel
que fût son mobile, Marie se décida à partir pour la
Flandre en passant par Milan, où l'une des demoiselles
de sa suite, prise pour elle, fut arrêtée et retenue pendant huit jours[1] au château; par Arona, la patrie de saint
Charles Borromée, sur le lac Majeur; par le mont Saint-
Bernard, puis par Bâle, Mayence, Francfort et Cologne.
Le voyage fut long; l'hiver était déjà commencé lorsqu'on
la vit « *sur le Rhin, dans un bateau, avec des paysannes :
elle s'en va je ne sais où,* dit Mme de Sévigné, *dans le
fond de l'Allemagne* ». — (*Lettre* du 24 novembre 1673).

Ni elle non plus, la pauvre femme, ne savait où elle
allait. Trahie par un ami de son mari, le marquis de
Borgomaneiro, et par l'abbé Oliva, son secrétaire, elle
eut la fâcheuse faiblesse de se laisser guider par eux. Ce
fut dans le château d'Anvers que se termina son voyage :

---

1. Le texte publié par M. d'Heylli porte « huit mois ». Cette
erreur ne se trouve ni dans le texte italien, ni dans *la Vérité dans
son jour,* titre d'une autre édition de l'*Apologie :* nous l'avons
vérifié.

elle y fut retenue prisonnière par ordre du gouverneur,
le comte de Monterei, de l'illustre maison de Haro, sur
la demande de Borgomaneiro et d'Oliva. On voulait,
comme le lui écrivit plus tard son mari, l'empêcher de
passer en France ou en Angleterre, en d'autres termes
la fixer sur un territoire italien ou espagnol, où le Connétable, tout puissant en Italie et en Espagne, pût la tenir
sous une certaine dépendance plus ou moins dissimulée.

D'Anvers, Marie s'embarqua pour Bruxelles, « où elle
avoit grande passion de demeurer » ; elle était accompagnée du capitaine des gardes du comte de Monterei. Les
conversations qu'elle eut avec lui, lui donnèrent une triste
opinion du logis qui lui était réservé ; sa résolution fut
vite prise : elle se jeta dans l'église du couvent qui lui
était destiné, comme dans un lieu inviolable, et ni le
Comte-Gouverneur, ni le Nonce du Pape, ni l'Archevêque ne purent obtenir d'elle, par leurs prières ou par
leurs menaces, qu'elle consentît à en sortir ; on mit donc
des sentinelles à la porte de l'église, et l'on fit défense à
l'abbesse du couvent contigu de la recevoir. Voulait-on
donc la prendre par la famine?

Elle allait se décider à passer la nuit dans cette église,
quand un personnage qu'elle « connaissoit comme homme
de bien », l'*amman*[1], magistrat ou officier souverain de
la ville de Bruxelles, M. Bruneau, la décida à se rendre
dans « un appartement tout joignant un couvent appelé

---

1. Le texte de M. d'Heylli porte : « M. Bruneau Aman, de la
ville de Bruxelles ». Aussi M. Chantelauze, prenant le Pirée pour
un nom d'homme, parle ici d'un honnête bourgeois de la ville qui
s'appelait « Bruneau Aman ».

des Anglaises, où Monterei avoit fait mettre plus de
grilles qu'au couvent même, » et avait chargé un gentilhomme espagnol « de la garder à vue et d'être témoin
de toutes ses actions ».

VIII

Une telle captivité, une si étroite surveillance ne pouvaient être supportées par la Connétable : elle écrivit à
son mari pour lui demander l'autorisation de se rendre
à Madrid. Le Connétable la lui accorda, et envoya même
son frère naturel, l'abbé don Fernando Colonna, pour
l'accompagner. Ramenée de Bruxelles à Anvers, Marie
ne tarda pas à passer à Ostende, où, pendant huit jours,
D. Fernand Valladores, gouverneur de la ville, la traita
magnifiquement, en attendant une occasion pour l'em-
barquer. Enfin un vaisseau anglais la conduisit en neuf
jours à Saint-Sébastien, avec l'abbé Colonna et avec
tous ses gens.

Avant son départ, Marie avait écrit à D. Luis Henriquez
Cabrera, duc de Medina de Rio-Seco (dixième *amirante*
ou amiral de Castille, le père de ce D. Juan Thomas
Henriquez, célèbre plus tard par sa trahison envers Philippe V), et, par l'entremise de l'Amirante, à la reine
d'Espagne ; elle avait prié l'Amirante de la recevoir dans
sa maison jusqu'à ce que Sa Majesté lui permît d'entrer
dans un couvent. Mais, sans plus attendre, elle continua
sa route, et trouva à trois lieues de Madrid une lettre de
l'Amirante qui lui offrait « une maison de plaisance, richement meublée et ornée des plus riches peintures de

° l'Europe, et enfin le lieu le plus agréable de toute l'Espagne ». La duchesse douairière d'Albuquerque, née Anne Henriquez, troisième femme de François Ferdinand, 7ᵉ duc d'Albuquerque ; son fils François Ferdinand, 8ᵉ duc d'Albuquerque ; sa plus jeune fille, femme du marquis d'Alcanizas, second fils de l'Amirante, se réunirent pour faire cortège à la Connétable du royaume de Naples, et l'accompagner à sa demeure. Marie rappelle toujours avec une satisfaction visible les marques de déférence, les hommages, les honneurs qu'elle reçoit, et qui forment, pour nous, une sorte de contraste avec l'état précaire où nous la voyons.

De cette demeure provisoire, Marie obtint la faveur d'être admise dans le couvent de San-Domingo-el-Real, non sans protestations de la part de l'abbesse. Avons-nous besoin de dire qu'à peine entrée elle en voulut sortir? En effet, la Reine, mère de Charles II, ayant accordé, sur sa prière, à son second fils, Marc-Antoine Colonna, le commandement de deux compagnies de cavalerie dans l'armée de Flandres, elle demanda au Connétable la permission d'accompagner cet enfant, à peine âgé de douze ans. Le Connétable, pour toute réponse, supplia Sa Majesté de ne le jamais permettre, disant que la princesse sa femme « étoit bien en sûreté à Madrid, et qu'il ne vouloit pas courir le danger de la voir en liberté ailleurs ». Sur quoi, Marie s'échappa, non pour s'enfuir en France ou en Angleterre, mais pour « être hors de clôture, » et « pour faire voir, dit-elle, que toutes les peines qu'on prenoit à me garder et me tenir enfermée ne serviroient qu'autant que je le voudrois. »

Ayant ainsi fait ses preuves, la Connétable, sans trop
de peine, « accepta le parti de retourner au couvent, »
mais non sans l'arrière-pensée et le vague espoir d'en
sortir bientôt.

Cet espoir ne fut pas trompé. Dès que le jeune Charles II,
né en 1661, eut atteint sa majorité, il appela auprès de
lui son frère naturel, don Juan II d'Autriche, de beaucoup
son aîné puisqu'il était né en 1629, et en fit son premier
ministre. Comment la Connétable parvint-elle à gagner
sa bienveillance? Nous ne saurions le dire; mais elle
avait à peine trente-six ans; elle était dans le plein épa-
nouissement de sa beauté, et il nous est d'autant plus
permis de lui attribuer, dès les premières entrevues, une
grande influence auprès du prince, que, deux ans après,
on la savait, en France, toute-puissante sur son esprit :
« Je ne sais, écrivait Mme de Gouville à Bussy, le 13 novembre 1677, si on vous a mandé que Mme Colonna, qui
est dans un couvent à Madrid, gouverne don Juan d'Autriche, lequel y mène souvent le jeune roi d'Espagne,
qui la trouve aussi fort à son gré. »

Forte de l'appui du premier ministre et du Roi, la
Connétable, après une nouvelle fuite, suivie d'une nouvelle mise en clôture, finit par obtenir d'un conseil d'État
complaisant « qu'on me donneroit, dit-elle, une entière
liberté, et une maison où je serois avec la bienséance et
l'honneur dus à une personne comme moi ». — Cette
maison qu'elle choisit fut celle du frère naturel de son
mari, de don Fernando Colonna; et c'est là qu'elle était
encore à la fin de 1677 ou au commencement de 1678,
époque où elle écrivit son *Apologie;* elle n'y restait

cependant qu'à titre provisoire, puisque, dit-elle encore, elle y attendait « l'ordre de Sa Majesté de ce qu'il doit arriver de ma fortune, ne sachant de quel côté elle tournera, bien que je doive attendre de la clémence et de la justice de ce monarque et de la grande prudence de Son Altesse (don Juan), que je trouverai la fin de mes peines et le repos que je désire avec autant d'impatience que j'en ai de besoin. »

Ici s'arrêtent les mémoires authentiques, mais non les aventures de la Connétable Colonna; grâce à Mme d'Aulnoy et à M^{mo} de Villars, femme de notre ambassadeur à Madrid, grâce à Saint-Simon, à Dangeau, à la marquise d'Uxelles, nous pouvons encore la suivre, d'année en année, jusqu'à la dernière heure de sa vie toujours agitée, toujours tourmentée.

IX

Il semble que la Connétable sut mal mettre à profit cette liberté qu'elle avait eu tant de peine à conquérir : il est probable, en effet, que, sans de nouvelles escapades de sa part, la décision du conseil d'État aurait prévalu sur toutes les instances de son mari. Cependant, au temps où M^{mo} d'Aulnoy écrivait la curieuse *Relation* de son voyage en Espagne, 29 mai 1679, Marie avait été réléguée encore une fois dans le couvent de San-Domingo-el-Real, « avec cette condition que, s'il lui arrivoit d'en sortir, elle consentoit que le Roi la livreroit à son mari ».

C'était là un consentement forcé qui ne pouvait l'engager. Aussi, dit encore M^{mo} d'Aulnoy, « quelquefois, le soir, elle s'échappoit avec quelqu'une de ses femmes, et elle alloit se promener, le plus souvent à pied, en mantille blanche, au Prado, où elle avoit d'assez plaisantes aventures, parce que les femmes qui vont là sont, pour la plupart, des aventurières ».

Nous avons vu que, à plusieurs reprises déjà, la Connétable avait correspondu avec son mari : une telle correspondance a déjà lieu de nous étonner. Mais comment comprendre la conduite du Connétable, qui, nommé viceroi d'Aragon, passa d'abord par Madrid, et qui, là, « alloit tous les jours l'entretenir à son parloir », où Mme d'Aulnoy lui a vu « faire des galanteries pour elle, telles qu'un amant auroit pu en faire pour une maîtresse » ?

Le Connétable partit pour Sarragosse. Sur ces entrefaites, la jeune Reine étant entrée à Madrid, Marie, sans souci de ses promesses, s'évada encore une fois, un matin, le 26 janvier 1680, et se réfugia à l'ambassade de France, auprès de la marquise de Villars. De là, après de longues négociations, elle se laissa ramener chez son beau-frère Spinola, d'une famille génoise, pourvu en Espagne du titre de marquis de Los Balbaces. Elle y resta peu de temps, car, dès le 5 février, son mari, muni d'un ordre du Roi, la fit conduire dans un couvent à quatre lieues de Madrid; revenu lui-même à Madrid le 3 mars, il lui permit de rentrer dans un couvent de cette ville. Mais, dit Mme d'Aulnoy, « elle n'y sut demeurer, et, à l'heure qu'on y pensoit le moins, elle sortit encore et fut droit chez son mari. »

Cette fuite n'a rien qui puisse nous surprendre. Mais ce qui paraît, une fois de plus, inexplicable, c'est qu'elle s'empara de la moitié de la maison, y demeura, y reçut des visites, en rendit, et eut même plus d'une fois l'honneur d'être admise auprès de la Reine. Le Connétable était-il lassé de lui infliger une captivité qu'elle ne se lassait pas de rompre? Ne s'était-il pas laissé prendre par un retour de tendresse, en voyant « ses yeux vifs, spirituels et touchants, ses dents admirables, ses cheveux plus noirs que du jais et en quantité, sa taille belle et sa jambe parfaitement bien faite? » Espérait-il que ses terreurs d'une nouvelle grossesse s'étaient dissipées?

Une pensée plus sévère peut-être le disposait à la clémence. Il avait « trois grands fils mal élevés », dont l'aîné, Philippe-Alexandre, qui se maria en effet dans le courant de l'année 1681, allait épouser Laurence de Lacerda-Aragon, fille du duc de Medina-Celi : la présence au logis de la mère de famille, en semblable circonstance, était trop naturelle pour que le Connétable pût se refuser à la tolérer.

Cette tolérance ne fut pas de longue durée, et ne se prolongea même pas jusqu'au mariage projeté : — voici ce que nous raconte Mme d'Aulnoy. A la fin de 1680, le duc de Medina-Celi ayant déjà remplacé comme premier ministre don Juan, mort en 1679, « un conseiller du conseil royal avec ses officiers, suivi du connétable Colonna et du marquis de Los Balbaces, qui servoient de recors, tous armés, comme s'il eût été question d'arrêter un chef de parti plutôt qu'une femme malheureuse et sans défense, allèrent, sur les onze heures du soir, enfoncer les portes de son appartement, qui étoit toujours dans la maison de son mari. Elle étoit dans sa chambre; aussitôt un alcade *de corte* (de la cour) voulut lui lier les bras avec une corde. Se voyant traitée si indignement, elle prit un petit couteau qui étoit par hasard sur la table, et, en se défendant, elle lui en donna un coup dans la main. Sa résistance obligea tout le monde de se jeter sur elle avec acharnement, et cette pauvre dame fut traînée par les cheveux et demi-nue, comme la dernière des misérables. On la conduisit de cette manière, toute la nuit, dans le château de Ségovie, sans avoir aucune considération ni pour sa naissance ni pour sa réputation, bien qu'elle n'eût donné aucun sujet de la traiter ainsi : car enfin elle étoit actuellement dans la maison de son mari, et tout son crime étoit de ne vouloir pas retourner à Rome avec le Connétable. »

Tout Madrid s'indigna dès que l'on connut cette horrible scène et le nouveau châtiment infligée à la Connétable, sans provocation de sa part; la Reine intervint en sa faveur. Tout ce que l'on put obtenir du Connétable fut cette singulière convention, que lui-même se feroit chevalier de Malte, et que sa femme se feroit religieuse dans un couvent de Madrid, d'où elle ne pourrait plus sortir.

La Connétable accepta cet arrangement : que n'aurait-elle pas accepté pour sortir de sa prison de Ségovie et se rapprocher de Madrid? Deux mois après avoir quitté cette ville, elle y revenait, et, le 15 février 1681, elle entrait au couvent des religieuses de la Conception, de l'ordre de San Geronimo, un « couvent commode », dit Mᵐᵉ Villars, où « l'habit est joli et assez galant », et prenait le voile de novice.

Rien de plus étrange que la vie de la Connétable au

couvent; elle rappelle celle de la duchesse de Mazarin, sa
sœur, et de Mme de Courcelles : « Elle portoit des jupes
de brocard or et argent sous sa robe de laine, et, aussitôt
qu'elle n'étoit plus devant les religieuses, elle jetoit son
voile et se coiffoit à l'espagnole avec des rubans de toute
couleur. Il arrivoit quelquefois que l'on sonnoit une ob-
servance à laquelle il falloit qu'elle allât; la maîtresse
des novices venoit l'avertir : elle reprenoit son froc et
son voile par-dessus ses rubans et ses cheveux épars;
cela faisoit un effet assez plaisant, et l'on n'auroit pu
s'empêcher d'en rire, si d'ailleurs elle ne s'étoit pas attiré
la compassion de toutes les personnes qui la connois-
soient; car enfin elle étoit dans une véritable nécessité,
manquant d'argent, fort mal nourrie et encore plus mal
logée, dans une espèce de grenier haut comme un jeu de
paume, où elle geloit de froid. »

Mme d'Aulnoy nous apprend aussi ce que devint alors
la Connétable; mais nous le savons de reste : elle quitta
son couvent dès que son mari eût quitté lui-même l'Espagne pour retourner en Italie : ni l'un ne fut chevalier
de Malte, est-il besoin de le dire? ni l'autre ne fut religieuse.

M. Chantelauze prétend qu'en 1684 la Connétable put
se réfugier en France, grâce sans doute à un rigoureux
incognito. Nous ne le contredirons pas, n'ayant aucun
texte à invoquer pour ou contre son assertion. Mais nous
savons, par une lettre qu'il cite du comte de Rabenac,
qu'en 1688 « Mme la Connétable est à Madrid, dans un
petit couvent dont elle sort quand elle veut. Sa conduite,

ajoute le comte, ne déplaît point à la cour. Elle a beaucoup d'amis considérables. »

L'année suivante, 1689, le 15 avril, elle perdit son
mari, dont la mort fut exemplaire, dit un écrivain du
temps. Nous serions porté à croire, n'était l'affirmation
contraire de M. Chantelauze, qui s'appuie sans doute sur
quelque chose, qu'elle ne quitta pas l'Espagne avant
cette époque; son premier voyage en France après que,
en devenant veuve, elle eût repris sa liberté, serait celui
dont parle Dangeau, qui n'en signale aucun autre auparavant : « *Jeudi, 12 janvier 1690...* M^mo la connétable
Colonna, qui est en Espagne et qui doit retourner à
Rome, a obtenu un passeport pour passer par la France;
elle n'approchera pas de Paris ni de la cour. » Et encore
même, à cette date, nous n'avons pour elle que l'autorisation de traverser la France; le voyage ne se fit réellement que l'année suivante, et c'est encore Dangeau qui
se charge de nous donner de ses nouvelles : nous savons
par lui, que le 8 octobre 1691, elle est à Bayonne, qu'elle
s'en va à Toulouse, et de là à Arles, puis à Gênes, où
elle verra ses enfants; de Gênes elle s'en retournera en
Espagne; M. de Nevers, son frère, la verra pendant
qu'elle sera dans le royaume; il est parti pour aller au-
devant d'elle.

Ainsi que l'avait annoncé le minutieux chroniqueur,
Marie, après un séjour d'une année en Italie, retourna en
Espagne en traversant la France (9 nov. 1692).

X

A partir de cette époque, nous aurions besoin, pour la suivre de plus près, de consulter les riches archives de la famille Colonna; privé de cette ressource, nous nous bornons à rappeler quelques événements de famille qui durent occuper ou préoccuper sa solitude.

En janvier 1697, son second fils, Marc-Antoine, épousa Christine, fille du marquis Paleotti; la même année, le 10 août, son fils aîné, Philippe-Alexandre, perdait sa femme Laurence de Lacerda-Aragon, fille du duc de Medina-Celi, qui, après la mort de don Juan (1679), était devenu premier ministre; trois mois après, le 25 novembre, il se remariait avec Olympe-Pamphile, fille du prince Carpinetti, laquelle, le 5 octobre 1698, lui donnait un fils, Laurent Colonna, malheureusement mort en juin 1699.

Six ans après, nous trouvons la Connétable à Paris. «La Connétable Colonna, dit Dangeau (10 septembre 1705), qui étoit depuis quelque temps en Provence, a la permission du Roi de s'approcher de Paris pour voir sa famille, et elle est depuis huit jours à Passy, où le duc de Nevers, son frère, a une petite maison. » — Marie avait alors soixante-six ans; Louis XIV en avait soixante-sept: ils pouvaient se rapprocher sans trop craindre de voir se rallumer leur ancienne passion. Cependant le Roi, toujours galant, chargea le duc d'Harcourt de lui faire « beaucoup d'honnêtetés de sa part ».

Hélas! s'ils s'étaient revus! — « La Connétable, fort

détruite de sa personne, ne songe plus qu'à sa santé, mangeant peu, faisant son pot dans sa chambre, marchant beaucoup et se moquant des écharpes et culs de Paris[1], dont elle trouve déjà le climat trop froid, et prétend aller passer son hiver à Gênes. Elle a deux femmes et dix ou douze hommes, ne se souciant point d'argent... Tout son esprit y est, et le même ton de voix. » (*Lettre de la marquise d'Uxelles*, citée par les éditeurs de Dangeau.)

Quant au Roi, à cette même époque, il « dormoit avec inquiétude, se réveilloit souvent en sursaut et avec des rêveries turbulentes ». Pensait-il donc à Marie Mancini, l'amour de sa vingtième année? — Non, répond son médecin Fagon[2]; il « avoit le besoin d'être désempli, autant par la saignée que par la purgation ». — Oh! les rêves du passé, après cinquante ans!

Mais glissons sur ces souvenirs et reprenons la Connétable à Passy pour la conduire à Gênes, où elle a la malencontreuse idée d'aller chercher un climat chaud, ignorant que Gênes est l'une des villes les plus froides de l'Italie. C'est là sans doute que, au mois de mai 1706, elle apprit la promotion, faite par Clément XI, de son troisième fils, Charles Colonna, à la dignité de cardinal.

Un seul, un dernier événement appelle notre attention sur l'histoire de sa famille : le 6 novembre 1714, elle perdit son fils aîné, Philippe-Alexandre.

Elle lui survécut de quelques mois encore et vint

---

1. « Les culs de Paris sont la trousseure des dames de ce temps sur le dos, qui leur font de si gros paquets qu'on ne leur en voit plus la taille. » (Mme d'Uxelles.)

2. *Journal de la santé du Roi*, p. 280 : août-septembre 1705.

achever à Pise sa vie si agitée. C'est là, dans l'église du Saint-Sépulcre, qu'elle fut inhumée, ainsi qu'en témoigne l'inscription suivante, gravée sur sa pierre tombale[1]. On remarquera qu'en lui attribuant seulement l'âge de soixante-douze ans, les auteurs de l'inscription l'ont rajeunie de quatre ans.

D. O. M.

MARIA MANCINIA COLVMNA
PULVIS ET CINIS

—

Carolus S. R. E. Cardinalis Columna
optimæ parentis moderationi
et supremis mandatis obsecundans
suprapositam epigraphem
simplicem et brevem
humileque hoc sepulcrum
perenne luctûs et desiderii sui monumentum
apponendum curavit.

—

Obiit anno Salutis M. DCC. XV
ætatis suæ septuagesimo secundo

1. M. Ademollo avait déjà donné le texte de cette inscription dans son article de l'*Opinione*. Pour plus d'exactitude, nous en avons demandé la reproduction à M. le directeur de la bibliothèque de l'Université de Pise, qui a bien voulu nous l'envoyer. Nous ne saurions trop reconnaître son obligeance.

C'est-à-dire, en français :

A DIEU TRÈS-BON, TRÈS-GRAND.

MARIE MANCINI COLONNA,
POUSSIÈRE ET CENDRE.

—

Charles, S. R. E. Cardinal Colonna,
à la modestie de sa mère excellente
et à ses ordres suprêmes déférant,
a fait graver l'épitaphe qui précède,
simple et brève,
et ériger cet humble tombeau,
éternel monument de son deuil et de ses regrets.

—

Elle mourut l'an du salut M.DCC.XV,
dans la soixante-douxième année de son âge.

Ici, des armes, divisées en deux parties égales par une ligne verticale et surmontées d'une couronne; à gauche, une colonne avec son chapiteau et sa base, qui est *Colonna;* à droite, deux poissons disposés parallèlement dans le sens vertical, qui sont *les armes de Mancini.*

Ces derniers renseignements, comme bien d'autres, manquent à l'ouvrage trop superficiel de M. Chantelauze. Nous avons pu combler quelques lacunes que l'on s'étonne à bon droit d'y trouver, et faire connaître les dates précises de la naissance, du mariage, de la mort de la connétable Colonna, qu'il n'avait pas indiquées lui-même. Nous avons cru pouvoir aussi discuter certains documents, qu'il nous a paru avoir acceptés sans une critique suffisamment rigoureuse. Notre travail, moins étendu, mais mieux informé et qui nous a certainement coûté plus de recherches que le sien, lui permettra d'améliorer la prochaine édition de cette *Vie de Marie Mancini* qui, pour être exacte et complète, n'en présentera pas moins au lecteur, comme nous l'avons dit, tout l'attrait d'un roman.

MADEMOISELLE DE VALOIS

FRANÇOISE-MADELEINE D'ORLÉANS

(1648-1664)

La pauvre jeune princesse dont nous voulons rappeler ici la rapide histoire n'eut que trois dates dans sa vie, qui fut bien courte. Elle naquit, se maria, mourut. Sa naissance, accueillie avec regret par sa famille, passa inaperçue parmi les tumultes d'une époque agitée; son mariage, célébré au milieu des fêtes d'une cour brillante, animée des premières amours d'un jeune roi, eut son éclat d'une heure entre toutes ces splendeurs; sa mort, dès longtemps prévue, prédite avec assurance et à jour fixe, l'atteignit dans les tristesses de l'exil, et les témoignages publics de douleur qui l'accompagnèrent furent moins donnés à sa perte que confondus avec les pompes lugubres d'un autre royal décès survenu peu de temps après, la mort de Madame royale, Christine de France, mère du duc régnant de Savoie.

Ce ne sont donc point les grands coups de fortune, l'intérêt saisissant d'une histoire longtemps occupée par de bruyants événements que nous aurons à retracer ici; mais la vie obscure de Françoise-Madeleine d'Orléans, mademoiselle de Valois : son rang élevé, celui d'une jeune princesse née sur les marches du trône et qui régna elle-même, le milieu où elle vécut, soit en France, soit à la cour de la vaillante maison de Savoie, nous semblent faits pour attirer quelque sympathie sur cette existence si prématurément brisée.

Le lundi 12 octobre 1648, la ville de Paris était en grand émoi ; les marchands de vins et cabaretiers s'étaient réunis en troupe nombreuse dans le Palais ; soutenus par les suppôts de leurs tavernes, ils avaient voulu arrêter le président Le Féron, prévôt des marchands, qui s'était déclaré en faveur d'un édit contraire à leurs intérêts. Le lendemain, 13 octobre, Messieurs du Parlement avaient repris leur délibération, non sans redouter les troubles de la veille ; une lettre de cachet les appela à Saint-Germain, où la cour s'était retirée devant les premières démonstrations de la Fronde. Paris attendait avec anxiété l'issue de cette conférence, tout prêt à recommencer le mercredi, comme il fit en effet, l'émeute du lundi. C'est au milieu de cette attention portée sur de graves évé- nements que naquit, à Saint-Germain, Françoise-Made- leine d'Orléans, fille de Gaston, oncle du jeune Roi, alors lieutenant du royaume, et de Marguerite de Lorraine, sa seconde femme.

La nouvelle de cette naissance, arrivée quelques heures avant que le Parlement fût arrivé à Saint- Germain, produisit peu d'effet ; Paris ne daigna pas s'en apercevoir, et la *Gazette*, par son silence, sembla s'asso- cier au déplaisir qu'éprouva la famille de Gaston en se

voyant accrue non d'un fils, vivement désiré, mais d'une
troisième, et même d'une quatrième fille, puisque mademoiselle de Montpensier, née d'un premier lit, n'était
homme qu'en action.

Cette enfant, dont la venue ne fut bien accueillie que
par les ennemis de sa famille, vint au monde frêle et
délicate : on s'y attacha d'abord comme on s'intéresse à
la faiblesse; on l'aima plus tard pour sa gentillesse; et
dès que les dangers des premières années furent passés,
à l'âge de quatre ans à peine, par une singulière combi-
naison d'ambition politique, on la fiançait, au Palais-
Royal, en présence de Leurs Majestés, à M. le duc d'Enghien, fils du prince de Condé.

Ce projet de mariage est, à coup sûr, l'un des plus
singuliers épisodes de la Fronde; et quels que soient les
motifs pour lesquels la cour permit ces fiançailles pré-
maturées, il est difficile de penser qu'elle les ait désirées;
quant à l'enfant, peut-être n'en eut-elle pas même connaissance.

Son âge, sa faible santé, exigeaient alors des soins
continuels; aussi suivait-elle partout sa mère, dans les
pérégrinations fréquentes auxquelles la difficulté des
temps ou les caprices et l'humeur inquiète de Gaston
contraignaient la Duchesse. Lorsque le Duc les rejoi-
gnait, à Blois, par exemple, il aimait à se trouver avec
ses trois dernières filles chez leur gouvernante, madame
de Raré; et là sans doute se préparaient, dans de fami-
lières causeries, des projets d'avenir auxquels on se
dispensait volontiers d'associer la jalousie soupçonneuse
de leur sœur aînée; Mademoiselle, en effet, voyait avec

peine ces conciliabules, et les déconcertait souvent par son arrivée imprévue.

Les jeunes princesses que le Duc trouvait réunies chez madame de Raré étaient Marguerite-Louise d'Orléans, née en juillet 1645 : elle épousa, en 1661, le Grand-Duc de Toscane, Cosme III de Médicis ; Elisabeth, mademoiselle d'Alençon, née en décembre 1646 : elle devint, en 1667, la femme du duc de Guise, François de Lorraine. Une dernière sœur de mademoiselle de Valois, Anne-Marie, née en novembre 1652, mourut dans sa quatrième année, et un jeune prince, espoir de la famille, né en 1650, mourut en 1652.

De tous les enfants de Gaston, aucun n'était plus tendrement chéri que mademoiselle de Valois : son affection pour elle allait jusqu'à l'égoïsme. Un jour, qu'après de nombreuses démarches vainement tentées, mademoiselle de Montpensier insistait plus vivement que jamais pour que son père plaçât auprès d'elle une de ses sœurs, le Duc lui répondit : « Pour ma fille d'Orléans, vous croyez bien que l'on ne l'y mettra pas (mademoiselle d'Orléans était l'aînée) ; ma fille de Valois, c'est mon divertissement, et c'est pourquoi je vous l'ai refusée. »

Un tel refus était imprudent, et dans la page où elle rappelle l'impression qu'elle en ressentit, Mademoiselle laisse percer en termes fort transparents son mécontentement. Elle-même était fort riche, mais ses sœurs étaient dans une condition très inférieure à la sienne ; si Monsieur venait à mourir, leur état serait pitoyable ; Madame serait bien embarrassée, avec quatre filles sur les bras. — Madame, à qui elle fait cette sortie assez peu agréable,

lui répond doucement : « J'ai tant de sujet de me fier à
la Providence, que je ne doute pas qu'elle n'agisse sur
mes filles comme sur moi; ainsi, je ne m'en mettrai en
nulle inquiétude. » Tant de résignation pousse à bout
Mademoiselle : « Je pensai lui dire, reprend-elle avec
aigreur, qu'elle avoit raison, et qu'elle avoit agi d'une
manière si extraordinaire pour elle que la maison de
Bourbon n'étoit pas si heureuse que celle de Lorraine. »
Cruel sentiment qui fait une allusion méchante aux difficultés sans nombre que rencontra le mariage de Gaston
avec Marguerite de Lorraine, et aux humiliations par
lesquelles dut passer le Duc, avant d'obtenir la ratifica-
tion par la cour d'un mariage si peu avantageux.

Si les paroles de Mademoiselle pouvaient paraître
obscures, et si ses vrais sentiments devaient être plus
nettement mis à jour, un mot de son père ferait juger de
leur portée véritable. Deux ans après cet entretien de
Mademoiselle avec Madame, qui lui avait sans doute été
fidèlement rapporté et qu'il ne pouvait guère oublier,
Gaston appela auprès de lui, à Blois, le comte de Béthune.
Le Duc lui parla à plusieurs reprises de Mademoiselle,
et s'emporta contre elle avec une grande vivacité : il
était en colère dès qu'on prononçait son nom, et revenait
toujours à dire : « Elle n'aime pas ses sœurs; elle dit que
ce sont des gueuses; qu'après ma mort elle leur verra
demander l'aumône sans leur en donner. »

Telle n'aurait pas été peut-être la pensée de Mademoiselle, si son père lui avait confié le sort de mademoiselle
de Valois, qu'elle désirait beaucoup avoir auprès d'elle,
et qui l'appelait sa « petite mère ». Toutefois, entre Ma-

demoiselle et ses sœurs, il existait une cause grave de
mésintelligence : malgré son âge, ou plutôt à cause de
son âge, qui rendait pour elle impossible tout mariage,
s'il se faisait trop attendre, mademoiselle de Montpensier voyait, dans tous les princes souverains à marier,
des prétendants à sa main ; son revenu pouvait bien
s'élever à trois millions de notre monnaie, et cette fortune, qui faisait d'elle la plus riche héritière de l'Europe,
n'était pas en effet sans avoir quelque prestige aux yeux
de bien des mères ; mais il est vrai de dire que s'il fut
tour à tour question pour elle d'épouser la plupart des
princes contemporains, depuis l'empereur d'Autriche
jusqu'au tout jeune Louis XIV, elle n'en resta pas moins
toujours sans alliance ; si le bruit courut même d'un
mariage entre elle et le duc régnant de Savoie, son cousin, qui devait épouser mademoiselle de Valois, il n'y eut
dans ce projet qu'une cause de jalousie de plus entre
elle et la jeune princesse qu'elle avait eu peut-être la
pensée d'adopter.

Elle raconte, avec la complaisance qu'elle apporte dans
tous les récits du même genre, que Madame Royale, mère
de Charles-Emmanuel II, s'étonnait souvent qu'elle ne té-
moignât pas un grand désir d'épouser le duc de Savoie ;
et, bien que son amour-propre flatté vît là l'indice d'un
projet pour elle, elle ajoute néanmoins que Madame
Royale craignait par-dessus tout de voir son fils marié
avec une personne capable d'agir, qu'elle ne lui fît jamais
parvenir aucune demande, et que le Duc, « qui marquoit
pour elle la plus grande passion du monde », ne fît jamais
aucune tentative pour obtenir sa main.

Cet aveu naïf montre la prétention, mal justifiée, sans doute, mais bien réelle de mademoiselle de Montpensier, et suffit à prouver cette rivalité que mademoiselle de Valois devait trouver dans sa sœur aînée, chez qui, dit madame de Motteville, « la jalousie que l'amour-propre produit effaçoit la force du sang et de la nature[1]. »

Si l'histoire n'a rien à gagner au récit de cette course au mariage, la chronique intime de la cour, l'analyse du cœur humain peuvent trouver un certain intérêt dans les révélations de Mademoiselle. Ici elle dit bien haut à madame de Choisy, qui l'engage à tout faire pour rompre le mariage de M. de Savoie avec sa sœur, qu'elle n'est pas d'humeur à courir sur les marchés des autres; là elle avoue qu'elle n'attend pas sans impatience la réponse que fera Monsieur à l'abbé Damoreti, qui vient lui demander la main de sa fille; ailleurs elle se justifie d'avoir écrit à M. de Savoie que sa sœur était bossue, et quantité d'autres choses désobligeantes pour elle; plus loin, tout en paraissant très fière de l'accueil fait par le duc de Savoie à un de ses gentilshommes, elle assure qu'elle ne se repent pas d'avoir rompu tout commerce avec Madame Royale, et rendu impossible son propre mariage avec un prince dont elle apprécie peu les procédés enfantins. Plus tard, par un nouvel intermédiaire, car jamais le duc de Savoie ni sa mère ne paraissent directement, elle apprend que le Duc a la plus grande passion de l'épouser, que Madame Royale verrait avec moins d'ennui cette union, que le Roi la souhaite, enfin que le cardinal Ma-

1. *Collection Michaud*, p. 468. — Paris, Didier.

zarin, chargé de lui faire cette communication, la désire :
« afin que cela se répandit et qu'on pût connoître dans la
suite que c'étoit elle qui avoit refusé. » Malgré cette méchante pensée d'un refus blessant qu'elle se promettait,
elle ne laissa pas de demander un jour au Roi de charger
M. de Beziers, qui s'en allait ambassadeur à Venise, de
ménager son mariage avec le duc de Savoie. La verte réponse qu'elle s'attira du Roi, et à laquelle elle s'était imprudemment exposée, montre assez de quelle part vint
le refus, et combien on voyait de mauvais œil qu'une
princesse alors âgée de trente-quatre ans, persistât à se
poser en rivale d'une jeune sœur âgée de quinze ans à
peine, pour épouser un prince de vingt-neuf ans.

Nous en avons fini avec cette odieuse question de rivalité entre deux sœurs, nous avons franchi l'espace et
nous sommes arrivés jusqu'en 1663, année même du mariage de Mademoiselle de Valois. Il nous reste à faire connaître la jeune princesse et le prince qui lui était destiné.

Charles-Emmanuel II, fils de Victor-Amédée et de
Christine de France, sœur de Louis XIII et de Gaston
d'Orléans, était né en 1634. Fils d'une mère ambitieuse,
il avait vécu sous sa dépendance, comme Louis XIV sous
la tutelle d'Anne d'Autriche et de Mazarin, longtemps
après l'âge de sa majorité. Privé d'argent, éloigné des
occasions de montrer son courage, poussé vers une étroite
dévotion, il n'avait, dans sa jeunesse, pour se dédommager d'une vie de contrainte, qu'une gaieté de bon aloi,
un caractère ouvert et franc, une humeur bruyante, facile
à satisfaire, et un goût véritable, que sa mère laissait

volontiers se développer en lui, pour les embellissements de sa capitale; il s'habillait à la mode française, et parlait le français avec une facilité qui lui attirait de la part de Charles-Auguste de Sales, évêque de Genève, les éloges les plus flatteurs.

A l'époque où Madame Royale vint, accompagnée du duc Charles-Emmanuel, offrir sa fille à Louis XIV qui, pour la voir, se rendit à Lyon avec toute sa cour, mademoiselle de Valois avait dix ans : Mademoiselle de Montpensier nous fait connaître d'un mot le caractère gai et enjoué de mademoiselle de Valois et de ses autres sœurs, mesdemoiselles d'Orléans et d'Alençon :

Mes sœurs, écrit-elle en 1660, étoient jeunes; elles aimoient à sauter et à danser; les soirs qu'il n'y avoit pas de bal ou de comédie au Louvre, elles se servoient de mes violons et alloient danser dans une chambre éloignée de celle de Madame.

Malgré ce goût pour la danse, qui devait être plus tard très agréable au duc Charles-Emmanuel, très fier d'avoir un véritable talent de danseur, mademoiselle de Valois ne paraissait pas d'ordinaire dans les ballets de la cour; une seule fois, en 1662, elle figura dans le ballet d'*Hercule amoureux*.

A partir de cette date, le nom de mademoiselle de Valois paraît souvent, comme elle-même se produit plus fréquemment : c'est alors que commencent à courir les bruits de son mariage, dont la première nouvelle avec date précise nous est donnée par Guy Patin dans une lettre à Falconet, du 24 octobre 1662. Vers ce même temps sans doute ou à peu de mois d'intervalle, un poète,

complaisant interprète du duc de Savoie, disait au nom
de ce prince à sa jeune fiancée :

Ce que tu dis, chacun le sait,
Amour; Françoise est adorable,
Et tout ce que j'ay veu d'aymable
N'en est qu'un crayon imparfait.

Elle n'a pas un petit trait
Que l'art ne juge inimitable ;
Le Ciel n'a rien fait de semblable,
Mais je n'en ay que le portrait.

Loin d'elle, mon impatience,
Dans cette longue et dure absence,
Me fait souffrir mille douleurs.

Amour, allez dire à ma belle
Que je languis, que je me meurs,
Et ne revenez pas sans elle[1].

Ce sonnet fait allusion à l'usage où l'on était alors d'envoyer à tous les princes qui cherchaient femme le portrait
des princesses à marier; qui sait si ce n'est pas pour
cette circonstance que fut faite la peinture de Petitot? En
voyant les éloges du poète et l'enthousiasme du prince,
on serait tenté de le croire, et le désappointement de
Charles-Emmanuel, lorsqu'il vit l'original, n'est pas fait
pour détruire cette opinion.

Quoi qu'il en soit, ce mariage, dont on s'entretint

1. *Les Délices de la poésie galante des plus célèbres auteurs de ce
temps.*—Paris, J. Ribou, 1664, in-12. (Achevé d'imprimer le 25 septembre 1663.)

beaucoup à la cour et à la ville, se fit encore attendre
quelques mois. Enfin arriva le jour des fiançailles, qui se
firent solennellement au Louvre; peu après, eut lieu le
mariage, dont la *Gazette* signala toute la splendeur.

« Le 4 mars, mademoiselle de Valois avant été amenée du
palais d'Orléans au Louvre, en la mesme manière qu'au jour
de ses fiançailles, vestue d'un habit de toile d'argent à fleurs,
tout couvert de perles, le Roy la conduisit en la chapelle au
milieu d'une double haye des Gardes du Corps et des Cent-
Suisses de la Garde : et là se fit la cérémonie des épousailles
par le cardinal Antoine (grand aumônier de France), en présence de Leurs Majestez, de Monsieur, de Madame, de mademoiselle d'Alençon (mademoiselle d'Orléans était mariée en
Toscane), de la princesse de Condé, du duc d'Enghien et des
autres principaux seigneurs et dames de la cour, qui s'étoient
mis dans un état fort leste pour donner plus d'éclat à cette
solennité, à laquelle se trouva aussi le cardinal d'Este. A la
fin de la messe, le Roy donna la main à la princesse et la
conduisit à son carrosse, où elle fut accompagnée jusqu'au palais d'Orléans par les mêmes personnes qui étoient venues avec
elle. L'après-dinée, Leurs dites Majestés, à l'issue de la prédication de l'évesque d'Acqs, allèrent rendre visite à la princesse de Savoie, ainsi que Monsieur, Madame et plusieurs
princes et princesses : le prévôt des marchands lui ayant pareillement été faire les compliments et les présents ordinaires
de l'hôtel de ville. »

Ce mariage, fait par procureur, unissait une jeune princesse pauvre à un prince souverain, qui comptait dans
ses alliances toutes les maisons régnantes de l'Europe;
les titres des ducs de Savoie, complaisamment énumérés

par le panégyriste de Charles-Amédée le font : duc de
Savoie, de Chablais, d'Aoùte (Aoste), de Génevois et de
Montferrat, prince de Piémont, vicaire perpétuel du Saint-
Empire, marquis de Saluces et d'Italie, comte de Nice,
d'Asti, de Tende, etc.; baron de Vaud, de Faucigny, etc.;
roi de Chypre [1].

Dès le lendemain de son mariage au Louvre, la jeune
madame de Savoie partit pour rejoindre le Duc. Le
voyage se fit péniblement. La *Gazette* suit la princesse
pas à pas, et c'est vraiment chose curieuse, que de voir
partir de Paris, de Turin, de tous les lieux traversés,
des récits qui semblent se répondre, et font l'effet d'un
immense dialogue entre la France et la Savoie.

Jour par jour nous assistons ainsi, avec la *Gazette*, aux
réceptions qui lui sont faites. A Moulins, elle est reçue
par le maire, à la tête des échevins, et subit, à la première porte de la ville, un compliment qui mérite toute
son admiration; M. de Pommereuil, intendant de justice,
lui présente les compagnies judiciaires, qui la ha-
ranguent pareillement. Après quoi, ayant accepté les
présents ordinaires, elle se retire en particulier, à cause
d'une indisposition. Souffrante encore le lendemain, elle
part cependant, traverse La Palisse, Roanne, Tarare, et
arrive enfin, le 23 mars, à Lyon, où elle est magnifiquement accueille par l'Archevêque-Primat.

Dès la veille, 22 mars, le Duc impatient était déjà à
Chambéry, et sa cour se grossissait tous les jours, pour

1. Voy. *Les honneurs funèbres rendus à la mémoire du prince
Charles-Amédée de Savoie, avec la harangue...* — Annessy, 1660.
In-4°.

donner tout l'éclat possible à la réception de la princesse.

A Saint-Rambert, elle est complimentée au nom de Charles-Emmanuel par le marquis de Saint-Damien; à Belley, par le marquis de Tanes, que le prince lui avait envoyé avec grand nombre d'autres gentilshommes.

Le 2 avril, elle arrive à Seyssel; le lendemain, le Duc se trouva à son lever, avec une très belle suite de noblesse, et la vit, dit toujours la *Gazette*, avec la joie qu'il est aisé d'imaginer à la rencontre d'une si belle princesse. Ensuite de leurs compliments et de ceux que M. de Savoie fit aussi à la comtesse d'Armagnac, la princesse entra dans une chaise et la comtesse dans une autre, et le Duc suivit à pied son épouse, jusqu'au delà du Rhône, où ils montèrent dans l'un des carrosses du Roi. Sur les cinq heures du soir ils arrivèrent à Annecy; la princesse, reçue sous un dais à la première porte, fut complimentée par l'évêque de Genève à la tête de son clergé, qui les conduisit à l'église, où se fit la bénédiction nuptiale.

Le lendemain Leurs Altesses firent, en grande pompe, une visite au monastère de la Visitation, tout plein encore du souvenir de saint François de Sales et de madame de Chantal.

Le 9 avril, nouvelle réception, plus pompeuse encore, à Chambéry, où Leurs Altesses Royales font leur entrée à cheval, sous un dais porté par les quatre échevins, et accompagnées de toute la noblesse du pays.

De Chambéry, le cortège prit la route de Saint-Jean

10

de Maurienne, Modane, Lanslebourg et passa le mont
Cenis; entre la Novalèse et Suze, il rencontra le prince
de Carignan, accompagné d'une foule de gentilhommes,
suivi d'une troupe d'habitants de Suze, qui, bizarrement
vêtus et armés, formèrent au carrosse de la princesse
une escorte des plus burlesques. De là, on partit pour
Rivoli, où l'on trouva Madame Royale, qui la reçut avec
toutes les apparences d'une grande joie et d'une vive
affection.

Comme le Duc voulait faire dans sa capitale une entrée
magnifique, il resta quelques jours à Rivoli : l'entrée
solennelle du Duc et de la Duchesse à Turin n'eut lieu
que le 15 juin 1663. L'un et l'autre parurent à cheval, sous
un dais porté par quatre gentilshommes, précédés du
marquis de Saint-Germain, grand écuyer, suivis de la
comtesse d'Armagnac et d'un grand nombre de dames
de la cour, également à cheval. Je ne parle ni des
gardes du corps ni des officiers de la couronne, ni du
corps des marchands et des compagnies de judicature,
ni de la haie formée, sur toutes les rues traversées par le
cortège, par les troupes du Duc, ni des réjouissances
publiques et des cérémonies d'usage. On remarqua que
la première visite des jeunes époux, après avoir passé
devant le Palais-Madame, où ils saluèrent la Duchesse
douairière, fut pour l'église Saint-Jean, contiguë au
Palais-Neuf, où ils s'arrêtèrent enfin. Dès le lendemain,
la comtesse d'Armagnac, dont la mission était terminée,
revint en France, comblée de somptueux présents.

Séparée de sa famille, éloignée de la plupart de ses
amies, la jeune princesse s'appliqua uniquement à plaire

au Duc; elle voulut partager entièrement sa vie; elle étudiait tous ses plaisirs et y accommodait les siens [1]; malgré sa santé toujours chancelante, elle le suivait fréquemment à la chasse, distraction qu'il aimait beaucoup et qu'elle apprit à aimer, pour le quitter aussi peu que possible.

Mais avec quelque énergie qu'elle supportât la souffrance, de fréquentes indispositions la retenaient souvent dans le palais, où l'affection de Madame Royale la venait heureusement consoler. Après plusieurs chutes et rechutes, en décembre 1663, elle se trouva si mal, que Louis XIV qui lui avait déjà donné, pour l'accompagner, un médecin français, M. Morisset, lui envoya un de ses médecins par quartiers, nommé Vaizou, grand ami du premier médecin Valot, et qui déjà, pendant la dernière maladie de Mazarin, avait été placé auprès de Son Éminence [2].

L'état de la princesse empira fort rapidement, et l'issue de sa maladie parut si douteuse en France, que Guy Patin dont le témoignage est confirmé par mademoiselle de Montpensier, put écrire à son ami Falconet, qui était alors à Turin, où il s'était rendu pour donner ses soins à Madame Royale, ces détails assurément fort carastéristiques : « 1er janvier 1664. — On n'a pas donné aujourd'hui les livrées ni habits aux pages de la cour, d'autant que l'on s'attend à porter le deuil bientôt, mais on ne

1. *Mémoires de Montpensier,* édition Michaud et Poujoulat. — Paris, Didier, p. 386.
2. Guy Patin, lettre du 18 décembre 1663.

nomme pas qui ce sera : *an vestræ ducissæ futurum sit?
dies revelabit :* » — sera-ce de votre Duchesse? l'avenir
le dira.

La mort de Madame Royale, survenue le 27 décembre,
mais encore inconnue en France, justifia cette économie.
Lorsqu'elle perdit sa belle-mère, la jeune Duchesse, vivement frappée, tomba elle-même gravement malade;
les soins les plus empressés lui furent prodigués; Vaizou,
son médecin extraordinaire, et le duc Charles-Emmanuel,
furent eux-mêmes victimes des soins qu'ils lui prodiguè-
rent, et eurent peine à se remettre. Mais ni la science des
hommes, ni la jeunesse de la pauvre princesse ne purent
la sauver : elle s'éteignit, le 14 janvier 1664, sur les
huit heures et demie du soir, à peine âgée de quinze ans
et trois mois, « pareille, dit madame de Motteville, à la
fleur qui le matin fleurit et qui le soir sèche. »

Le Duc, inconsolable, fit faire à sa mère et à sa jeune
femme de splendides funérailles; l'abbé Francesco Mo-
rozzo fut chargé de publier un bref récit de la vie et
de la mort de Madame Royale, Françoise de Bourbon,
duchesse de Savoie; son oraison funèbre fut prononcée
dans plusieurs églises du duché, et, en France, à Notre-
Dame, par l'archevêque de Rouen. Le P. Ménétrier, appelé de Lyon à Chambéry et à Turin pour régler les
honneurs funèbres à rendre aux deux princesses, s'ac-
quitta de cette mission avec le zèle qu'il avait mis à préparer les fêtes de l'entrée. Son traité des décorations
funèbres[1] a conservé, avec le souvenir de ces tristes

---

1. In-8°, Paris, 1684.

cérémonies, quelques inscriptions touchantes : celle-ci
résume poétiquement une vie si courte :

> Heu! fluxa formæ gloria!
> Francisca Borbonia a Francia,
> Regum flos, florum regina,
> Vere lilium ultimum veris et breve donum,
> Sero data, cito rapta,
> Liliorum instar, nil nisi lacrymas parit.

« Fugitif éclat de la beauté! Françoise, des Bourbons
de France, fleur des rois, reine des fleurs, dernier lis et
présent éphémère du printemps, venue tard, enlevée
trop tôt, comme sont les lis, ne produit que des larmes! »

MADAME DE CHANTAL

On chercherait en vain, dans le cours de l'histoire ecclésiastique de France, une période aussi féconde en fondations religieuses que la première moitié du xviie siècle.
Voici, en effet, en 1610, l'ordre de la Visitation; en 1612,
l'institution des Ursulines; en 1617, les Sœurs hospitalières de Saint-Charles; en 1618, les Bénédictines du
Calvaire; en 1624, les Hospitalières de la Charité de
Notre-Dame; en 1625, les Filles de la Charité; en 1631,
les Dames du Refuge; en 1637, l'ordre de la Miséricorde
et les Bénédictines de l'adoration perpétuelle du Saint-
Sacrement.

Or, depuis les Annonciades, instituées en 1498 par
Jeanne, fille de Louis XI, épouse répudiée de Louis XII,
un seul ordre de femmes, dans tout le cours du xvie siècle,
s'était établi en France : l'ordre des Feuillantines, fondé
en 1577 par Jean Barrière, abbé de Cîteaux. L'ordre de
la Visitation, qui parut le premier au commencement du
xviie siècle, donna le signal d'un élan nouveau. Saint
François de Sales et sa vénérable amie, sainte Chantal,
devaient avoir de nombreux imitateurs.

Il serait sans doute intéressant, à plus d'un point de

vue, de chercher la raison de cette tiédeur qu'on remarque en France au XVIe siècle, à une époque où l'Italie et l'Espagne se couvraient de monastères, et aussi de cette ardeur qui éclate chez nous au siècle suivant. Sans demander à la période précédente les causes toutes négatives qui arrêtèrent alors les fondations nouvelles, nous pouvons d'un mot expliquer le zèle dont la pieuse contagion se répandit si rapidement de 1610 à 1640. La guerre civile, qui avait ruiné tant de familles et qui avait introduit dans les mœurs un relâchement funeste, nous semble sinon la seule, du moins la principale explication du mouvement qui se produisit alors dans le monde religieux.

La guerre civile est donc, selon nous, en quelque sorte, une cause matérielle en même temps qu'une cause morale de toutes ces pieuses fondations. D'une part, si les guerres étrangères pouvaient avoir parfois pour effet d'appauvrir l'État et d'enrichir la noblesse, la guerre civile ruinait infailliblement l'un et l'autre. Les pères dotaient plus difficilement leurs filles, dont les alliances étaient moins recherchées par des hommes également besogneux ; les aînés servaient avec plus de peine à leurs cadets et à leurs sœurs les pensions que l'usage exigeait d'eux, depuis que la réunion à la France de la Normandie et de la Bretagne avait répandu par toute la France l'usage du droit d'aînesse, longtemps particulier à ces provinces guerrières. Une faible pension de 500 livres ou un capital de 3 à 4,000 écus ouvraient généralement aux filles non mariées une retraite à tout jamais assurée.

D'un autre côté, la guerre civile avait amené dans les

mœurs une dépravation que la conduite des derniers rois
était peu faite pour réprimer ; les jeunes filles pieuses
avaient un désir bien naturel de se soustraire à cette
corruption générale ; mais les couvents anciens, où les
désordres n'étaient que trop fréquents, et dont la réforme
souvent tentée était trop souvent à recommencer, n'of-
fraient pas toujours à leur vertu un asile qu'elles espé-
raient plus sûrement trouver dans les ordres nouveaux.

Cette double conséquence d'une même cause explique
une réaction nécessaire ; de là tant de fondations religieuses, et, dans chaque ordre, tant de couvents rapidement édifiés dans la France entière.

La première en date, une des premières en vertu de
ces zélées fondatrices dont l'exemple fut tant de fois imité
depuis, fut sainte Chantal, dont nous voulons rappeler ici
la vie : nous avons une source excellente à consulter
dans les nombreuses lettres de la sainte, publiées par
M. Ed. de Barthélemy, qui a apporté à cette édition tout
le soin respectueux que pourrait réclamer un monument
de famille.

Jeanne-Françoise Frémyot, qui devint par alliance baronne de Rabutin Chantal, et qui devait à jamais illustrer
ce nom d'une famille où prirent naissance Bussy-Rabutin
et Mᵐᵉ de Sévigné, naquit à Dijon en 1572. Son bisaïeul,
son aïeul, son père, furent successivement présidents au
parlement de Bourgogne, et ils se distinguèrent toujours
dans cette noble compagnie par leur dévouement au souverain, à la religion et à l'honneur. La noble et exemplaire histoire que celle des parlements à cette époque !

Leur inébranlable fidélité aux grands principes qu'ils avaient à représenter, n'avait d'égale que la fermeté généreuse de leurs vaillants magistrats dans l'accomplissement de leurs devoirs. Quelle transaction avec leur conscience auraient jamais admise ces âmes robustes, ces hommes romains par les études et par le cœur, les L'Hospital, les Pybrac, les Frémyot! — André Frémyot, fils de Bénigne, fut pris par les ligueurs que combattait son père. Le parti des Guises mit pour prix de la tête du prisonnier la trahison du président : « Mieux vaut, s'écria le courageux magistrat, la mort du fils innocent que la vie du père criminel » ; et il persista dans sa fidélité. Une rançon considérable sauva André, qui devint plus tard archevêque de Reims ; il était frère de celle qui fut sainte Chantal.

Élevée dans ces fiers sentiments, témoin de ces exemples de viriles vertus, la jeune Françoise passa obscurément son enfance en province, dans les pratiques d'une piété sincère, un peu trop passionnée peut-être, mais dont une tolérance éclairée vint plus tard adoucir la rigueur. Un jour un gentilhomme calviniste lui avait donné quelques dragées. L'enfant les jeta au feu, et « voilà, dit-elle, comme les hérétiques brûleront dans l'enfer. » Nous ne saurions admirer ces saillies trop complaisamment citées par les biographes : boutades enfantines que la vie entière de la sainte démentit plus tard, et que la chrétienne indulgence de son pieux directeur François de Sales n'eût pas manqué de réprouver.

Bien jeune encore, Françoise perdit sa mère, et cette mort prématurée priva sans doute ses premières années

de ces doux enseignements qui vont du cœur au cœur,
de ce contact bienfaisant qui produit dans les âmes, avec
la tendresse bienveillante pour tous qu'une piété sincère peut donner parfois, ce culte de la famille auquel la
sainte semble être restée trop étrangère. Aimons notre
prochain, mais aimons les nôtres davantage; aimons
Dieu, mais n'oublions pas qu'on peut avoir autant de
mérite à le servir dans le monde, où l'on a aussi des devoirs à remplir, que dans les monastères et loin des dangers qu'il offre.

En 1592, Mlle Frémyot, qui avait alors vingt ans, et qui
avait déjà refusé un brillant mariage pour ne pas entrer
dans une famille calviniste, épousa un jeune gentilhomme
qui, par ses ancêtres, tenait à la fois à la famille royale
de Danemark et à la race, royale aussi, des anciens ducs
de Bourgogne. Christophe de Rabutin, baron de Chantal,
avait alors vingt-huit ans : « Ce fut, — dit la mère de
Chaugy, l'une des premières sœurs de la Visitation, —
l'un des plus accomplis mariages qui aient été vus, l'un
et l'autre partis étant parfaitement doués de corps et
d'esprit, des plus aimables qualités et recommandables
en noblesse. Quant à notre bienheureuse mère, elle étoit
de riche taille, d'un port généreux et majestueux; sa face
ornée de grâces et d'une beauté naturelle fort attrayante,
sans artifice et sans mollesse. Son humeur étoit vive et
gaie, son esprit clair, prompt et net, son jugement solide;
il n'y avoit rien en elle de changeant ni de léger. »
Telle était déjà à vingt ans la jeune baronne, telle nous
la retrouverons plus tard; seulement l'expérience et les

chagrins adoucirent un peu certaine rudesse qu'elle devait à son éducation première ; elle perdit aussi de cette
gaieté que signale en elle sa biographe ; il en résulta
pour elle une égalité d'humeur calme et digne, une habitude de tolérance plus générale ; mais, jusqu'à la dernière
heure, son esprit conserva la netteté, la promptitude, la
lucidité précieuse des premiers ans ; à tel point qu'il
semble impossible, parmi ses innombrables lettres écrites
de 1610 à 1641 de reconnaître l'influence de l'âge ou du
temps. Son style immobile, image d'un esprit immuable,
conserve partout l'empreinte d'un sens droit, d'un jugement solide et, avec une modestie sincère et profonde,
l'accent d'autorité, calculé peut-être, que sa dignité de
fondatrice d'un grand ordre réclamait plus impérieuse-
ment encore que ne l'explique même la fermeté de son
caractère.

Mme de Chantal se prépara, par la direction de sa maison, à la direction de son ordre ; sévère pour les autres,
rigide pour elle-même, elle introduisit, dans les rapports
de ses fermiers avec elle, une règle inflexible qui lui
permit de rétablir promptement les affaires un peu em-
brouillées de son mari. Peut-être eût-on mieux aimé dans
la bouche d'un intendant que dans la sienne, ces maximes
justes jusqu'à la dureté qu'elle opposait à des débiteurs
attardés. Mais cette femme, qui avait le courage de graver
sur sa poitrine, avec un fer chaud, les cinq lettres du
nom de Jésus, pouvait-elle ne pas pousser à l'extrême les
principes mêmes les plus respectables ? Exagérée dans
l'exercice de ses droits, elle pratiqua avec le même excès
des devoirs de pure bienfaisance, étonnant la province

par les miracles de son inépuisable charité, et par sa courageuse abnégation à rechercher, pour les soigner, les maladies les plus dangereuses.

Après neuf ans à peine de mariage, mère de quatre enfants, Mme de Chantal perdit son mari, victime d'un accident de chasse. Cette mort rompait le seul lien qui attachât encore à la terre la pieuse jeune femme; ses enfants eux-mêmes ne devaient pas la retenir dans le monde qu'elle avait hâte de quitter pour se consacrer à Dieu tout entière. Les résistances qu'elle trouva dans la famille de son mari et chez son père, l'emportèrent quelque temps sur sa résolution, dont une circonstance singulière devait rendre toutefois l'accomplissement inévitable. Un jour qu'elle parcourait à cheval son domaine, elle eut une vision étrange. Un ecclésiastique lui apparut, et en même temps une voix lui disait : « Voilà le guide bien-aimé de Dieu et des hommes, en qui tu dois reposer ta conscience. » Or, ce prêtre inconnu, que sa pensée lui rappelait sans cesse, Mme de Chantal le retrouva trois années plus tard, trait pour trait, dans saint François de Sales; ni l'hallucination de la jeune veuve, miracle qu'explique le cours habituel de ses pensées, ni plus tard la complaisance de sa mémoire, n'ont rien qui nous surprenne : l'intimité sainte qui s'établit bientôt entre le confesseur et la pénitente fut la suite naturelle d'un incident où l'un et l'autre virent la main de Dieu.

Cette amitié sainte, qui parfois prenait, sous la plume ardente du vénérable prélat, une forme toute mondaine, et dont Mme de Chantal craignait plus tard, par un scrupule exagéré, de laisser publier les effusions trop affectueuses[1], devait hâter la retraite de Mme de Chantal et la fondation de l'ordre nouveau.

Pour accomplir ce grand acte, elle eut à vaincre les instantes prières et les larmes de son père, la résistance de son beau-père, qui tous deux brisés par l'âge, la suppliaient de différer un peu; mais la pensée même de ses enfants, dont la jeunesse réclamait ses soins sans partage, ne put la retenir. — Son fils unique, âgé de treize ans, se jette à travers la porte qu'elle doit franchir : dans son détachement surhumain, sans essayer de calmer et de convaincre cet enfant, elle passe sur son corps. Approuve qui voudra cette impatience et ce courage barbares : Dieu ne peut exiger de tels actes, et Mme de Chantal eut dû penser qu'en élevant ses enfants ellemême dans des principes pieux, elle assurait à la fois leur salut et le sien, non moins qu'en se retirant seule, par une dévotion égoïste et blâmable, loin de dangers qu'elle avait déjà su vaincre.

Saint François de Sales n'arrêta pas cette effervescence qui devait, à peu d'intervalle, être suivie de deux morts, celle de M. de Frémyot et celle de M. de Chantal, beaupère de la nouvelle religieuse. Mais l'évêque de Genève n'était pas homme à retenir un élan qu'il approuvait, lui qui, voyant une jeune fille alarmée du refus de ses parents, dont elle regarde la volonté comme la volonté de

---

1. Voy. *Lettres inédites*, p. 116 : « J'ai un grand ressentiment de ce qu'on a laissé dans les Épîtres (de saint François de Sales, que l'on publiait alors) trop de paroles d'affection : le monde n'est pas capable de l'incomparable pureté de la dilection de ce saint. »

Dieu, n'hésite pas à lui recommander de briser ces entraves et d'entrer en religion, malgré le désaveu de sa
famille[1]. L'excès de zèle du directeur explique ici, sans
le justifier, l'excès de zèle de la pénitente.

Ce fut le 6 juin 1610 que le nouvel ordre de la Visitation, fondé par saint François de Sales et Mme de Chantal,
fut solennellement institué. Ferme avec les religieuses
qui accoururent de toutes parts se ranger sous sa direction, Mme de Chantal montra toutefois dès l'abord une
tolérance dont on pouvait ne pas la croire capable, et
qui, dès lors, dominant toute sa conduite, la mit dans
une heureuse contradiction avec son passé. Son activité
infatigable, son attention vigilante portée sur les plus
petites choses, son courage plus grand à mesure que
croissaient les difficultés ou les dangers, sa prudence
dans la conduite intérieure des monastères, ses vues
élevées et indépendantes dans les matières même où elle
était en opposition avec les préjugés de son époque;
tout, dans les lettres que sainte Chantal ne cessa d'écrire
à ses compagnes absentes, depuis ce temps jusqu'à sa
mort, révèle une femme supérieure dont l'esprit éminent
et les hautes vertus méritent l'admiration de la postérité, comme elles ont mérité l'estime de saint François
de Sales.

Qu'on nous permette d'insister un peu sur les caractères de cette correspondance, qui, si elle n'offre pas cet

1. *Les Œuvres du bienheureux François de Sales,* 1641. 2 vol. in-f°,
I, p. 715.

intérêt tout mondain que recherchent des lecteurs su-
perficiels, présentera cependant un vif attrait aux âmes
pieuses, et, à un autre point de vue, des ressources
nouvelles à l'histoire ecclésiastique.

Parfois on y découvre des traits de mœurs intéressants : ici, par exemple, vous apprendrez comment les
lettres parvenaient à leur adresse : tantôt c'était par
l'intermédiaire des marchands, tantôt par des ordinaires
qui partaient seulement deux fois le mois; là, vous ver-
rez combien fréquentes étaient les pestes qui dévoraient
le plat pays. Une lettre écrite à la R. M. de La Grange,
supérieure de la Visitation de Lyon, donne des détails
navrants sur la triste position où se trouvaient les sœurs
du monastère de Paray : « Elles sont destituées de toutes
sortes d'assistances humaines, que de ce bon prêtre qui
va chercher par les villages ce qu'il peut pour les nour-
rir, où il court fortune de la vie, car déjà l'on a manqué
de l'assommer; et si ce pauvre homme prenoit le mal,
l'on ne voit par quel moyen nos pauvres sœurs sercient
empêchées de mourir de faim; outre qu'elles sont dans
un très grand et évident péril de la maladie, comme tous
ceux de la ville, et plus grand encore, à cause que le
cimetière des pestiférés est derrière leur maison; de plus,
selon le jugement du voisinage, il est impossible, humai-
nement parlant, que la ville soit purgée, parce qu'il n'y
a nul ordre pour cela, et que même les corps demeurent
dans les maisons sans être ensépulturés[1]! » Aussi quels

1. *Lettres inédites,* p. 364; Cf. pages 64, 115, 209, et surtout une
lettre très intéressante qui n'occupe pas moins de dix pages dans
les *Lettres,* pages 209-218.

soins touchants prend la pieuse fondatrice dans l'intérêt de ses pauvres filles! avec quel zèle on la voit rechercher les préservatifs et les indiquer, ou s'occuper de trouver d'autres retraites pour éloigner ses religieuses d'un danger qu'elle-même ne redoutait pas et venait même chercher au milieu d'elles!

Dure pour elle-même jusqu'à la cruauté, multipliant ses fatigues avec ses voyages, à la veille de sa mort elle ne prenait même pas pour elle les soins que réclamait son âge : « Je suis vieille, écrivait-elle pendant l'hiver de 1641 [1], et couche dans une chambre où l'on ne fait point de feu, où il y a deux grandes fenêtres et deux portes. » Les religieuses des nombreux couvents de son ordre, qui couvrirent bientôt la France entière, se faisaient un devoir parfois de lui envoyer quelques douceurs, des sirops, des confitures; elle refuse impitoyablement : « Je vous remercie de votre anis, écrit-elle un jour à la R. M. de Blonay; mais ne m'envoyez plus de ces choses-là; car, voyez-vous, ma fille, j'ai grand'peine à supporter de ces tricheries de soins et d'empressements que l'on fait autour de cette très inutile santé. Je consens bien à prendre après le repas de la poudre d'anis, de coriandre, de fenouil et de réglisse pour aider mon estomac et je m'en trouve bien; mais l'anis confit c'est bon pour les dames du monde. » Une sœur est-elle malade, au contraire, Mme de Chantal lui recommande tout ce qu'elle se refuse à elle-même.

Cette tolérance si caractéristique ne fit jamais défaut

1. *Lettres*, p. 551.

à Mme de Chantal dans la partie de sa vie qu'elle consacre à son œuvre. Ses paroles ont une onction pénétrante. Voici par exemple un passage d'une lettre à l'abbé Favre, confesseur des religieuses d'Annecy; elle lui dit quelle doit être, auprès d'une sœur qui s'égare, la conduite de la sœur assistante : « Il m'est avis, dit-elle, que si elle (l'assistante) se rendoit familière, cordiale, confiante, un peu compagne, elle la tireroit de cette mélancolie. Si j'étois là, je ferois ainsi, et souvent j'ai soulagé, même guéri des âmes par ce moyen, échauffant leur cœur par confiance, leur montrant une grande franchise et même leur parlant de plusieurs choses et leur demandant leur avis, comme si j'en avois bien besoin, sans leur parler toutefois de leur mélancolie, ni de leurs difficultés, ni de choses sur quoi elles puissent philosopher, ou qui regardent le prochain; enfin il y a un certain biais que la charité leur enseignera si elles le demandent à Notre-Seigneur Jésus-Christ[1]. »

S'adressant dans une autre lettre à la R. M. Favre, sœur de l'ecclésiastique dont nous avons cité le nom, elle disait : « Croyez-moi, je vous prie, tenez votre esprit au large et en joie tant qu'il vous sera possible. Ne prenez point à cœur les fautes et inutilités des filles. Dieu ne vous les a pas commises pour les rendre parfaites, mais seulement pour leur enseigner la perfection et leurs devoirs. Si elles vous croient, elles seront heureuses; sinon, vous ne sauriez qu'y faire; car c'est à vous à planter et arroser, et à Dieu à donner l'accroisse-

---

1. *Lettres,* p. 180.

ment... Il faut avoir patience; Paris ne fut pas fait en un jour; il faut aller pied à pied et vous contenter du peu que chacune vous pourra donner, et ne se point fâcher de ce que quelques-unes ne donneront rien[1]. » — La devise de la sainte, souvent répétée dans ses lettres, dit la même chose en deux mots : « Peu et bon. »

Dans ce même sentiment d'indulgente bonté, il arrive souvent qu'elle supplie au lieu d'ordonner; mais sous la prière on reconnaît l'ordre précis, formel : « Il faut que ma chère sœur Marie-Aimée se contente de jouir des choses qui sont marquées dans ses privilèges, et je crois qu'elle le fera, car elle a le cœur très bon; je l'en supplie, sans passer outre, car c'est assez à une servante de Dieu... Je la supplie de ne point lire la Bible; je sais très assurément que notre bienheureux Père ne le lui eût pas permis : il y a tant de bons livres! »

C'est ainsi, tantôt priant, tantôt invoquant le nom de saint François de Sales, que Mme de Chantal établissait une autorité qui ne fut jamais méconnue, et maintenait la discipline dans son nouvel ordre au milieu du relâchement de la plupart des autres. Elle savait merveilleusement reconnaître et éviter des fautes qui avaient perdu tant de communautés et causé tant de scandales : l'abus des visites par exemple l'effrayait avec raison : « Il faut, ma très chère fille, que je vous congratule grandement de ce que vous me dites que jamais vos parloirs ne furent moins fréquentés que maintenant, et que vous n'y allez point par plaisir. O ma fille très chère! que voilà qui va

1. *Lettres inédites,* p. 354.

bien! Certes, a grande fréquentation des parloirs est un
mal plus dangereux qu'on ne sauroit penser : il n'est pas
croyable combien la bonne odeur des maisons religieuses
s'évapore par là; et comme l'esprit intérieur se dissipe[1]. »

A côté de ces lettres écrites dans les vues d'une piété
éclairée et dans l'intérêt d'une sage discipline, le volumineux recueil publié par M. de Barthélemy renferme de
nombreux détails sur les affaires d'argent des diverses
maisons de la Visitation : ce qui est dû est toujours rigoureusement exigé; un ordre exact et sévère est établi
dans les finances; avant d'admettre à titre de fondatrice
une sœur qui se présente, on examine si la somme qu'elle
offre est suffisante :

« La mère de Mlle du Tartre est venue hier et ce matin
céans; véritablement elle témoigne de l'affection à sa
fille, et je pense qu'elle a fait ce qu'elle a pu vers M. son
mari, lequel, en finale résolution; donnera à sa fille, pour
employer selon son désir, quatorze mille francs, moitié à
l'entrée, moitié à sa profession; mille francs de pension
sa vie durant, et, après son décès, six cents livres à la
maison, rachetables de dix mille francs, à la vérité, vu
qu'elle a des enfants. Je trouve qu'ils lui font un bon
parti; mais c'est à vous à considérer si cela sera suffisant
pour commencer un monastère. Si tout n'est pas fort cher
à Nevers, il semble qu'il suffira. »

Ces détails intimes sur les retraites pieuses dont la
pensée écarte volontiers toute préoccupation matérielle,

---

1. *Lettres inédites,* p. 543. — *Voyez* à ce sujet l'introduction de
notre ouvrage : *Précieux et Précieuses.* — Paris, Didier, 1860,
2ᵉ édition.

sont intéressants pour l'histoire des couvents qui, à cette époque, s'établissaient chaque jour plus nombreux. Une autre lettre nous révèle que la dépense de chaque religieuse s'élevait à la somme de 500 livres, monnaie de Savoie[1]. Or, la monnaie savoisienne étant alors à la monnaie de France dans le rapport de deux à cinq, la vie de chacune des Visitandines en communauté pouvait donc s'élever à 200 livres de France ; à cette époque, cette somme payait facilement ce qui, aujourd'hui, ne coûterait pas moins de six à huit cents francs.

Mais entre les passages qui nous ont le plus vivement frappé dans l'histoire intérieure de l'ordre, il en est un qui mérite une attention particulière : c'est celui où Mᵐᵉ de Chantal, méprisant les préjugés de son éducation, et devançant son époque de plus d'un siècle, écrivait cette lettre admirable de hardiesse et d'élévation d'idées, que nous demandons encore la permission de citer : on y trouvera la trace de l'esprit éclairé de saint François de Sales.

« .... Quant à ce que vous me demandez, si l'on peut mettre supérieure une fille qui n'est pas légitime, notre bienheureux Père lui-même a résolu cette demande et dit que les enfants ne peuvent être maîtres de leur naissance et ne portent pas l'iniquité de leurs père et mère. Croyez-moi, ma fille, où est la vraie vertu, le reste ne peut nuire. Notre Seigneur n'est point acceptant des personnes ; sainte Brigitte était bâtarde d'une esclave, et Dieu ne laissa pas de la choisir pour son épouse et de la rendre

1. *Lettres,* p. 111.

illustre en renommée à son Église. Cet exemple nous doit suffire pour rembarrer les raisons de la prudence humaine... »

On aime à voir, au milieu de ses préoccupations de religieuse et de chef d'ordre, paraître de temps à autre la mère de famille, suivant de loin la vie de ses enfants. Si la sécheresse de cœur que nous avons remarquée dans la jeunesse de Mme de Chantal venait de son détachement des choses de la terre, il faut convenir que peu de femmes ont eu plus besoin qu'elle, si durement éprouvée comme épouse et comme mère, de tourner ses regards vers le ciel. Elle eut, en effet, la douleur de survivre à son mari, à sa fille et à son gendre, à son fils et à sa bru : cette dernière mort laissait orpheline une toute jeune enfant, — fille unique par la mort d'une sœur aînée, — qui devait être Mme de Sévigné.

C'est avec un courage héroïque que Mme de Chantal supporte toutes ces pertes; toutefois, la mort de Mme de Thorens la jeta dans un accablement profond dont sa piété même ne triompha pas sans peine. Mme de Thorens, sa fille, était entrée, par alliance, dans la famille de saint François de Sales. La lettre que la pauvre mère affligée écrivit sur ce triste sujet à une supérieure est vraiment touchante, et montre la sainte femme sous le coup d'une émotion que ses autres deuils de famille ne semblent pas lui avoir inspirée. On nous saura gré de donner ici cette page éloquente :

« Ma chère fille, je bénis, j'adore, j'admire et me soumets de toutes les forces de mon âme à la très sainte volonté et Providence céleste, qui m'a ravi quasi imperceptiblement ma très chère fille de Thorens, uniquement bien aimée. Oui, ma fille, c'étoit *non sans vraie raison* l'âme de notre cœur, du très cher Père et de moi, misérable, qui n'ai pas mérité la grâce de jouir plus longtemps d'une vertu si complète en un si bas âge. Je me fonds, ma fille, car cette privation m'a touchée vivement, et je ne puis vous dire autre chose. O Dieu! qui blessez mon cœur avec un mélange de si grande miséricorde et suavité, que je ne puis jamais ni ne dois faire autre chose que vous bénir, faites-moi la grâce de suivre la vie et la mort de cette mienne vraie fille!... Voilà, ma fille, un échantillon de ma douleur qui me fait replier mon esprit plus fortement du côté du ciel, et crier de toutes mes forces : Seigneur, que voulez-vous que je fasse? Voici mon âme qui se répand devant vous, et ne veut plus jamais respirer ni aspirer que pour vous. Accomplissez en moi très parfaitement votre sainte volonté! »

De cette lettre, dont les accents émus et attendris ont je ne sais quel reflet lyrique de la poésie des livres saints, rapprochons cette autre lettre, non moins admirable dans sa simplicité, qu'elle écrivit au sujet de la mort de saint François de Sales : la douleur, moins vive, moins passionnée, n'est pas moins profonde :

Annecy, 28 février 1623. — « Ma très chère fille, il est vrai que mon âme ne fut jamais si sensiblement touchée qu'elle a été et est encore sur la privation d'une si sainte et utile présence que celle de notre bienheureux Père ; mais il est vrai aussi que, par la grâce de Dieu, elle ne fut jamais moins troublée. Voici comme je reçus ce coup,

lequel en vérité m'eût fait mourir si une autre main que
celle de mon Dieu me l'eût donné.

» Nous étions à Belley, et, le jour des Rois, les RR. PP.
Capucins et autres vinrent au parloir. Après avoir parlé
d'affaires, je demandai : Mais, mon Dieu, n'a-t-on point
de nouvelles de Monseigneur? L'on me dit tout froidement
qu'oui, qu'il étoit malade à Lyon. Je dis incontinent qu'é-
tant voyagère, j'y voulois aller. Alors ils me donnèrent
une lettre de Monseigneur d'aujourd'hui, qui est son très
digne frère. Avant que de la lire, je me retirai intérieu-
rement en Dieu, et ainsi j'ouvris cette lettre où je vis que
notre bienheureux étoit au ciel. Mon cœur fut saisi non
pareillement. Je me mis à genoux et adorai la divine
Providence, embrassant le mieux qu'il me fut possible la
sainte volonté de Dieu et mon incomparable affection en
icelle. Je pleurai abondamment tout le reste du jour,
toute la nuit et jusques après la sainte communion du
jour suivant, mais fort doucement et avec une grande
paix et tranquillité dans cette divine volonté et en la
gloire dont jouit ce bienheureux. Après la sainte communion, je continuai ce que j'avois à faire; mais j'avoue
à votre cœur que je n'ai encore passé qu'un jour ou demi-
jour sans larmes et en abondance, car mon cœur est fort
touché, quoique en paix, et ne laisse faire à aucune chose
de ce que je dois. Mes attendrissements se font en écrivant ou en parlant à ceux que ce bienheureux aimoit[1]. »

Ce qui frappe dans toutes ces lettres, c'est la sincérité
et l'émotion vraie de Mme de Chantal. Rien de travaillé;

1. *Lettres,* p. 472.

rien de cherché; le mot vient comme il peut, la phrase est ce qu'elle est, et le mot est mieux trouvé, la phrase mieux faite que par un écrivain de profession. La sainte fondatrice excelle dans ces lettres exquises, qui, à nos yeux, valent toutes celles qui ont été écrites, même par sa petite-fille, à l'adresse de la postérité. Que l'on compare à la lettre de Mme de Sévigné, sur la mort de Turenne, cette épître soi-disant merveilleuse écrite sur le même ton que celle qui raconte le suicide de Vatel, la lettre de sainte Chantal sur la mort de saint François de Sales; que l'on mette en regard de toute la correspondance de Mme de Sévigné le seul récit fait par son aïeule de la mort de la R. M. de Chatel[2], et je ne sais si au style brillant, leste, dégagé, étourdi, style de tête et non style de cœur qui éblouit dans l'une, on ne préférera pas ce langage modeste, simple, recueilli, écrit dans le calme pour être lu dans le silence.

Loin de nous toutefois la pensée de comparer, dans toutes ses lettres, Mme de Chantal, qui n'est pas un écrivain, à Mme de Sévigné! En général, il faut bien le dire, et je tiens à conserver jusqu'à la fin mon impartialité vis-à-vis des œuvres comme de la personne de Mme de Chantal, la sainte veuve, qui se préoccupe seulement de son sujet, écrit des lettres d'un assez mince intérêt pour les gens du monde; l'on n'a pas même, en général, pour se dédommager de l'uniformité du sujet, les agréments d'une forme tant soit peu littéraire. Mais quand sa plume a l'occasion de traduire un sentiment vrai, profond, irré-

---

2. *Lettres inédites,* p. 272 et suiv.

sistible, son âme se reflète dans ses récits, et son âme
est si belle qu'on l'aime et qu'on l'admire en la retrouvant
dans cette fidèle image.

La dernière mort que Mme de Chantal eut à pleurer fut
celle de son frère, l'archevêque de Bourges. Celui-ci
mourut dans le courant de l'année 1641. Sa vénérable
sœur mourut le 13 décembre de la même année. C'est à
Moulins, dans les bras de la duchesse de Montmorency,
« une âme sainte que Dieu manie à son gré », que la
sainte fondatrice de l'ordre de la Visitation rendit à Dieu
son dernier souffle. Le 6 décembre, sentant la mort s'ap-
pesantir sur elle, elle écrivit aux religieuses de l'ordre
une lettre qui restera comme son testament spirituel :
« sur le lit du trépas », dit-elle, elle reste ferme, confiante
en Dieu et dans les destinées de l'ordre, qu'elle voyait
assez nombreux et assez fortement constitué pour lui
survivre longtemps dans le même esprit qu'elle lui avait
imprimé.

LOUIS XIV

D'APRÈS SES MÉMOIRES POUR L'INSTRUCTION DU DAUPHIN[1]

« Un soir, en 1714, le Roi envoya le duc de Noailles dans son cabinet chercher des papiers écrits de sa main, qu'il voulait jeter au feu. Il en brûla d'abord plusieurs qui intéressoient la réputation de différentes personnes ; il alloit brûler tout le reste, Notes, Mémoires, morceaux de sa composition sur la guerre ou la politique : le duc de Noailles le pria instamment de les lui donner, et il obtint cette grâce[2]. »

C'est sur ces papiers, incomplètement sauvés par le maréchal de Noailles et remis en 1749 à la Bibliothèque royale, que M. Dreyss a publié une édition critique des *Mémoires de Louis XIV*. La longue étude sur la composition des *Mémoires* placée par M. Dreyss en tête de

1. *Première édition complète, d'après les textes originaux, avec une étude sur leur composition, des notes et des éclaircissements,* par M. Dreyss, 2 vol. in-8. — Paris, librairie Didier.
2. *Mémoires politiques et militaires composés par l'abbé Millot sur les pièces originales recueillies par le duc de Noailles.* — (*Collection Michaud et Poujoulat,* Paris. — Didier, gr. in-8°, t. XXXIV, p. 255, col. 1.)

l'ouvrage, le système qu'il a suivi pour le classement des diverses parties, le choix qu'il a adopté de tel ou tel texte entre plusieurs, ses opinions sur les rédacteurs des Mémoires, sur la nature et le mérite de leur coopération, assurent à l'éditeur une large part dans l'intérêt que présentent ces deux volumes. Avant donc d'étudier en eux-mêmes les Mémoires du Roi, nous croyons utile d'examiner avec attention le long, pénible et consciencieux travail qui fait le mérite de cette édition, la seule que l'on puisse aujourd'hui consulter.

I

De la composition des Mémoires de Louis XIV d'après M. Ch. Dreyss.

Dans l'œuvre personnelle de M. Ch. Dreyss, nous avons à signaler l'étude sur la composition des Mémoires; le choix et la disposition des textes; les commentaires.

L'Étude préliminaire placée en tête du premier volume, dont elle occupe plus de la moitié, embrasse tout ce qui pouvait se dire sur la composition des Mémoires, et, — c'est là son défaut, — bien d'autres choses encore. L'auteur a traité *ex professo* plusieurs questions intéressantes, mais quelques-unes hors de propos; il a suivi un chemin d'écolier, quittant la droite ligne pour se jeter, et nous avec lui, de détour en détour. Les érudits, qui aiment la quantité, s'en applaudiront peut-être; le public, pressé d'arriver au but, s'en fatiguera plus vite.

L'origine des Mémoires, les documents consultés, la

rédaction successive des parties, l'objet que se proposait
Sa Majesté, l'appréciation des Mémoires par les contemporains, le jugement définitif à porter sur l'œuvre, voilà,
pensons-nous, la vraie matière que devait traiter, comme
il l'a fait, du reste, M. Dreyss. Mais quand on le voit perdre
vingt-cinq pages pour nous faire connaître, par surcroît,
des ouvrages, sans aucune portée pratique, sur l'éducation
du Dauphin, et sans intérêt pour l'intelligence des Mémoires, comme les écrits oubliés de l'abbé de Brianville, du
P. Senault, du P. Lemoine ou de Claude Jolly; multiplier
les détails sur les naissances légitimes ou illégitimes
dans la maison royale, prodiguer les citations, excellentes partout ailleurs, des lettres du Roi à Mme de la
Motte, et des Maximes de Montausier, on se prend à
regretter que l'auteur ait voulu, comme on dit, vider son
sac, et nous ait si longuement fourni jusqu'aux matériaux
de son travail.

Une des questions importantes de cette longue étude
était de savoir quel collaborateur le Roi avait choisi pour
confident de sa pensée. Jusqu'à ce jour, le nom du discret
rédacteur était ignoré. M. Dreyss l'a découvert. Il croit,
et nous croyons avec lui, qu'avant la participation de
Pellisson, que nous trouverons plus tard, M. de Périgny
eut seul l'emploi d'écrire et de développer, en les rédi-
geant, les pensées du Roi. M. Dreyss donne deux preuves
à l'appui de son opinion : preuves *à priori*, qui ne valent
rien; preuves *à posteriori*, dont une seule est décisive et
pouvait suffire. — Examinons rapidement cette discussion.

« Un écrivain jusqu'ici bien peu connu, dit M. Dreyss,

et traité avec peu d'estime, M. de Périgny, va prendre rang à côté de Louis XIV comme son collaborateur intime... *Il était, du reste, désigné par sa position pour cet office ; on aurait pu le deviner par intuition* [1]. » Nous ne croyons pas à une sagacité si pénétrante. Pour nous, tout ce que l'on aurait pu deviner par intuition, comme dit l'auteur, c'est qu'il faut écarter les ministres, et en général tous les personnages dont les actes ou les intérêts peuvent être appréciés dans les *Mémoires* ; c'est aussi que le collaborateur littéraire du Roi doit être cherché parmi les hommes qui approchaient habituellement Sa Majesté par le fait de leur charge et par la nature de leur emploi. Nous aurons donc à choisir entre : les secrétaires du cabinet, Bartet, Talon, Galland, Roze ; — les historiographes, Mézeray, La Faye, de Pure, Varillas, Le Roy, Despréaux même et Racine ; — enfin, les Lecteurs attachés à Sa Majesté.

A ce sujet, M. Dreyss ajoute : « Plusieurs personnes tiennent la plume, ou tour à tour ou en même temps, sous la dictée du Roi, au moins pour l'année 1666, où le Roi s'adresse tantôt à un seul, tantôt à plusieurs... Pour être ainsi à la disposition du Roi à toute heure et toujours, il faut occuper une charge de la maison : tout nous porte à croire que c'étaient les Lecteurs de la chambre du Roi. — Quels étaient à ce moment, continue l'auteur, les Lecteurs en titre? Nous en tenons un... C'est M. de Périgny. »

Il n'y avait alors que deux lecteurs en titre ; leur

---

1. *Avertissement*, p. IV.

charge était ordinairement une sinécure. M. Bertaud, frère de Mme de Motteville, et l'abbé de Beaumont-Péréfixe (plus tard évêque de Rodez), avaient précédé Jean-Jacques III de Mesmes, comte d'Avaux, et La Ménardière; ce dernier, créature du cardinal Mazarin, avait, au prix de six mille pistoles (environ deux cent mille francs de notre monnaie), vendu sa charge à M. de Périgny, alors président aux Enquêtes. Au moment de la composition des Mémoires, si l'on veut, de parti pris, écarter les secrétaires de cabinet, bien qu'ils eussent une fonction active, notamment Roze, et leur préférer les Lecteurs, qui n'étaient que les titulaires d'une charge sans emploi, nous ne tenons donc pas seulement un Lecteur, M. de Périgny; nous connaissons l'autre, c'est le comte d'Avaux.

« Avant de mettre la main sur M. de Périgny, reprend M. Dreyss, les hypothèses ont eu beau jeu. Dans ces courses à l'aventure, pour qu'il y eût au moins un peu de vraisemblance, il fallait trouver un écrivain qui fût un familier de la cour, dont les goûts lettrés ou les antécédents littéraires fussent en rapport avec un pareil travail... » Jusqu'ici, entre le président de Périgny et le comte d'Avaux, l'hésitation est-elle possible? Pour peu que l'on connaisse le comte d'Avaux, comment ne pas voir en lui un familier de la cour, l'homme aux goûts lettrés dont il est ici question?

Reste une dernière épreuve : M. Dreyss a cherché surtout un homme « dont l'écriture présentât quelque conformité avec celle des manuscrits. » Nous y voilà enfin; ce qu'il fallait trouver, en effet, c'est une écriture semblable à celle des manuscrits; et si M. Dreyss s'était borné à dire, sans énumérer tant de conditions qui s'appliquent moins à l'auteur de son choix qu'à bien d'autres : « M. de Périgny est le seul des familiers de la cour dont l'écriture soit identiquement semblable à celle des Mémoires », il aurait inspiré une confiance que peuvent détruire ses trop faibles raisons; et, pour ma part, je ne me serais pas cru obligé d'aller vérifier si l'écriture du comte d'Avaux, de Talon et d'autres ne désignait pas ces personnages pour l'emploi attribué au président de Périgny.

C'est là, qu'on nous permette de le dire, un défaut trop fréquent parmi les érudits ; on compromet souvent, par une stérile surabondance d'arguments sans valeur, une cause qu'une seule preuve, irréfutable, aurait facilement gagnée.

L'aspect général des manuscrits, la forme particulière de l'*s*, qui vient tomber en s'allongeant à la fin des mots ¹, voilà pour nous deux signes évidents que M. de Périgny a pris la plus grande part à la rédaction des *Mémoires*.

Sur plusieurs autres points, qui nous semblent probables et que l'auteur présente comme certains, son argumentation ne laisse pas moins à désirer; on le voit surtout dans la discussion où il entre pour prouver l'antériorité des *Feuillets* par rapport au *Journal :* discussion inutile et faiblement soutenue, sur un point d'ailleurs évident par lui-même.

1. L'auteur croit trouver la même ressemblance à l'E, à l'R, et à quelques autres lettres; nous n'oserions être aussi affirmatif.

Ailleurs encore, M. Dreyss se demande pourquoi les faits des années 1661 et 1662 sont racontés en moindre nombre que ceux des années 1666 et 1667. L'auteur, qui émet cette opinion que les années 1661 et 1662 ont été rédigées en dernier lieu, pourrait dire que les rédacteurs travaillaient sur les *Feuillets* du Roi qui, confiant dans sa mémoire, n'avait consulté ni fait consulter aucun document antérieur. Cette explication n'est pas assez difficile ; on nous dira donc : « Les rédacteurs ne voulurent pas avouer qu'ils n'avaient pas été les confidents de Louis XIV, qu'ils n'avaient écrit sous sa dictée que pour les années 1666 et 1667, qu'ils étaient, pour les années précédentes. réduits aux expédients... » — Et ces expédients, il les nomme imprudemment : ce sont .« des Mémoires de finances (quoi de meilleur?), — la Gazette (quoi de plus complet?) — et des souvenirs », qui, selon lui, à six ans de distance, ont « peu de valeur ». Ce n'est pas sérieux. N'est-ce pas, en outre, donner à penser que ces années 1661 et 1662 ont été rédigées non seulement sans le concours de Louis XIV, mais n'ont pas même été soumises à son approbation, et se sont produites à son insu?

En accumulant tant de preuves péniblement ingénieuses pour défendre des opinions qu'il suffirait presque d'énoncer, M. Dreyss a voulu montrer qu'il ne croit pas à la légère, et il s'est obstiné à avoir trop raison. Certes, l'intention est bonne, mais le système de l'auteur présente de tels dangers et provoque de tels doutes, — nous l'avons éprouvé par nous-même, — que nous avons cru soutenir sa propre cause et défendre ses idées, en les dégageant des preuves inutiles qui les obscurcissent au lieu de les éclairer, et nous avons pensé donner une nouvelle force à ses conclusions, qui sont les nôtres.

Nous ne saurions non plus accepter, sans protester, la difficulté qu'une disposition malheureuse des textes apporte à la lecture : ainsi, pour ce motif que les années 1661 et 1662 lui semblent avoir été rédigées après les années 1666 et 1667, l'auteur, qui, selon nous, aurait dû les placer au commencement, les rejette à la fin de son second volume. Enfin, ayant à choisir entre trois textes dont les deux premiers portent des traces de la main du Roi, et dont le troisième, sans doute parce qu'il a été adopté dans sa forme définitive, ne porte pas de semblables corrections, M. Dreyss n'adopte pas ce dernier texte, qui est le plus développé. Il en résulte un nombre infini de variantes, et une foule de passages supprimés se trouvent reportés au supplément, où il faut à chaque instant interrompre sa lecture pour les aller chercher. Or il est de règle au contraire, pour un éditeur qui a à choisir entre plusieurs textes, de prendre le plus complet, sauf à renfermer entre crochets les parties omises dans les autres copies.

Par ce qui précède, on voit quelle est la matière des notes qui forment, au bas de chaque page, un commentaire continu : ce sont des variantes tirées des textes écartés par l'éditeur. Il est plus d'un cas où l'on regrette l'absence absolue de toute annotation historique et géographique : par exemple, quand l'éditeur, reproduisant un nom mal écrit, dit en note : « Nous conservons l'orthographe du texte », on aimerait qu'il donnât la forme exacte, maladroitement défigurée. D'autres fois, citant,

dans une note, un nom que le texte écrit mal, il le reproduit avec trop d'exactitude pour son propre compte :
ainsi *Vilquier* pour *Villequier*. Enfin, souvent il laisse en
blanc des noms qu'il lui eût été facile de retrouver et
d'indiquer en note. Il en est ainsi de bien d'autres détails
qu'il eût été bon d'apprendre ou de rappeler aux lecteurs.
Des notes de ce genre auraient eu plus d'utilité que la
paraphrase plus ou moins piquante où l'éditeur encadre,
dans ses appendices et suppléments, les fragments re-
produits : cette paraphrase, écrite, dans un esprit de
dénigrement déplacé, sur un ton de sarcasme et d'ironie
qui gêne le jugement du lecteur, a tout lieu d'étonner de
la part de M. Dreyss, chez qui, plus que chez personne
autre, on s'attend à voir traiter avec respect l'œuvre qu'il
publiait.

Louis XIV d'après ses Mémoires.

Les Mémoires de Louis XIV, quel que soit l'écrivain
dont il ait emprunté la plume, sont tout imprégnés de sa
grandeur; on y trouve partout l'accent de son autorité
impassible, et il n'est idée si mince qui n'y soit exprimée
avec une royale solennité. Le Roi parle, et il semble
prévoir la vénération qui va accueillir sa parole. C'est
du haut de son trône qu'il dit à son fils ses vertus et sa
gloire, et daigne lui révéler ses titres à l'admiration de
la postérité; l'homme n'existe pas : place à Sa Majesté!
Assurément, de tous les princes de la monarchie capé-
tienne, aucun n'a fait de plus grandes choses ni répandu
plus d'éclat, pendant un aussi long règne, que Louis XIV;

aucun n'a supporté le malheur avec plus de dignité, et ne
s'est relevé avec plus d'énergie. Je m'expliquais ainsi le
prestige qui entoure son nom, mais cette cause ne me
suffisait pas; j'en croyais entrevoir une autre, et c'est en
dehors du Roi que je voulais la trouver. Je voyais en lui
la résultante de diverses forces, mais ces forces je ne les
découvrais pas sous tant de splendeur; toute cette gloire,
je la reportais sur ses prédécesseurs, sur ses ministres,
sur les circonstances heureuses au milieu desquelles il
avait vécu. Les rayons du soleil, son pompeux emblème,
je les voyais aller des ministres au Roi, et non du Roi
aux ministres; c'était une souveraine injustice : et je
suis assuré que M. de Carné, qui a dit tout haut ce que
je pensais tout bas, va protester aussi contre lui-même,
si les *Mémoires* lui ont laissé la conviction qu'ils m'ont
donnée. La lecture de ce précieux document m'a prouvé
que Louis XIV avait au plus haut degré cette vertu que
Bossuet nomme le conseil, je veux dire la préméditation
dans les actes, un tact sérieux dans le choix des moyens,
l'intuition de l'importance du but, la prescience des suites
d'un heureux succès.

« Les hommes que Louis XIV trouva sous sa main
lorsqu'il commença à gouverner par lui-même furent, dit
M. de Carné, les instruments principaux d'une supériorité qui ne fut pas moins éclatante dans les lettres que
dans les armes [1]. » Cette opinion, que j'ai eue longtemps,
les *Mémoires* ne me l'ont pas laissée. Ce fait même que

---

1. *Monarchie française au dix-huitième siècle.* — Paris, Didier,
1 volume in-8°, pages 8, 10, 11. Voir page 41, où pousserait l'abus
de ce système, qui se contredit lui-même.

les Condé, les Bossuet et d'autres encore ont paru avant
1661, ne me gêne plus; de grands hommes ont précédé
un règne où ils brilleront encore et qui comptera aussi
des noms nouveaux non moins glorieux : Colbert, Louvois, Racine, La Fontaine, Despréaux, Molière, et tant de
peintres et tant de sculpteurs, quand donc ont-ils conquis
leur gloire? Ce sont, dit-on, les fils d'une période précédente : mais n'en est-il pas de même pour Pascal, pour Corneille, pour Condé, pour Bossuet? en est-il autrement pour
Richelieu? autrement pour Henri IV? En reculant ainsi
de proche en proche, où arrivera-t-on, et à quel profit?
N'est-ce pas là, en quelque sorte, soutenir la thèse de cet
écrivain breton qui voulait enlever à la Touraine Des-
cartes, né au village de la Haye, parce qu'il a été conçu,
disait-il, en Bretagne?

Un peu par ignorance, un peu par cet amour de la vérité qui passe souvent du doute au paradoxe avant d'arriver à son but, j'ai donc partagé la prévention que je
combats; et, si j'insiste, c'est que je l'ai vue érigée en système par d'autres écrivains et pour d'autres époques de
notre histoire. L'opinion qui reportait à Louis XII la gloire
de François Ier a enfanté celle de M. de Carné, soutenue
aussi par M. Despois, qui fait du siècle de Louis XIV un
siècle de Louis XIII : et qui sait si un jour on n'enlèvera
pas à l'Empire ses généraux, ses jurisconsultes, et jusqu'à l'Empereur lui-même, pour faire honneur de leur
génie aux années de la Révolution ou même au règne de
Louis XVI?

Reconnaissons-le donc : de grands hommes ont brillé
sous Louis XIII et sous la régence, qui ne se sont point

effacés sous Louis XIV. D'autres noms ont paru alors qui
ont dignement continué de glorieuses traditions; les uns
et les autres auraient été perdus peut-être pour la France
sous un roi qui n'eût pas eu, comme le « grand Roi » la
puissance et la volonté d'entretenir ou de faire éclore des
talents nécessaires à ses grands desseins.

L'admiration que je professe pour Louis XIV et pour
son règne, je la dois surtout à l'étude de ses *Mémoires;*
en montrant comment s'y révèlent, à côté des qualités ou
des défauts de l'homme privé, amant ou époux, père, fils
ou frère, les idées du Roi sur le gouvernement intérieur
et extérieur de son royaume, quels principes réglèrent
sa conduite envers les puissances les plus fières, et, pour
un prince moins ferme, les plus redoutables de l'État; en
montrant quels motifs réfléchis l'ont guidé, j'espère, non
pas ajouter rien à sa gloire, mais montrer qu'il en est le
principal auteur, et qu'il peut dire avec un juste orgueil :
Gloriam meam alteri non dabo [1].

II

L'homme privé.

Bien que l'histoire ait plutôt à s'éclairer sur des actes
publics qu'à tracer des portraits de famille, et que les
traits ne manquent pas ailleurs pour peindre en Louis XIV
le fils, le mari, le père, l'homme, en un mot, dans toutes
les habitudes de sa vie intime, il n'est pas sans intérêt,

----

1. Verset d'Isaïe.

croyons-nous, de rechercher dans les *Mémoires* comment s'y révèlent, comment y sont appréciées les relations privées du monarque. Bien ou mal fondée, cette curiosité qui attache tant de prix à toute analyse des sentiments secrets d'un personnage éminent est un des caractères distinctifs des historiens de notre époque et de leurs lecteurs ; l'histoire et la psychologie se sont associées dans un commun intérêt, et ce que l'une y gagne en éléments nouveaux offerts à ses théories, l'autre le gagne en incontestable moralité.

Dans les *Mémoires*, l'homme s'efface ordinairement devant le souverain ; celui-ci paraît seul sur le théâtre, et, s'il s'adresse à son fils, qui n'a pas l'âge de raison, vous assistez, croyez-le, à une de ces scènes fréquentes dans la tragédie classique où la présence d'un confident déguise mal un monologue. J'ai parlé de tragédie, et, en effet, le style même a chaussé le cothurne antique ; Auguste ou Mithridate ne s'expriment pas en termes plus pompeux. Cependant, en devenant auteur, Louis XIV a subi la loi commune à tout écrivain : qui de nous, en se penchant sur le papier, n'y a pas laissé de lui-même une image plus ou moins nette, et qu'il ne peut renier ?

Quand même Louis XIV n'eût pas été roi, deux qualités toutes puissantes eussent assuré son élévation : l'amour du travail, la passion du savoir. Même pressé par les besoins de la vie ou poussé par l'ambition, nul homme n'apporta plus de régularité, ni une application plus constante ou plus ferme, aux devoirs de sa profession ; nul ne sut mieux séparer, sans jamais les confondre, les moments du plaisir des heures consacrées au travail, ou changer

même ses distractions en occupations utiles. Voyez-le
pendant sa rapide expédition en Franche-Comté[1]; il sait
qu'en temps de guerre « on ne peut pas ménager tant de
temps pour les affaires du cabinet » : il en profite « pour
s'entretenir plus librement avec tout le monde, tant en
conversation générale qu'en particulier. Mais je cherchois
néanmoins, dit-il, autant qu'il se pouvoit, à tirer profit de
ces entretiens ou pour avancer l'ouvrage auquel j'étois
appliqué, ou pour connoître plus à fond les gens même à
qui je parlois, ou pour tirer des éclaircissements sur diverses autres choses. » Et ce n'est pas là un fait isolé,
c'est l'application d'une théorie exposée dans les *Mémoires*
sous une forme qui trahit sans doute un large amour-
propre, mais qui n'en est pas moins caractéristique, et
montre aussi ce désir obstiné du Roi de s'instruire toujours et partout; voici ses propres paroles :

« Quand il se pourra trouver un prince qui, par la
beauté naturelle de son esprit et la solide fermeté de son
âme, et par l'habitude prise aux grandes affaires, saura se
défendre de la surprise aussi bien que ses plus habiles
conseillers; qui entendra aussi bien ou mieux qu'eux ses
plus délicats intérêts, et qui, prenant leurs avis parce
qu'il lui plaît, pourra néanmoins, quand il sera besoin, se
déterminer sagement par lui-même; qui auroit assez de
retenue pour ne résoudre rien sur-le-champ de ce qui
mériteroit réflexion; qui seroit assez maître de son visage
et de ses paroles pour apprendre les sentiments de tous
sans découvrir les siens qu'à ceux qu'il voudroit, ou

---

1. Voyez t. II, p. 335 et suiv.

peut-être même à personne entièrement.... je désirerois
qu'il n'évitât pas, hors du temps de son travail accoutumé, les occasions qui se pourroient naturellement offrir
d'entendre parler diverses personnes sur toutes sortes
de sujets, sous prétexte de jeu, de chasse, de conversation, ou même d'audience particulière...

» Un autre profit que le prince tirera sans doute de ces
différents entretiens, c'est qu'insensiblement il connoîtra
par lui-même les honnêtes gens de son État, avantage
d'autant plus grand que la principale fonction du monarque est de mettre chacun des particuliers dans le poste
où il peut être utile au public. On sait bien que nous ne
pouvons pas faire tout; mais nous devons donner ordre
que tout soit bien fait, et cet ordre dépend principalement
du choix de ceux que nous employons. Dans un grand
État, il y a toujours des gens propres à toutes choses, et
la seule question est de les connoître et de les mettre en
leur place [1]. »

Ce même désir, non moins louable, non moins profitable dans l'homme que dans le souverain, d'acquérir de
toutes mains, et par tous moyens, des connaissances nécessaires, paraît mieux encore dans le morceau suivant,
où l'allusion orgueilleuse a fait place à un humble aveu :

« Tandis que l'on est enfant, dit le Roi, l'on considère
l'étude comme un pur chagrin; quand on commence d'entrer dans les affaires, on la regarde comme une bagatelle
qui n'est d'aucune utilité; mais quand la raison commence
à devenir solide, on en reconnoît l'importance, et on res-

1. Voyez t. II, p. 101.

sent un cuisant et juste chagrin d'ignorer des choses que
savent tous les autres[1]. »

Puis, après avoir montré de quelle utilité peut être en
particulier l'étude de l'histoire, le Roi reprend :

« A vrai dire, il n'étoit pas malaisé, en raisonnant sur
cette matière, de voir que cette application étoit belle et
utile. Toute la difficulté n'étoit qu'à pouvoir en trouver le
temps;... car ce n'étoit pas une petite résolution à moi,
qui étois déjà surchargé de tant de soins différents; en
sorte que, prenant après cela sur chaque jour les heures
absolument nécessaires à l'entretien de la vie, il ne me
demeuroit presque pas un moment dont je pusse disposer.
Mais enfin, voyant déjà que, par mes travaux passés,
j'avois mis une telle netteté dans mes affaires que je pouvois avec liberté disposer d'une bonne partie de mon
temps; et d'ailleurs, le plaisir m'étant beaucoup moins
considérable que la gloire, je résolus de prendre sur mon
divertissement les heures nécessaires à ce travail. Un
seul scrupule m'embarrassoit, qui étoit que j'avois quelque
manière de pudeur, étant dans la considération où j'étois
dans le monde, de redescendre dans une occupation que
j'aurois dû prendre de meilleure heure[2]. »

Louis XIV avait alors vingt-huit ans, et il était encore
dans toute l'ardeur, sinon dans la première nouveauté de
sa passion pour Mlle de la Vallière. Au dire d'un contemporain, la jeune favorite « avoit beaucoup de solidité et
même de savoir, sachant presque toutes les histoires du

1. Voyez t. II, p. 99.
2. Voyez t. II, p. 344-315.

monde »; maigre, un peu boiteuse, légèrement marquée
de la petite vérole, comme le Roi lui-même, elle avait un
esprit qui faisait aimer son corps; souvent, près d'elle, le
Roi « rêvoit ou lisoit » : qui sait si la douce jeune fille,
qui ne voyait dans son royal amant que le plus honnête
homme de son royaume, n'entra pas pour quelque chose
dans de si nobles résolutions? Ce qui est certain du moins,
c'est qu'elle ne fut un obstacle ni à la direction ou l'expédition des affaires, ni aux aspirations nouvelles du Roi pour
des connaissances qu'il avait négligé d'acquérir. La page
suivante de ses *Mémoires* fait bien connaître ce côté particulier de l'existence de Louis :

« S'il arrive que nous tombions malgré nous dans quelqu'un de ces égarements, il faut du moins, pour en diminuer la conséquence, observer deux précautions que j'ai
toujours pratiquées, et dont je me suis toujours fort bien
trouvé.

» La première, que le temps que nous donnons à notre
amour ne soit jamais pris au préjudice de nos affaires,
parce que notre premier objet doit toujours être la conservation de notre gloire et de notre autorité, lesquelles
ne se peuvent absolument maintenir que par un travail
assidu. Car, quelque transportés que nous puissions être,
nous devons, par le propre intérêt de notre passion, considérer qu'en diminuant de crédit dans le public, nous di-
minuerions aussi d'estime auprès de la personne pour
laquelle nous nous serions relâchés.

» Mais la seconde considération, qui est la plus délicate
et la plus difficile à conserver et à pratiquer, c'est qu'en
abandonnant notre cœur, il faut demeurer maître absolu

de notre esprit; que nous séparions les tendresses d'amant
d'avec les résolutions de souverain; que la beauté qui fait
nos plaisirs n'ait jamais la liberté de nous parler de nos
affaires ni des gens qui nous y servent, et que ce soient
deux choses absolument séparées : dès lors que vous don-
nez à une femme la liberté de vous parler de choses importantes, il est impossible qu'elle ne vous fasse faillir[1]. »

Ces réflexions, amenées par le nom de Mlle de La Vallière, en faveur de qui le Roi venait d'ériger en duché la
terre de Vaujours, nous montrent dans Louis XIV cette
préoccupation constante des affaires qui le suivait dans
les loisirs de la paix. Il faut lire les motifs presque politiques qu'il donne à cette fête splendide de 1662, à ce
somptueux carrousel qui attire à Paris toute la noblesse
de la province et une foule considérable d'étrangers :
— cette société de plaisirs qui donne aux personnes de
la cour une honnête familiarité avec nous; ces divertissements offerts au peuple et qui l'attachent quelquefois
plus fortement peut-être que des récompenses et des
bienfaits; cette impression avantageuse de magnificence,
de puissance et de grandeur, laissée aux étrangers, que
frappent des dépenses qui peuvent passer pour superflues : rien n'est oublié de ce qui peut éclairer l'opinion
sur les hautes raisons à l'aide desquelles le Roi voulait
se faire sans doute illusion pour oublier que « ces dépenses superflues » avaient été faites en faveur de Mlle de
La Vallière. N'est-ce pas chez elle, en effet, que Louis
avait intérêt à faire naître cette réflexion, exprimée d'ail-

1. Voyez t. II, p. 368,

leurs en toutes lettres, que « l'adresse en tous les exercices du corps, qui ne peut être entretenue et confirmée
que par là, est toujours de bonne grâce à un prince, et
fait juger avantageusement, par ce qu'on voit, de ce
qu'on ne voit pas [1]. »

Je ne puis croire que Louis XIV ait eu tous les sages
motifs qu'il rappelle quand il a donné les fêtes célèbres
du carrousel. A quelques années de distance, il veut se
tromper lui-même, et son fils et la postérité; la bienfaisante influence de Mlle de la Vallière pouvait pousser le
Roi à l'étude et le laisser appliqué aux affaires; mais elle
ne pouvait pas plus, sans démentir les secrets sentiments
de son cœur, détourner le Roi de donner pour elle ce
grand spectacle, qu'elle ne pouvait, dans son affection
jalouse, songer à épargner à la jeune Reine les douleurs
que lui causait l'abandon public de son époux.

Sujet curieux d'étude que le cœur du Roi! chez lui, les
amours se succèdent sans lutte : sa passion change
d'objet sans que le souvenir de la femme qu'il a aimée
vienne se mêler aux désirs que lui inspire la femme qu'il
va aimer; il perd Marie de Mancini et la Reine l'occupe
seul; quand il se livre à La Vallière, il est lassé de la
Reine, et devient pour elle insensible jusqu'à la dureté.
Une seule fois, les *Mémoires* parlent de Marie-Thérèse;
c'est en 1667.

« Cette année, dit le Roi, commença par les couches de
la Reine, lesquelles, paroissant un peu trop avancées, me

1. Voyez t. II, p. 218.

donnèrent une juste appréhension pour elle : car je puis dire qu'elle méritoit le soin que j'en avois, et que le ciel n'a peut-être jamais assemblé dans une seule femme plus de vertus, plus de beauté, plus de naissance, plus de tendresse pour ses enfants, plus d'amour et de respect pour son mari. Mais enfin ma crainte finit par la naissance d'une fille. »

Une variante, admise dans un des deux brouillons qui ont précédé le texte définitif, est remarquable. Le Roi y assure que les couches de la Reine lui donnèrent beaucoup d'inquiétude, « à cause de la véritable amitié » qu'il avait pour elle. Le mot « amitié », tout froid qu'il est, a disparu pour faire place au mot « soin », comme le mot « véritable » avait été déjà substitué au mot « sincère ». Mais on n'a garde ici de rappeler cette scène pénible qui avança l'accouchement de la Reine et la naissance de cette « petite moresque velue » dont parlent les pamphlets du temps, et « qui pensa la faire mourir ». Le saisissement qu'éprouva la princesse en voyant entrer le Roi au moment même où elle se plaignait de lui, son violent saignement de nez, ses instances inutiles pour décider Louis à quitter sa maîtresse, tous ces incidents ne pouvaient trouver place dans les *Mémoires;* ils auraient confirmé, mais ils n'étaient pas nécessaires d'ailleurs pour montrer la sèche indifférence du Roi, qui s'y est assez clairement révélée.

A côté de la froideur du mari perce aussi l'insouciance du père pour un enfant qui le flatte peu. Lorsque, dans un autre lieu, on voit Sa Majesté reconnaître que « les Rois sentent eux-mêmes toutes les affections et toutes

les tendresses paternelles », et ne peuvent « se dispenser
de l'occupation commune et naturelle aux pères, qui est
d'instruire leurs enfants par l'exemple et par le conseil »;
lorsque l'on songe ensuite que l'expression de ce beau
sentiment doit simplement servir de préambule à des
Mémoires qui s'adressent à un enfant de sept ans à peine,
on se prend à sourire, et l'on voudrait saisir chez le Roi
un de ces bons mouvements du cœur qui prouvent mieux
que les belles paroles la vraie tendresse d'un père. Je ne
veux pas dire par là que Louis XIV n'aima pas ses enfants
plus qu'il n'aima leur mère; je désire seulement signaler
ce fait, que les *Mémoires*, soit à raison de leur forme
grandiose, soit pour toute autre cause qui nous échappe,
ne montrent jamais dans Louis XIV le bon père de famille, bon et simple à la façon du roi Henri.

Cependant, quand il parle de la perte, depuis longtemps
prévue, de la Reine, sa mère, il a su trouver un ton vrai,
des accents émus, et il n'a pas craint, en donnant des détails touchants, de manquer à la dignité voulue et habituelle de son récit. Nous citerons ici cette page, où l'auteur
s'est laissé aller à tous ses sentiments.

Quelques jours avant la mort de sa mère, le Roi avait
commandé une revue : « Je fus empêché de m'y trouver
dit-il, par le pressentiment que l'amour me donna du danger de la Reine, ma mère, contre l'opinion des médecins...

» Cet accident, quoique préparé par un mal de longue
durée, ne laissa pas de me toucher si sensiblement qu'il
me rendit plusieurs jours incapable de m'entretenir d'aucune autre considération que de la perte que je faisois.

» La nature avoit formé les premiers liens qui m'unis-
soient à la Reine, ma mère; mais les liaisons qui se font
dans le cœur par le rapport des qualités de l'âme se rom-
pent bien plus malaisément que celles qui ne sont produites que par le seul commerce du sang.

» La vigueur avec laquelle cette princesse avoit soutenu ma couronne, dans le temps où je ne pouvois encore
agir, m'étoit une marque de son affection et de sa vertu,
et les respects que je lui rendois de ma part n'étoient
point de simples devoirs de bienséance. Cette habitude
que j'avois formée de ne faire qu'un même logis et qu'une
même table avec elle, cette assiduité avec laquelle je
la voyois plusieurs fois chaque jour, n'étoit point une
loi que je me fusse imposée par raison d'État, mais une
marque du plaisir que je prenois en sa compagnie. Car
enfin l'abandonnement qu'elle avoit si pleinement fait de
l'autorité souveraine m'avoit fait assez connoître que je
n'avois rien à craindre de son ambition, pour ne me pas
obliger à la retenir par des tendresses affectées.

» Ne pouvant, après ce malheur, soutenir la vue du lieu
où il m'étoit arrivé, je quittai Paris à l'heure même.....
Les lettres qu'il me fallut écrire sur cet accident à tous
les princes de l'Europe me coûtèrent plus qu'on ne sauroit penser[1]. »

L'affection qui paraît ici de Louis XIV pour sa mère ne
se trahit en termes aussi vrais ni pour sa femme ni pour
ses enfants, comme nous l'avons vu, et ne semble pas

---

1. Voyez t. I, p. 120-122.

non plus s'être étendue à son frère ni aux princes ses parents. Avec ceux-ci, Louis n'oublie jamais qu'il est le Roi, et il le leur fait sentir parfois dans des circonstances où nous ne comprenons plus aujourd'hui sa rigueur.

Monsieur, frère du Roi, avait épousé, on le sait, Henriette d'Angleterre, fille, nièce, cousine de rois, Henriette aimée peut-être de Louis XIV plus tendrement qu'une belle-sœur. — Monsieur demande-t-il pour la princesse jeune, faible et maladive, une « chaise à dos », au lieu d'un simple siège sans dossier, pure formalité d'étiquette : le Roi déclare qu'il aurait désiré ne lui refuser jamais aucune chose ; mais il voit la conséquence de celle-ci, et tout ce qu'il peut, c'est de faire entendre à son frère que, pour tout ce qui servirait à l'élever aux yeux de ses propres sujets, il le ferait toujours avec joie ; mais, dans cette grave affaire, le roi de France pouvait-il accorder, même à son frère, une faveur qui semblerait le rapprocher de lui ? Sa Majesté fit donc voir par raison à Monsieur les égards dus au rang royal, la nouveauté de sa prétention, et combien il serait inutile d'y persister : « Mais tout ce que je pus dire, ajoute le Roi, ne satisfit aucunement son esprit ni celui de ma sœur [1]. » — On le croira sans peine.

Un refus, mieux motivé d'ailleurs de la part du Roi, et qui portait sur un objet plus important, blesse plus profondément son frère. A la mort du prince de Conti, Monsieur demande le gouvernement du Languedoc. « Persuadé qu'après les désordres que nous avons vus si souvent dans le royaume, c'étoit manquer de prévoyance

1. Voyez t. I, p. 128-129.

et de raison que de mettre les grands gouvernements
entre les mains des fils de France », Louis XIV résista à
cette prétention. La défiance qu'il témoignait était sans
doute très fondée, très légitime et très sage; mais elle
montre aussi que l'affection du Roi pour son frère savait
résister à tout entraînement, et n'allait pas jusqu'à la faiblesse, « même dans le plus violent accès de leur commune douleur », et alors que la mort d'Anne d'Autriche,
qui venait de les frapper l'un et l'autre, semblait devoir
les rapprocher encore davantage.

III

Le roi de France. — Gouvernement intérieur du royaume.

Nous avons essayé, en consultant un document fourni
par lui-même, de faire connaître Louis XIV dans ses relations de famille; nous avons cité, autant que nous l'avons
pu, les paroles de ses *Mémoires*, et nous pouvons dire ses
propres paroles, puisqu'il les a inspirées et adoptées dans
leur rédaction dernière. Le Roi va nous apparaître maintenant dans ses projets et dans ses actes, en un mot, dans
toute la politique soit intérieure soit extérieure qu'il a
essayé de faire prévaloir.

Il est une première question qu'on est tenté de se faire
après la lecture des *Mémoires* : le Roi est-il un homme?
n'est-il pas plutôt un être d'une nature particulière, qui a
sa place entre l'homme et le Dieu? Il ne procède que de
lui-même; il ne doit rien au passé, et ne soupçonne pas

qu'il a eu des prédécesseurs pour lui préparer ses voies ; ses ministres, orgueilleuse ingratitude, il ne les nomme jamais : leurs talents, leur dévouement ne lui appartiennent-ils pas au même titre que la fortune et le sang de tous ses sujets ? « Les rois sont nés pour posséder tout et commander à tout[1]. » La volonté du ciel est que quiconque est né obéisse sans discernement[2]. Et qui n'est pas sujet ? Dans la famille royale, dans le clergé, dans la noblesse et dans l'armée, dans la magistrature, on peut s'élever indéfiniment au-dessus du peuple, sans même pour cela se rapprocher du Roi[3]. Ce n'est donc pas sans une certaine surprise qu'on voit de temps à autre le monarque daigner reconnaître qu'il est homme : parole modeste sans laquelle on en pourrait douter. « Il n'est pas, dit-il quelque part[4], au pouvoir des Rois, parce qu'ils sont hommes et qu'ils ont affaire à des hommes, d'atteindre toute la perfection qu'ils se proposent. » Ailleurs, il va plus loin encore et ne craint pas de dire : « Nous vieillissons comme le commun des hommes[5]. » Cet humble aveu, échappé à la jeunesse, saisissons-le au passage, nous ne le retrouverons pas plus tard ; et s'il veut expliquer pourquoi il ne prit pas avant la mort de Mazarin le poids des affaires, il a bien d'autres causes à en donner que sa minorité.

1. *Mém.*, t. II, p. 230.
2. *Ibid.*, t. II, p. 285.
3. Voy. ci-dessus, p. 193, les paroles du Roi au sujet de *Monsieur*, son frère.
4. *Mém.*, t. II, p. 378.
5. *Ibid.*, t. II, p. 293.

, Louis XIV en effet n'est pas sans prévoir le reproche
qui aurait pu lui être fait d'avoir laissé si longtemps un
ministre *gouverner sous son nom* : « Ce ne fut jamais,
dit-il, un effet de négligence ni de mollesse. »

La situation de l'État, au moment où il fut appelé à régner, est son excuse. Des agitations terribles par tout le
royaume ; une guerre étrangère où ces dissensions intes-
tines avaient compromis les intérêts de la France ; la présence d'un prince du sang à la tête des ennemis ; les em-
piétements des parlements sur l'autorité royale ; l'intérêt
des courtisans, qui les inspirait dans leur soumission
comme dans leurs révoltes, et qui ne permettait de donner
sa confiance ni à ses amis ni à ses ennemis; le danger
d'exciter de nouveaux troubles en retirant à Mazarin une
autorité dont le fardeau paraissait d'autant plus lourd
que les débuts devaient décider de la suite : telles étaient
les principales difficultés qui arrêtèrent le Roi jusqu'à la
mort du Cardinal. Mais on sent dans l'inaction qu'il s'impose je ne sais quelle force contenue, une vigueur généreuse, un noble désir de la gloire qui se font jour dans
les *Mémoires* sous une forme jeune, naïve, sincère et
pleine de charme : « Je ne laissois pas, dit-il, de m'é-
prouver en secret et sans confident, raisonnant seul et en
moi-même sur tous les événements qui se présentoient :
plein d'espérance et de joie quand je découvrois quelquefois que mes premières pensées étoient les mêmes où
s'arrêtoient à la fin les gens habiles et consommés, et
persuadé au fond que je n'avois point été mis et conservé
sur le trône, avec une aussi grande passion de bien faire,
sans en devoir trouver les moyens. »

La mort de Mazarin, le mariage du jeune Roi, lui font un devoir de prendre lui-même en main le gouvernement; son premier soin fut de jeter les yeux, « non des yeux indifférents, mais des yeux de maître », sur toutes les parties de l'État. Partout, que d'abus! Ici ce sont les grands, habitués à réclamer comme dues les faveurs auxquelles ils prétendent, prêts à soutenir de tels droits par la force; c'est le clergé, divisé, mêlé aux intérêts humains; c'est la justice, dont les charges étaient remplies par le hasard et par l'argent plutôt que par le mérite et par le choix. Le trésor est épuisé; les gens d'affaires sont dans l'abondance, « d'un côté couvrant toutes leurs malversations par toutes sortes d'artifices, et les découvrant de l'autre par un luxe insolent et audacieux, comme s'ils eussent appréhendé de le laisser ignorer. »

A l'extérieur, l'Europe entière désirait la paix: le Pape seul, en Italie, conservait contre les Français un mauvais vouloir peu dangereux.

Cette heureuse tranquillité à l'extérieur, au moment où l'œil du maître apercevait tant d'abus à combattre, tant de réformes à opérer, tant d'améliorations à introduire, devait dicter la conduite du Roi; il réprima donc les velléités guerrières que son âge, dit-il, et le plaisir d'être à la tête des armées lui avaient suggérées, et donna tous ses soins à l'administration intérieure de l'État.

Dès lors, Louis XIV et l'État se confondent; l'État, c'est le Roi; la jeunesse de l'un est pour l'autre une sorte de renaissance; ensemble grandira leur gloire : et quand plus tard les forces morales qui sont l'ornement de la

France seront éteintes ou affaiblies avec la population et la richesse, avec la victoire et le succès, la nation, personnifiée dans son chef, paraîtra atteinte dans sa propre vieillesse [1].

Obligé de chercher tout d'abord des instruments propres à le soulager dans le grand travail qu'il allait entreprendre, le Roi s'applique à bien choisir des ministres et à ne les employer que dans les charges pour lesquelles il avait reconnu leur capacité. Ainsi furent choisis Le Tellier, de Lyonne, Colbert et Fouquet même, dont « les voleries » étaient connues déjà du prince, mais qui avait de l'esprit, une grande connaissance du dedans de l'État, et qui, sans doute, avouant ses fautes et promettant de les corriger, pourrait rendre de bons services : « J'eusse pu sans doute, dit le Roi, jeter les yeux sur des gens de plus haute considération... Mais, pour vous dire toute ma pensée, je crus qu'il n'étoit pas de mon intérêt de chercher des hommes d'une qualité plus éminente, parce qu'ayant besoin, sur toutes choses, d'établir ma propre réputation, il étoit important que le public connût, par le rang de ceux dont je me servois, que je n'étois pas en dessein de partager avec eux mon autorité. »

En même temps que le Roi se montrait ainsi fièrement disposé à prendre la pleine responsabilité de ses actes et à exercer tout entière son autorité, il s'appliquait à établir, avec une fermeté décisive, son ascendant sur tous les grands corps de l'État, dont il abaissait et diminuait

1. Voyez M. de Carné, *La Monarchie française au dix-huitième siècle.* — Paris, Didier, 1 vol. in-8°.

d'autant les orgueilleuses prétentions. M. de Carné[1], dans
une brillante étude sur les résultats politiques du système
de Louis XIV, n'a pas manqué de montrer que, en sup-
primant toutes les forces pour prévenir les résistances,
en affectant de remplacer des conseillers éclairés par des
adulateurs complaisants, et de choisir pour instruments
de ses desseins propres et de ses projets personnels des
hommes de plus en plus médiocres, en poussant à l'extrémité un parti pris d'effacement qui témoignait plus de
jalouse frayeur que de grandeur véritable, le Roi, ambitieux de toutes les grandeurs et désireux d'accaparer
toutes les gloires, s'est mépris lui-même; il s'est ainsi
préparé de grands embarras pour la fin de sa vie et a
amené la décadence politique de la France[2].

Les parlements avaient essayé, pendant la Fronde, de
faire cause commune avec la noblesse, sans que le dédain
de l'aristocratie maintînt entre les deux corps une limite
jugée nécessaire. Le jeune Roi mit bon ordre à ces tentatives, et prévint à jamais le retour de tout acte d'insu-
bordination. Maintenant que Louis XIV règne et gouverne, on ne verra plus les compagnies dites souveraines

1. *La Monarchie française au dix-huitième siècle.* — Paris, Didier,
1 vol. in-8°.
2. Voyez ce que dit Saint-Simon de Chamillart : « Sa capacité
étoit nulle... Le rare est que le grand ressort de la tendre affection du Roi pour lui étoit cette incapacité même. Il l'avouoit au
Roi à chaque pas, et le Roi se complaisoit à le diriger et à l'instruire : en sorte qu'il étoit jaloux de ses succès comme des siens
propres, et qu'il en excusoit tout. »
(Mémoires de Saint-Simon, t. II, p. 14, éd. Hachette, in-18.)

oser penser que la loi est supérieure au Roi, ni oublier
que la justice émane du trône et ne peut avoir sa source
ailleurs que dans la personne du souverain. Croirait-on
qu'avant Louis XIV l'audace des grandes compagnies judiciaires s'était accrue, « dans les désordres du temps,
jusqu'à dire qu'elles ne reconnaissoient pour volonté du
Roi que celle qui étoit dans les ordonnances et dans les
édits vérifiés ? » Exorbitante prétention, mais qui fut
bientôt réprimée : « Je leur défendis à toutes en général,
par un arrêt, d'en donner jamais de contraires à ceux de
mon conseil, l'autorité que je leur avois confiée n'étant
que pour faire justice à mes sujets et non pour se faire
justice à elles-mêmes, qui est une partie de la souverai-
neté, tellement essentielle à la Royauté et tellement
propre au Roi seul qu'elle ne peut être communiquée à
nul autre [1]. »

Ce fut là un des premiers actes de Louis XIV après la
mort de Mazarin ; quelques années plus tard, à l'occasion
des obsèques de la Reine Mère (1666), un conflit de préséance s'étant élevé entre le parlement et le clergé, l'a-
vocat général Talon demanda, au nom de la Compagnie,
qu'elle n'allât point à Notre-Dame : Louis XIV « dit positivement qu'il vouloit qu'on s'y trouvât, et même qu'il
n'y manquât personne [2]. » — Il fut, ajoute-t-il, ponctuelle-
ment obéi.

Déjà au commencement de cette même année 1666,
« le même procédé lui avoit réussi ». Un édit concernant

---

1. *Mém.*, t. II, p. 439. — Supplément aux *Mémoires* pour 1661.
2. *Ibid.*, t. I, p. 125.

la modération du prix des charges avait atteint, dans un intérêt bien puissant, — dans leur fortune, — les membres de tous les parlements du royaume. La chambre des enquêtes demanda une assemblée de toutes les chambres; le premier président, qui n'espérait pas pouvoir empêcher une manifestation dangereuse, essayait de gagner du temps. Le Roi en fut informé; il sut que cette résistance, dont il était sourdement menacé, occupait tous les entretiens. Il voulut couper court à tout scandale, et ordonna lui-même cette assemblée des chambres dont on pensait l'effrayer : « Je voulois voir, dit-il, si l'on oseroit me désobéir. Car enfin je voulois me servir de cette rencontre pour faire un exemple éclatant ou de l'assujettissement de cette compagnie ou de ma juste sévérité à la punir. » A Paris, les chambres se séparèrent sans rien entreprendre; leur exemple fut imité bientôt des parlements les plus éloignés : le Roi put se convaincre que « ces grands corps ne sont fâcheux que pour ceux qui les redoutent [1]. »

Dans ses rapports avec la haute noblesse, Louis XIV n'eut pas une autre conduite. Deux principes en cela résument toute sa politique : amoindrir l'autorité des seigneurs trop puissants; prévenir et empêcher tout agrandissement excessif. C'est ainsi qu'après la mort du duc d'Épernon, il supprima la charge du colonel général de l'infanterie, parce que ses fonctions paraissaient trop étendues, et lui permettaient de se faire trop de créa-

---

1. *Mém.*, t. I, p. 126.

tures[1]. C'est ainsi encore qu'il retira insensiblement aux gouverneurs des villes frontières le droit de disposer des fonds des contributions et de composer leurs garnisons de troupes qui dépendaient d'eux : de jour en jour, le Roi faisait entrer dans toutes les villes importantes des troupes qui ne relevaient que de lui seul[2]. Plus tard, étendant encore ce système, il donnait aux rois le conseil de « ne pas laisser trop grandir leurs créatures. » Ainsi les sujets ne sont pas tentés d'attribuer à un favori qu'on suppose maître absolu de l'esprit de son maître le mérite des actions du prince. Pour arriver à ce but, plusieurs moyens sont proposés, qui tous ne révèlent pas dans le souverain un haut sentiment de sa propre dignité : « Partagez, dit-il à son fils, votre confiance entre plusieurs, d'autant que chacun de ceux auxquels vous en faites part étant, par une émulation naturelle, opposé à l'élévation de ses rivaux, la jalousie de l'un sert souvent de frein à l'ambition de l'autre[3]. » De tels procédés, de si petits moyens, ne sont point de ceux qui honorent un Roi : mais dans cette volonté d'arriver à tout prix à l'abaissement des grands, qui lui font ombrage, on voit combien Louis XIV tient au monopole de l'autorité, combien résolûment il est décidé à briser toute opposition, et à quel degré d'élévation il veut placer le trône de France.

Le clergé n'est pas traité avec moins de hauteur et de fierté indépendante. S'agit-il de ses privilèges, le Roi

1. *Mém.*, t. II, p. 401.
2. *Ibid.*, t. II, p. 402.
3. *Ibid.*, t. II, p. 267.

n'en reconnait d'autres que ceux de la toute-puissante royauté. Une assemblée du clergé diffère à se séparer malgré l'ordre du prince; elle veut attendre l'expédition de certains édits demandés avec instance : « L'assemblée n'osa plus soutenir cette résolution dès lors que je témoignai qu'elle me déplaisoit[1]. »—S'agit-il de ses biens, voici deux principes dont le Souverain ne se départit jamais :

« Le premier est que les rois sont seigneurs absolus et ont naturellement la disposition pleine et libre de tous les biens, tant des séculiers que des ecclésiastiques, pour en user comme sages économes, c'est-à-dire selon les besoins de l'État;

» Le second, que ces noms mystérieux de franchises et de libertés de l'Église, dont on prétendra peut-être vous éblouir, regardent également tous les fidèles, soit laïques, soit tonsurés, qui sont tous également fils de cette commune mère, mais qu'ils n'exemptent ni les uns ni les autres de la sujétion des souverains, auxquels l'Église même leur enjoint précisément d'être soumis[2]. »

D'autres raisons, énumérées après celles-ci, montrent quelle importance le Roi attachait à ce que ses volontés, bien expliquées, fussent bien comprises.

S'agit-il des couvents, le Roi ne fait nulle difficulté de reconnaître qu'il croyait de la police générale de son royaume de diminuer ce grand nombre de religieux dont la plupart, étant inutiles à l'Église, étaient onéreux à

1. *Mém.*, t. II, p. 400.
2. *Ibid.*, t. I, p. 209. — Cf. T. II, p. 80 et 59.

l'État : ainsi il défendit tous nouveaux établissements de
monastères, rendit un édit formel pour cet objet, et fit
porter un second règlement, qui se fit en apparence, dit-il,
par le seul ministère du parlement de Paris[1].

Le Roi trouve-t-il que « le procédé du cardinal des Ur-
sins n'a pas été tel qu'il devoit être », Son Éminence
sera forcée de s'humilier ; elle viendra à la cour, et ce
sera quand elle aura fait paraître un véritable repentir de
sa faute que le Roi consentira à lui rendre le titre de
comprotecteur de France qu'il lui avait retiré[2].

Le nombre des fêtes, augmenté de temps en temps par
des dévotions particulières, sembla au Roi beaucoup trop
grand : il fit entendre sa pensée à l'archevêque de Paris,
et celui-ci voulut bien, « comme pasteur de la capitale du
royaume, donner en cela l'exemple à tous ses confrères[3]. »

Le Pape lui-même trouve dans Louis XIV une autorité
qui ne fléchit pas, une vigueur que rien n'arrête. Il avait
été question que le Souverain Pontife nommerait des
commissaires pour régler l'affaire du jansénisme ; mais,
dit le Roi : « Lorsque mon ambassadeur leur parla de ma
part (aux neveux de Sa Sainteté) de nommer des commissaires, ils firent premièrement diverses difficultés, et
ensuite, s'expliquant plus nettement, ils osèrent bien
proposer qu'en échange de cette expédition, je consen-
tisse d'abattre la pyramide qu'ils avoient été contraints
de me bâtir pour réparation du crime des Corses (qui
avaient insulté M. de Créqui). Mais alors, pour faire voir

1. *Mém.*, t. I, p. 223 et 297.
2. *Ibid.*, t. I, p. 202.
3. *Ibid.*, t. I, p. 205.

que je n'avois d'autre attachement à cette affaire que pour le bien de la religion, et qu'en ce qui regardoit l'intérêt de mon État, je ne craignois nullement le jansénisme, j'ordonnai à mon ambassadeur de dire simplement à ces messieurs qu'après avoir informé Sa Sainteté de l'état des choses et lui avoir proposé ce qui étoit à faire, suivant les formes, pour l'exécution de ses propres décrets, je croyois avoir satisfait à mon devoir envers Dieu, et que ce seroit désormais à Sa Sainteté de faire le sien quand il lui plairoit[1]. »

Rapporteur fidèle de faits que nous n'avons point à apprécier ici, ne pouvons-nous cependant faire remarquer combien Louis.XIV, jaloux d'exercer son droit dans toute sa plénitude, semble rechercher à plaisir plutôt qu'éviter les occasions de dissentiment avec la cour de Rome, et combien peu il semble disposé aux concessions? Sans crainte d'être accusé d'empiétement sur le pouvoir spirituel du souverain pontife, on le voit, dans des matières mêmes où sont en jeu de simples questions de discipline ecclésiastique, porter hardiment des édits pour les régler, faire bon marché des privilèges, et prendre, de son autorité privée, des mesures qui, de nos jours, paraîtraient téméraires. Mais Louis XIV avait la prétention d'être maître chez lui, et ce n'est pas le clergé de France qui eût jamais songé alors à discuter sa volonté.

Vis-à-vis de « ses peuples », tout autre était la conduite de Louis XIV. L'état d'épuisement où les troubles

1. *Mém.*, t. I, p. 202.

civils qui avaient précédé son règne avaient laissé la nation le touchait vivement; aussi son premier soin, en prenant le pouvoir, fut-il de diminuer trois millions sur les
tailles de l'année suivante : pouvait-il mieux, dit-il, s'enrichir qu'en empêchant ses sujets de tomber dans la
ruine? On aime à voir l'orgueilleux monarque reconnaître
l'utilité de chaque profession, qui contribue, suivant son
ministère, à la grandeur et au soutien de la monarchie;
il convient même que les laboureurs sont d'une plus
grande utilité que les soldats. D'autres aveux non moins
significatifs suivent encore celui-là, et à plusieurs reprises
on voit reparaître ce sentiment d'estime et cet intérêt qui
semblaient tendre à élever le peuple même aux dépens
des grands, dont il le rapprochait; en même temps ceux-
ci, presque séquestrés à la cour par de futiles emplois
d'étiquette, ou retenus par le désir d'obtenir des charges
dont les absents étaient réputés n'avoir pas besoin[1], per-
daient toute influence dans leurs terres, où s'accroissait
d'autant l'indépendance de leurs vassaux.

Certaines mesures prises par Louis XIV en faveur du
peuple offrent un véritable intérêt. Frappé de ce fait, que
la plupart des gens qui avaient des demandes ou des
plaintes à lui adresser n'étaient pas de condition à obtenir des entrées particulières auprès de lui, et demeuraient
plusieurs jours à sa suite, éloignés de leurs familles et de
leurs fonctions, sans trouver une heure pour lui parler,
le Roi détermina un jour où tous ceux qui avaient à lui
demander justice immédiatement avaient la liberté de

1. *Mém.*, t. II, p. 116.

venir dans son cabinet, et le trouvaient précisément appliqué à écouter ce qu'ils désiraient lui dire[1].

Dans une même pensée bienveillante, Louis XIV s'étudiait à mettre des bornes aux exigences des gens de guerre, sachant même au besoin augmenter la solde des officiers subalternes, pour qu'ils pussent subsister sans être à charge aux habitants du pays[2]; c'est encore en vue d'adoucir le sort du peuple qu'il créa de nombreuses manufactures, et qu'on le vit, en 1667, soulager de son autorité et de ses finances plusieurs négociants dont la guerre maritime avait mis les affaires en désordre[3].

Persuadé que « les souverains, dépositaires de la fortune publique, font assurément contre leurs devoirs quand ils dissipent la substance de leurs sujets en dépenses inutiles[4] », le Roi, qui oubliait souvent ce principe, l'appliquait parfois dans les plus petites choses : on le vit, par exemple, quand il dissuada la reine Christine de passer par la France, pour épargner à l'État et aux villes qu'elle traverserait des frais sans profit[5].

C'est déjà augmenter son revenu que d'en tirer plus de ressources par l'économie et le bon usage; mais ce n'était pas assez pour Louis XIV. Par des réformes heureuses et de rapides améliorations dans l'administration des finances, il arriva vite à grossir son trésor sans fouler

1. *Mém.*, t. II, p. 226.
2. *Ibid.*, t. II, p. 273.
3. *Ibid.*, t. II, p. 227.
4. *Ibid.*, t. I, p. 177.
5. *Ibid.*, t. II, p. 483.

le peuple. Ici encore nous avons à signaler certaines mesures que notre délicatesse moderne repousserait, ou
dont l'arbitraire ne trouverait plus son excuse, même dans
les meilleures intentions. Quand on voit, par exemple,
le Roi arrêter le cours de la justice, faire cesser les recherches contre les malversations des financiers, leur
promettre grâce et sûreté pour leur personne et les
remettre en possession de tous leurs biens saisis, à condition qu'ils lui fournissent une somme de vingt-cinq
millions dont il avait besoin [1]; quand on le voit, soit dans
l'intérêt de ses propres affaires, soit pour la facilité des
gens de guerre qui se voudraient équiper, porter des
édits sur la diminution des espèces et ensuite pour la
réduction de l'intérêt, — sans parler de la suppression
d'un quartier (ou trimestre) qu'il fit subir aux rentiers, —
on ne peut le féliciter sur les moyens employés pour
mettre en meilleur état les finances de la France.

Heureusement les lois de la morale, d'accord en cela
avec une saine politique, n'étaient pas toujours aussi ouvertement violées. Ainsi, après avoir racheté les aides,
qui avaient été aliénées à vil prix, il les réunit à la ferme
générale des aides, de même que la perception des
entrées de Paris; il savait que la multiplicité des fermiers entraînait une multiplicité de dépenses, et voulait
éviter cet inconvénient : il porta ainsi à douze millions
de revenus ce qui n'en produisait que huit [2], exigea
le payement par douzièmes, ce qui permit de faire face

1. *Mém.*, t. II, p. 52 53.
2. *Ibid.*, t. II, p. 476.

à des dépenses urgentes sans emprunt onéreux, et réduisit la remise des traites des recettes générales de cinq sous à quinze deniers pour livre : diminution dont le pays profita, puisque les tailles furent aussitôt réduites de quatre millions. Sans doute la part de Colbert est grande dans toutes ces mesures, qui témoignent d'une administration si vigilante; mais il est juste d'en reporter aussi le mérite sur le Roi, qui voulut assister en personne à l'adjudication des baux des fermiers; non content de s'être assujetti lui-même à régler toutes les ordonnances qui s'expédiaient sur les moindres dépenses de l'État, il voulut bien encore, comme il le dit, marquer de sa propre main, sur un petit livre qu'il pût voir à tout moment, d'un côté les revenus et de l'autre les dépenses de chaque mois[1]; ce registre, ce budget sommaire, était un guide qui ne le quittait jamais et qu'il avait toujours sous les yeux.

Dans la partie des *Mémoires* qui nous a été conservée, il est à peine question de la marine, que le Roi, non moins utilement secondé en cela par Colbert que dans la réforme des finances, devait rendre si florissante; mais il y est question de l'armée, et c'est par l'examen de ce qui est dit ici sur cet important sujet que nous terminerons l'étude de l'administration intérieure de la France sous Louis XIV, d'après les éléments fournis par lui-même.

Les *Mémoires* professent cette théorie, que toute la

---

1. *Mém.*, t. II, p. 546.

force des armées est dans la volonté du prince. Tout roi
qui a des sujets doit avoir des soldats, et quiconque,
ayant un État bien peuplé manque de bonnes troupes, ne
doit s'en prendre qu'à lui-même, à sa paresse, à son peu
d'application; c'est à lui de veiller à ce que les armées
soient soumises à une discipline exacte, et fréquemment
exercées : l'exercice, en effet, rend braves par habitude
ceux qui ne le sont pas de leur nature[1]. On comprend
qu'avec ces idées, Louis XIV s'occupe activement de
l'armée ; chaque mois, pour s'assurer que les corps sont
au complet, il se fait présenter les rôles de chaque régiment; la désertion est prévenue par des édits rigoureux;
la vigilance des chefs, entretenue par de fréquentes ins-
pections, confiées à des gentilshommes qui vont à l'im-
proviste s'assurer de l'exécution de la volonté royale.
Les contestations qui s'élèvent entre les corps et les officiers sont réglées par le Roi, et nul n'ose contredire à
son autorité[2]; lui-même assigne aux troupes les quartiers où elles doivent séjourner[3]; il prend soin d'écrire
jour par jour, de sa propre main, leurs logements et leur
nombre, afin de savoir toujours précisément de quel
temps et de quelles provisions il aurait besoin pour les
assembler[4]; avant de les réunir, il envoie des commissaires qui font, sur place, des provisions au prix où elles
se vendent d'ordinaire, et les revendent aux soldats sur

1. *Mém.*, t. II, p. 110-115.
2. *Ibid.*, t. I, p. 238, 241.
3. *Ibid.*, t. II, p. 119.
4. *Ibid.*, t. II, p. 305.

un pied proportionné à leur paye, afin qu'ils aient toujours de quoi vivre sans être à charge aux paysans[1].

Quant aux emplois, le Roi les distribue lui-même, sans
exception, les moindres comme les plus importants, dans
l'infanterie comme dans la cavalerie : il s'assurait ainsi le
dévouement des chefs, et diminuait les privilèges et l'influence des grands officiers, qui, jusqu'alors avaient
disposé de tous les emplois[2]. La plupart des chefs sor-
taient des troupes de sa maison, où l'on ne comptait pas
moins de deux mille cinq cents hommes de cavalerie et
six mille hommes d'infanterie; il les remplaçait par de
jeunes gentilshommes, qu'il voulait, disait-il, former de
sa main, afin qu'ils portassent ensuite les leçons que le
Roi leur avait données, dans les corps où il avait résolu
de les distribuer, dès qu'il s'y trouverait des places va-
cantes[3]. Une des principales distractions du Roi était de
passer des revues, tantôt d'un corps, tantôt d'un autre;
les entretiens où il se plaisait le plus consistaient à louer
ceux qui avaient soin des troupes qu'ils commandaient,
et à s'informer dans le plus grand détail de ce qui se passait dans chaque quartier[4], pour bien montrer l'intérêt
qu'il y prenait et exciter le zèle des officiers par des
éloges ou des récompenses.

Le goût de Louis XIV pour les innombrables détails où
le jette une heureuse et féconde curiosité est une suite
de cette tendance qu'on remarque en lui à tout observer

1. *Mém.*, t. I, p. 245.
2. *Ibid.*, t. II, p. 119.
3. *Ibid.*, t. II, p. 116.
4. *Ibid.*, t. II, p. 125.

pour tout régler par lui-même, et exercer à lui seul
toute sa jalouse autorité ; c'est l'effet aussi de sa volonté
d'introduire partout une simplicité qu'on n'avait jamais
avant lui essayé de porter dans les branches complexes
d'une administration mal réglée ; mais comme l'unité du
commandement fait la force du chef, cette simplicité
rêvée par le monarque s'accorde à la fois avec sa grandeur et avec les vrais intérêts du pays. Il ne fallut pas
moins pour l'obtenir et vaincre les inertes résistances
d'un mauvais vouloir intéressé, que l'inébranlable fermeté du grand Roi dans l'accomplissement de ses desseins.

Cette nécessité d'une résolution fixe, arrêtée avec réflexion, exécutée sans faiblesse, Louis XIV s'est attaché
à la démontrer lui-même dans un morceau célèbre et
qu'on trouve écrit tout entier de sa main dans les précieux manuscrits remis par lui au duc de Noailles.

Nous citerons ici cette belle page, bien connue d'ailleurs
sous le titre de *Réflexions sur le métier de roi*.

« Les rois sont souvent obligés à faire des choses
contre leurs inclinations et qui blessent leur bon sens
naturel. Ils doivent aimer à faire plaisir, et il faut qu'ils
châtient souvent, et perdent des gens à qui naturellement
ils veulent du bien. L'intérêt de l'État doit marcher le
premier. On doit forcer son inclination et ne pas se
mettre en état de se reprocher, dans quelque chose d'important, qu'on pouvoit faire mieux, mais que quelques
intérêts particuliers en ont empêché et ont détourné les
vues qu'on devoit avoir pour la grandeur, le bien et la
puissance de l'État.

» Souvent, où il y a des idées qui font peine, il y en a
de délicates qu'il est difficile à démêler; on a des idées
confuses. Tant que cela est, on peut demeurer sans se
déterminer; mais dès que l'on s'est fixé l'esprit à quelque
chose, et qu'on croit voir le meilleur parti, il faut le
prendre : c'est ce qui m'a fait réussir dans ce que j'ai fait.

» Les fautes que j'ai faites et qui m'ont donné des
peines infinies, ont été par complaisance, ou pour me
laisser aller trop nonchalamment aux avis des autres.
Rien n'est si dangereux que la faiblesse, de quelque nature qu'elle soit. Pour commander aux autres, il faut
s'élever au-dessus d'eux, et, après avoir entendu ce qui
vient de tous les endroits, on se doit déterminer par le
jugement qu'on doit faire sans préoccupation, et pensant
toujours à ne rien ordonner qui soit indigne de soi, du
caractère qu'on porte, ni de la grandeur de l'État.

» Les princes qui ont de bonnes intentions et quelque
connaissance de leurs affaires, soit par expérience, soit
par étude, et une grande application à se rendre capables,
trouvent tant de différentes choses par lesquelles ils se
peuvent faire connoître, qu'ils doivent avoir un soin particulier et une application universelle à tout.

» Il faut se garder contre soi-même, prendre garde à
toute inclination, et être toujours en garde contre son
naturel.

» Le métier de roi est grand, noble et délicieux, quand
on se sent digne de bien s'acquitter de toutes les choses
auxquelles il engage; mais il n'est pas exempt de peines,
de fatigues et d'inquiétudes; l'incertitude désespère quelquefois, et, quand on a passé un temps raisonnable à

examiner une affaire, il faut se déterminer et prendre le
parti qu'on croit le meilleur. Quand on a l'État en vue,
on travaille pour soi. Le bien de l'un fait la gloire de
l'autre. Quand le premier est élevé, heureux et puissant,
celui qui en est cause en est glorieux, et, par conséquent,
doit plus goûter que ses sujets, par rapport à lui et à eux,
tout ce qu'il y a de plus agréable dans la vie.

» Quand on s'est mépris, il faut réparer la faute le plus
tôt qu'il est possible, et que nulle considération n'en em-
pêche, pas même la bonté[1]. »

IV

Le Roi de France. — Politique extérieure.

L'analyse minutieuse que nous présentons ici des *Mémoires* de Louis XIV serait incomplète, si nous n'es-
sayions de faire connaître aussi la conduite du Roi dans
ses relations avec les puissances étrangères : les renseignements épars répandus dans l'œuvre royale nous
permettront sinon de porter un jugement définitif sur sa
politique, du moins d'apprécier le caractère de sa diplomatie dans le temps même où il a le plus à se louer de
ses succès. Notre impartialité ne sera pas toujours d'ac-

---

1. M. Dreyss a reproduit ce morceau, que suit une page sur la
disgrâce du ministre Pomponne, avec l'orthographe et les variantes de l'original, écrit de la main du Roi, au tome II des *Mémoires*. p. 519-521.

cord avec les éloges indirects que lui prodigue son indulgent amour-propre. Il ne pourra s'en prendre qu'à lui-même, qui nous a permis de le juger pièces en main.

La politique extérieure de Louis XIV a toujours été la partie faible de son règne : ces négociations souterraines, ces intrigues tortueuses, cette incertaine bonne foi, cette tendance mesquine à jouer au plus fin, à ne faire que des demi-avances qu'on peut désavouer, pour provoquer de loyaux aveux dont on abuse ; cette corruption devenue à l'étranger un moyen régulier d'influence, ce n'est pas là cette noble diplomatie inaugurée de nos jours à la gloire de notre époque, et qui, quand l'heure est venue, met les nations dans la confidence des souverains, et se fait honneur d'agir à ciel ouvert. Autant aujourd'hui les questions d'un vain amour-propre ont peu d'effet sur les déterminations des peuples, autant alors elles primaient tout autre intérêt. Si jamais Louis XIV se montre hautain et superbe, c'est dans ces affaires d'étiquette et de préséance, importantes sans doute de nation à nation, mais où nos diplomates modernes n'ont plus à employer ni tant d'adresse, ni tant de patience, ni tant de soins. Mettez au contraire le Roi en présence d'intérêts plus sérieux où l'agrandissement de l'État est en jeu, où la guerre est indécise, où des sommes importantes peuvent être perdues ou gagnées : après avoir épuisé toutes les ressources qu'il peut trouver dans des lenteurs calculées, dans des promesses retirées aussitôt qu'elles sont faites, dans des conventions particulières arrêtées secrètement de souverain à souverain, pendant que les diplomates incertains discutent encore, il ne craint pas, au besoin, de

faire des concessions refusées d'abord avec grand fracas
sous une autre forme. Notre médiocre estime pour la
diplomatie des premières années du règne de Louis XIV,
telle que nous la trouvons exposée dans les *Mémoires*,
quelques exemples vont la justifier.

Veut-on savoir, par exemple, comment le Roi apprécie
les obligations qui résultent des traités? Après avoir déclaré à son fils, c'est-à-dire à lui-même, à qui réellement il s'adresse dans tout le cours des *Mémoires*, qu'il
va « toucher un point aussi délicat que pas un autre dans
la conduite des princes, » et protesté qu'il est « bien
éloigné de vouloir lui enseigner l'infidélité, » il assure
toutefois, en termes d'école, « qu'il y a quelque distinc-
tion à faire en ces matières. » Et, fondant sur un exemple
l'étrange théorie qu'il va présenter, il l'applique en ces
termes aux rapports de la France et de l'Espagne. Il
faut citer ici ce passage tout entier, l'abréger se serait
en atténuer l'habileté; ce serait l'affaiblir que d'en retrancher une parole.

« L'état des deux couronnes de France et d'Espagne
est tel aujourd'hui et depuis longtemps dans le monde
qu'on ne peut élever l'une sans abaisser l'autre, qui n'a
presque jamais rien à craindre que de là. Cela fait entre
elles une jalousie qui, si je l'osois dire, est essentielle, et
une inimitié permanente que les traités peuvent couvrir,
mais qu'ils ne sauroient jamais éteindre, parce que le
fondement en dure toujours, et que l'une d'elles, en travaillant contre l'autre, ne croit pas tant nuire à autrui
que se maintenir et se conserver soi-même, qui est un
devoir si naturel qu'il emporte facilement tous les autres.

» Et, à dire la vérité et sans déguisement, elles n'entrent jamais ensemble qu'avec cet esprit dans aucun traité. Quelques clauses spécieuses qu'on y mette d'union, d'amitié, de se procurer respectivement toutes sortes d'avantages, le véritable sens que chacun entend fort bien de son côté, par l'expérience de tant de siècles, est qu'on s'abstiendra, en dehors, de toutes sortes d'hostilités et de toutes démonstrations publiques de mauvaise volonté, car : *pour les infractions secrètes et qui n'éclateront point*, l'une les attend toujours de l'autre par le principe naturel que j'ai dit, et ne promet le contraire qu'au même sens qu'on lui promet. Ainsi on pourroit dire qu'en se dispensant également d'observer les traités à la rigueur, on n'y contrevient pas, parce qu'on n'a point pris à la lettre les paroles des traités, quoiqu'on ne puisse employer que celles-là, comme il se fait dans le monde pour celles des compliments, absolument nécessaires pour vivre ensemble, mais qui n'ont qu'une signification bien au-dessous de ce qu'elles sonnent [1]. »

Dans une telle profession de foi, si impudente ou si naïve, où donc cherchera-t-on la haute droiture que fait si pompeusement briller ailleurs ce Roi qui, sans doute, se prétendait honnête homme ? Et si, parlant de l'Espagne, Louis XIV reconnaît que sa couronne « n'a presque rien à craindre que de là, » si telle est son excuse d'une perfidie que rien ne peut justifier, comment expliquera-t-il sa conduite envers l'Angleterre, qu'il n'a pas

1. *Mém.*, t. II, p. 445.

à redouter, et je dirais presque envers lui-même? Abu-
sant des difficultés où se trouve Charles II, il oublie toute
générosité en même temps que tout sentiment de parenté
et d'intérêt. S'il lui déclare la guerre, il est « bien aise,
comme il dit, d'agir avec les Anglais le plus honnêtement
qu'il se peut, » et regarde comme une idée des plus ingénieuses « de faire que la reine d'Angleterre, qui étoit
alors à Paris, se chargeât elle-même de cette déclaration,
pensant ne se charger que d'un compliment. » Voyez si
la pensée royale était bien déguisée! « Cela parut si honnête à cette princesse, que non seulement elle se chargea
de lui en donner avis (à son fils), mais elle crut même qu'il
devoit s'en tenir obligé[1]. » Noble procédé, et qui fait grand
honneur au roi de France !

Mais peut-être sera-t-on tenté de voir, malgré le ton
de ce morceau, aussi railleur que le permet la dignité
royale, une preuve de bienveillance et des égards. Le
cœur d'une mère s'y est bien trompé. — Voici d'autres
actes. Peu de temps après, Louis entretenait des pensionnaires en Irlande pour y faire soulever les catho-
liques contre les Anglais[2]; mais c'est peu, et ailleurs,
revenant sur cette idée, il ajoutera des traits plus carac-
téristiques de sa bonne foi : « Sur quelque apparence de
soulèvement en cette île, j'avois déjà destiné des troupes
pour y passer. » — Voici la suite : « J'avois aussi quelque
intelligence avec certains restes de la faction de Cromwell,
d'où je reçus diverses propositions, et entre autres Sid-

1. *Mém.*, t. I, p. 111.
2. *Ibid.*, t. I, p. 175.

ney, gentilhomme anglais, me promettoit d'exciter de grands soulèvements. Mais la proposition qu'il me fit d'avancer cent mille écus me fit défier de ses paroles, et, ne voulant pas exposer une si grande somme sur la foi d'un fugitif, je lui offris seulement vingt mille écus comptant, avec promesse de fournir le reste aux soulevés aussitôt qu'ils paroîtroient en état de me pouvoir servir[1]. » Si la lettre du prince de Condé à Cromwell, du temps de la Fronde, lui a été justement reprochée, que penser de la conduite d'un roi qui ose combattre dans un autre roi le droit d'après lequel il règne lui-même, et qui ne craint pas, pour un intérêt passager et local, de compromettre des principes éternels et universels?

Toujours prompt à offrir à la faiblesse et à la trahison un appel qu'il croit invincible, Louis fit encore en Angleterre une nouvelle tentative de corruption dont la honte retomba sur lui seul. Fier de son procédé, qu'il trouve habile, et sans penser que la réponse qu'il reçut est sa condamnation, il présente à son fils sa conduite comme un enseignement : la leçon n'est-elle pas plutôt dans la fermeté du chancelier Hyde? Louis voulait décider Charles II à épouser l'infante de Portugal : « Je n'oubliai rien pour le porter à ce mariage; et, parce que c'est une cour où l'on fait d'ordinaire beaucoup par l'argent, et que les ministres de cette nation ont été fort souvent suspects d'être pensionnaires d'Espagne, et que le chancelier Hyde, très habile *homme pour le dedans du royaume*,

_____

1. *Mém.*, t. I, p. 233.

paraissoit alors avoir un très grand pouvoir sur l'esprit
du Roi, je liai avec lui, en particulier, une négociation
très secrète, inconnue même à mon ambassadeur en Angleterre, et lui envoyai un homme d'esprit, et qui, sous
prétexte d'acheter du plomb pour mes bâtiments, avoit
une lettre de crédit jusqu'à 500,000 livres qu'il offrit de
ma part à ce ministre, sans lui demander que son amitié.
Il refusa mes offres[1]. »

Le mariage de l'infante de Portugal avec le roi d'Angleterre avait pour Louis XIV cet intérêt, qu'il lui permettait une perfidie profitable contre l'Espagne. « Il se
faisoit, disait-il, scrupule d'assister ouvertement le Portugal à cause du traité des Pyrénées : l'expédient le plus
naturel pour sortir de cet embarras étoit de mettre le Roi
d'Angleterre en état d'agréer que la France donnât,
sous son nom, au Portugal, toute l'assistance qui lui
étoit nécessaire[2]. »

L'échec qu'il subit dans sa tentative de corruption
pour engager l'Angleterre et lui-même ensuite dans les
intérêts du Portugal ne se renouvela pas toutes les fois
que le Roi s'exposa à la même honte : en Autriche, il
gagna le chancelier de l'empereur; mais, après le succès,
il n'a pas assez de termes de mépris pour en charger ce
« serviteur infidèle[3]. »

En Hollande, il fait distribuer des pensions à plusieurs
députés[4].

1. *Mém.*, t. II, p. 448.
2. *Ibid.*, t. II, p. 407.
3. *Ibid.*, t. I, p. 163.
4. *Ibid.*, t. I, p. 139.

Ce dernier pays, la Hollande, il est censé le soutenir dans sa guerre contre l'Angleterre. Cependant que fait-il pour les Hollandais? Tantôt une cause, tantôt une autre, empêchent toujours sa flotte de se joindre à celle des États en temps utile pour combattre avec elle. Mais que celle-ci ait sans nous une affaire, il s'en désole et crie à l'imprudence; qu'elle triomphe il ne peut s'en consoler : la victoire n'est honorable qu'autant qu'elle est gagnée dans les règles; or est-ce vaincre dans les règles que de n'attendre pas, pour gagner une bataille, un allié qui tarde à venir prendre sa part de gloire?

Les Portugais sont, comme les Hollandais, les alliés de la France; il est de notre intérêt de les empêcher de se tourner du côté de l'Espagne. Comment faire pour se conserver sans danger et sans frais leur amitié? Un agent ténébreux est envoyé au Portugal. Une négociation était engagée et déjà fort avancée entre cette couronne et celle d'Espagne; pour la rompre, Louis fait espérer aux Portugais, outre des secours qui seraient fournis sous le nom de Turenne, de se mettre bientôt en état de les seconder ouvertement. Cette utile proposition, le Portugal l'accepte avec enthousiasme; il presse l'exécution des royales promesses : mais Louis, ne trouvant pas les choses disposées à leur donner sitôt satisfaction, travailloit de jour en jour à les entretenir d'espérances, sans vouloir rompre avec le temps les mesures qu'il avoit prises[1]. »

1. *Mém.*, t. I, p. 132.

On le voit par tout ce qui précède, Louis XIV est, en
politique, de cette détestable école pour qui la fin justifie
toujours les moyens. C'est surtout quand il s'agit de sa
haine pour l'Espagne qu'il est particulièrement mal inspiré ; la trahison lui semble adresse, et l'on sent sous sa
phrase, quand il raconte ses habiletés, le majestueux
sourire avec lequel il les dictait. Écoutez le récit qu'il
fait de certains incidents de ses relations avec cette
puissance :

« A l'égard des Espagnols, je les entretenois par la
proposition d'un nouveau traité de commerce ; et, sachant
qu'il se traitoit une ligue offensive entre eux et les Anglois, je m'avisai, *pour en retarder l'effet*, d'offrir au Roi
Catholique d'en faire une pareille avec lui, et même d'y
comprendre le Roi de Portugal, que les Anglois n'y pou-
voient comprendre. A laquelle proposition les Espagnols
furent assez simples pour s'arrêter assez longtemps[1]. »

Les *Mémoires* parlent ensuite des outrages faits aux
Français dans les Pays-Bas, et dont le gouverneur espagnol, Castel Rodrigo, refusait de leur faire donner répa-
tion : « Je n'en témoignai aucun ressentiment ; mais je ne
fus pas fâché que l'on volât aussi quelques courriers
espagnols qui passoient ici pour aller en Flandre. Néanmoins, lorsqu'on faisoit cette espèce de représailles, je
ne laissois pas de commander à mes officiers qu'ils pro-
cédassent contre les voleurs suivant les lois ordinaires ;
mais, ajoute plaisamment le Roi, comme ils n'étoient

---

1. *Mém.*, t. I, p. 219.

jamais bien précisément connus, ils n'étoient aussi jamais punis qu'en effigie[1]. »

On aimerait mieux trouver sous une autre plume de si mesquins détails, où ne perce aucun sentiment de cette dignité royale que Louis XIV étalait avec tant de hauteur lorsque ses intérêts, tels qu'il les comprenait et que nous ne les comprenons plus, n'avaient pas à en souffrir. Les petits moyens, comme encore le retard calculé dans le payement d'une dette envers la Hollande pour mettre les États dans l'embarras[2], comme cet arrangement qu'il signe avec l'Angleterre pendant que les diplomates négocient une question dont la solution lui devient indifférente[3], ce ne sont pas là des procédés dignes du souverain d'un grand État. Il est des cas où l'habileté est une faute : il est toujours glorieux de se présenter tête haute devant un danger; et la France, en même temps qu'elle tend l'olivier, ne doit jamais oublier qu'elle porte une épée à son côté.

Nous avons sévèrement traité le roi Louis XIV, et nous n'avons pas épargné les reproches à la façon mesquine, étroite, dont il traita, de son propre aveu, les questions de politique extérieure; mais, à l'intérieur, qui pourrait se refuser à reconnaître avec quelle application il étudia, avec quel zèle il s'attacha à servir ce qu'il a cru le véritable intérêt de l'État? Si donc les *Mémoires* nous ont révélé quelques défauts, ils nous ont montré aussi de nobles et

1. *Mém.*, t. I, p. 220.
2. *Ibid.*, t. I, p. 222.
3. *Ibid.*, t. II, p. 245.

puissantes qualités ; et, l'histoire à la main, l'histoire éclairée encore par cette sorte de confession politique du monarque, jugeant en dernière analyse des résultats glorieux, nous croyons être conséquent avec nous-même en répétant que, pendant toute la durée de sa dynastie, la France ne fut jamais plus grande sous un plus grand roi que Louis XIV.

ANTOINE CORNEILLE

FRÈRE DE PIERRE ET DE THOMAS CORNEILLE

(1611-1657)

————

En 1647 fut publié « à Rouen, chez Jean Le Boullenger, près les PP. Jésuites, » un mince volume de quatre-vingts pages, intitulé : « *Poésies chrestiennes et para-phrases sur les cantiques et hymnes de l'Église, à l'honneur de la sainte Vierge mère de Dieu, avec quelques autres pièces pieuses et morales*, par M. CORNEILLE, religieux de Saint-Augustin. »

C'était la seconde fois qu'un ouvrage de quelque impor-tance paraissait signé de ce nom; on ne l'avait vu jusque-là sur le titre d'aucune des dix-huit pièces de théâtre qui, publiées de 1633 à 1647, avaient assuré à l'auteur du *Cid* une gloire sans rivale; il n'avait figuré encore qu'en 1637, en tête de la *Lettre apologétique du Sr Corneille*, puis, en 1644, sur le titre de la première édition collective des œuvres dramatiques de P. Corneille; on ne le retrouvait plus ensuite que dans les privilèges accordés pour l'im-pression de diverses comédies, tragi-comédies ou tra-gédies, ou encore au bas de quelques madrigaux louan-geurs accordés par la complaisance du poète à des

écrivains amis comme Scudéry (1631), Mareschal (1634),
La Pinelière (1635), maître Adam (1644), Bois-Robert
(1646), ou enfin à la suite de quelques chansons, de quelques stances, de quelques odes dont l'auteur, à l'exemple
de Montreuil,

> Grossissait à l'envi les pages d'un recueil.

Mais qui lisait alors les privilèges, aujourd'hui si intéressants pour nous? Qui s'arrêtait aux noms cités dans
les *Recueils?* Qui tenait compte des *testimonia* arrachés
par des importuns à la faiblesse des poètes amis?

Et cependant le nom de Corneille était illustre; on
pourrait presque dire qu'il avait passé fleur, puisque;
dès 1635, au dire de Là Pinelière [1], il ne manquait pas de
poètes qui « commençoient à n'estimer plus les comédies
de Corneille, » pendant que d'autres, fiers de le connaître, quittaient leur compagnie s'ils venaient à le rencontrer, et la rejoignaient en disant : « Je viens de saluer
M. Corneille, qui n'arriva qu'hier de Rouen; il m'a promis
que demain nous irons voir ensemble M. Mairet, et qu'il
me fera voir des vers d'une excellente pièce de théâtre
qu'il a commencée...; il n'a guère encore travaillé au
poème, qu'il compose sur un ancien duc de son païs. »

Mais le Corneille dont il s'agit dans ce passage, et qui
devait, lui aussi, publier un jour des poésies pieuses,
était marié depuis 1640, l'année de *Cinna;* il n'était donc
pas religieux de Saint-Augustin; en outre, quoique son

---

1. Le *Parnasse ou la Critique des Poètes,* par de La Pinelière,
angevin. — Paris, T. Quinet, 1635, p. 59-62.

père, anobli en 1637, fût mort en 1639, et qu'il restât
l'aîné de la famille, il ne faisait pas précéder son nom du
titre de *Monsieur*, que les écrivains les plus vaniteux
n'osaient pas prendre, quelque droit qu'ils y pussent avoir,
comme dit Saint-Amant.

Quel était donc ce M. Corneille? Il est resté à peu près
inconnu jusqu'au jour où des recherches sur les poésies
couronnées aux palinods de Rouen, firent retrouver
quelques pièces qui ne pouvaient être attribuées au
grand Corneille, bien qu'elles fussent signées du même
nom. On apprit alors que l'auteur se nommait Antoine.
On se rappela qu'il était frère puîné de Pierre et qu'il
était né en 1611. Quelques années plus tard, M. le marquis de La Garde, bibliophile normand, publiait dans le
Bulletin du Bouquiniste (15 mai 1877), une étude sur le
précieux volume qui nous occupe, et dont il possède le
seul exemplaire connu jusqu'à ce jour; c'est de cet exemplaire que M. Prosper Blanchemain a donné, pour la
Société rouennaise des Bibliophiles, une reproduction
scrupuleusement exacte, précédée d'une notice d'un haut
intérêt.

Petit-fils d'un conseiller référendaire à la chancellerie
de Normandie, fils d'un avocat du roi « à la table de
marbre de Rouen, » c'est-à-dire attaché à la juridiction
des eaux et forêts, et qui devint, vers 1616 ou 1617,
maître des eaux et forêts en la vicomté de Rouen, Antoine Corneille était « issu de noble et honorable race et
famille, » ainsi que le portent les lettres de noblesse qui
furent accordées à son père au mois de janvier 1637,

lorsqu'il eut exercé pendant vingt ans ses fonctions ; sa
mère, Marthe Le Pesant de Boisguilbert, fille d'un secrétaire du Roi, tenait elle même à une famille dont divers
membres, plus ou moins rapprochés du trône, avaient
occupé des charges importantes, et devaient se signaler
encore dans les plus hauts emplois de l'État : l'un d'eux
fut Vauban.

Antoine Corneille, baptisé le 10 juillet 1611, avait pris
le nom d'un de ses oncles, qui, à l'époque de sa mort,
arrivée en 1647, était, depuis quarante et un ans, curé
de Sainte-Marie-des-Champs, près d'Yvetot. Il était le
troisième enfant d'une famille où, de 1606 à 1629, na-
quirent trois fils, Pierre en 1606, Antoine en 1611, Thomas en 1625, et quatre filles, Marie en 1609, Madeleine I
en 1618, Marthe en 1623, Madeleine II en 1629. On pré-
sume que, comme son frère aîné, Antoine fut élevé par
les jésuites ; mais pendant que Pierre, tout en se prépa-
rant à prendre le titre de licencié ès lois et à exercer l'office d'avocat pour lequel il prêta serment le 18 juin 1624,
lisait Aristote et préparait *Mélite*, son jeune frère se
lançait dans les études plus sérieuses encore de la théologie.

Mais, en modifiant un vers connu, de l'un et de l'autre,
comme de Thomas, leur troisième frère, on aurait pu
dire :

> L'esprit de *poésie* est dans cette famille.

Autant que sa famille, serait-on tenté de croire, sa patrie le faisait poète : il avait l'honneur d'être Normand ! —
« Comme autrefois, dit La Pinelière en tête de sa tragédie

d'*Hippolyte*, pour être estimé dans la Grèce, il ne falloit
que se dire d'Athènes ; maintenant, pour se faire croire
excellent poète, il faut être né dans la Normandie... »
Et l'auteur ajoute mille bonnes raisons pour se disculper
du crime d'être Angevin, ce qui a fait dire à l'abbé d'Olivet : « Il est assez remarquable qu'il y ait eu un temps où
l'on se seroit cru obligé de faire ses excuses au public de
ce qu'on n'étoit pas Normand. »

Antoine Corneille, Normand, avait été, comme Pierre,
comme plus tard Thomas, visité par Apollon, et avait reçu
les caresses de la Muse ; comme son aîné encore, il avait
répondu à leur appel en composant des vers profanes.
Son propre témoignage en fait foi :

> Pere du jour, retire ton flambeau ;
> Je ne suis plus désormais ta banniere ;
> Un nouvel astre et plus digne et plus beau
> Offre à mon nom sa divine lumière
> Pour le conduire au delà du tombeau.
> J'ay du degoust des eaux de ta fontaine ;
> Le doux nectar qui coule dans ma veine
> Tout autrement éveille mes esprits[1] !

Que sont devenus les premiers essais d'Antoine Corneille ? Quelques-unes des petites poésies qui sont signées CORNEILLE dans les *Recueils*, et qui ont été réunies
aux œuvres de Pierre, ne sont-elles pas de son frère ? Il
est permis d'avoir des doutes à cet égard et de poser une
question qui, malheureusement, paraît bien difficile à résoudre.

1. *Chant royal*, poésies, p. 31.

Ne nous arrêtons donc pas à ces *juvenilia*, à ces péchés de jeunesse, si bien cachés : Antoine va recevoir les ordres sacrés; dès lors le poète se dissimulera derrière le religieux, et si le religieux se reconnaît au choix pieux des sujets, au tour un peu subtil et parfois péniblement ingénieux donné à une pensée souvent obscure, le poète se distingue par un remarquable sentiment du rhythme, par une cadence toujours bien équilibrée de la stance et par l'harmonie poétique.

M. Blanchemain, dans son intéressante notice sur Antoine Corneille, est porté à penser que les débuts du jeune poète dans la vie ne furent pas moins profanes que ses poésies, et il s'appuie sur ce que, à la suite des vers qui viennent d'être cités, l'auteur ajoute ceux-ci, adressés aux juges du Puy (1638) :

> Juges, daignez me rendre la justice,
> Et revoyez encore en mes escrits
> Saint Augustin triomphant dans la lice !

M. Blanchemain dit à ce sujet : « Il avait donc péché comme saint Augustin, et revenait à Dieu sur ses traces. » Nous admettrons, si l'on veut, les fautes mondaines d'Antoine Corneille pendant les libres années de sa première jeunesse; mais on peut, avec autant de raison et sans plus de témérité, croire à une vie austère, semée de quelques vers profanes; car il nous semble que le nom de saint Augustin désigne ici bien moins l'évêque converti d'Hippone que l'ordre de Saint-Augustin triomphant dans la personne d'un de ses membres; on peut dire en outre que, en choisissant comme sujet de son *Chant royal* (s'il ne lui avait pas été imposé par le prince, c'est-à-dire par le vainqueur du concours précédent) la gloire de saint Augustin, l'auteur célébrait un événement tout récent : la réforme de l'ordre, opérée en 1634-1635 par le cardinal de La Rochefoucauld, avec le concours du P. Charles Faure et de ses douze compagnons, religieux comme lui à Senlis, et qu'il établit à Sainte-Geneviève de Paris.

Antoine Corneille, en effet, appartenait, dès l'époque où fut commencé son poème (1636), à la compagnie des chanoines réguliers de Saint-Augustin, de la réforme de Sainte-Geneviève. En quelle année y fut-il reçu? appartenait-il déjà à l'ordre avant sa réforme? Nous ne saurions le dire avec certitude. Ce qui est acquis, c'est que, en 1636, à l'âge de vingt-cinq ans, il était chanoine régulier au prieuré du Mont-aux-Malades, bâti, nous apprend M. Blanchemain, sur une éminence au N.-O. de Rouen, tout près des portes de la ville. Mais cette date elle-même ne peut nous faire connaître l'âge auquel il fut admis dans l'ordre, s'il y entra avant la réforme; chanoine, il pouvait l'être dès l'âge de sept ans; religieux, depuis l'âge de seize ans; prêtre depuis l'âge de vingt-trois ans et un jour; prieur régulier dès l'âge de quatorze ans, sous la clause *cupiens profiteri ;* et encore, si le prieuré était un bénéfice susceptible d'être tenu en commende, suffisait-il, pour en être pourvu, de prouver par l'extrait baptistère, ou mieux encore par « le livre du père, » que l'on avait sept ans.

Ne nous arrêtons donc pas à ces premières années

d'une jeunesse obscure ; bornons-nous à chercher l'auteur dans ses œuvres. Parmi les poésies du P. Antoine Corneille publiées par M. Blanchemain, quelques-unes ont une date connue : ce sont celles que leur auteur présenta, pendant plusieurs années de suite, de 1636 à 1641, aux concours ouverts par l'Académie des Palinods ou du Puy de la Conception de Rouen. Des récompenses plus ou moins importantes étaient distribuées par les juges du Puy : les prix décernés prenaient divers noms, relevés dans ce vers du jeune poète :

> Palme, rosier, tour, miroir et l'anneau [1].

auxquels il faut joindre encore le soleil d'or et le lys, dé-nominations qui paraissent empruntées aux Litanies de la Vierge, dont les louanges faisaient le principal, sinon l'unique sujet des poésies couronnées.

« Il n'y a, dit le Dictionnaire de Trévoux, que les éco-liers ou les mauvais poètes qui fassent des vers pour les palinods » : — Antoine Corneille en fit souvent.

La première pièce de ce genre que nous trouvions dans la publication de ses œuvres par M. Blanchemain est un petit poème de vingt-quatre vers, coupés en quatrains, où l'auteur célèbre un miracle de saint Remi, archevêque de Reims; cette poésie, qui remporta la *Tour* en 1636, n'ajoutera rien à la gloire du nom de Corneille.

L'année 1638 est plus riche : elle nous fournit un chant royal, une ode et un sonnet.

Le chant royal était une forme ancienne de poésie qui,

---

1. *Poésies,* p. 33.

par suite d'une longue tradition, continuait à être en honneur dans les concours palinodiques de Rouen, de Caen et de Toulouse. La difficulté de ce genre de poésie est telle que, si elle ne peut être pour de mauvais vers un titre à l'indulgence, elle ajoute cependant, comme un sonnet sans défaut, au mérite des auteurs qui réussissent. Son nom vient de ce que le sujet du poème était en général fourni par le roi ou prince, c'est-à-dire par le vainqueur de l'année précédente. Il est à la ballade ce que le rondeau est au triolet. La rigueur de ses règles est peu faite pour tenter les poètes. Il est composé de cinq couplets ou strophes de onze vers, et terminé par un envoi ou explication de l'allégorie en cinq vers, rarement sept. Les rimes du premier couplet, dont la première est presque toujours une rime féminine, règlent celles des couplets suivants, qui se terminent tous par le même vers ; toute la pièce, composée de 60 ou 62 vers, roule donc sur cinq rimes dont les deux premières reviennent dix fois, la troisième et la dernière douze fois, et la quatrième jusqu'à dix-huit fois. Enfin les vers de l'envoi doivent avoir des rimes semblables à autant de vers pris sur la fin des couplets précédents, et se terminer par le vers final ou refrain de chaque couplet. Le P. Mourgues, à qui nous empruntons ces règles, demande que les couplets soient coupés après le quatrième et le septième vers ; dans le chant royal d'Antoine Corneille, le couplet se divise en deux parties, un quintil et un sixain. Nous en avons cité plus haut le premier couplet :

Père du jour...

C'est le meilleur de la pièce.

L'ode, envoyée au concours de la même année, nous paraît supérieure; elle est composée de dix strophes de dix vers de huit syllabes, avec un repos après le quatrième et quelquefois après le septième, ce qui forme un quatrain et un sixain ou un quatrain et deux tercets; cette mesure, inventée par Ronsard, est l'une des plus heureuses du domaine de l'ode, dit La Harpe; si le vers de huit syllabes ne peut avoir la pompe et la majesté de l'alexandrin, la strophe entière y supplée par une marche nombreuse et périodique et par le rapprochement des rimes, dont le son frappe plus souvent l'oreille; ces avantages le rendent propre aux grands effets de la poésie.

Nous ne pouvons citer ici la pièce entière; mais les deux strophes suivantes permettront d'apprécier le mérite de ce poème, dont le sujet est l'incendie de Rome sous Tibère :

> Tous ces superbes mausolées
> Que la pieuse antiquité
> Dressoit à la posterité
> Ne sont que places désolées :
> Les monuments des empereurs
> Se deffendent mal des fureurs
> Qui les réduisent en poussière;
> Vous qui gourmandiés l'univers,
> Césars, aujourd'huy dans la biere,
> La flamme vous dispute aux vers.
>
> Cieux, estes-vous inexorables?
> N'aurés-vous rien que des mespris,
> Pour tant de vœux et tant de cris

> Que vous font tant de miserables?
> Estes-vous tellement jaloux
> De satisfaire à vos courroux
> Dans les rigueurs de la justice,
> Qu'après de si sanglants effets
> Vous puissiés croire leur supplice
> Ne pas égaler leurs forfaits?

Ni Malherbe, même lorsqu'il eut appris de Maynard a ne plus couper la strophe de dix vers en deux quatrains et un dystique, ni Maynard lui-même, ni Racan, ni Théophile ou Saint-Amant, ni plus tard Rousseau, qui employa également ce mètre, n'ont su le faire valoir par une forme plus heureuse ou un plus vif sentiment du rythme et de la cadence.

Nous ne nous arrêterons ni aux « *Stances qui ont emporté* le Soleil *en* 1639, » ni au sonnet commençant par ces vers :

> Soleil, clarté sans pair, toy qui apres les cieux
> Du plus riche ornement que receut la nature...

nous nous bornerons à faire remarquer que le premier vers doit être lu :

> Soleil, clarté sans pair, toy qui pares les cieux...

En décembre 1640, un des prix du Puy, *la Tour*, fut accordé à une fillette de quinze ans (elle était née le 5 octobre 1625); cet événement, tout mince qu'il est, appartient à l'histoire littéraire, à cause de trois personnages qui y furent mêlés. L'un était Jacqueline Pascal, cette

frêle enfant dont l'esprit précoce avait en quelque sorte
absorbé toutes les forces du corps; qui, à onze ans, faisait
des chansons, des rondeaux, des stances amoureuses, et
quelques-unes fort jolies; qui, à douze ans, écrivait des
vers sur la grossesse de la Reine et sur les mouvements
du futur Louis XIV dans son sein; qui, la même année,
remerciait Dieu, avec l'accent de la plus naïve sincérité,
de lui avoir envoyé la petite vérole, dont « les creux et
les marques » l'avaient enlaidie; qui, à quatorze ans,
jouait avec Mondory, le célèbre comédien, l'*Amour tyran-*
nique de Scudéry devant Richelieu, et obtenait ensuite
du Cardinal le rappel de son père exilé; et qui enfin, à
vingt-huit ans, faisait à Dieu le sacrifice d'elle-même
en allant s'enfermer à Port-Royal, où elle mourut, à peine
âgée de trente-six ans, le 30 octobre 1661, dans les sentiments de la plus austère piété.

Les deux autres sont Pierre et Antoine Corneille. Chose
singulière! si l'on ne consultait que leurs œuvres, on
pourrait les croire inconnus l'un à l'autre. Pierre, qui a
tant écrit, n'a pas laissé un vers pour son frère Antoine,
ni pour célébrer ses succès aux Palinods, ni à l'occasion
de son entrée en religion, ni même, bien qu'il se prodi-
guât en l'honneur des plus médiocres ouvrages, pour
placer en tête de ses poésies; une ligne, dans une lettre
au P. Boulart, rappelle son souvenir : rien de plus. Chez
Antoine, à l'exception d'une pièce où il imite les stances
du *Cid*, si l'auteur du *Cid* ne les a pas imitées de lui, on
dirait qu'il ignore le nom, qu'il ne connaît pas les œuvres
de Pierre : et cependant le peu qui existe suffit à prouver
leur mutuelle affection.

Le succès de la petite Pascal est une des rares occasions où nous les voyions en présence : Pierre et Jacqueline improvisèrent à l'envi de poétiques remerciements[1]. Antoine fit plus : il composa un chant royal où il célébra

> La seule fille en ce Puy triomphante.

Pour cette pièce, qu'il remit l'année suivante à M. de Bassompierre, abbé de Saint-Georges de Boscherville, qui était prince du Puy cette année-là, c'est surtout de l'intention qu'il faut tenir compte à l'auteur ; son petit poème n'a de remarquable qu'un détail purement matériel : c'est qu'il commence par une rime masculine, ce qui est rare dans les chants royaux, et se termine par un envoi de six vers, au lieu de cinq ou de sept.

La même année, le P. Antoine Corneille présenta au concours une ballade où, moins gêné que par les difficultés du chant royal, il nous paraît avoir mieux réussi, sans cependant avoir composé un chef-d'œuvre :

> J'entreprens, Vierge, une peinture
> Dont les voiles mysterieux[2]
> Vous représentent sous les cieux
> Seule sans tache à la nature :
> Dans un parterre industrieux,
> Au milieu des plantes voisines,

1. M. Blanchemain qui, comme M. Cousin, a reproduit la pièce couronnée, y a introduit deux légères variantes, et y a joint ces deux remerciements, mais en datant le second de 1641 : erreur évidente du texte qu'il a reproduit.
2. C'est-à-dire : Dont le sens allégorique.

> J'ay veu briller devant mes yeux
> L'unique Roze sans espines.

Suivent quatre autres stances sur les mêmes rimes, dans
le même ordre, et dont la dernière forme l'*envoi*, comme
l'exigent les règles de la ballade, analogues à celles du
chant royal.

Que faisait Pierre, pendant que son frère, se livrant tout
entier à l'exercice de cette pieuse poésie, semblait ne se
rattacher au monde que par son assiduité à paraître chaque
année dans les concours palinodiques de Rouen? Pierre
donnait au théâtre l'*Illusion comique* et le *Cid* (1636); *Ho-
race, Cinna* et *Polyeucte* (1640); envoyait à M. de Montausier des madrigaux pour la *Guirlande de Julie*, augmentait
le nombre de ses amis en faisant précéder de vers louan-
geurs des ouvrages qui seraient inconnus, si l'on n'y avait
trouvé des traces de sa bienveillante camaraderie littéraire, et enfin chantait tour à tour l'amour et l'inconstance :

> Si je perds bien des maîtresses,
> J'en fais encor plus souvent,
> Et mes vœux et mes promesses
> Ne sont que feintes caresses,
> Et mes vœux et mes promesses
> Ne sont jamais que du vent. — (1635).

De palinod en palinod, les vers d'Antoine Corneille
nous ont conduit jusqu'en 1642, date du *Menteur* et de la
Mort de Pompée.

Cette année même parut à Rouen, chez ce libraire Le
Boullenger qui, en 1647, devait publier les *Poésies de*

M. Antoine Corneille, un charmant petit poème intitulé *le
Presbytère d'Hénouville*. L'ouvrage étant anonyme, plusieurs bibliographes normands ont cru pouvoir en faire
honneur à Pierre Corneille; mais on a fait remarquer que
ces vers étaient dédiés à Tyrcis, nom sous lequel s'était
désigné P. Corneille dans *Mélite*, et que le libraire était,
non Laurens Maury à qui P. Corneille confiait le soin de
publier toutes ses œuvres, mais J. Le Boullenger, qui fut
l'éditeur d'Antoine. Quelles conclusions tirer de là? Pour
M. Blanchemain, c'est que le *Presbytère d'Hénouville*, si on
suppose qu'il est l'œuvre d'un Corneille, doit être attribué
plutôt à Antoine qu'à Pierre; pour nous, aucune raison
de quelque valeur ne nous paraît permettre qu'on fasse
honneur à l'un ou à l'autre de ce poème, dont la facture
ne semble être ni de l'un ni de l'autre.

Quoi qu'il en soit, sans entrer plus avant dans une discussion qui ne peut se terminer par aucune solution certaine, et dans laquelle on peut tout au plus avoir une
opinion, nous ne laisserons pas échapper l'occasion qui
nous est offerte de placer cette petite pièce dans une
classe à part parmi toutes les œuvres, en prose ou en
vers, que nous a laissées le dix-septième siècle.

Le *Presbytère d'Hénouville* se distingue en effet par un
caractère propre qui fait tout son mérite. On y trouve le
sentiment de la nature, un sentiment vrai, sincère, personnel, *subjectif*, comme disent les philosophes. C'est là
une note absolument nouvelle qu'on chercherait aussi
inutilement dans Malherbe, dans Racan, dans Théophile
que dans l'*Astrée* ou ses dérivés. Saint-Amant, par quelques rares échappées, semble avoir entrevu la nature et

le naturel[1]; c'est lui qui nous montre Arion rentrant dans
sa patrie :

> *Et voyant* ondoyer, par un décret fatal,
> La fumée à flots noirs sur le vieux toit natal;

C'est à lui que Despréaux a reproché les vers charmants
où il

> Peint le petit enfant qui va, saute, revient,
> Et, joyeux, à sa mère offre un caillou qu'il tient.

Mais ce sont là des exceptions; deux sujets n'ont jamais été traités à cette époque autrement que comme des lieux communs et sur un mode convenu : la campagne, qui n'a jamais été décrite qu'à travers les brouillards de Paris ou les splendeurs du Louvre; l'amour qui n'a jamais été *vécu* par les romanciers ou les poètes, et que chantaient sur le même ton, dans les mêmes termes, brûlés des mêmes feux pour les mêmes astres, des enfants de douze ans qui ne devaient jamais le connaître, comme Jacqueline Pascal, ou des vieillards chenus qui l'avaient oublié; l'amour qui n'a jamais inspiré un vers ému avant que Racine eût fait parler Hermione et Phèdre, avant que Molière eût mis dans la bouche d'Amphitryon les douces paroles dont il caresse Alcmène.

---

1. Il semble que le dix-septième siècle n'avait pas, sur l'expression des sentiments, les mêmes idées que nous; il pleurait où nous bâillons : c'est une tradition que le prince de Condé ne pouvait retenir ses larmes en lisant certaines pages — que nous n'avons pu retrouver — dans *Artamène ou le grand Cyrus*, de Mlle de Scudéry : il est vrai qu'il y trouvait sa propre histoire, et que son émotion peut s'expliquer par un sentiment tout personnel.

Dans le poème attribué à l'un des Corneille nous voyons, dès 1642, et cette date est à noter, la campagne telle qu'elle est, peinte en termes naïfs et sans prétention, sans répugnance pour le mot propre, par un vrai poète qui sait ce que vaut le fruit qu'on a soi-même détaché de l'arbre, le poisson pêché en rivière, le bouquet dont on a cueilli les fleurs. La forme n'est pas toujours irréprochable, mais elle l'est quelquefois : qu'on nous permette donc, sans trop nous reprocher d'oublier le P. Antoine Corneille, de citer quelques passages.

Le presbytère d'Hénouville est la demeure d'un amateur de jardins, auteur d'un traité sur la « manière de cultiver les arbres fruitiers, » le sieur Le Gendre, curé du lieu. Dans cette maison, ce qui plaît à l'auteur :

> Ce n'est pas qu'elle soit superbe en bastimens...
> Le cinnabre et le jaspe, et l'ambre et le porphire
> Ne sont pas les beautez que j'y trouve à descrire;
> Tout ce vain apparat d'un faste ambitieux
> Dégouste plus souvent qu'il n'est délicieux.

Ce qu'il recherche, ce qu'il aime, ce n'est donc point le travail de l'homme, mais l'œuvre de la nature, il est heureux

> *Quand* la croisée ouverte apporte du jardin
> Les parfums excellents du myrthe et du jasmin ;

Quand il voit

> La poire pendre à l'arbre auprès de l'anémone...
> La rose cependant dispute avec l'œillet,
> Le lys passe en blancheur et la neige et le laict;

L'iris, le martagon avec la giroflée,
Que la trop grande ardeur n'a point encore bruslée,
Le thym, la marjolaine et l'odeur du muguet,
Tout cela fournira dequoy faire un bouquet.

En sortant du jardin, à droite, est un vivier où

La carpe et le mulet, l'anguille et le barbeau
Coulent innocemment leur vie au fond de l'eau ;...
D'abord qu'on va paroistre, aussitôt le plongeon
S'enfonce dedans l'eau, touché du moindre son ;
Mais si vous surprenez la tremblante sarselle,
Elle gaigne soudain sa niche à tire d'aisle ;
Et la tortuë encor, dont l'œil est vigilant,
Prend la fuyte aussi tost à pas tardif et lent.

On visite ensuite le verger, où se trouvent

Et la pomme et la poire, et la guigne et la prune...

De ces arbres si beaux l'épaisse chevelure
Conserve la fraîcheur d'une molle verdure,
Où divers animaux que je ne connois pas
Trouvent à se cacher ou prendre leurs repas.
Icy, le paon de mer ; deça, la macquerole,
Et la poule barbare en cet autre lieu vole ;
L'on voit en cet endroit courir le chevalier,
De cet autre s'enfuyr le timide plouvier ;
En ce lieu la perdrix, dessous l'herbe cachée,
Se desrobe à vostre œil, se sentant approchée...

Après cette visite, on rentre à la maison, d'où l'œil, à
perte de vue, se plaît à contempler

Les collines par onde en forme de sillons.

Sans doute ce poème n'est pas parfait de tout point;
mais malgré ses défaillances, il donne une note particulière et nous paraît mériter une place tout à fait à part au
milieu des poésies du temps; quel qu'en soit l'auteur,
c'est faire honneur à Antoine Corneille que de le lui attribuer après l'avoir jugé digne du talent de Pierre.

A l'époque où, d'après la date de la publication du
Presbytère d'Hénouville, ce poème fut composé, le P. Corneille, qui avait passé dans les maisons de sa congrégation un temps dont la durée nous est inconnue, se trouvait (1641), en qualité de sous-prieur, à la maison du
Mont-aux-Malades, avec Jérôme de Bauquemare pour
prieur. A la fin de l'année suivante, le 5 décembre 1642,
d'après son acte même de nomination, il fut appelé au
prieuré-cure de Saint-Martin, à Fréville. D'après le *Pouillé
général contenant les bénéfices de l'archevesché de Rouen*
(Paris, Alliot, 1648), l'église paroissiale de Fréville dépendait du doyenné de Saint-Georges de Boscherville;
elle avait pour patron le prieur du Mont-aux-Malades;
son revenu était de 700 livres, représentant de 3,000 à
3,500 fr. de notre monnaie; la paroisse contenait seulement 87 feux.

M. Blanchemain fait un mérite au prieur de Saint-Martin
d'avoir résidé dans sa cure, contrairement à un abus trop
répandu : « Dans la famille de Corneille, dit-il, on connaissait son devoir et on l'accomplissait. »

Nous n'avons nul intérêt à amoindrir le mérite d'An-

toine Corneille et de sa famille à cette occasion ; mais la
vérité nous oblige à dire que si le jeune prieur n'avait
pas été retenu à Fréville par son amour pour la campagne
ou le soin de sa santé, il n'en aurait pas été moins obligé
à résider dans une cure que le voisinage de Rouen, d'ailleurs, ne permet guère de considérer comme un lieu d'exil.

Voici, en effet, dans quelles conditions le plaçait son
nouveau titre. Un chanoine était un bénéficier, soit laïc,
comme le roi, qui était chanoine de plusieurs églises, à
Angers, à Tours, au Mans, etc., soit ecclésiastique pourvu
d'une prébende, c'est-à-dire d'un certain revenu attaché à
son titre. Dans plusieurs églises, les chanoines s'étaient
réunis en corps ou congrégations, et s'étaient astreints à
une règle qui était ordinairement celle de Saint-Augustin.
Les chanoines réguliers de Saint-Augustin, différaient
des moines en ce qu'ils pouvaient prétendre, sans dispense, aux honneurs ecclésiastiques, et avaient le droit
d'exercer le ministère sacré à tous les degrés de la hié-
rarchie. Lorsque, invoquant comme motif ou comme prétexte l'ignorance du clergé séculier, certains réguliers,
de l'ordre de Saint-Augustin ou de Saint-Benoist, obtinrent d'être appelés aux fonctions curiales, il leur fut
expressément enjoint soit de résider, soit de confier
leurs bénéfices à des vicaires perpétuels : les Bénédictins
prirent ce dernier parti, abandonnant à des séculiers une
portion aussi faible que possible de leur revenu, et se ré-
servant le surplus ; les Augustins préférèrent s'astreindre
à la résidence, et, par suite se soumettre à la juridiction
des évêques.

Ni comme chanoine régulier, ni comme sous-prieur, le

R. P. Antoine Corneille n'avait pu faire de grandes économies ; son père était mort en 1639, laissant à sa veuve
un patrimoine à peine suffisant pour les besoins d'une famille composée encore de six enfants, dont les trois aînés
seuls, Pierre et Antoine, et Marie, née en 1609, mariée
en 1634 au sieur Ballain du Ballam, n'étaient plus à sa
charge : Madelaine avait alors vingt-et-un ans, Marthe
seize ans et Thomas à peine quatorze. En outre, Pierre
qui n'était marié que depuis deux ans lorsque Antoine fut
appelé à Fréville comme prieur-curé de Saint-Martin,
avait eu à faire, pour son établissement, des dépenses qui
ne lui permettaient guère de venir en aide à son frère.

Sa jeune femme, Mlle de Lempérière, lui avait donné, le
10 janvier 1642, une fille, Marie, qui ne paraît pas avoir
vécu ; l'année suivante, le 7 septembre, elle avait un fils,
Pierre, qui, entré au service en 1664, devait mourir, le
30 janvier 1698, capitaine de cavalerie et gentilhomme
ordinaire de la maison du roi. Fidèle aux traditions de
cette époque, mais ne pouvant donner pour parrain à son
fils aîné, son père qu'il avait perdu trois ans auparavant,
Pierre choisit son frère puîné, le R. P. Antoine Corneille,
pour tenir cet enfant sur les fonts du baptême.

Tout ce que l'on sait de la famille de Corneille à cette
date donne lieu de penser qu'il n'y régnait pas une grande
aisance.

Il est donc assez probable que le jeune curé ne parvint
pas sans peine à meubler son prieuré et à fournir du mo-
bilier nécessaire la ferme qui en dépendait et qui exigeait
chez lui l'emploi d'une servante et de trois serviteurs,
dont un valet de charrue, et de deux chevaux. A bout de

ressources, il eut, « dans sa nécessité », recours à sa mère, qui put lui venir en aide dans les limites bien restreintes que fait connaître la pièce suivante publiée par le savant archiviste de la Seine-Inférieure, M. Charles de Beaurepaire, dans le Recueil des travaux de l'Académie de Rouen (1862-1863) :

« Je soussigné, prieur-curé de Fréville, cognois et confesse avoir reçu de mademoiselle Corneille, ma mère, c'est à sçavoir une douzeine d'assiettes et demie douzeine de platz, le tout de fin estain; plus trois douzeines de serviettes, dont il y a une douzeine de doubleuvre[1] et deux nappes de lin et un doublier[2]. Une casaque de drap noir qui estoit à feu mon pere, une grande table qui se tire des deux costez et deux formes[3], une toile de lit de ces estoffes jaunes imprimées.

1. « DOUBLE se dit des choses qui sont faites avec plus de soin et qui ont plus de force et de vertu : du brocart à *double* broche; du ruban *double* en lisse ; de l'encre *double;* de bonne *double* bière. » (*Dict.* de Trévoux, 1732.) Ces exemples suffisent pour expliquer le *double-œuvre.*

2. Le mot *doublier* commence à paraître dans le *Dictionnaire* de Nicot (1573):« *Doublier,* est une nappe grande et large, traînant tout autour de la table, ainsi appelée parce qu'elle est en longueur et en largeur comme double nappe : aussi est-elle mise en double de son long aux tables des roys et princes, et levée d'un double au descouvrir quand ils lavent les mains, demeurant l'autre double tendu tant qu'ils ayent lavé. » On le retrouve en 1614, dans le *Dictionnaire des trois langues,* de Hierosme Victor, en 1634 et 1658, dans le *Dictionnaire françois-flamand;* en 1636, dans le *Dictionnaire* de Philib. Monet; en 1650, dans Cotgrave; en 1671, noté comme vieux, dans le *Dictionnaire françois-italien* qui ne l'admettait pas en 1634 : — ceci explique pourquoi il ne figure ni dans Furetière, ni dans Richelet, ni dans le Dictionnaire de Trévoux.—Borel (1651) a trouvé *doublière* pour *serviette* dans le roman de *Perceval.*

3. *Forme,* banc.

Tous lesquels meubles elle m'a prestés en ma nécessité, lorsque j'ay esté demeurer à Freville; et luy promets les restituer à elle ou à mes freres, toutes fois et quantes. Fait ce samedy vingt-cinquieme de juin mille six centz quarante-quatre.

» F. Ant. Corneille. »

La gêne du nouveau prieur dura peu; son bénéfice qui lui assurait un revenu de 700 livres, selon nos auteurs, ou, selon M. Blanchemain, de 2,400 livres, était, nous dit cet écrivain, le meilleur du doyenné de Saint-Georges de Boscherville.

La nomination du jeune prêtre à un tel poste, alors qu'il avait à peine trente et un ans, témoigne d'une grande faveur. Il eut bientôt l'occasion de la justifier : la peste frappa sa paroisse; ce fut en 1645 ou 1646, si nous tenons compte de ses relations avec Rouen en 1643 et 1644.

Si terrible que soit ce mot, il ne réveille pas en nous le sentiment de l'effroi qu'il inspirait alors. Quel était ce genre de maladie? Les symptômes qui la caractérisent dans les descriptions du temps, et qui s'appliquent aussi bien au choléra qu'à la coqueluche, à la petite vérole noire qu'à la scarlatine, ont une telle diversité qu'il est impossible de préciser, par un nom moderne, la vraie nature d'un mal qui, lui-même, avait un grand nombre de noms, tels que caquesangue, coqueluche, sueur anglaise, troussegaland, bosse, charbon, pourpre, etc., etc.; ce qui est certain, c'est qu'une peste était une maladie épidé-mique généralement mortelle.

Le P. Antoine Corneille vit donc ses ouailles atteintes

par une peste qui ne disparut que pour reparaître une seconde, et même une troisième fois peu de temps après.
C'est ce que nous apprennent du moins une longue élégie
qu'il adresse à un de ses amis, désigné sous le nom de
Lysis, et son *Remercîment à Philandre*.

Pour comprendre tout ce qu'il y a de douloureux dans
les sentiments que le poète a exprimés, il faut se reporter
aux mœurs du temps, et se faire une idée des terreurs
aveugles que répandait la présence de la contagion.

Lorsque venait à se déclarer ce mal, dont le meilleur
remède était une fuite rapide suivie d'un retour tardif[1],
ce n'était pas seulement un devoir de conscience, c'était
une obligation pour le pasteur de rester au milieu de son
troupeau : son absence, outre qu'elle était pour lui un
acte peu honorable, lui faisait perdre son revenu.

Le devoir imposé aux prêtres des paroisses par la conscience publique non moins que par leur propre conscience, offrait de tels dangers que les médecins s'en
étaient préoccupés : Marcelin Bompart, dans son *Chasse-
peste*, publié quinze ans environ avant l'époque où nous
sommes arrivés, consacre toute une section de son troisième chapitre « à ces bons martyrs volontaires, aux bons

_____

1. « La pluspart de ceux qui sont aisez s'arment de ce vers de
l'antiquité :

> *Mox, longè, tardè, cede, recede, redi.*
> (Pars vite, va bien loin et ne reviens que tard).

» Mais tous ne peuvent ny ne doivent fuyr, les curez surtout,
ni les magistrats, moins encore les médecins, chirurgiens et apo-
ticaires. » (Marcelin Bompart, *Nouveau chasse-peste.* — Paris, Phil.
Gauthier; achevé d'imprimer pour la première fois le 20 décembre 1629.)

prestres qui administrent les sacrements aux pestiférés. »
— « Outre, dit-il, qu'ils s'approchent souvent de divers
pestiférés, ils se trouvent dans la plus périlleuse rencontre
de prendre la peste, qui est la dissolution de l'âme et du
corps : car dans cette dernière agonie, une grande mali-
gnité s'évapore du corps agonisant, notamment après
l'instant du départ de l'âme.

Que feront donc les « bons prestres » ainsi exposés?
« Il faut qu'ils tiennent leur corps purgé une ou deux fois
la semaine, qu'ils se servent fréquemment d'antidotes, et
sur tout de cestui-cy que j'ay choisi pour eux, pouveu
qu'on ne soit dans la canicule ou constitution semblable :
R. Myrrham rubram... Prenez myrrhe rouge qui brille
étant brisée; reduisez en poudre; arrosez d'eau de thériaque; faites-en, avec miel et thériaque, une pâte dont
prendrez la grosseur d'une aveline. » — « Ils... porteront
du mercure pendu au col dans une aveline ou noix de
galle, ou dans une plume ou le sachet ordonné sur le
cœur : se graisseront les pouls des bras et des temples,
et les lieux sous les aisselles avec ce remède, sans oublier
le thériaque dans les narines, pour fermer la porte à ce
venin, qui frappe le cerveau presque autant que le cœur...
Tiendront dans la bouche quelque peu d'extrait de genevre, ou des grains de genevre trempés dans le vinaigre,
pendant qu'ils seront dans la chambre du malade, se
mettant toujours à l'opposite de la respiration et fuyant
le feu entre eux et le malade; et des que l'âme sera sortie,
qu'ils se retirent promptement, et commandent aux corbeaux (ensevelisseurs) de mettre devant la bouche du
défunct une croute de pain chaud, qui empeschera l'in-

fection; et faut enterrer le corps promptement, *non pas toutefois devant la mort, comme ont fait plusieurs corbeaux.* »

Outre ces remèdes magistraux, on avait encore la ressource de s'appliquer sur les aines et sur les aisselles, comme le médecin Le Duc, des crapauds desséchés : mais ni les pilules des Bompart, ni les crapauds de Le Duc n'étaient infaillibles ; et la peste, en se prolongeant, n'était pas moins un fléau par les ravages qu'elle causait, que par les mesures prises pour la combattre.

Dès le moment où une ville était infectée, tout commerce avec ses habitants était interdit ; des commissaires, postés sur les routes, interceptaient toutes les marchandises pour les faire passer à l'évent ; les messagers s'arrêtaient à deux lieues avant d'arriver, et laissaient leurs lettres en pleine campagne : au son du tambour ou de la trompette, deux hommes venaient, et, munis d'un crochet de fer au bout d'une longue perche, ils piquaient ces lettres et n'y touchaient qu'après les avoir fait passer au-dessus d'un feu de poudre à canon. Toutes les maisons où étaient des malades étaient fermées, et marquées à l'une des fenêtres et à la porte principale, d'une croix blanche qui devait y rester deux mois ; on ne les y laissait que s'ils étaient seuls locataires ; autrement, on les enlevait de nuit et on les transportait dans les hôpitaux ouverts à cet effet : comme ils ne pouvaient sortir qu'après une convalescence de quarante jours, constatée par le commissaire, la ville pourvoyait à leur nourriture. Les médecins, chirurgiens et apothicaires désignés par la Faculté de médecine d'après le nombre qu'avait prescrit le magistrat de police, ne pouvaient visiter d'autres malades

que les pestiférés ; les boutiques mêmes des chirurgiens
et des apothicaires étaient fermées jusqu'à ce qu'on leur
eût permis de reprendre leurs fonctions ordinaires ; à part
ceux-ci, les aides et les archers des prévôts pouvaient
seuls communiquer avec les malades : leurs casaques
noires, marquées d'une croix blanche, les faisait reconnaître dans les rues et permettait de les éviter. Les ca-
davres, précédés d'une torche pour qu'on pût s'en détourner, étaient inhumés pendant la nuit par des hommes
désignés pour ce service. Soir et matin, des feux, dont le
bois était fourni deux fois la semaine par tous les chefs
de famille, étaient allumés dans les rues. L'usage du
charbon de terre était rigoureusement interdit. Tous les
vagabonds, toutes les femmes de mauvaise vie étaient
expulsés ; il en était de même des mendiants valides :
les autres étaient renfermés ; toutes les industries qui ré-
pandent quelque odeur, comme les mégisseries, les tue-
ries de bestiaux, les lavages de tripes, les trempis de
morues étaient arrêtées.

Quant aux secours spirituels réclamés par les malades,
un prêtre et un clerc désignés par le curé, — qui devait se
réserver pour le service des valides, — pouvaient seuls
leur porter les sacrements ; pendant ce temps, ils devaient
s'abstenir de visiter toute autre personne, laissant ce soin
au curé.

La cure de Fréville comportait-elle le service de plusieurs prêtres? Nous l'ignorons ; mais il paraît peu probable qu'une paroisse aussi peu considérable ne fût pas
desservie par son curé seul, c'est-à-dire par le P. Antoine
Corneille ; toutefois, si nous avons bien compris son

Remercîment à Philandre, sur un insigne service dans une occasion de peste, il semble qu'un autre prêtre, un de ces « bons martyrs volontaires » dont parle le médecin Marcelin Bompart, dans son *Chasse-peste*, ait brigué le périlleux honneur de donner ses soins aux pestiférés de Fréville :

> Quoy qu'un amy parfaict occupe notre esprit,
> Qu'il passe dans le cœur pour un autre soy-mesme,
> Qu'il aye éminemment tout ce que l'on escrit
> Des rares qualités d'une amitié supresme :
> Toutefois de quitter pour luy son interest,
> De tenir contre soy son courage tout prest,
> De servir un amy mesme à son préjudice,
> J'estime ces vertus d'un si brillant éclat
> Que je ne sçache plus de si brillant office,
> Après ce coup d'amy, dont on dût faire état.

Aussi, le curé de Fréville, vivement ému d'un tel dévouement, lui prodigue les témoignages de reconnaissance et d'affection; il lui conseille de se ménager autant que possible, de ne pas se laisser surprendre

> Dans la témérité d'une vaine assurance,

enfin de ne pas tenter Dieu, comme ces cœurs pleins de présomption

> Qui pensent esperer par delà l'esperance.

> Ce n'est pas que pour toy je craigne le danger
> Que doit courir un homme au milieu de la peste;
> C'est la troisiesme fois que je t'y vois plonger

Sans avoir esprouvé rien encor de funeste :
Ce Dieu, qui prise tant l'or de la charité,
Voit au fond de ton cœur trop de sincerité
Pour ne pas te servir de rempart et de garde ;
Et jamais sa bonté ne souffrira ce poinct
Qu'un esprit plein d'amour, qui pour luy se hazarde
Espere du salut et n'en rencontre point.

Et il ajoute :

Amy, conserve-toy dans de si grands hazards
Où l'amour du prochain d'ordinaire t'emporte :
Le malheur nous talonne icy de toutes parts.
Quand nous le pensons loin il frappe à notre porte.

Pendant ce temps, que faisait le R. P. Corneille ?
Confiné à Fréville, où il vaquait aux devoirs de sa profession pour tous ceux de sa paroisse qui n'étaient pas
atteints du fléau, il écrivait à un Tyrcis, qui ne saurait
être ici son frère Pierre, une longue *Elegie sur une re-
cheute dans l'affliction de la peste* : « Au milieu, lui disait-il,

Au milieu des langueurs de ceste sollitude
Qui m'oblige à passer les jours dans mon estude,

il trouve le loisir d'offrir à son ami

Les divertissements que se donne ma Muse,

— divertissements que l'on peut, sans trop de sévérité,
trouver intempestifs, — et de lui faire part des rêves un
peu ambitieux de sa veine poétique, dans des vers d'ailleurs assez bien tournés et que nous aimons à reproduire :

Ce n'est pas que je croye avoir droit de prétendre
Au langage doré que ce Dieu faict entendre
Dans les escrits fameux de ces esprits cherys
Qui peuvent se vanter d'estre ses favorys ;
Mais, quoy que nous sçachions estre encor dans la bouë,
C'est un charmant abuz de sçavoir qu'on nous louë ;
C'est un poison subtil qui, gaignant nos esprits,
Sçait faire adroitement que nos sens sont surpris ;
Pour peu qu'elle ayt gousté ceste trompeuse amorce,
La raison se relasche et demeure sans force ;
Le jugement s'aveugle auprès d'un chant si doux
Et croit ce qu'on en dit n'estre point trop pour nous.

Il arrive ensuite à parler de la peste qui, en l'isolant
du reste du monde, lui laisse des heures

                    ... A brouiller le papier.

A présent que le temps nous rend d'une humeur sombre,
Qu'au pays où je suis on a peur de son ombre,
Peux-tu trouver mauvais, dedans l'occasion,
Si je souffre à ma veine un peu d'ambition ?
Si je veux divertir ces fascheuses idées
De nouveaux bruits mortels tous les jours secondées ?
Si j'estouffe un chagrin qui perdroit ma raison,
Me voyant malgré moy si longtemps en prison ?

Après tous nos malheurs je repirois à peine,
Je ne faisois encor que de reprendre haleine ;
A peine mes esprits étoient-ils bien remis ;
A peine on me souffroit de revoir mes amis...
Après avoir souffert si longtemps cette gesne.
A peine ay je brisé les cercles de ma chaisne,

Qu'à ce premier malheur l'autre vient succéder,
Qui d'un heur renaissant me vient déposséder;
Et ce nouveau péril est d'autant plus à plaindre,
Qu'aux maux plus dangereux la rechute est à craindre...

Qui ne s'étonneroit, entendant réciter
Que les oyseaux frappés du venin de cet air
Tombassent roides morts du milieu de la nuë,
Si ceste fausseté n'eust esté reconnuë,
Comme ceste autre encor qui donnoit pour certain
Qu'en passant par la ruë on y mouroit soudain ?
Il est vray toutes fois que l'air de ceste peste
En ses effets malins n'a rien que de funeste;
Il est encor tout vray que les cruels destins
Font moisson tous les jours de nos pauvres voisins.

Mais tout cela n'est rien au prix de ton absence,
Qui prive ton amy de ta chere présence,
Quand je viens à penser...
Que mesme je ne puis t'escrire sans soupçon,
Et n'ose t'envoyer des vers de ma façon,
De peur qu'en te rendant les devoirs de ma veine,
De moins hardis que toy ne s'en mettent en peine...

Après avoir ainsi tracé des effets de la peste un tableau
où l'on retrouve plusieurs des traits que nous avons re-
produits nous-même, l'auteur fait un acte de résignation
et de foi que nous demandons la permission de citer
encore :

Les pestes, les poisons, leurs plus puissants efforts,
Si Dieu n'est contre moy ne sont point assez forts :
Mais si pour me sauver il veut que je périsse,
En vain je penserois reculer mon supplice,

Et quand je le pourrois, je ne le voudrois pas ;
L'on me verroit courir librement au trépas ;
S'il m'ordonne la mort, je renonce à la vie,
Et consens de bon cœur qu'elle me soit ravie ;
Au milieu des tourments et de l'affliction,
Je luy consacreray ma résignation ;
Quand la douleur tiendra mon âme à la torture,
Elle criera : Seigneur, c'est pour vous que j'endure !

Ces vers, presque dignes de Polyeucte, sont animés
d'un sentiment tout chrétien qui a fort heureusement
inspiré le pieux auteur. En général, d'ailleurs, il fait bon
marché de son talent poétique : ce qu'il voit dans la
poésie, c'est une langue divine pour chanter Dieu et la
Vierge ; le titre de poète lui pèse, quand il ne sert pas
d'excuse à ses distractions :

Bien qu'il m'arrive peu de caresser la Muse,
Encore est-ce un hasard que le nom de rimeur
En cette occasion me fournisse une excuse :...
Ainsi je tiens à tous mon déplaisir secret,
En souffrant pour ce coup la qualité de poète,
Qu'en toute autre saison je reçois à regret [1].

Antoine Corneille est un poète chrétien ; les deux ou
trois dernières pièces que nous venons de citer sont
uniques dans son œuvre ; toutes les autres sont consacrées à des sujets pieux, soit que l'auteur les ait compo-
sées en vue des palinods, soit qu'il ait suivi simplement
l'inspiration du moment. Nous avons pu citer, en leur
assignant une date, plusieurs morceaux couronnés aux

---

1. *Remerciement à Philandre.*

concours du Puy de la Conception : ceux dont il nous reste à parler, antérieurs à l'année 1647, date de l'impression de ses poésies, ont été écrites à des époques que nous ne saurions préciser.

Beaucoup de ces petits poèmes, dont plusieurs sont des paraphrases de versets sacrés, ont une teinte archaïque très prononcée; le style semble souvent d'un temps antérieur à l'époque où l'auteur a écrit. On y trouve nombre de mots surannés, comme *salutaire* pour *sauveur*, expression qui reparaît d'ailleurs en 1670 dans Pierre Corneille :

> Et mon cœur desire jouyr
> Des douceurs qu'il savoure en Dieu, mon *salutaire*.

Ou encore *injurieux* pour *criminel* :

> La triste mere se pasme
> Voyant ravir à ses yeux,
> Par le fer *injurieux*,
> La chere âme de son âme ;

Emperiere pour impératrice, souveraine, mot qu'il semble avoir affectionné parce qu'il rappelle le mon de la femme de Pierre :

> Brisés les chaisnes des coupables,
> Puissante *emperiere* des cieux !

Et bien d'autres mots, surtout bien d'autres tournures de phrases, qu'il serait trop long de citer.

En dépit d'expressions hors d'usage, de formes sou-

17

vent pénibles, on trouve parfois chez le P. Ant. Corneille, de véritables beautés, qui ne tirent pas seulement leur mérite de la coupe savamment rhythmée et harmonieuse des strophes, mais de la grandeur même de la pensée. Nous citerons, par exemple, cette paraphrase du verset *Deposuit potentes de sede, et exultavit humiles*, tiré du *Magnificat* :

> Luy dont la sagesse profonde
> Prend du plaisir à terrasser
> Ces cœurs vains qui veulent passer
> Icy bas pour maistres du monde,
> Luy qui défaict les plus puissants,
> Et qui sur leurs traits pâlissants,
> Marque les traits vengeurs d'une horrible justice :
> C'est luy de qui la charité,
> Punissant ainsi leur malice,
> Donne aux plus humbles cœurs tant de prospérité.

Lorsque Pierre Corneille mit en vers l'*Office de la sainte Vierge* (1670), il eut à traduire, dans ce même cantique, le même verset; sa traduction est loin de valoir la paraphrase de son frère :

> Les plus invincibles monarques
> Se sont vus par sa main de leur trône arrachés ;
> Et ceux que la poussiere avoit tenus cachés,
> Ont reçu de son choix de glorieuses marques.

Les œuvres chrétiennes de Pierre Corneille n'ont rien non plus qui soit supérieur à cette première stance de la paraphrase de l'hymne *Quem terra, pontus, æthera...*

Celuy dont le Ciel et la Terre
Ne bornent point l'immensité,
De qui le foudre et le tonnerre
Nous preschent la divinité :
Celuy que l'Océan honore,
Que toute la nature adore
Et recognoist pour son autheur,
Par une bonté sans pareille,
Faict voir à nos yeux la merveille
Qu'une fille en ses flancs porte le Créateur !

La première stance du cantique de Siméon a été paraphrasée ou traduite également par les deux frères ; voici le début de la version d'Antoine :

N'est-il pas temps, Seigneur, que mon âme s'envole ?
Et, sortant de prison, suivant vostre parole,
Que vostre serviteur rencontre desormais
En la saincte Syon, pour essuyer ses larmes,
L'effect de ses desirs, ces indicibles charmes
Qu'attendent vos esluz en l'éternelle paix ?

Ecoutons maintenant P. Corneille :

Enfin, suivant votre parole,
Vous me laissez aller en paix,
Seigneur, et mon âme s'envole
Au sein d'Abraham pour jamais.

Moins gêné par la faculté qu'il se réservait de substituer une imitation un peu libre à une traduction plus exacte, Antoine encore ici nous paraît avoir mieux réussi que Pierre.

Un rapprochement plus curieux nous est fourni, non
plus à son insu, mais volontairement par l'un des Corneille lui-même, entre une poésie de lui et une autre de
son frère. L'un des deux a pris à l'autre le mètre difficile d'une stance, et lui a emprunté jusqu'à ses propres
paroles pour les appliquer, par une sorte d'heureuse parodie, à un sujet tout à fait différent. Lequel des deux a
eu le mérite de l'invention d'un rhythme dont il se trouve
peu d'autres exemples, si même il s'en trouve[1]? Il s'agit
des *Stances du Cid* :

> Percé jusques au fond du cœur...

Soit qu'il ait écrit avant, soit qu'il ait écrit après son
frère, Antoine Corneille, voulant paraphraser l'admirable
complainte du *Stabat Mater*, a composé dix stances dont
nous citerons les deux premières à titre de curiosité, mais
surtout comme un problème littéraire :

> Percée au plus profond du cœur
> D'une atteinte imprévue aussi bien que mortelle,
> Droite au pied de la croix où son cher fils l'appelle,
> La Vierge, triste objet d'une injuste rigueur,
> Persévère immobile, et son âme abbatuë
> Cède au coup qui la tue :
> Au lieu de voir ce cher fils respecté,
> O Dieu, l'estrange peine!
> Elle le voit sur la Croix tourmenté,
> Mais ses tourments sauvent la race humaine.

---

1. Nous ne voulons pas rappeler l'irrévérencieuse parodie de
Despréaux, dans son *Chapelain décoiffé*.

Qu'elle sent de rudes combats !
Contre son propre amour nostre amour l'interesse,
Et pour l'un et pour l'autre elle a de la tendresse ;
Elle meurt s'il endure et s'il n'endure pas.
Réduite au triste choix de voir nostre misere
Ou de n'estre plus mere,
Des deux costez son mal est infiny.
O Dieu, l'estrange peine !
Faut-il pour tous que son fils soit puny ?
Faut-il laisser perdre la race humaine ?

Nous ne poursuivrons pas plus loin cette citation, qui suffit pour faire apprécier la communauté de forme et d'expression dans les deux poètes. La question de priorité est posée : les éléments nécessaires nous manquent pour la résoudre.

Cependant, sans nous prononcer en faveur d'Antoine Corneille, nous croyons pouvoir faire remarquer que ses deux premières stances seules suivent celles de son frère : s'il l'avait imité, n'aurait-il pas été jusqu'à la fin du poème, plus facilement que n'aurait pu le faire Pierre, si Pierre est l'imitateur ? En outre, l'imitation d'un poète chrétien par un poète profane n'est-elle pas plus probable que celle d'un poète profane par un poète chrétien ? Antoine imitant Pierre ne se serait-il pas exposé aux reproches de ses supérieurs ? Ces considérations nous paraissent mériter d'être discutées.

Comme nous l'avons dit, c'est en 1647 que le libraire Le Boullenger, de Rouen, publia les *Poésies* d'Antoine Corneille. Cette même année, Thomas Corneille, alors âgé de vingt-deux ans, débutait comme auteur dramatique, en donnant au théâtre les *Engagements du hazard*, et Pierre préparait *Andromède*, qui ne parut qu'en 1650, avec un tel succès, que, parmi les personnes les plus considérables de Paris, « il y en a eu, dit la *Gazette*, peu de toutes les conditions, ecclésiastiques et séculiers, qui n'aient voulu prendre ce divertissement. »

Leur pieux frère, le prieur de Fréville, fut-il témoin de leur succès? Il est probable qu'il resta à Rouen, retenu par la maladie de son oncle et parrain Antoine, et aussi par les soins à donner à la publication de ses *Poésies*. Dans l'unique exemplaire qui reste de la seule édition qui s'en fit, et qui a été scrupuleusement reproduite par M. Prosper Blanchemain, ni une dédicace, ni une approbation, ni un privilège ne nous fournissent une donnée quelconque à ajouter aux rares indications que l'ouvrage lui-même et les recherches de son nouvel éditeur nous ont fournies pour tracer un rapide aperçu de sa vie et de ses œuvres. Il est seulement permis de croire qu'il ne les donna pas au public sans prendre les conseils de ses frères et de sa sœur Marthe, celle qui fut la mère de Fontenelle, et dont le goût éclairé inspirait assez de confiance à Pierre pour qu'il lui soumît toutes ses pièces.

A partir de cette date, nous ne retrouvons plus trace du P. Antoine Corneille que dans quatre circonstances : en 1649, on voit sa signature, avec celle de Pierre et celle de Thomas Corneille, à la suite de la reddition du compte de la fabrique Sainte-Marie-des-Champs, qui eut lieu le 14 janvier de cette année, un peu plus d'un an après le

décès de leur oncle Antoine Corneille, curé de Sainte-
Marie ; en 1652, Pierre Corneille, dans une lettre au
P. Boulart, associé du P. Charles Faure, dans la réforme
des chanoines de Saint-Augustin et général de l'ordre
depuis 1640, lui rappelle qu'il a un frère appartenant à la
congrégation de Sainte-Geneviève : « J'ay un frère de
vostre habit. » Rien de plus dans toutes les œuvres de
l'un et de l'autre ; en 1657, le 7 avril, un mois avant sa
mort, Antoine était à Fréville, où il achetait des arbres à
un laboureur du pays, nommé Viard ; enfin, le 20 mai de
cette même année, il mourait à Rouen, auprès de sa famille, à qui il fut ainsi permis de lui prodiguer ses soins.
Lorsqu'il fut enterré, son cercueil put être recouvert de ce
« drap de velours noir mortuaire » que Pierre Corneille
avait donné au trésor de l'église de Saint-Sauveur de
Rouen, en 1652, et « pour lequel mademoiselle Corneille,
sa mère, a contribué de la somme de cent livres, parce
que ledit sieur Corneille aura la faculté de s'en servir
pour eux, sa famille et ses domestiques, sans pour ce
payer aucune chose. »

Les religieux de Saint-Augustin ou chanoines réguliers
de la congrégation de Sainte-Geneviève, avoient, au dire
des savants auteurs du Dictionnaire de Trévoux, un point
commun avec les moines : c'est qu'ils ne pouvaient ni hé-
riter ni tester, et que leur ordre était leur héritier naturel.
Il y a là une erreur. Plus favorisés que les moines, plus
heureux même en cela que les chevaliers de Malte qui
avaient obtenu, comme un encouragement à l'économie,
l'autorisation de disposer en mourant d'un cinquième de

leurs biens, les chanoines de Saint-Augustin avaient le droit de prendre telles dispositions testamentaires qu'ils jugeaient convenable. Les Carmes de Pont-Audemer, qui, en 1617, avaient revendiqué la succession d'un de leurs compagnons, Jean Gontier, contre les trésoriers de sa paroisse, provoquèrent, à la date du 20 avril de cette année, un arrêt qui annulait le testament que le défunt s'était cru autorisé à faire, parce qu'il avait obtenu les dispenses nécessaires pour être pourvu d'un bénéfice, une cure; mais, à la date du 12 janvier 1629, le même parlement maintint, contre les religieux de l'ordre de Saint-Augustin, le legs fait par l'un d'eux, le P. Guerout, à l'église dont il était pourvu.

Usant d'un droit incontestable, le P. Antoine Corneille fit donc un testament; il choisit comme exécuteurs de ses dernières volontés le P. Lucas, qui devait lui succéder comme curé de Fréville, le sieur Duclot, qui nous est inconnu, et le sieur de Panneville, « personne de qualité et de considération. »

Le testament d'Antoine Corneille ne nous a pas été conservé; mais les reçus délivrés aux exécuteurs testamentaires par les légataires existent encore, et suffisent pour nous faire connaître l'emploi de tout ce qu'il laissa au delà des sommes nécessaires pour acquitter quelques dettes. Ainsi, nous voyons qu'il légua une somme de 2,000 livres « pour estre employée aux bâtiments de l'abbaye du Mont-aux-Malades; » — à divers serviteurs, tant pour gages qu'à titre de don, savoir : à Nicolas Cheval, 200 liv. 8 sols; à Robert Leclerc, 150 liv.; à Guillaume..., valet de charrue, 20 liv.; à Catherine Trancard, servante, 253 liv.. Viennent ensuite : pour les Filles-Dieu de Rouen, 20 liv.; — pour la fabrique de la paroisse de Saint-Gervais, où un service a été dit à son intention un peu avant sa mort, 100 sols; — pour les capucins de Rouen, 10 liv.; — pour « sœur Marie Demoy, religieuse, dépositère, » 30 liv.; pour la paroisse Saint-Sauveur, 10 liv.

Du reste, des biens laissés par le prieur de Fréville, une partie servit à payer différents frais provenant de sa dernière maladie, ou qu'il n'avait pu acquitter avant sa mort : par exemple le bastier qui, pendant les six derniers mois, avait entretenu ses harnois et ses selles; l'autre partie fut laissée à ses frères Pierre et Thomas, pour eux-mêmes ou pour les rembourser des avances faites à l'occasion des funérailles du défunt.

Le premier soin de Pierre, qui était homme d'ordre, fut de réclamer les objets prêtés par mademoiselle leur mère, et dont nous avons vu plus haut le dénombrement : le tout, auquel on joignit les quelques livres, — entre autres un saint Ambroise, — qui formaient la plus que modeste bibliothèque de leur frère, fut estimé 160 livres; l'étiquette, c'est-à-dire le mémoire de l'apothicaire, s'éleva à 40 liv.; P. Corneille eut, en outre, 40 liv. à avancer « pour le médecin, l'offrande des gants et souliers blancs, conduite du corps, frais du carosse et autres frais. » Pour se couvrir de ces avances, dont le total s'élevait à 240 liv., Pierre et Thomas Corneille se firent remettre « une montre, plusieurs rochets tant de dentelle que de grosse toile, les habits et soutane du défunt, — qu'en voulaient-ils faire? — le tout estimé 180 liv.; » le P. Lucas leur remit de plus 60 liv. en argent.

Enfin, on possède trois reçus de P. Corneille pour des sommes que lui devait son frère, ou qu'il lui laissait par testament : 100 liv. lui furent payées le 5 mai; 197 liv. le 2 juillet; 203 liv. en décembre 1658, soit une somme totale de 500 liv.

Le compte des funérailles du curé de Fréville nous a été également conservé; les pièces de ce genre sont trop peu nombreuses pour qu'on ne lise pas celle-ci avec un intérêt qui s'augmente de la pensée qu'elle s'applique à un membre de la famille du grand Corneille; nous la reproduisons donc ici, d'après un texte que nous devons à l'amicale obligeance de M. Blanchemain :

Mémoire des frais qu'il a convenu faire pour le service de religieuse personne feu dom Anthoine Corneille, prêtre, curé de l'église paroissiale de Saint-Martin de Fréville : le corps duquel fut levé de la paroisse de Saint-Sauveur de Rouen, pour estre porté audict lieu de Saint-Martin de Fréville, où il fut inhumé le vingt-et-unième de may mil six cent cinquante-sept :

Premièrement, pour M. le curé.		
Pour les trois haultes messes.	4 l.	10 s.
Pour les vicaires.	2	10
Pour les clercs.	2	10
Pour les autres chapelains, au nombre de neuf, chacun vingt-cinq sols.	11	5
Pour quatre basses messes dites le jour du deceds dudit deffunct	2	10
Pour neuf autres basses messes dites le jour du service.	5	14

Pour les pseaultiers, au nombre de 8, à 10 s.
pièce . . . . 4 l. »
Pour les offices des chappiers, diacres, soubs
diacres . . . . » 30
Pour le prestre du danger. . . . . » 20
Pour les offrandes des trois messes, chap-
piers, diacres et soubs diacres. . . . . . » 18 9 d.
Pour la sonnerie, tant le jour du deceds que
pendant le service . . . . 10 »
Au thrésor, pour l'ouverture de la terre. . *nihil*
Pour les soubs clercs. . . . . » 30
Pour le coutre (ou *custos*). . . . . » 30
Pour l'offrande du cierge à la dernière messe. (12) (?)
Un demy escu d'or.
Pour le prestre qui a assisté ledict deffunct
et conduit son corps à Fréville. . . . . .

Le présent mémoire aresté à la somme de soixante et quatre livres dix sols, laquelle a esté payée par le sieur Lucas (successeur d'Ant. Corneille à la cure de Fréville) : en foy dequoy j'ai signé le vingt-septiesme de octobre mil six cent cinquante-sept. — Signé : DELAHAYE.

De ce compte, il résulte clairement que le P. Antoine Corneille ne mourut pas de la peste, comme a pu le faire croire la mention des vingt sols donnés au « prêtre du danger » : c'était là probablement une sorte d'impôt prélevé sur tous les morts pour former le traitement du « porte-Dieu » qui leur administrait les derniers sacrements, et recevait aussi le nom de « prêtre du danger. » La preuve qu'il mourut, sans aucun soupçon de peste, c'est qu'il eut pour l'assister dans le cours de sa dernière maladie, un prêtre qui accompagna son corps lorsqu'il fut transporté dans sa paroisse, au lieu d'être inhumé à Rouen, dans le cimetière le plus voisin ; c'est, enfin, qu'on le laissa dans sa famille qui vivait dans cette rue de la Pie, où depuis plusieurs générations, en étaient nés tous les membres : ce point semble du moins acquis par le fait de sa présence, au moment de sa mort, sur la paroisse Saint-Sauveur où était située la rue de la Pie.

Le P. Antoine Corneille mourut jeune. Sa vie, qui eut son heure d'éclat, au moment de ses triomphes dans les concours palinodiques, tomba vite dans une obscurité dont nul écrivain célèbre de son temps n'eut l'occasion de le faire sortir en introduisant son nom dans quelque lettre, dans quelque pièce de vers, dans quelque mémoire ; le volume même de *Poésies* qu'il publia ne put servir à tirer son nom de l'oubli, puisque tous les exemplaires, à l'exception d'un seul, ont été perdus. Il n'a pas fallu moins que la curiosité des érudits de notre temps, toutes les patientes et patriotiques recherches des bibliophiles normands, ses compatriotes, pour lui assurer une place modeste parmi les poètes de son époque ; on l'aperçoit, à côté de son glorieux frère, comme une de ces pâles nébuleuses qui disparaissent presque dans le rayonnement des astres brillants dont elles sont comme enveloppées.

La publication des poésies du P. Antoine Corneille a été faite avec soin, avec luxe même par M. Blanchemain, et nous sommes heureux de lui rendre hommage. La notice dont il l'a fait précéder est pleine d'intérêt ; nous

avons essayé de préciser quelques points sur lesquels le
cadre de son travail lui permettait de ne pas insister, et
de compléter son étude en replaçant le P. Corneille au
milieu des idées et des préjugés de son temps, au lieu de
le présenter dans un isolement qui le grandit peut-être
au delà de la vérité; mais nous nous plaisons à reconnaître que les pages qui précèdent n'eussent pu être
écrites si M. Blanchemain ne nous en avait fourni les
principaux éléments.

CHARLES DE SIMIANE

MARQUIS DE LIVOURNE ET DE PIANEZZA[1]

(1672-1706)

L'étude de l'histoire a pris de nos jours des caractères
tout nouveaux et très tranchés : je ne dis pas seulement
l'histoire générale, la grande histoire, mais l'histoire particulière des hommes ou des choses. Pour les uns, les
nations forment un vaste corps, dont l'historien fait en
quelque sorte l'anatomie, disséquant les faits, les lieux,
les dates, préoccupé surtout de découvrir les causes du
mouvement, les combinaisons de la politique, les actes
de l'administration, les ressources et l'économie des finances ; pour les autres, c'est dans l'individu que se manifeste, plus ou moins complètement, l'âme de la nation; la
biographie pour eux devient une forme de la psychologie,
et elle doit, en étudiant l'homme dans le milieu où il vit,
nous faire connaitre, à l'aide d'une facile induction, la
société dans ses besoins, ses tendances, ses aspirations,

1. *Le vicende di Carlo di Simiane, marchese di Livorno, poi di
Pianezza, tra il 1692 ed il 1706, ricavate da correspondenze diplo-
matiche e private, e da manoscritti di quei tempi, per Alberto Ferrero
della Marmora.* — Torino, presso i fratelli Bocca. 1862, 1 vol. in-8º.

les satisfactions d'esprit et de cœur qu'elle reçoit ou qu'elle
donne. A côté des Augustin Thierry nous avons les Victor
Cousin ; les monographies prennent rang à côté de l'histoire ; elles se prêtent un mutuel secours, soit au point
de vue humain, soit au point de vue national.

C'est à la classe de ces histoires spéciales, où nous retrouvons dans l'individu une époque et une société, qu'appartient un ouvrage intéressant, où sont retracées les
aventures de Charles de Simiane, et dont nous voulons
présenter ici un tableau réduit. L'exemple donné par plusieurs grands écrivains et leur succès ont séduit M. Ferrero de La Marmora, et il est venu, sur leurs traces, pour-
suivre le même but, défini dans les lignes suivantes :
« Les aventures de Charles de Simiane ne nous font pas
connaître seulement dans quelles conditions se trouvait le
Piémont au moment où elles se passèrent ; elles se relient
avec cette histoire anecdotique de la cour du grand roi
Louis XIV, qui nous a valu tant d'ouvrages dans le genre
de celui que je veux essayer d'introduire dans notre
littérature italienne, et dédier aux amateurs de l'histoire
nationale. »

La première règle suivie en France par les maîtres
que M. de La Marmora se propose d'imiter, est l'observation scrupuleuse de la vérité historique. Fidèle à leurs
principes, l'écrivain italien, avant de nous initier à la vie
si remplie de son héros, nous fait connaître à quelles
sources il a étudié les aventures dont il nous donne le
récit.

« Dans les archives de la famille à laquelle j'ai, dit-il,
l'honneur d'appartenir, est conservé depuis six généra-

tions un recueil presque complet de documents diploma-
tiques, laissé par un de mes ancêtres, Thomas-Félix Ferrero, comte, puis marquis de La Marmora, qui fut, à
plusieurs reprises, ambassadeur de Savoie à la cour de
Louis XIV, et entretint successivement une correspondance active avec le duc Charles-Emmanuel II, avec sa
veuve, Marie-Jeanne-Baptiste, et avec son fils, le duc,
puis roi Victor-Amédée II. Cette correspondance remplit
douze cartons, où sont renfermées les lettres des personnages que je viens de citer, et dix-neuf gros volumes ou
registres de lettres, écrites à eux ou à leurs ministres
par notre ambassadeur. »

L'authenticité des documents sur lesquels s'appuie M. de
La Marmora n'est donc pas douteuse : en écrivant, à l'aide
de ses papiers de famille, une page d'histoire, le savant
auteur a imprimé à son œuvre un caractère d'intimité qui
lui assure un attrait de plus.

C'est en 1860 que M. de La Marmora conçut la pensée
de ce travail. Il venait de terminer son grand ouvrage
sur l'île de Sardaigne ; pour occuper ses loisirs, il se mit,
par distraction, à feuilleter ses recueils de lettres, et reconnut bientôt qu'elles n'avaient pas trait seulement à
la diplomatie. Un grand nombre, en effet, avaient un
objet purement privé, ou, pour mieux dire, ne se rappor-
taient qu'à un seul personnage, sujet du Duc, venu en
France pour se soustraire aux cabales de ses ennemis et
à l'injuste malveillance de son prince, dont il était grand
chambellan. Il appartenait à une branche des Simiane de
France, établie en Piémont, et il porta d'abord le titre de

marquis de Livourne, qu'il échangea, à la mort de son père, contre celui de marquis de Pianezza.

Le lien de parenté qui rattache les Simiane d'Italie à une famille célèbre en France, le nom de madame de Sévigné, mêlé de si près à leur histoire, donnent à nos yeux une sorte d'intérêt de clocher au livre de M. de La Marmora. L'auteur n'est point un étranger pour nous : ses beaux travaux l'ont naturalisé citoyen de l'Europe ; et son héros nous appartient à la fois par son origine, par son séjour en France, par la protection qu'il y trouva, par les services qu'il y rendit.

Le premier des Simiane qui alla s'établir en Piémont, fut Charles de Simiane de Gordes d'Albigny, qui épousa Mathilde de Savoie, sœur légitimée du duc Charles-Emmanuel Ier. Une correspondance qu'il entretint avec l'Espagne fut saisie, et, mal interprétée, le fit arrêter. Renfermé dans le fort de Moncalieri, il y succomba quelque temps après d'une mort mystérieuse. Peu de jours après la mort tragique de son époux, Mathilde eut un fils, Charles-Emmanuel-Philibert-Hyacinthe, qui, traité comme prince du sang, revêtu des plus grands honneurs, renonça jeune encore à toutes ses dignités pour se retirer dans la maison de la Mission, fondée par lui à Turin. Il avait épousé Jeanne de Gattinara et en avait eu deux fils ; l'aîné mourut en 1645 ; le second nommé Charles-Jean-Baptiste, prit le titre de marquis de Livourne. Traité dès sa jeunesse avec les honneurs *du sang*, il reçut en 1666, à l'âge de 24 ans, l'ordre de l'Annonciade, et lorsque son père entra dans le couvent de la Mission, il lui succéda dans les fonctions de grand chambellan. Lors d'une nouvelle organisation de l'armée, entreprise par Charles-Emmanuel II, il fut nommé colonel du régiment de Montferrat. C'est dans cette charge, au milieu de ces grandeurs, que vient le prendre M. de La Marmora, vers le milieu de l'année 1672, pour en faire le héros d'un récit que nous suivrons toujours, où nous aurons peu d'erreurs à noter, et que de temps à autre nous nous appliquerons à compléter, tout en le résumant.

I

Charles-Emmanuel II, élevé par sa mère Christine de France, qui avait gouverné ses États comme régente jusqu'à sa majorité, avait puisé, dans son éducation première, peu de sympathie pour l'Espagne. En effet, soit qu'elle provoquât des séditions et soutînt les rebelles, comme on l'avait vu pendant la Fronde, soit qu'elle fût ouvertement en guerre avec nous, l'Espagne restait fidèle à ces vieilles haines qui avaient toujours divisé les maisons de France et d'Autriche, depuis François Ier et Charles-Quint.

Des conflits, chaque jour plus violents, se renouvelaient fréquemment entre le Piémont, fidèle à la France, et l'État de Gênes, qui tenait pour l'Espagne. Le traité des Pyrénées avait mis fin, pour un temps, à des démêlés qui menaçaient d'amener des guerres générales; mais cette paix, peu sincère de part et d'autre, demandait, pour être durable, d'autres conditions que les articles d'un traité[1].

1. Voici, à ce sujet, un passage bien significatif, tiré des *Mémoires* de Louis XIV : « L'état des deux couronnes de France et d'Espagne est tel aujourd'hui et depuis longtemps dans le monde,

Outre la surexcitation des esprits et une sorte d'antago-
nisme de races, le Piémont voyait avec peine sa rivale
maîtresse de la mer. Excepté Oneglia, quel débouché
avait-il en effet pour son commerce, et surtout pour le
commerce du sel, objet si nécessaire de consommation,
source de revenus si précieuse? Enfin, il n'était pas jusqu'à la gloire militaire du règne de Louis XIV qui ne jetât
dans l'esprit du prince, son cousin, quelques idées de va-
niteuse ambition.

Sous ces influences diverses, un prétexte fut vite trouvé,
vite saisi, pour entrer en hostilité avec l'État de Gênes. Le
marquis de Pianezza, consulté du fond de son cloître, chercha vainement à dissuader le Duc de Savoie d'une imprudence toute gratuite. Dès le commencement de 1672 la campagne fut décidée; des troupes furent envoyées à Mondovi;
elles venaient, disait-on, renforcer les garnisons de Ceva
et d'Alba, mais en réalité elles devaient se tenir prêtes à
tenter un coup de main sur Savone. Le commandement

qu'on ne peut élever l'une sans abaisser l'autre. Cela fait entre elles
une jalousie et une inimitié permanentes que les traités peuvent
couvrir, mais qu'elles ne sauroient éteindre, parce que le fondement en dure toujours, et que l'une d'elles, en travaillant contre
l'autre, ne croit pas tant nuire à autrui que se maintenir et se
conserver soi-même..,... Et, à dire la vérité et sans déguisement,
elles n'entrent jamais ensemble qu'avec cet esprit dans aucun
traité. Quelques clauses spécieuses qu'on y mette d'union, d'amitié,
de se procurer respectivement toutes sortes d'avantages, le véritable sens, que chacun entend fort bien de son côté, est qu'on
*s'abstiendra, en dehors, de toutes sortes d'hostilités et de toutes démon-
strations publiques de mauvaise volonté; car, pour les infractions
secrètes et qui n'éclatent point, chacun les attend toujours de l'autre.*
(*Mém. de Louis XIV*, édit. Dreyss. — Paris, Didier, 2 vol. in-8°;
t. II, p. 445.

en chef de l'expédition fut confié au comte Cattalano Alfieri, officier éprouvé, qui s'était distingué dans les guerres précédentes, mais que son grand âge et de glorieuses infirmités, dues à ses blessures, rendaient peu propre à un service actif. On lui donna pour second Charles de Simiane, marquis de Livourne, qui, trop jeune pour avoir déjà pris part à aucune guerre, faisait dans cette campagne ses premières armes, avec les fonctions de commandant de la cavalerie, colonel du régiment de Montferrat, appelé à remplacer, en cas d'absence, le marquis Cattalano. Le jeune marquis avait bien plus, on le conçoit, le désir de la gloire que la pratique du métier; mais il était plein d'honneur et de valeur, et ses aptitudes naturelles devaient suppléer aux qualités acquises qui lui manquaient.

L'expédition ne réussit pas. Vainement le Duc envoya son oncle, don Gabriel de Savoie, pour appuyer le comte Cattalano et le marquis de Livourne, qui avaient divisé leurs forces; l'arrivée d'un nouveau chef mit de l'incertitude dans le commandement; ses ordres, en contradiction avec ceux de Cattalano, ne furent pas suivis du marquis de Livourne; le nouveau général lui-même multiplia des fautes que son premier soin fut de rejeter sur ceux qui avaient conduit la campagne avant lui.

Tous les mouvements militaires de cette expédition, au point de vue purement stratégique, sont décrits avec un soin particulier par M. de La Marmora. On sent encore, dans ces pages savantes, la science du militaire expérimenté, et, lorsque, à ses explications techniques le vieux soldat ajoute, dans une longue et intéressante note, un épisode de sa vie guerrière, on retrouve avec plaisir, dans son texte italien, un souvenir de la France et des campagnes de l'Empire, *quorum pars magna fuit.*

Un premier échec grave, subi à Castel-Vecchio, fut suivi d'une rencontre meurtrière à Ovada. Les Piémontais arrivèrent dans cette ville le 10 octobre à midi ; après un combat acharné, ils s'emparèrent d'un couvent de capucins, situé dans les faubourgs, sans avoir pu d'abord repousser l'ennemi de la position qu'il avait prise, non loin d'un village voisin, de Tagliolo, qui appartenait à l'État de Milan, c'est-à-dire aux Espagnols, et qui devait être à tout prix respecté.

Les défenseurs des faubourgs se retirèrent vers les places principales d'Ovada, où se trouvait leur chef, Ambrogio Imperiale ; on parlementa. Après une courte suspension des hostilités, on reprit les armes ; et alors les Génois firent éclater une mine, qui tua ou blessa grièvement près de quatre cents soldats et officiers piémontais. Don Gabriel fit alors renforcer ses batteries et parvint à ouvrir une large brèche. Sans défendre davantage la ville, Imperiale donna aussitôt l'ordre à la plus grande partie de ses troupes de se replier sur Tagliolo, où elles seraient en sûreté ; lui-même protégeait leur retraite en prolongeant dans ce but la résistance ; mais, pressé de toutes parts, il céda enfin la place et gagna aussitôt le territoire milanais, non sans être fortement inquiété par la cavalerie piémontaise, qui lui prit une centaine d'hommes. Les ennemis du marquis de Livourne prétendirent plus tard qu'Imperiale lui-même aurait été fait prisonnier, et relâché ensuite par ordre du marquis, dont la femme, née

Grimaldi de Monaco, avait des liens de parenté avec le
général génois. Il est curieux, toutefois de voir les accusateurs du marquis de Livourne, lui faire un crime d'a-
voir favorisé la fuite de beaucoup de nobles Génois, en ne
s'emparant pas de Tagliolo, tandis que les Génois attribuent à la lâcheté des soldats, qui abandonnèrent ce
poste, l'échec d'Imperiale.

Quelques jours après, le 21 octobre, les Piémontais
prirent Oneglia, alors toute démantelée : ce demi–succès
fut fêté à Turin comme une grande victoire, et disposa le
Duc à accueillir des ouvertures de paix qui lui furent
faites, au nom de la France, par M. de Gaumont. Par déférence pour la médiation du roi de France, les Génois
acceptèrent les conditions de la paix, qui fut signée à
Turin le 25 janvier 1673, et ratifiée à Gênes le 8 mars.

Ainsi finit cette guerre, entreprise sans motif légitime,
mal conduite par les généraux piémontais, et qui eut les
plus graves conséquences pour deux des principaux officiers de l'expédition ; leur chef suprême, l'oncle du Duc,
non seulement ne fut pas appelé à rendre compte de ses
opérations, mais il prit même rang parmi les accusateurs
de ses subordonnés.

En effet, à la première nouvelle du désastre de Castel-
Vecchio, un parti puissant s'éleva contre le comte Cattalano et contre le marquis de Livourne. Celui-ci, fils d'un
ministre d'État autrefois très influent, maintenant éloigné
des affaires, avait contre lui les ennemis de son père, les
envieux, les médiocrités ambitieuses qui craignaient de
le voir prendre un jour au-dessus d'eux le rang auquel

ses talents et sa naissance lui permettaient de prétendre.
— Telle parait avoir été la principale cause des persécu-
tions qu'il eut à souffrir, surtout sous le gouvernement de
Madame Royale.

Pendant que s'amoncelaient à Turin et dans le palais
même tous ces nuages qui devaient produire un si violent
orage, le Duc donnait au comte Cattalano un témoignage
bien remarquable de sa bienveillance. A la première nouvelle de l'affaire de Castel-Vecchio il lui écrivait, de sa
propre main, la lettre suivante, qu'il n'est pas sans intérêt de reproduire ; nous la laisserons dans sa naïve orthographe, qui n'est pas celle du temps, mais celle du prince :

« De Turin a 7 aust 1672.

» Ma ioye ne se peut comparer qu'à le douleur, que i'ay res-
senti de voir le péril sans uous pouuoir secourir. Je ressans
donc l'une, et l'autre en extrême, e à proportion de vous gene-
reuses résolutions, la quelle i'estime en soustenant tant de
noblesse, e de braue gens én acquerir moy mesme à vostre
teste, ce sont mes sentimens, e vous fayré lire cecy à tous ces
braues hommes, et leur diré, que la reconnoissance ne peut
egaler leurs merites, et qu'ils croyent aussy, qu'ils sont bien
contrechangé de moy.

» Et toute cette noblesse, me peut faire tesmoing du sentiment, qui est en moy et qu'il vous est deu, et ie n'en veux pas
de reconnoissance, car ie seroys accablé, en vous estant si re-
devable, que je ne le puis assez faire parestre.

» C. EMANUEL. »

Si, d'après cette lettre, le comte put espérer que sa défaite ne lui ferait pas perdre les bonnes grâces de son

prince, son illusion fut de courte durée. Dès le lendemain, en effet, il recevait un billet italien, écrit également
de la main du Duc, et conçu en ces termes peu élégants,
mais formels, que nous traduisons :

« Le 8 août 1672.

« Comme je vois que mes affaires vont au plus mal, et que
qui commande en doit rendre compte, je vous commande de
vous retirer dans vos terres, pour me rendre compte de votre
conduite, et vous laisserez le commandement au comte Olgiato,
— ceci n'étant à autre fin.

                              » C. EMANUEL. »

Le comte obéit aux ordres de son souverain et se retira
dans sa terre de Magliano, où le Duc et son principal secrétaire d'État, comte de Buttigliera, lui demandèrent des
explications, mais toujours dans les termes les plus ami-
caux. Alors se répandirent à profusion, contre Cattalano
et un peu aussi contre le marquis de Livourne, une foule
de libelles manuscrits ou imprimés, signés par des officiers de l'armée et témoignant surtout de leur esprit d'in-
discipline. Le comte répliqua par une volumineuse com-
pilation intitulée : *La Calomnie dévoilée*. Livourne, sans
signer sa réponse, publia aussi un manifeste où il s'offrait
à prouver, devant telle personne qu'ordonnerait le Duc de
Savoie, la vérité des faits qu'il avançait.

Cette guerre de libelles devint intolérable, surtout pour
Cattalano, qui, pendant dix longs mois, ne cessa de demander avec instance d'être mis en jugement. On consentit enfin à lui faire un procès, et on nomma pour diriger

l'action, non pas un homme de guerre, non pas au moins
un juge impartial, mais un ennemi du comte, le président
Blancardi, qu'il avait un jour menacé, devant toute la
cour, des derniers outrages, et qui ne cherchait que l'occasion de se venger.

Est-il besoin de dire quelle fut l'issue d'un tel procès?
Près de 230 témoins à charge furent entendus : plusieurs,
soudoyés par Blancardi, révélèrent en mourant leurs faux
témoignages ; les témoins à décharge furent tenus à l'écart
ou récusés sans motif.

La situation du marquis de Livourne devient alors de
jour en jour plus difficile ; lui et son père, le vieux marquis de Pinnezza, étaient dans de continuelles appréhen-
sions. Le Duc en fut informé ; il envoya aussitôt son écuyer,
le capitaine Chapeau (Chiappô), ancienne créature du marquis, pour le rassurer : ordre avait été donné, lui dit-on, au
président Blancardi, de ne laisser produire dans l'enquête
rien qui touchât à l'honneur du marquis de Livourne ; on
était loin de le supposer capable, comme Cattalano, d'avoir
trahi à prix d'argent. Mais quelle confiance ajouter aux
paroles d'un prince faible, accessible à toutes les insinuations? Les bruits défavorables au jeune marquis gros-
sirent même à tel point que son père et lui s'accordèrent
à demander, comme l'avait fait Cattalano, la faveur de
produire des témoins pour se justifier. Le Duc y consentit,
et nomma le même président Blancardi pour recueillir les
dépositions. Une lettre du marquis de Pianezza, datée du
8 octobre, porta au Duc ses remercîments.

Plusieurs semaines se passent, pendant lesquelles nous
voyons le marquis de Livourne et son père renouveler

leurs instances pour obtenir l'audition de leurs témoins, le Duc multiplier ses assurances de bon vouloir et d'amitié; toutefois les témoins n'étaient point entendus : ne fallait-il pas d'abord éviter des complications inutiles et des formalités nouvelles, puis terminer le procès du comte Cattalano?

Telle fut du moins l'explication qu'on donna des retards apportés dans cette affaire. Lorsqu'on observe avec attention l'insistance des uns pour faire admettre immédiatement des témoins en faveur du marquis de Livourne, et l'opiniâtreté des autres à ne pas vouloir les entendre avant l'issue du procès de Cattalano, il est facile de reconnaître le parti pris de condamner ce vénérable vieillard, choisi pour victime expiatoire. Peut-être aussi les incessantes démarches du marquis de Livourne et de son père n'étaient-elles pas inspirées seulement par leur propre intérêt, mais aussi par une pensée généreuse en faveur du noble accusé : la justification de l'un pouvait servir la cause de l'autre, et c'était précisément ce que ne voulaient à aucun prix les ennemis de Cattalano.

Sur ces entrefaites, de nouvelles accusations surgirent bientôt contre le marquis de Livourne : on lui reprocha sa conduite à Ovada, où il n'avait pas poursuivi les Génois; remontant même au début de la campagne, on inculpa ses opérations sur la route d'Altare à Savone; une enquête fut faite sur ces deux chefs d'accusation, et, sur un ordre exprès du Duc, par le président Blancardi; des témoins furent entendus par le prince lui-même; mais, malgré toutes les précautions prises pour assurer le secret, le marquis fut averti. Dès le soir, renonçant à lutter

contre une intrigue de cour, il quittait Turin et se re-
tirait hors des États du Duc.

Sous prétexte d'affaires d'intérêt qu'il avait à traiter, il
écrivit au prince pour lui demander l'autorisation de
rester éloigné pendant quelques jours; il lui fit part ensuite de son dessein de prendre du service en France et
de faire la campagne de Hollande. Le Duc fut très blessé
de ce départ; il donna cependant une permission qu'on
ne lui laissait pas, dit-il, moyen de refuser; mais il fit
suivre le procès avec un redoublement d'activité, et s'attacha à répandre le bruit que l'enquête, qui en réalité
avait motivé la retraite du marquis, avait au contraire été
provoquée par sa fuite.

C'est en ces termes, du reste, que Charles-Emmanuel
écrivit, à la date du 2 mars 1674, au comte Ferrero, son
ambassadeur en France, en lui recommandant d'éviter
toutes relations avec le marquis de Livourne. Celui-ci,
après avoir traversé San-Martino et Alexandrie, se rendit dans ses terres de Provence, et de là à Dôle, où était
alors le roi de France à la tête de son armée.

II

Le marquis de Livourne arrive à Dijon le 29 juin. Son
premier soin est d'envoyer son écuyer vers l'ambassadeur
Ferrero, pour lui demander une audience, qui fut refusée : puisque le marquis était sorti des États du duc de
Savoie sans voir son Altesse, l'ambassadeur ne pouvait
recevoir ni lui ni personne des siens. L'écuyer répondit
que, dans tous les cas, son maître avait voulu remplir

son devoir, sachant le respect dû aux ministres de Son Altesse Royale. L'ambassadeur reconnut ce procédé par une défense absolue faite à tout son entourage d'avoir aucun commerce avec le marquis.

Celui-ci, du reste, s'était ménagé à la cour un accès facile; il arrivait en outre dans les meilleures conditions pour être assuré d'obtenir, de la part du Roi, qui dirigeait en personne la campagne, un accueil bienveillant. Maître absolu, peu disposé à soutenir contre leurs princes légitimes des sujets insoumis, Louis XIV ne pouvait oublier cependant que le marquis de Livourne tenait, par son origine, à des familles françaises considérables; qu'en faisant appel à son équité, le fils d'un ancien ministre, dont il n'avait eu qu'à se louer, lui donnait une marque flatteuse de confiance; qu'un prince du sang qui lui offrait ses services et apportait à sa cour un certain éclat, n'était point à dédaigner, et qu'enfin le jeune général, qui venait, avec un certain nombre d'hommes et de chevaux, lui demander l'honneur de servir sous ses ordres et de se former à son école, lui rendait le plus délicat hommage.

Le jour même de son arrivée, le marquis se présenta chez la Reine, chez le jeune Dauphin et chez le prince de Conti. Le lendemain matin, l'ambassadeur s'était rendu au lever du Roi, et s'avançait discrètement « pour se faire voir », lorsqu'il s'entendit saluer à voix basse par derrière. Il se retourna et vit le marquis de Livourne, admis, lui aussi, à faire la cour. — « Monsieur le marquis, lui dit-il, le comte Ferrero est tout vôtre; mais l'ambassadeur de Son Altesse Royale ne peut voir ceux qui ont quitté ses États sans La voir. »

Dès ce jour, la lutte commence entre le duc de Savoie, activement servi par son ambassadeur, et le marquis de Livourne, soutenu par le marquis de Louvois, le marquis de Pomponne, le prince-évêque de Langres, un Simiane[1], qui avait succédé au fameux abbé de la Rivière, et qui, comme son prédécesseur, avait grand crédit à la cour. A des attaques sourdes, mais incessantes, implacables, le marquis opposait, au grand jour, des défenses toujours calmes, dignes, convaincues, en même temps qu'il témoignait au duc de Savoie la plus respectueuse déférence et le plus fidèle attachement[2], demandant des preuves quand on le déclarait coupable, justice quand on parlait de procès, et assignant pour terme à son séjour à l'étranger la ruine de l'intrigue formée pour le perdre.

Le premier soin de l'ambassadeur fut de transmettre au Roi un long mémoire où le Duc, son maître, exposait tous ses griefs contre le marquis de Livourne, et demandait qu'il ne pût remplir, en France, aucune fonction. Le

---

1. Louis-Marie-Armand de Simiane de Gordes, comte de Saint-Jean-de-Lyon, abbé de la Roë, avait été premier aumônier de la reine lorsque l'abbé de la Rivière était grand aumônier. Il lui succéda dans son évêché de Langres.

2. « Detto marchese di Livorno ostina ogni ossequio e riverenza verso V. A. R., e hà detto a molti che..... cercherebbe di render ossequio, non solo alli ambasciatori di V. A. R., ma etiandio alli palafernieri che abbino titolo d'essere a V. A. R.; uso le proprie parole esattamente. » (*Lettre de l'ambassadeur comte Ferrero, 6 juin 1674, p. 130).* — Ledit marquis de Livourne s'obstine à conserver toute sa déférence et tout son respect envers Votre Altesse Royale; il a dit à plusieurs ..... qu'il chercherait à rendre ses devoirs non seulement aux ambassadeurs de V. A. R., mais jusqu'aux palefreniers qui ont l'honneur d'appartenir à V. A. R.; ce sont ses propres paroles, exactement.

Roi répondit qu'il voulait rester étranger à cette affaire, et promit de ne donner aucun emploi au marquis ; il ne pouvait cependant s'empêcher de plaindre le malheureux exilé, qui payait si chèrement une imprudence.

Mais le Roi, qui ne voulait honorer d'aucune charge dans sa maison ou ses armées le marquis de Livourne, ne s'était pas engagé à lui refuser toute marque de bienveillance ; il le recommanda chaudement au grand Condé, qui faisait alors campagne dans le Hainaut, contre Guillaume d'Orange, et pria le prince de lui fournir l'occasion de se signaler. La lettre fut écrite par le marquis de Pomponne.

Le 26 juillet, Livourne partit pour l'armée, et y donna des preuves de rare valeur, particulièrement à la bataille de Senef, où il reçut trois graves blessures : un coup de sabre à la tête, un coup de mousquet au bras, un coup de pistolet à la cuisse. Le comte Ferrero, rendant compte au duc de Savoie de cette affaire, ajoute : « Le prince de Condé écrit que M. de Livourne s'est battu comme un Mars, et beaucoup disent qu'il en est réellement ainsi. » Le marquis se fit transporter à Paris, pour ne pas changer son chirurgien, qui s'y rendait avec un autre officier également blessé. La bataille s'était livrée le 11 août ; ils arrivèrent dans les premiers jours de septembre. — Ses blessures ne tardèrent pas à se fermer.

L'absence du marquis de Livourne, loin de calmer la haine de ses ennemis, semblait au contraire l'exciter. Ne pouvant l'atteindre lui-même, le duc de Savoie fit défense au marquis de Pianezza et à la marquise de Livourne de sortir du couvent de Saint-Pancrace, où ils durent garder

les arrêts les plus sévères. On redoubla de rigueur contre
le malheureux Cattalano, qui ne tarda pas à succomber,
et ce fut pour le Duc l'occasion d'écrire à son ambassadeur en France une lettre injurieuse pour la mémoire du
vieux soldat. Le comte Magliano, fils de Cattalano, commandait en France les troupes piémontaises; il fut brutalement destitué. Le prince de Condé, qui appréciait sa
valeur et ses talents, ne put s'empêcher de s'écrier alors :
« Il faut que le duc de Savoie soit bien mal conseillé,
pour se priver ainsi de ses meilleurs serviteurs! » Le
prince, déplorant des intrigues dont les suites étaient si
funestes, n'en montra que plus de bienveillance au marquis de Livourne; celui-ci était un peu dédommagé par
là des rancunes qui le suivaient en France, et cherchaient
à le perdre par les plus odieuses calomnies.

En France, il ne comptait que des amis. Se trouvait-il
dans quelque maison, par exemple chez la comtesse de
Soissons, en même temps que le comte Ferrero, il se
montrait plein de déférence; mais, dans les conversations, on s'entretenait beaucoup de ces rencontres, on les
dénaturait, on se plaisait à donner un rôle ridicule à l'ambassadeur. Celui-ci, disait-on, pendant toute la durée de
sa visite, non seulement évitait de parler à un sujet insoumis, mais de peur de souiller ses regards, tenait
constamment son chapeau devant ses yeux. De là des
moqueries sans fin, où les railleurs étaient toujours du
côté de Livourne, mais sans que, dans sa réserve pleine
de dignité, il se fît jamais leur complice.

Toutes les sympathies, dont le marquis était l'objet,
connues du Duc et blessant son amour propre, rendaient

de plus en plus impossible non le pardon, qui suppose la
faute, mais l'oubli, et ravivaient sans cesse une irritation
d'autant plus vive qu'elle ne recevait aucune satisfaction,
pas même celle de voir la victime se mettre dans son
tort. Livourne, trop convaincu que sa patrie lui serait
pour longtèmps fermée, songea à prendre en France un
établissement définitif; dans ce but, il traita de l'achat
du Régiment-Colonel, que Turenne commandait et dont
il avait l'entière disposition.

Turenne, qui devait tirer de cette vente trente mille écus
blancs[1], Pomponne, Louvois, tout l'hôtel de Soissons, madame Scarron, à qui, si l'on en croit l'ambassadeur, trois
mille louis d'or étaient promis en cas de succès, étaient
favorables à M. de Livourne. Le Roi lui-même, pour lever
tout scrupule au marquis, qui ne voulait traiter qu'avec
l'assentiment du duc de Savoie, écrivit à ce dernier une
lettre pressante :

« Mon frère, lui disait-il, le commandement de mon Régiment-Colonel ayant vaqué pendant la campagne, M. le vicomte
de Turene, à qui la disposition en appartient de plein droit, sans
qu'il ayt besoin d'attendre ma nomination, en traitta des lors
avec le marquis de Livourne, comme avec un homme de qualité qui venoit même de se signaler encore au combat de Senef,
et avec lequel il trouva compte pour le prix de la chose; et bien
qu'il ne manquat rien à ce traitté, soit par la validité de la pro-
vision ou pour la personne du pourvu, néantmoins, sur l'avis
que j'ai eu, je ne voulu pas permettre qu'il entrat en fonction
sans vous en écrire auparavant. C'est le sujet de cette lettre par

---

1. L'écu blanc ou d'argent, créé en 1641 et dont les coins
étaient de Varin, valut de 60 à 76 sous.

laquelle il me suffit de vous avoir exposé le véritable estat de l'affaire pour croire que vous demeurerez persuadé de la consideration que j'ai pour vous, et qu'au surplus vous seriez faché que mondit cousin, n'ayant agy que sur un titre et une possession qui n'ont jamais eu la moindre atteinte, on détournat ses anciens droits dans un temps où ses grands services meritent plustôt de nouvelles graces. J'attendray pourtant vostre reponse pour y avoir tout l'egard que vous pouvez vous promettre de mon amitié, esperant aussi que vous serez bien aise de me donner des marques de la vostre en cette occasion. »

Ni la déférence due au Roi, qui daignait faire appel à la bonne amitié du Duc, et faisait ressortir si hautement les droits incontestables de Turenne, ni son intention évidente de passer outre à un refus, rien ne put vaincre une malveillance dont la cause resta toujours inexpliquée à la cour de France. A la lettre si amicale du Roi, le Duc répondit avec aigreur qu'il espérait que « Sa Majesté ne souffrirait pas que, sous le prétexte d'une convention particulière, on détournât par des souplesses et par des artifices les droits et bonnes intentions du Roi; M. le vicomte de Turenne, ajoutait le prince, est aussy juste et si raisonnable, et a une âme trop généreuse pour vouloir faire d'un particulier intérêt le sujet de l'injure et d'un si cuisant déplaisir[1]. »

Louis XIV fut peu satisfait de la lettre du Duc, et peut-être n'en aurait-il tenu aucun compte ; mais le marquis de Livourne s'arrêta devant l'opposition qu'il rencontrait de la part d'un prince en qui il voyait son souverain légitime,

1. La lettre du Roi est datée de Saint-Germain, le 9 février ; — la réponse du Duc, de Turin, le 23 février 1675.

et l'affaire n'eut pas d'autre suite ; mais ce fut une occasion pour le grand Condé et pour Louvois de rendre à
M. de Livourne les plus glorieux témoignages de sympathie et d'estime, et, pour tous ses amis, de renouveler
avec plus d'insistance encore leurs démarches en sa faveur. Le Duc y répondit, voulant en finir, en faisant
rendre contre Livourne une sentence qui le condamnait,
pour crime de lèse-majesté, à un bannissement perpétuel,
à la confiscation de tous ses biens au profit du Duc lui-
même, et, s'il rentrait dans l'étendue de sa juridiction, à
être « décapité en public, de telle sorte que la tête restât
séparée du tronc. »

Cette odieuse sentence, rendue à Turin le 17 mai 1675,
fut connue en France dès les premiers jours de juin, et ex-
cita un cri unanime de réprobation. Charles-Emmanuel II
jouit du reste bien peu de temps de sa vengeance ; il succomba, en effet, le 12 juin, à une courte maladie ; il laissait
un seul enfant mâle, et confiait la régence à Madame
Jeanne-Baptiste, sa veuve, qui hérita en même temps de
la haine implacable de Charles-Emmanuel II contre le
marquis de Livourne.

III

Ici se place un épisode bien curieux, qui fit une impression profonde en France, où le Roi, la cour et tout Paris
s'en émurent, mais surtout à Turin, où étaient les principaux intéressés. L'affaire, engagée quelques semaines
avant la mort du Duc, fut une lourde charge laissée aux
premiers temps de la régence, et peut-être une tache

pour les présidents Trucchi et Leone, persécuteurs du marquis de Livourne, instruments aveugles de la haine du duc et de la duchesse de Savoie.

Le 25 avril 1675, l'ambassadeur comte Ferrero fut informé que, dans les prisons du Grand-Châtelet de Paris, se trouvait un homme, ancien soldat au régiment de Piémont, qui, sous le nom de La Croix ou chevalier de La Croix, s'était volontairement constitué prisonnier pour arriver à faire arrêter un autre individu, son complice présumé, qui devait alors se trouver à Lyon.

Le prétendu de La Croix était en effet détenu au Grand-Châtelet; soumis à un long et minutieux examen, il fit en somme les déclarations suivantes : A son passage à Lyon, une personne qu'il qualifiait du titre de comte, lui avait confié que le marquis de Livourne voulait faire empoisonner le duc de Savoie; dans ce but, le marquis avait à sa disposition deux hommes, dont l'un ne manquerait pas son coup si l'autre venait à échouer, et qui devaient ensuite assassiner le président Trucchi dans une de ses promenades hors de la ville; La Croix s'était alors rendu à Turin, et avait révélé le complot au prince, qui, sur l'assurance que celui-ci trouverait en France des témoins, le laissa sortir de ses États, avec la menace des châtiments les plus rigoureux s'il ne lui fournissait pas les preuves du crime qu'il dénonçait. La Croix alors, sans passer par Lyon, où l'attendait le comte inconnu, qui lui avait donné ces indications, se rendit à Paris en toute hâte, vit le marquis de Livourne et lui fit connaître toute cette machination; le marquis l'avait fait interroger, l'avait engagé ensuite à se constituer prisonnier au Châtelet pour éclaircir toute cette affaire, et lui payait dans sa prison un subside de trente sous par jour.

L'ambassadeur apprit, en outre, qu'à la suite de ces dépositions l'ordre avait été envoyé de Paris à Lyon d'arrêter le comte en question ; que celui-ci n'était autre que le capitaine Colonna, d'un régiment piémontais, auteur de la plupart des impostures déjà répandues contre le marquis de Livourne, et qu'enfin le prétendu de La Croix était un Français, soldat au régiment de Piémont, dont le vrai nom était Mugrot.

La première pensée de l'ambassadeur fut d'obtenir, à prix d'argent, communication des dépositions de Mugrot : « Mais, dit-il au Duc, avec une naïveté qu'on ne soupçonnerait pas dans un ambassadeur (lettre du 26 avril), il fit réflexion qu'il pourrait peut-être trouver la justification du marquis de Livourne, ce qui n'était pas son affaire, et se borna à faire donner secrètement à Colonna le conseil de fuir sans bruit, et de gagner au plus vite les États du Duc. » Mais quand cet avis arriva à Lyon, il était trop tard : Colonna était arrêté.

Tous les efforts de l'ambassadeur, d'accord avec le Duc, puis avec Madame Royale, tendirent alors à retirer le capitaine des mains de la justice française pour le traduire devant les tribunaux piémontais, à cause de l'origine qu'on lui supposait ; il n'y put réussir. Le lieutenant criminel, en effet, par l'entremise de Colbert et peut-être par suite des démarches de Monseigneur de Simiane, évêque de Langres, et de son neveu Caderousse, avait informé le Roi de toute cette affaire, et le Roi, comme tous ses ministres, était persuadé qu'il ne s'agissait nullement

d'un attentat contre le Duc, mais d'une odieuse machination contre le marquis de Livourne. Colonna lui-même,
tombé gravement malade dans sa prison, reconnut, à son
lit de mort, comme sur la sellette, sa détestable impos-
ture, et dénonça comme l'ayant poussé à répandre cette
calomnie, les présidents Trucchi et Leone : ses aveux
donnèrent raison aux suppositions du Roi.

La déclaration de Colonna fit grand bruit à Paris et
surtout à la cour. Louis XIV, malgré sa réserve habituelle,
se prononça hautement en faveur du marquis : « Livourne,
dit-il un jour, devant plusieurs courtisans, a gagné son
procès, et ses accusateurs sont confondus; Colonna a tout
avoué et les charges qui en résultent contre les présidents Trucchi et Leone sont telles qu'un président du
Châtelet a voulu lancer une citation contre eux ; mais on
a reconnu qu'on n'avait aucune compétence ni juridiction
hors du royaume. »

En Piémont, les sentiments de Madame Royale étaient
tout différents ; le 13 novembre 1675, à une dépêche destinée à son ambassadeur, elle ajoutait de sa main ces
lignes significatives : « ie vous re commande dagir dili-
gemment et fortement sur cette affaire du Mugrot et du
Collonna, affin quen seclairesissant de faire cognoître
linfamie de ceux qui ont obligé le Collonna a faire une sy
infame deposition, et de vous servir de tous moyens pour
y reussir : de donner de largent a propos sera sans doute
plus utile. » Madame Jeanne-Baptiste écrivit aussi au
Roi pour disculper ses ministres; puis, dans le but de
compromettre autant que possible le marquis de Livourne,
elle donna charge à son ambassadeur de s'adresser aux

avocats et écrivains les plus distingués, et d'obtenir d'eux
un factum qui fît connaître au public toute l'affaire Colonna et Mugrot dans le sens qu'elle désirait ; qui répan-
dît contre le marquis de Livourne les calomnies et les
insinuations les plus perfides ; enfin, qui fît ressortir
hautement l'innocence des présidents Trucchi et Leone.
Au fur et à mesure de la rédaction de ce pamphlet, les
feuilles étaient adressées à la princesse, qui corrigeait,
changeait, retranchait ou ajoutait : de là des retards in-
cessants, tels que le factum ne parut, à Paris, qu'au mois
de février 1676 ; peu de temps après, Mugrot, condamné
aux galères à perpétuité, fut envoyé au bagne ; il parvint
à s'échapper en août 1676 ; repris au mois d'octobre, il
eut à subir sa peine, et délivra ainsi le marquis de Livourne des inquiétudes que pouvait lui donner un misérable capable de tout.

Ainsi se termina cette étrange affaire qui, loin d'être
funeste au marquis, ne servit qu'à montrer plus clairement encore la haine aveugle de ses ennemis.

IV

La mort du duc de Savoie aurait pu donner toute liberté
à Madame Royale, sa veuve, pour cesser les persécutions
dont le marquis de Livourne était injustement l'objet ;
mais, soit par respect pour la mémoire de son mari, qu'elle
aurait cru outrager si elle n'avait pas continué sa vengeance, soit par un sentiment inexplicable de haine personnelle, soit sous l'influence des ennemis du marquis,

dont elle était circonvenue, elle fit toujours preuve contre
lui de la passion la plus ardente et du plus implacable
acharnement. Dans la lettre même qui porte à l'ambassadeur la triste nouvelle du décès du Duc, elle a des paroles de haine contre Livourne. Celui-ci cependant n'était
pas sans espoir, et il semble que l'ambassadeur pressentait
une réconciliation possible. En effet, il accomplit ponc-
tuellement les ordres qui lui sont donnés, il justifie les
rigueurs dont Livourne est l'objet, il combat les objections que soulève la conduite de la princesse : mais il met
tant de complaisance à rapporter les marques de sympathie qui viennent consoler Livourne, il s'étend si volontiers sur les reproches que fait la cour de France à la
princesse de Savoie, il les combat si faiblement, qu'il
est facile de comprendre qu'il croit à la possibilité d'un
retour en grâce, et qu'il verrait avec plaisir un rapprochement. C'est par lui que la princesse apprend tous les
témoignages de faveur donnés à Livourne par le Roi, qui
l'admettait souvent à sa table, l'entretenait volontiers et
faisait à chaque instant son éloge ; c'est par lui aussi
qu'elle connaît la douleur manifestée à la mort du Duc par
M. de Livourne, qui ne parut plus à Paris qu'en grand
deuil, avec le manteau traînant, son carrosse drapé, et
toute sa maison en noir.

Mais Madame Jeanne-Baptiste ne voulut rien entendre ni
comprendre. Pour toute réponse, elle chargea son ambassadeur de retirer au marquis de Livourne le grand
collier de l'ordre de l'Annonciade, qu'il avait reçu en 1666,
à la même promotion que le malheureux Cattalano :
« Vous tâcherez apsolument de lavoir, » lui écrivait-elle

le 13 juillet 1675, et elle ajoutait, le 17 juillet, dans une correspondance incessante : « Ie vous reccomande tres expressement de minformer de tout ce que dira et fera le M. de Livourne et des amis quil pratiquera et de lestime quil aquerera et enfin de tout ce qui le regarde car cella mest necessaire. »

Sur ce dernier point, le comte Ferrero remplit sa délicate mission avec un zèle qui dut irriter plus d'une fois la princesse, car toutes ses lettres témoignent de la faveur toujours croissante du marquis auprès du Roi et de la cour, et des jugements sévères portés en France contre les procédés de la princesse.

Quant au retrait du grand collier, cette nouvelle rigueur parut en France si exorbitante, que le Roi envoya tout exprès, à la cour de Savoie, le marquis d'Arcis, pour dissuader la princesse de donner suite à ses premiers ordres, et pour l'engager à inaugurer sa régence par des mesures de clémence dont Sa Majesté lui saurait gré, plutôt que par des mesures de rigueur, qu'aucun incident nouveau dans la conduite du marquis de Livourne ne pouvait justifier ni même expliquer.

Pendant la durée du voyage du marquis d'Arcis, l'ambassadeur pressa autant qu'il put l'exécution des ordres qu'il avait reçus : la princesse aurait une réponse facile à faire, si déjà M. de Livourne avait restitué son grand collier au moment où des démarches seraient faites pour obtenir qu'il le conservât. Mais Livourne ne fut pas dupe de cette conduite. A une première tentative des envoyés de l'ambassadeur, il refusa de les recevoir : il savait, disait-il, que le comte Ferrero avait défendu à toutes les personnes de sa suite d'avoir aucun rapport avec un homme qui avait encouru la disgrâce de sa souveraine, et, pour rien au monde, il ne voulait favoriser leur désobéissance. Ils insistèrent au nom de l'ambassadeur, et alors le marquis, plein de déférence, renonçant à un faux-fuyant railleur, les admit auprès de lui, mais ne tarda pas à les congédier, après leur avoir opposé de sérieuses objections. Le procès-verbal de cette entrevue, signé du sieur de La Salle, écuyer, et du sieur Bodon ou Bourdon, secrétaire de l'ambassadeur, est une scène plaisante de comédie. Le grand seigneur, le prince du sang, réduit, par respect pour Madame Royale, à traiter avec des inférieurs; ceux-ci, fiers de leur mandat, faisant de la diplomatie ou étalant une fermeté d'emprunt, ayant appris par cœur leurs instructions qu'ils débitent avec une fidélité dont on juge bien en comparant leurs paroles au texte qu'ils sont chargés de traduire : tout cela offre quelques pages d'un intérêt piquant, et nous regrettons de ne pouvoir les reproduire d'après les documents publiés par M. Ferrero de La Marmora.

Les envoyés de l'ambassadeur ne rapportèrent à leur maître, on le conçoit, que des protestations de respect et des prétextes pour différer la remise du collier. La princesse, lorsqu'il lui fut rendu compte de cette démarche, avait vu le marquis d'Arcis; elle voulut bien admettre, pour la justification du refus de Livourne, les espérances qu'il pouvait concevoir du voyage à Turin d'un envoyé du roi de France, mais elle n'en insistait pas moins pour que Livourne se soumit à ses ordres.

Une autre question devait être traitée par le marquis d'Arcis ; le Roi désirait que la princesse levât le séquestre qui avait été mis sur les biens du marquis de Livourne ; son père, le marquis de Pianezza, sa femme et son fils, le marquis de Castel-Nuovo, avaient, tous trois, tenté des démarches que le marquis d'Arcis devait appuyer. La princesse fit des réponses polies où M. d'Arcis crut trouver une satisfaction, et il annonça à madame de Livourne que ses justifications seraient entendues ; que la princesse ne toucherait rien de ses revenus ; que ces questions étaient du reste peu dignes de Son Altesse, qui les renvoyait à l'examen de ses ministres. La princesse était habilement sortie de difficulté en engageant ses ministres ; ceux-ci transmirent l'affaire à la justice ; car, disaient-ils, ou M. de Livourne est innocent, et alors les juges, qui sont incorruptibles et impartiaux, rendront à sa famille la jouissance de ses biens et le relèveront lui-même de ses condamnations ; ou il est coupable, et il ne mérite pas la faveur qu'il réclame. Deux mots retranchés de cette réponse la rendraient inattaquable ; mais comment admettre que les juges, vantés comme incorruptibles et impartiaux, ne resteront pas, ainsi que par le passé, à la dévotion d'une princesse dont la haine se produit chaque jour sous une forme nouvelle et plus violente, lorsque surtout ces juges ne sont autres que les présidents Trucchi et Leone ?

La bienveillance de Louis XIV pour M. de Livourne s'augmentait dans la mesure de l'opiniâtreté haineuse de de la princesse. Ainsi, malgré le souvenir des récriminations qu'avait rencontrées le projet de vente au marquis de Livourne du régiment de Turenne, il permit à celui-ci, quelques mois après, d'acheter une charge, non pas dans les troupes de sa maison, comme le dit M. de La Marmora, mais dans l'armée.

Quelques détails sont ici nécessaires pour les personnes auxquelles est peu familière l'organisation de nos forces militaires à cette époque déjà ancienne.

Indépendamment des corps qui formaient la garde du Roi, tant à pied qu'à cheval, et qui comprenaient les gardes du corps, les gendarmes, les chevau-légers, les gardes suisses, etc., etc.; la grosse cavalerie, connue sous le nom générique de gendarmerie, comptait seize compagnies. Les quatre premières avaient pour capitaine, comme les compagnies des gardes du corps, le Roi, qui déléguait son commandement et abandonnait sa solde à un capitaine-lieutenant. Chaque compagnie avait son nom; la première, comme aux gardes du corps, s'appelait la compagnie écossaise, bien que pas un Écossais n'y servit[1] : c'est celle-ci que voulut acheter M. de Livourne. Elle avait alors pour capitaine-lieutenant Etienne Texier, chevalier, puis bailli de Hautefeuille (ordre de Malte), qui la commandait depuis le 16 décembre 1665[2]. Un compétiteur redoutable,

1. La 1ʳᵉ compagnie se nommait : compagnie écossaise; 2ᵉ, compagnie anglaise; 3ᵉ, compagnie bourguignonne; 4ᵉ, compagnie flamande; 5ᵉ, gendarmes de la Reine; 6ᵉ, chevau-légers de la Reine; 7ᵉ, gendarmes de Monseigneur le Dauphin; 8ᵉ, chevau-légers de Monseigneur le Dauphin; 9ᵉ, gendarmes de Bourgogne; 10ᵉ, chevau-légers de Bourgogne; 11ᵉ, gendarmes d'Anjou; 12ᵉ, chevau-légers d'Anjou; 13ᵉ, gendarmes de Berry; 14ᵉ, chevau-légers de Berry; 15ᵉ, gendarmes d'Orléans; 16ᵉ, chevau-légers d'Orléans.

2. **Voy.** Pinart, *Chronique historique et militaire,* 7 vol. in-4°, t. IX, p. 450, 451, etc., etc.

M. de Montpeyroux, que l'ambassadeur donne comme
frère utérin de madame de Seignelay, mais qui était en
réalité mari d'une sœur utérine de la marquise[1], se mit sur
les rangs. Louvois, toujours dévoué à Livourne, s'empressa alors de terminer une affaire qui devait mettre
son ami sous la protection immédiate du Roi. M. de Hautefeuille avait payé sa charge 40,000 écus; il la revendit
200,000 livres, plus 550 livres pour le vin, comme on disait alors, c'est-à-dire, comme nous dirions maintenant,
à titre de pot de vin, d'épingles. Sur cette somme, M. de
Livourne lui paya comptant 100,000 livres; le reste fut
garanti par les terres que le marquis possédait en France.
Les provisions ou patentes furent signées le 20 janvier 1676; mais cette date paraît avoir échappé à l'ambassadeur, qui, du reste, ainsi que le biographe de M. de
Livourne, néglige de le suivre dans les campagnes où il
se trouve constamment à cette époque.

Le premier soin du nouveau capitaine fut de mettre sa
compagnie, hommes et chevaux, en parfait état; dans ce
but, il alla lui-même passer deux mois en Provence et en
Dauphiné pour faire sa remonte.

Dans le cours de son voyage, il apprit la fin sinistre de
l'un des persécuteurs du malheureux comte Cattalano :
non moins malheureux lui-même, Blancardi, accusé de

1. Noel Léonor, palatin de Dyo, marquis de Montpeyroux, avait
épousé Isabelle de Coligny, fille de Gaspard de Coligny III, comte
de Dorne, et de Marguerite-Gilberte de Roquefeuille, laquelle, devenue veuve, épousa Claude Yves, marquis d'Alègre. — De ce
mariage naquit une fille, sœur utérine de Mme de Montpeyroux,
qui épousa le marquis de Seignelay, fils du grand Colbert.

faux, fut condamné à mort et eut la tête tranchée le 7 mars, après avoir été soumis à la dégradation et à la torture. Tristes vicissitudes! Et combien il y a lieu de craindre, comme le fait justement remarquer M. Cibrario dans son *Histoire de Turin*, « que la justice n'ait à pleurer, dans les malheurs de Cattalano et de Blancardi, non une, mais deux victimes des passions des hommes et de la faiblesse des gouvernements! »

M. de Livourne rentra à Paris vers le milieu de mars. Dans les premiers jours d'avril, sa compagnie fut en état de passer la revue du Roi, qui lui fit les plus grands éloges. A plusieurs reprises même il lui accorda une faveur enviée : il l'admit à son petit coucher, et commanda au valet de chambre de service de lui donner le bougeoir à tenir, comme au seigneur le plus qualifié.

Le 16 avril de cette année, le Roi partit pour l'armée : le marquis de Livourne fut de sa suite, et ne tarda pas à se signaler dans cette fameuse campagne de Flandre, à laquelle il devait prendre une part si active et si glorieuse. Au mois de mai, en effet, nous le trouvons au siège de Bouchain, qui fut pris (10 mai), après dix jours de tranchée par le maréchal de Créquy, sous les ordres de Monsieur; le 31 juillet, il contribuait à la prise d'Aire, qui fut enlevée en six jours par le maréchal d'Humières, sous les ordres du Roi; le 26 août, il servait avec le maréchal de Schomberg, qui forçait le prince d'Orange à lever le siège de Maestricht, où le comte de Calvo avait fait, pendant cinquante jours, une si héroïque défense.

Les talents du marquis de Livourne, sa bravoure, son

désir de s'illustrer, sa grande dépense avaient augmenté
encore les sympathies et la considération dont il jouissait; souvent il dînait à la table du marquis de Louvois ou
des maréchaux, et parfois à celle du Roi; là, si la conversation venait à tourner sur les affaires du Piémont, il ne
manquait jamais de bonnes raisons pour justifier, au besoin, la conduite de ses souverains. Un jour qu'il était de
garde avec sa compagnie à la porte du Roi, et qu'il avait
salué de l'épée Sa Majesté, on remarqua que Louis XIV
lui rendit son salut en retirant son chapeau, honneur qu'il
n'accordait pas aux autres officiers.

La faveur dont jouissait le marquis à la cour de France
eut son écho à Turin : au mois d'août de cette année,
Madame Royale daigna accorder à la marquise de Livourne
et au jeune marquis de Castel-Nuovo, son fils, mainlevée
du séquestre appliqué sur leurs biens. Mais cette concession, qui lui était arrachée, était loin d'être une preuve
de bienveillance; toujours obstinée à le haïr et prompte
à le soupçonner, elle écrivait, le 26 septembre, à son
ambassadeur : « de plusieurs cautes iay quelque rencontre
que le Roy pense à une diversion en Italie, et que M. de
Livourne et Pianesse font leurs efforts pour luy persuader
quelle seroit utile a son service et quil menagent quelque
intelligence dans Casal : Vous seres donc extremement
exact a tacher a penetrer leurs dessins et nepargnies ny
soins ni argent pour les decouurir du vray et men aver-
tires par une lettre a part. M. JEANNE BAPTISTE. »

La conduite de M. de Livourne démentait assez de tels
bruits; du reste, à cette époque, sa santé était très ébranlée

et nous le trouvons gravement malade à Metz dans le courant du mois de novembre. Il ne tarda pas à se réta- blir, et ce fut pour prendre, avec le titre de brigadier, qui lui fut donné le 26 février 1677, un commandement plus étendu : le brigadier, en effet, avait sous ses ordres de dix à douze escadrons, et n'avait lui-même au-dessus de lui que les maréchaux de camp.

C'est en cette qualité que le marquis de Livourne com- manda la gendarmerie au siège de Valenciennes, une des places les mieux défendues que nos armes aient eu à at- taquer dans le cours de cette campagne. Dès le 28 février, le duc de Luxembourg avait investi la ville ; le 4 mars, le siège fut fait en forme, et l'on commença les tranchées quatre jours après. Du 12 au 17, notre canon démonta une partie de l'artillerie des assiégés, qui se défendirent pied à pied jusqu'à la dernière extrémité. Enfin, le mar- quis de Richebourg, frère du prince d'Épinoy, qui com- mandait la place, fut obligé de se rendre au Roi sans condition : outre les troupes réglées qui étaient considé- rables, la place renfermait un millier de chevaux, et plus de deux mille bourgeois armés et disciplinés contribuaient encore à la défense. Louis se montra clément et laissa leurs privilèges aux bourgeois, qui s'engagèrent, pour reconnaître cette générosité, à bâtir une citadelle à leurs dépens.

En même temps que le Roi en personne assiégeait Va- lenciennes, un autre corps d'armée, commandé par Mon- sieur, attaquait Saint-Omer. Le prince d'Orange accourut au secours de la place, mais il trouva le chemin barré par les troupes de Monsieur, qu'il rencontra, le 11 avril, jour du dimanche des Rameaux, à Cassel. Le Roi avait détaché de son armée plusieurs corps, et notamment les escadrons de gendarmerie commandés par le marquis de Livourne.

Les ennemis, protégés par un ruisseau et des haies, avaient une position avantageuse; pour approcher plus facilement, Monsieur prit les dispositions suivantes : il rangea son armée sur deux lignes avec le corps de bataille; le Régiment-Colonel des dragons était à droite, hors la ligne; deux compagnies des mousquetaires du Roi et les six escadrons de gendarmerie du marquis de Livourne étaient à l'aile droite de la première ligne; à côté, hors de la seconde ligne, était le régiment des dragons-Dauphin. Hors de la première ligne de l'aile gauch étaient les dragons de Listenois; la seconde ligne de l'aile gauche était composée de six escadrons formant la brigade du chevalier de Grignan et tirés de son régiment. Le corps de bataille était composé des dragons de Fimarcon, de quatre escadrons et de quatre bataillons. L'artillerie était sous les ordres de M. de la Frézelière. La première ligne s'ébranla à deux heures, et passa aussitôt en plusieurs endroits le ruisseau qui la séparait des ennemis; en même temps la gendarmerie revenant jusqu'à quatre fois à la charge, mit en déroute les escadrons dont l'ennemi voulait protéger sa ligne principale. Le terrain fut vaillamment attaqué, vaillamment défendu. — Mais enfin l'avantage nous resta : 13 pièces de canon, 2,500 prisonniers, 17 étendards, 44 drapeaux et tout le bagage des ennemis tombèrent entre nos mains. Dans la mêlée, le marquis de Livourne eut deux chevaux tués sous lui, sans recevoir lui-même aucune blessure; le Roi daigna le complimenter dans les termes les plus flatteurs, en présence de l'ambassadeur, qui suivait la cour, et qui, du camp même de Saint-Omer, s'empressa d'en informer Madame Royale. — *(Lettre du 1er mai)*.

Depuis le commencement de cette année, la santé du marquis de Pianezza, père de Livourne, allait s'affaiblissant chaque jour davantage; atteint à plusieurs reprises par des attaques d'apoplexie, l'illustre vieillard quitta le monastère de Saint-Pancrace et se retira dans la maison de la Mission, à Turin; c'est là que, dans la nuit du 2 juin, il rendit le dernier soupir. Madame Royale, que cette mort semble avoir vivement touchée, s'empressa de faire porter ses compliments de condoléance à madame de Livourne, qui changea alors de nom, comme son mari, et devint marquise de Pianezza.

Cette mort fut pour le Roi l'occasion de faire de nouvelles démarches en faveur du marquis, pour qui sa bienveillance augmentait chaque jour; dans une lettre du 9 juillet 1677, l'ambassadeur donne même avis à Madame Royale que Sa Majesté, offensée de sa longue résistance, devait lui écrire toutes les semaines jusqu'à ce qu'il eût obtenu pour son protégé grâce pleine et entière. L'ambassadeur de France, près la cour de Turin, fut chargé de renouveler ses instances avec plus de vigueur. Malgré son aversion profonde et encore inexpliquée pour le marquis, Madame Royale dut revenir à des dispositions meilleures, et témoigner enfin quelque désir de complaire à

Sa Majesté : « Je lui en serai bien obligé, dit le Roi à l'ambassadeur, lorsque celui-ci l'en informa ; je recevrai cela avec beaucoup de plaisir et de joye. »

Malgré le désir si formellement manifesté par le Roi, l'affaire de la réhabilitation du marquis traîna pendant plusieurs mois encore en longueur ; les formalités s'entassèrent sur les formalités, les négociations sur les négociations. Casserait-on le jugement, comme le demandait le marquis ? Il n'y fallait pas songer, car ce serait une mesure blessante pour la mémoire du duc de Savoie, au nom duquel il avait été rendu. En vain le marquis, éclairé par l'avocat Burée, le défenseur de Fouquet, répliqua que des lettres de cassation pouvaient seules le mettre en sûreté ; que le roi de France donnait tous les jours de pareilles lettres pour des faits passés sous le règne de son père ou pendant le sien, et qu'il cassait les arrêts du parlement et des conseils sans que les juges s'en formalisassent ; le marquis de Saint-Maurice, qui, en attendant l'arrivée d'un nouvel ambassadeur, successeur du comte Ferrero récemment rappelé, avait été chargé de cette affaire par la Duchesse Régente, lui déclara qu'il ne ferait jamais connaître à Madame Royale de telles propositions ; ce qui ne l'empêcha pas de les exposer secrètement à la cour de Turin. Il fallut se contenter de lettres d'inhibition et grâce.

Mais ces lettres mêmes, dans quels termes seraient-elles conçues, quant au fond et quant à la forme ? Le fond, on était disposé peut-être à en faire bon marché. Mais la forme ! L'appellerait-on cousin, illustre cousin, très illustre cousin ? Lui donnerait-on le titre de chevalier de l'Ordre de l'Annonciade? Parlerait-on de le rétablir dans son entière et ancienne condition (*restituerlo nell' intiero e pristino stato*)? Autant de mots, autant de difficultés.

Il faut donner ici cette page de la correspondance du marquis de Saint-Maurice, pour faire comprendre la nature des objections opposées au marquis de Livourne-Pianezza, et la fermeté avec laquelle il défendit ses droits :

..... Il tira, puis, de sa poche l'escriture ci-jointe, qui sont Lettres d'inibition, et il ajoute au premier projet que V. A. R. m'a envoyé ce qui est en gros caractere dans celuj-cj. Il la supplie tres humblement de les luj donner de la sorte, puisqu'il n'y a rien qui interesse qui que ce soit, mais seulement ses suretés, son honneur et son bien.....

Je (c'est l'ambassadeur, marquis de Saint-Maurice, qui parle), je lui dis à l'abord que je ne croyois pas que V. A. R. souffrisse jamais que l'on inserasse dans ces patentes les mots : *Avanti li delegati,* ny *il molto illustre cugino,* et moins encore ceux de *cavalliere dell' ordine dell' Annunciata,* come aussy les mots de : *restituendolo nell' intiero e pristino stato.*

Il me dit que si l'on n'y vouloit pas nommer *li delegati,* qu'il s'en departiroit, mais pas des paroles *molto illustre cugino,* et de celle de *cavalliere dell' ordine* DELL' ANNUNCIATA; que son malheur ne le pouvoit pas priver de l'honneur qu'il avoit d'estre du sang de Savoye, et qu'ici dans toutes les lettres de grâce, d'abolition et d'amnistie, que le Roy a donné à des princes, ducs ou marechaux de France, il leur donne la qualité de *cousin,* avec toutes les autres, soit de dignités, ou de charges, et que même V. A. R. dans les investitures qu'elle a donné à son fils pour les terres de feu marquis de Pianesse, elle lui a fait l'honneur de luj donner lesdites qualités de *molto illustre* et de *cugino;* que pour l'expression de *caval-*

liere dell' ordine dell' Annunziata, que comme il avoit esté
privé de cest honneur, il falloit que V. A. R., le nomasse
chevalier, pour qu'on ne luj disputasse plus cet honneur; et,
comme je lui fis voir que les mots *restituendolo nell' intiero e
pristino stato* y comprenoit les charges qu'il avoit eu, il me
voulut prouver que non... Sans plus m'amuser à contester avec
lui, je luj déclaraj que... j'enverrois le projet à V. A. R., et
que, si Elle m'honoroit d'une réponse à ce sujet, je lui ferois
savoir.

Je crois, Madame, selon mon sens, qu'on luj peut donner
les titres de *molto illustre cugino :* on le pratique icj de la sorte
aux lettres d'amnistie, et un exemple peut mettre V. A. R.
à couvert de touttes choses : — on nomme icy ces lettres
d'inibitions, d'amnistie; — et de *restituendolo nell' intiero e
primiero stato,* je le supprimerois, mais j'y mettrois seulement *restituendolo nell' onore e nelle dignità.* »

Madame Royale, consultée, refusa d'admettre les mots:
Restituendolo nell' intiero e primitivo stato ; M. de Saint-
Maurice fit connaître ce refus à M. de Livourne, « qui té-
moigna un grand déplaisir de ne pouvoir pas obéir à Son
Altesse Royale sur l'exclusion desdites paroles », et il lui
remit une note de l'avocat Burée, son conseil.

La Duchesse Régente se décida enfin à envoyer au marquis de Saint-Maurice la patente, telle qu'elle lui était de-
mandée; en voici la traduction aussi exacte que possible :

Marie-Jeanne Baptiste... Le désir que nous avons de donner
toute satisfaction à S. M. Très Chrétienne est si grand, que,
surmontant toute difficulté pour nous rendre à l'intercession
très honorée d'un aussi grand Roi, nous avons résolu, nonob-
stant toute autre considération, d'imposer, comme par les pré-

sentes, de notre science certaine, pleine puissance et autorité
absolue, de l'avis du conseil, nous avons imposé un perpétuel
silence au fisc de S. A. R., mon fils bien-aimé, et à tout autre,
pour la sentence rendue, le 17 mai 1675, par les délégués, et
confirmée par le Sénat, le 18 du même mois, et pour toutes
les procédures et actes accomplis avant et depuis la susdite
sentence, tant fondés sur icelle qu'en exécution d'icelle, contre
notre très illustre cousin D. Charles de Simiane, marquis de
Livourne, chevalier de l'ordre de l'Annonciade.

Lesquels sentence, procédure et actes ci-dessus, voulons
qu'ils soient sans aucune force et vigueur, comme s'ils n'a-
vaient pas existé, le rétablissant, quant à ce, et le remettant
dans son entier et premier état, grade, honneur et réputation,
faisant inhibition à cet effet en ce qui concerne lesdits sen-
tences, procédure et actes dépendants du fisc et tout autre
expédient, de lui apporter aucun trouble.

Mandons au Sénat d'entériner, admettre et approuver les
présentes selon leur forme et teneur sans nulle difficulté, en
vertu de ces mêmes lettres, sans d'ailleurs déroger en rien à
toutes les lois à ce contraire qui ne sont pas ici désignées. Car
telle est notre pensée (*nostra mente*). »

Donné à Turin, le 5 décembre 1677.

M.-JEANNE-BAPTISTE.

Contre-signé : Buschetto, Truchi, Gargano.

Les lettres d'abolition sont donc signées, entérinées.
Le marquis pourra-t-il rentrer dans sa patrie, revoir sa
femme, à qui sa santé ne permet pas de se déplacer, et
ses deux enfants, qu'il n'a pas vus depuis quatre ans?
Pas encore. L'amnistie lui rend la jouissance de ses biens,

lui restitue ses titres; mais, par convention expresse signée d'avance, le marquis s'engage à ne pas rentrer en
Piémont, et le Roi lui-même a dû promettre qu'il ne de-
manderait jamais pour l'exilé la faveur du retour. Quels
dangers n'aurait pas d'ailleurs pour Madame Royale la
présence à Turin ou dans le duché d'un factieux si terrible? Elle aurait pour effet inévitable de désorganiser le
gouvernement politique de l'État (*disordinare il governo
politico dello stato del Duca*); et d'ailleurs, sans autre considération, ne suffisait-il pas de la seule aversion qu'il
inspirait au Prince (*basterebbe la semplice aversione del principe*)? De semblables raisons, sous la plume de l'ambassadeur, sont la *meilleure* preuve du caractère odieux de
la persécution dont le malheureux marquis était l'objet.

Lorsque la patente qui lui rendait si généreusement les
droits dont il lui était interdit, en partie du moins, de faire
usage, fut apportée à Paris, le Roi voulut se charger lui-
même de la remettre au marquis de Livourne. Celui-ci
était alors en Dauphiné, où il faisait des achats de chevaux
pour la prochaine campagne; il se rapprocha autant que
possible de son pays, dont la frontière restait fermée devant lui, et eut une entrevue avec sa femme, qui dut se
rendre à Chaumont, dans le voisinage de Suse. De là,
M. de Livourne écrivit, le 25 janvier 1678, à Madame
Royale une lettre pleine de sentiments de reconnaissance
et de respectueux dévouement, et une seconde fois le
3 février pour prendre congé d'elle au moment d'aller rejoindre sa brigade. Le marquis partit en effet pour Paris,
d'où, peu de temps après, il gagna l'armée de Flandre.

Dès les premiers jours de mars, il commandait sa brigade aux sièges de Gand et d'Ypres. L'armée française était considérable. Elle comptait 72 bataillons et 95 escadrons réunis dans un même camp, où l'on eut de grandes difficultés à les préserver d'une inondation. En attendant l'arrivée du duc de Villa-Hermosa, qui devait venir au secours de la place, l'ennemi avait ouvert toutes les écluses de l'Escaut, de la Lys et de la Live; mais nos troupes en souffrirent peu; des digues habilement construites mirent en communication tous les quartiers et forcèrent les eaux à prendre leur cours vers l'Escaut. La tranchée fut ouverte le 6; un fort et deux demi-lunes furent enlevés rapidement; enfin, le 12, don Francisco de Pardo, gouverneur de la place, fit sa soumission au Roi, qui le complimenta vivement sur sa bravoure. Quelques jours après, 17 mars, commença le siège d'Ypres, dirigé aussi par le maréchal d'Humières sous les ordres du Roi; la place ne consentit à capituler que le 25. Tous les officiers, et entre autres le marquis de Livourne-Pianezza qui commandait la gendarmerie, y firent leur devoir d'une manière brillante, à la grande satisfaction du Roi.

Mais un fait d'armes, plus glorieux encore pour le marquis, fut la vaillante impulsion qu'il sut donner à sa brigade à la bataille livrée sur les hauteurs de l'abbaye de Saint-Denis, aux portes de Mons. La victoire fut chèrement disputée par le prince d'Orange au duc de Luxembourg, qui finit cependant par l'emporter. Deux fois nos troupes reculèrent, deux fois elles furent ramenées au combat. Le marquis de Livourne, à la tête du seul escadron des gendarmes bourguignons, força plusieurs escadrons ennemis à prendre la fuite. Il eut un cheval tué sous lui, et un de ses domestiques fut blessé à ses côtés, sans que lui-même fut atteint.

Sur la fin de la campagne, et pendant que nos ambassadeurs, réunis à Nimègue, y préparaient les bases d'un traité, M. de Livourne rentra au camp de Bruxelles. De là il écrivit à Madame Royale pour lui renouveler ses protestations de dévouement. Mais, comme l'idée fixe de la Duchesse Régente était que le marquis ne rentrât jamais en Piémont, une négociation s'ouvrit bientôt entre l'abbé Scaglia, ambassadeur de la Duchesse, et le chevalier Planque, agent du marquis à Paris, pour s'entendre sur un projet d'échange des biens du marquis en Savoie contre les biens de la duchesse en France ; ces pourparlers, qui durèrent quelques mois, n'eurent aucune suite.

Au mois d'août, la maladie de madame de Livourne-Pianezza prit une nouvelle gravité ; le marquis s'adressa alors à M. de Saint-Maurice ; M. de Louvois et le Roi lui-même intercédèrent pour obtenir que la régente levât la défense faite au marquis de rentrer en Piémont ; la Duchesse, opposant des difficultés invincibles, pria le Roi de croire à son dévouement, mais de cesser des instances inutiles. Un refus si blessant mécontenta fort le Roi, et l'ambassadeur eut ordre de faire connaître à sa souveraine le mauvais effet d'une opiniâtreté injustifiable. Madame Royale resta inflexible, et le marquis prit alors le parti de se rendre à Montafia ; il y arriva au mois de janvier 1679, et son premier soin fut d'écrire à sa souveraine pour protester de nouveau « de la soumission et du respectueux et fidèle attachement qu'il avait pour sa royale personne. »

Une lettre de l'ambassadeur, l'abbé Scaglia, datée du
3 mai, donne lieu de penser que le marquis ramena sa
femme à Paris; mais le souvenir de la patrie absente ne
le poursuivait pas moins péniblement; après avoir demandé et fait demander la permission de passer deux
mois, puis seulement un mois, il sollicita la faveur de
rester deux ou trois jours à Turin; mais il éprouva toujours les mêmes refus, jusqu'à la fin de l'année 1679. Comment ensuite le trouvons-nous au commencement de 1680
à Turin, puis à Pignerolles, place occupée alors par les
Français? Les documents nous manquent pour expliquer
ce brusque revirement dans les volontés de Madame
Royale.

Le 2 avril, le marquis était à Paris, où il recevait de la
princesse la mission flatteuse de remettre, avec les cérémonies d'usage, le grand collier de l'ordre de l'Annonciade au comte de Soissons, fils aîné d'un prince de la
maison de Savoie, qui avait épousé Olympe Mancini. La
cérémonie eut lieu le 18 avril 1680, à cinq heures du soir,
dans la chambre de la princesse de Carignan, avec toutes
les formalités portées par les statuts de l'ordre. M. de Livourne rendit compte lui-même de ce qui s'était passé,
et il ajouta : « A mon particulier, Madame, je ne saurois
jamais asses tesmoigner à V. A. R. combien je suis sensible à l'honneur qu'elle m'a fait en cette rencontre, et
combien je souhoytte d'y respondre par une profonde
soumission et par un attachement inviolable pour tout ce
qui regarde son service personnel, pour lequel je m'esti-

merai très heureux de pouvoir employer tout ce que j'ai au monde de plus cher. »

Les affaires du marquis allaient donc s'améliorant, d'une manière peu sensible, sans doute, mais chaque jour cependant un peu davantage. Lorsque, au mois d'octobre, l'abbé de Verrue, Scaglia, eut ses lettres de rappel, le comte, devenu marquis Ferrero, reprit ses fonctions d'ambassadeur. Son premier soin fut de faire connaître à la princesse le crédit dont jouissait à la cour le marquis de Livourne-Pianezza.

Il est au mieux avec le Roi et les ministres, particulièrement avec M. de Louvois ; Sa Majesté a de fréquents entretiens avec lui, et toute la cour le remarque. Lui-même montre beaucoup de dévouement pour le service de V. A. R., et paraît très désireux d'en donner des preuves : je crois que, dans les occasions, *il pourrait nous être utile.*

Quel changement dans l'esprit de la princesse et de l'ambassadeur lui-même ! Le marquis Ferrero avait d'abord fidèlement rempli son devoir en se faisant l'interprète énergique des sentiments du Duc près de la Duchesse ; il avait ensuite de moins en moins chargé M. de Livourne, fermant volontiers l'oreille aux attaques, et écoutant avec complaisance les défenses pour les reproduire ; le voici enfin qui fait entrevoir à sa souveraine le parti qu'elle pourrait tirer des talents et du dévouement du marquis. En voyant se modifier ainsi les sentiments de l'ambassadeur, il est permis de penser qu'il finit par

mettre franchement son influence au service de Pianezza.
Sans doute, celui-ci ne dut pas moins à ses bons offices
qu'à l'intervention du comte de Masino, son neveu, l'heureuse fortune qu'il eut enfin de vaincre la résistance obstinée de Madame Royale et de rentrer dans sa patrie.

Le marquis de Livourne quitta Paris dans les premiers
jours de décembre 1680, et se rendit directement à Turin,
où il trouva le meilleur accueil.

Il conserva cependant quelque temps encore les charges
qu'il avait en France; un brevet du 24 février 1681 lui
conféra le titre de maréchal de camp. Mais il ne se fixa
pas moins d'une manière définitive en Piémont, où déjà,
au mois d'avril, il avait pris part à une expédition contre
les habitants de Mondovi révoltés; d'ailleurs ses talents,
sa bravoure, son expérience, les services de son père et
même les siens, le désignaient aux plus hauts emplois :
la page suivante, tirée des mémoires manuscrits[1] de Madame Royale, Jeanne-Baptiste de Savoie, fait connaître de
quelle façon glorieuse se termina l'exil du marquis :

Le marquis de Pianesse n'exerçoit pas seulement la charge
de lieutenant general de la cavalerie avec toute l'autorité qui
étoit due à son rang et à son employ; mais ses lumieres, ses
grandes connoissances, et ses talents naturels lui procurerent
une place au conseil; il fut declaré ministre et honoré d'une
confiance particuliere, sans qu'il restat le moindre vestige de
ses malheurs passés; il entendoit parfaitement la guerre et

---

1. Ces mémoires, cités par M. de La Marmora, sont conservés
à Turin dans la bibliothèque particulière de S. M. le roi d'Italie

il secondoit, par ses soins et son attention, le desir qu'avoit
S. A. R. de rendre ses troupes bonnes et bien disciplinées.

L'entrée de M. de Livourne au ministère eut ceci de
particulier qu'il trouva pour collègues deux des anciens
ambassadeurs qui avaient été en France les instruments
de la haine de Madame Royale, le marquis Ferrero et
Scaglia, abbé de Verrue. Sa nomination est du mois de
septembre; mais, dès le mois d'août, renonçant aux privilèges que lui constituait sa charge dans l'armée du Roi de
France et aux garanties qu'il y pouvait trouver, il s'était
démis de sa compagnie de gendarmes écossais. Il eut tort.
De nouvelles disgrâces succédèrent à sa faveur; il quitta
son palais pour une prison, victime encore de la vengeance, et toujours innocent; toutefois il sortit encore
une fois heureusement de ces traverses, et mourut dans
tout l'éclat des plus hautes dignités, pendant la nuit du
5 au 6 septembre 1706.

Nous avons arrêté ce tableau des aventures si diverses
du marquis de Pianezza au moment où il quittait définiti-
vement la France : ce que nous voulions faire ressortir
dans le cours de cette notice, c'était surtout les relations
de la cour de France avec la cour de Turin à l'occasion
d'une disgrâce fameuse dans l'histoire, et les services
rendus en France par un illustre exilé dont le nom, sinon
la vie, appartient à notre pays. Au moment où cessent les
correspondances échangées au sujet du marquis, et où il
abandonne son commandement dans les troupes françaises, son histoire cesse aussi d'avoir pour nous le même

intérêt, et nous laissons aux écrivains italiens le soin de s'en occuper plus longuement. C'est ce qu'a fait, du reste, avec un grand soin et une remarquable exactitude M. Alb. Ferrero de La Marmora, dont l'intéressant ouvrage nous a guidé jusqu'ici dans cet historique rapide du séjour en France de Charles de Simiane, marquis de Livourne, puis de Pianezza.

SAINT-AMANT

SA VIE ET SES ŒUVRES

(1594-1661)

Marc-Antoine de Gérard, écuyer, sieur de Saint-Amant
(ainsi le désigne le privilège de ses œuvres), naquit en
Normandie, dans le voisinage de la fameuse abbaye de
Saint-Amant de Rouen, et c'est de là qu'il prit ce nom,
sous lequel on l'a toujours connu ; mais le nom de sa famille était de Gérard. La date de sa naissance, ignorée
ou fixée sans preuve par ses biographes, est 1594. En
effet, dans une de ses pièces, où il rapporte des faits de
l'année 1649, le débordement de la Seine entre autres
(13 janvier 1649), il dit :

> Quand l'an qui court se fermera,
> J'ouvriray mon douzième lustre,

c'est-à-dire, en prose : J'aurai cinquante-cinq ans à la fin
de 1649. Il est donc né à la fin de 1594.

Tallemant prétend que Saint-Amant était huguenot. Si
cette assertion est vraie, — mais nous n'en connaissons

aucune preuve, — il n'est pas étonnant que son nom ne figure pas sur les registres des paroisses, les seuls de cette époque conservés à Rouen. Cependant, sur l'indication de Farin, nous avons trouvé dans l'église Saint-Laurent de Rouen un tombeau élevé à Jacques Gérard, écuyer, conseiller du Roi, qui paraît être de sa famille.

Nous ne prétendons toutefois conclure de là ni que Saint-Amant ait été catholique de naissance, bien qu'il l'ait été certainement plus tard, ni surtout qu'il fût d'une illustre origine. Tallemant affirme que « c'est peu de chose que sa noblesse. »

Le nom de Saint-Amant était à la fois celui d'une seigneurie, d'une baronnie et d'un marquisat, triple souche d'où sortirent des branches qui n'ont rien de commun avec celle de notre poète. Il était étranger aussi à la famille de ce Saint-Amant, riche d'argent, pauvre de titres, qui donna sa fille au comte de Grignan, petit-fils de Mme de Sévigné, et mit, selon l'insolente expression de Saint Simon, du fumier sur une bonne terre.

Rouen n'a conservé aucun souvenir bien précis de la famille de Saint-Amant; nous ne la connaissons que par ce qu'il en dit lui-même.

Il eut deux frères, qui tous deux tombèrent aux mains des Mahométans. Ils allaient ensemble chercher aux Indes orientales la fortune qu'ils ne trouvaient pas au logis; mais, à l'entrée de la mer Rouge, leur navire fut attaqué par un vaisseau malabare qui venait de la Mecque. L'un d'eux fut tué; le cadet, après l'avoir généreusement vengé, parvint à se sauver à la nage, et depuis servit dans la cavalerie sous le comte de Mansfeld, fut cornette-colonel d'un régiment français en Suède, commanda un vaisseau sur l'escadre du comte d'Harcourt, et mourut glorieusement, dans l'île de Candie, au service de la république de Venise, qui fit écrire à Saint-Amant une épître flatteuse pour sa mémoire.

Son père, après avoir commandé pendant vingt-deux ans une escadre de la Reine Elisabeth d'Angleterre, fut trois ans prisonnier dans la Tour-Noire à Constantinople, et revint mourir en France. Un de ses oncles resta longtemps aussi prisonnier des Turcs, acharnés par je ne sais quelle fatalité contre la famille de Saint-Amant, peut-être, comme il le dit, parce qu'elle portait « le nom de ce grand Gérard qui fut le célèbre instituteur de ce bel ordre de Saint-Jean-de-Jérusalem. » C'est là une hypothèse de son orgueil que nous-même n'aurions jamais imaginée.

A son retour en France, si l'on en croit quelques auteurs, le père de Saint-Amant aurait pris la gestion d'une verrerie : c'est une erreur. On a appliqué au père une épigramme qui raille un gentilhomme verrier quelconque, et qui, contre l'assertion du Ménagiana, démentie dans l'Anti-Baillet, est l'œuvre, non de Théophile, mais de Maynard. Théophile, mort en 1626, faisait déjà le plus grand cas de Saint-Amant, qu'il eut d'ailleurs peu le temps de connaître; Maynard, mort en 1646, put avoir avec Saint-Amant beaucoup plus de rapports. Toutefois, cette épigramme, que nous avons vainement cherchée dans ses œuvres, figure dans le *Cabinet satirique*, imprimé en 1618, et cette date ne laisse pas supposer que l'auteur ait eu en

vue notre poète, à peine âgé de vingt-cinq ans et encore
inconnu. La voici :

> Votre noblesse est mince,
> Car ce n'est pas d'un prince,
> Daphnis, que vous sortez.
> Gentilhomme de verre,
> Si vous tombez à terre,
> Adieu vos qualitez !

Il est peu probable que le père de Saint-Amant ait été un
de ces privilégiés qui devaient être gentilshommes pour
être admis parmi les ouvriers verriers, et pouvaient exercer sans déroger leur aristocratique industrie. Ce qui est
bien certain seulement, c'est que lui-même adressa, vers
1638, au chancelier Séguier, pour obtenir le privilège
d'une verrerie, un placet dont le ton léger montre assez
que cette faveur lui dut être facile à obtenir. Une lettre
inédite de lui et datée de la verrerie, à Rouen, et l'hymne
qu'il chanta en l'honneur du Chancelier dans la pièce du
Cidre, nous apprennent qu'il l'obtint en effet.

Le père de Saint-Amant, presque toujours éloigné de
sa famille, au milieu des tracas de sa vie si agitée, ne put
veiller sur l'enfance de son fils. Livré à lui-même, Saint-
Amant préluda de bonne heure à sa vie de débauché. La
liberté, qu'il subit avant d'en pouvoir goûter le charme,
fut plus d'une fois sur le point de lui être funeste. A trois
reprises différentes, il faillit perdre la vie dans la Seine,
et la première fois, en 1607, quand il avait à peine quatorze ans. Lui-même nous retrace ces souvenirs de son
enfance dans le dernier recueil de ses poésies.

Son éducation se ressentit de l'abandon où il vécut, et
la même cause explique ses goûts aventureux, son penchant à mener joyeuse vie et son ignorance des langues
anciennes.

Comme Homère, Saint-Amant n'apprit, dit-il, que la
langue de sa nourrice. Plus tard, ses liaisons avec nombre
d'*honnestes gens* et de littérateurs, ses voyages en Europe,
en Afrique et en Amérique, ses lectures, enfin, dans des
traductions d'auteurs grecs et latins et dans nos vieux auteurs, Marot, Rabelais, du Bartas, qu'il cite parfois, lui
donnèrent un savoir réel, qui seconda son inclination pour
la poésie. On en trouve des preuves frappantes dans sa
lettre inédite à M. Bochart.

« Quoyqu'il ne sût ni grec ni latin, dit Urbain Chevreau,
l'auteur de *l'Escolle du Sage*, il entendoit l'anglois, l'espagnol, l'italien, le caractère des passions, l'usage du monde,
et fort bien la fable. »

A tous ces mérites de Saint-Amant, ajoutez son habileté à jouer du luth et à réciter ses vers. Lui-même dit,
dans *le Contemplateur* :

> La sainte harpe de David
> Preste à mon luth son harmonie.

et, comme pour prouver que c'est du luth du musicien, et
non de celui de poëte, qu'il veut parler, il écrit ces beaux
vers des *Visions* :

> Si, pour me retirer de ces creuses pensées,
> Autour de mon cerveau pesamment amassées,
> Je m'exerce parfois à trouver sur mon luth
> Quelque chant qui m'apporte un espoir de salut.

Mes doigts, suivans l'humeur de mon triste génie,
Font languir les accents et plaindre l'harmonie.
Mille tons délicats, lamentables et clairs,
S'en vont à longs soupirs se perdre dans les airs;
Et tremblans au sortir de la corde animée,
Qui s'est dessous ma main au deuil accoutumée,
Il semble qu'à leur mort, d'une voix de douleur,
Ils chantent en pleurant ma vie et mon malheur.

Ces vers eux-mêmes sont déjà d'assez belle musique;
mais il paraît qu'il savait, comme Bois-Robert, que l'on
surnommait l'abbé Mondory, et comme plus tard Boileau
et Racine, admirablement faire valoir ses poèmes par l'art
avec lequel il les débitait. C'est ce qui lui attira même,
dit-on, cette épigramme, attribuée à Gombauld :

Tes vers sont beaux quand tu les dis;
Mais ce n'est rien quand je les lis.
Tu ne peux pas toujours les dire :
Fais-en donc que je puisse lire.

Avec tous ces talents, « dès sa jeunesse, Saint-Amant,
ami de la débauche et de la bonne chère, s'estoit fami-
liarisé avec les grands, qui estoient ravis de l'avoir à leur
table; et, quoiqu'il fût très libre, il n'abusoit point de l'estime singuliere qu'ils avoient pour luy. » Des goûts d'épi-
curien, des réparties vives et heureuses, un esprit railleur, de l'entrain, tels étaient les mérites de Saint-Amant
à table. Aussi fut-il un des convives les plus recherchés
de ces seigneurs bruyants qui, jusqu'à l'avènement de Richelieu, égayèrent la cour si mal disciplinée de Louis XIII.

Sa réserve même était un mérite auprès des grands, lesquels lui témoignaient d'autant plus d'amitié qu'ils craignaient moins de le voir en abuser.

Toujours aimable, accommodant ses goûts à ceux de ses amis, esprit sans fiel, mais jamais parasite flatteur ou ambitieux, notre jeune poète était un homme de bonne société ; il s'applaudissait fort de jouir de la « conversation familière » des gentilshommes, de ceux même qui, comme le duc de Retz, tenaient le plus à l'avoir auprès d'eux, et il se croyait obligé à des remercîments publics.

Ce fut à la suite de ce dernier seigneur que Saint-Amant se rendit à Belle-Isle, domaine que le père du duc, soutenu par Catherine de Médicis, sa parente, avec laquelle il avait quitté Florence, avait forcé les moines à lui vendre à vil prix. Sans doute il fut à la cour du duc de Retz ce que Bois-Robert était à celle de Richelieu, ce que Marigny était à celle de l'abbé de Gondy : un bel esprit chargé d'amuser sur gages son patron. A ces nouveaux successeurs non titrés de Triboulet et des l'Angély, tout était permis, même cette audace qui fit la perte de Théophile et de Constantin de Renneville. Leur rôle même leur donnait le droit d'impunité, et Saint-Amant pouvait maudire, sans trop craindre le bûcher, ces villes où l'on voyait

> ..... Plus de trente églises
> Et pas un pauvre cabaret,

et présenter les peintures les plus hardies dans les termes les moins ménagés : personne ne songeait même à l'inquiéter. Il faut le reconnaître d'ailleurs, à cette époque les personnes même les plus sévères ignoraient cette pruderie des mots qui sert plutôt de vernis au vice que d'ornement à la pudeur; cet avis est nécessaire pour la lecture de certains passages de Saint-Amant.

La première pièce que nous connaissons de ce poète est *la Solitude*. Je ne sais quel indiscret ami — les poètes ont si volontiers d'indiscrets amis! — la fit imprimer à son insu et avec des fautes qui la déparaient. Il s'inquiétait un peu de livrer ses vers à l'impression et de se prostituer aux yeux du populaire : aussi se plaint-il de cette sorte de trahison. Ce que je crains surtout, dit-il, dans un style de boutade où il est passé maître, c'est

> Qu'on me crie au Palais pour un auteur insigne
> Que d'un bruit immortel tout le monde croit digne,
> Et qu'après, d'un badaud, pour moins d'un quart d'écu,
> J'aille courir hasard d'être le torche-cul.

Sa *chère Solitude*, ce *noble coup d'essay*, *fantasque tableau*, *poésie pleine de licence et d'ardeur*, il la dédie à Bernières, sous le nom allégorique d'Alcidon. Cependant, elle est imprimée en entier dans le corps des œuvres de Théophile, parmi les « œuvres envoyées à luy par ses amis. » Nous n'en saurions dire la date précise; mais à coup sûr elle est antérieure à la pièce où Théophile, sorti de prison en 1624, sollicite son élargissement. Alors déjà ce poète reconnaît que « Saint-Amant sçait polir la ryme », éloge que lui donnèrent aussi tous ses contemporains.

Cette ode, quelque riche de rime qu'elle soit, et quoiqu'elle ait paru à Boileau le meilleur ouvrage de Saint-Amant, est loin d'être parfaite dans son ensemble : le vers est de huit syllabes, et le poète n'a pas su lui donner assez de noblesse ; les stances d'ailleurs se terminent rarement d'une manière heureuse. Les épithètes ici sont trop fréquentes et trop peu *significatives :* ce défaut lui est commun avec son siècle. C'est ce qui, joint à l'usage trop fréquent des conjonctions et des participes, en prose surtout, rend le style de cette époque si lent et si lourd.

Malgré ces défauts, qui semblent devoir étouffer toutes qualités, il y a dans ce petit poème de fort belles choses, et quelques détails respirent une observation vraie de la nature, aimée pour elle, et non décrite sur un calque emprunté aux Italiens.

Dès son apparition, *la Solitude* obtint un immense succès, et mérita plusieurs fois, comme plus tard la *Rome ridicule,* les honneurs de l'imitation. Nous citerons comme fort belle l'ode d'Arnauld d'Andilly sur le même sujet. Sur le même sujet encore, avec le même nombre des stances de la pièce, des vers de la stance, des syllabes du vers, Vion Dalibray composa une *Horreur du désert* qu'il donne comme un hommage rendu à Saint-Amant : « La meilleure preuve, dit-il, qu'on puisse donner de l'estime qu'on fait de quelqu'un, c'est de l'imiter ; et le plus grand témoignage de son esprit, c'est quand on n'en sçauroit approcher que de bien loin. Ainsy cet essay servira du moins à la louange de celuy des vers duquel j'ay suivy le subject et la forme, mais sans avoir pu exprimer la majesté de son langage, ni la force de ses pensées. » Théophile écrivit aussi une *Ode sur la solitude.* Elle est d'une faiblesse

extrême, et, si on la compare à celle de Saint-Amant, on
conçoit l'exagération de Faret, le *fidèle ami*, qui la vante
dans sa plus belle prose : « Qui peut voir, s'écrie-t-il cette
belle Solitude, à qui toute la France a donné sa voix,
sans estre tenté d'aller resver dans les déserts! Et si tous
ceux qui l'ont admirée s'estoient laissés aller au premier
mouvement qu'ils ont eu en la lisant, la solitude même
n'auroit-elle pas été détruite par sa propre louange, et
ne seroit-elle pas aujourd'huy plus fréquentée que les
villes? » Tel est le style des panégyristes du temps. Il
plaisait fort. Je me garderai bien de le défendre.

On ne se borna pas à imiter ce poème; j'en sais une traduction en vers latins, qui se trouve dans les *Horæ subci-
sivæ* d'Etienne Bachot, célèbre médecin,

> Bachot, qui sans comparaison,
> Vaut mieux que la nef enchantée
> Où ce grand coquin de Jason,
> Quand il eut volé la toison,
> Enleva la fille d'Ætée.
>
> (GOMBERVILLE.)

Quel était donc ce fameux poème de la Solitude qui jouit
d'un si grand succès? C'est la vision fantastique d'un esprit rêveur, d'une imagination exaltée; un tableau bien
noir dans le fond, avec des rochers escarpés, des arbres
séculaires, des torrents fougueux, des ruines peuplées
de magiques apparitions, de sorciers, de hiboux, de lu-
tins; la mer est là, mugissant encore après la tempête; un
ruisseau s'y jette; le temps s'est calmé; la naïade sort de
sa grotte humide; Philomèle égaie le silence; le zéphir

fait trembler le rameau fleuri de l'aubépine ; sous une
grotte fraîche qu'il aperçoit, le poète vient provoquer l'écho
par la céleste harmonie de son luth enchanteur, et, l'âme
attendrie, donne un souvenir à un ami absent.

Telle est l'idée poétique de l'ode de Saint-Amant. Que
de traits gracieux ! que d'idées fraîches ! que de caprices
heureux ! Mais pourquoi une forme si peu limpide pour un
sujet si poétique ? Saint-Amant, son époque plutôt, qu'il
était trop faible pour entraîner, mais qu'il a suivie, ignora
trop la science d'asservir les mots à l'idée. La langue n'est
souvent alors, au moins dans les sujets graves, qu'un voile
uniforme, à travers lequel il faut deviner la beauté. L'écrivain peut imprimer son cachet à ses idées, rarement à son
style monotone.

L'ode sur la Solitude fut composée à Belle-Isle, dans
cette grotte peut-être qui, plus d'un siècle après, portait
encore le nom de grotte de Saint-Amant, et où il se reti-
rait, dit M. Roger dans une lettre adressée à Desforges-
Maillard, « quand il étoit malade à force d'avoir bu. »
Dans la même lettre se trouvent quelques particularités
curieuses dont l'authenticité paraît certaine. L'auteur,
commissaire de la marine à Belle-Isle, avait dans sa famille de vieux parents auxquels un de ses ancêtres, sénéchal de l'île, ami intime de Saint-Amant, avait transmis
ces détails.

« Saint-Amant, dit M. Roger, vint à Belle-Isle, non
pas seul, mais à la suite du duc de Retz, comme de sa
maison, en qualité de bel esprit... Ce poète y demeura
bien des années. Il y composa une grande partie de ses

ouvrages, et surtout sa *Solitude*, qui est le meilleur de tous. Son sonnet qui commence par ce vers : *Assis sur un fagot, une pipe à la main*, fut fait chez un cabaretier du bourg de Sauzon, nommé La Plante, dont la postérité existe encore.

» Saint-Amant étoit un débauché. La nature seule l'avoit fait poète. Le vin lui donnoit de l'enthousiasme. » — Aussi, le vin, c'est le vin seul qu'il célèbre. Ne cherchez pas dans ses vers le nom des liqueurs à la mode, du populo, de l'hypocras ou du ratafia : il n'en dit mot, et il oublie même le rossoly. — Mais je reviens à ma citation :

« Souvent le maréchal de Belle-Isle et lui montoient sur une vieille crédence où ils avoient une petite table chargée de bouteilles de vin. Là, chacun étant sur sa chaise, ils y faisoient des séances de vingt-quatre heures.

» Le duc de Retz les venoit voir de temps en temps dans cette attitude. Quelquefois la table, les pots, les verres, les chaises, les buveurs, tout dégringoloit de haut en bas. »

Ces chutes ne m'étonnent pas. Un bourgeois, après son dîner, aux grands jours, se permettait parfois une bouteille de bordeaux ou de champagne ; mais un homme de qualité buvait souvent, avant de se lever de table, un grand seau de vin. Si l'on en doute, qu'on lise dans l'abbé Saint-Pierre le discours préliminaire des Annales politiques, cité et confirmé par Monteil.

Quelques efforts que l'on fasse pour relever un peu l'opinion sur ces cabarets où l'on vendait la folie par bouteilles, où Saint-Amant aimait à *grenouiller*, moins le temps des offices, bien entendu : — il n'aurait pas voulu exposer aux galères le cabaretier qui pendant ce temps l'aurait gardé chez lui ; — où Racan, jeune et pauvre, logea si longtemps; où Chapelle enivra Boileau, qui lui faisait un sermon sur l'ivrognerie ; où Mezeray composait tous ses écrits; où Racine, encore en 1666, abrégeait les ennuis de son séjour à Babylone (Chevreuse) en y allant deux ou trois fois le jour; où Linière chansonnait Boileau en dépensant l'argent qu'il venait de lui emprunter; où du Perron, avant d'être élevé à la dignité de cardinal, se prit de querelle avec un étranger qu'il poignarda plus tard, si l'on est forcé de convenir qu'ils pouvaient être souvent des lieux de réunion fort innocents, une sorte d'anticipation du café Procope, on ne peut nier au moins que les gens de lettres qui s'y rendaient ne fussent d'un laisser-aller fort peu décent : je ménage mes termes. Mais certainement peu d'ecclésiastiques aujourd'hui auraient l'indulgence de l'évêque de Nantes, Philippe Cospeau, homme d'un grand talent et d'une piété profonde, qui portait à Saint-Amant un vif intérêt et lui donnait de sages conseils.

Tout débauché qu'il était, Saint-Amant avait toujours conservé pour la religion un respect qui ne le quitta jamais, et il savait trouver le temps, entre le broc et la pipe, de mûrir de grandes pensées, de nobles sentiments, dont il est agréable de retrouver l'expression dans ses œuvres. Sa pièce du *Contemplateur* nous paraît supérieure à ses autres ouvrages, sans en excepter la *Solitude;* elle témoigne à la fois d'un esprit plus profond, d'un cœur

plus tendre. On peut la citer presque en entier, et l'on y
remarquera même assurément ces beaux vers où il dit :

> J'escoute, à demy transporté,
> Le bruict des aisles du Silence
> Qui vole dans l'obscurité.

Cospeau avait demandé au poète quels étaient ses amuse-
ments. Celui-ci lui répond, dans une large et riche
poésie, quelles sont ses pensées.

Faret regarde « ce divin *Contemplateur* comme une
» sublime leçon de la plus haute philosophie chrétienne
» et morale. » Sans partager d'une manière absolue son
opinion, nous reconnaîtrons que cette pièce forme, dans
le recueil des œuvres de Saint-Amant, une heureuse
exception, et que cette sorte d'isolement la rend plus remarquable encore.

Le *Contemplateur* est suivi de trois pièces dont le sujet,
— le sujet seul! — est tiré d'Ovide. Comme la plupart des
poètes de son temps, Saint-Amant avait de grandes prétentions à l'originalité, et repoussait avec une suscepti-
bilité pointilleuse le reproche d'imitation.

L'exemple encore récent de l'exagération où étaient tom-
bés Ronsard et son école en voulant imiter de l'antiquité,
non pas seulement les tournures de style que l'usage consacra dès l'origine de notre littérature, mais jusqu'au vo-
cabulaire, que le génie de la langue repoussait; le souvenir
des leçons inflexibles de Malherbe, l'autorité de ce goût,
trop sévère pour être juste, qui biffa successivement une
moitié, puis l'autre, des vers de Ronsard; le nouveau

goût du siècle enfin, rendaient les auteurs extrêmement timides, quelquefois effrontés plagiaires. Parce que Ronsard avait trop fait, ils n'osaient pas faire assez. Ronsard, du Bartas, et les autres imitateurs serviles de Pindare, trébuchèrent de haut; Saint-Amant se tient sur ses gardes; il ne prend à Ovide que son sujet, pour l'embellir à sa façon. Ne ressemble-t-il pas à un homme qui, au lieu de cueillir une fleur, détacherait le bouton voisin, au risque de ne pas le voir éclore?

Personne ne poussa si loin que Saint-Amant la crainte d'une accusation de plagiat. Ecoutez-le : « Si je ly, dit-il, les œuvres d'un autre, ce n'est que pour m'empescher de me rencontrer avec luy en ses conceptions. » Dans ce cas particulier, voulez-vous savoir comment il distingue sa part de celle d'Ovide? — Ecoutez-le encore : « Ovide, dit-il, a traité devant moy les fables que j'ay escrites après luy, je le confesse; mais je n'ay pris de luy que le sujet tout simple, lequel j'ay manié et conduit alors selon ma fantaisie; que s'il se rencontre en quelque endroit des choses qu'il ait dites, c'est que je les ay trouvées si convenables et si nécessaires que la matiere me les eût fournies d'elle-même quand il ne m'en auroit pas ouvert le chemin, et que je ne les pouvois ôter sans faire une faute. »

Toutes ces créations (ce n'est pas sans scrupule que je me résigne à ce mot) sont assez pâles. La première, *Andromède*, est écrite en vers de huit syllabes, comme les pièces qui précèdent.

La strophe, ici, ne manque pas d'harmonie; mais Saint-

Amant semble gêné par son mètre, et ses vers font souvent l'effet de véritables bouts-rimés, sans vigueur et sans éclat.

Nous préférons de beaucoup la *Métamorphose de Lyrian et de Sylvie*, où se trouvent quelques passages fort heureux, quoique souvent gâtés par des traits de mauvais goût, des vers prosaïques et communs, enfin des détails recherchés, — mais non trouvés, — effet inévitable du faux goût alors régnant pour les pointes molles du madrigal italien.

L'*Arion*, rapproché des poésies qui précèdent, atteste encore un certain progrès. Il y a de beaux vers, bien sentis, et du meilleur effet. Ainsi, lorsque le poète chante Arion

> Qui revoit ondoyer, par un décret fatal,
> La fumée à flots noirs sur son vieux toit natal[1],

ce souvenir donné au vieux toit natal, cette poésie des ondes de fumée qui s'en échappent, ne sont-ce pas de belles idées?

Les trois poèmes, l'*Andromède*, la *Métamorphose de Ly-*

---

1. Ces vers rappellent ceux de Du Bartas, sur les migrations des poissons :

> « Semblables au François, qui, durant son jeune âge,
> Et du Tybre et du Pô fraye le beau rivage;
> Car, bien que nuit et jour ses es rits soyent flattez
> Du pipeur escadron des douces voluptez,
> Il ne peut oublier le lieu de sa naissance;
> Ains chaque heure du jour il tourne vers la France
> Et son cœur et son œil, se faschant qu'il ne voit
> La fumée à flots gris voltiger sur son toict. »

(5e *jour de la Sepmaine*, édit. de 1591, p. 353.)

rian et de Sylvie, l'*Arion*, se rattachent aux études faites par Saint-Amant avant la composition du *Moïse sauvé*. Ce sont, à ses yeux, autant « de petits essais de poèmes héroïques dont le chevalier Marin nous a donné l'exemple dans son livre intitulé la *Sampogna*. »

On ne s'aperçoit que trop de l'influence du modèle dans les froids lazzis qui déparent ces morceaux, les seuls du reste où Saint-Amant ait sacrifié son originalité, les seuls sur lesquels puisse s'appuyer l'opinion de ceux qui rangent Saint-Amant parmi les imitateurs constants de l'école italienne.

Dès la première édition de ses œuvres, Saint-Amant annonce qu'il a commencé un grand poème héroïque en l'honneur du Roi : « Ce sera là que je tâcherai de comparer les exploits de ce prince incomparable aux travaux de Samson, et où j'emploierai autant de force d'esprit qu'il eut de vigueur en ses bras. »

Ce poème de *Samson* n'a jamais été imprimé. L'auteur nous apprend lui-même, dans le *Dernier recueil* de ses œuvres, quel en fut le sort.

Le roi dont ce poème devait être l'éloge allégorique était Louis XIII; mais sans doute, comme toutes les œuvres dédiées *au Roy*, commencées pour l'un et terminées sous l'autre, il devait être fait à la mesure de tous les rois possibles, et être présenté au dernier vivant, avec cette assurance qu'il ferait passer son nom à la postérité. L'auteur du *Berger extravagant*, « Charles Sorel, nommé Science universelle » — c'est un vers de l'abbé de Marolles, — dans ses remarques sur le xe livre de son

ouvrage, condamne avec raison cette coutume alors générale.

La négligence de Saint-Amant, sa facilité à prêter à ses
amis, non moins étourdis qu'il l'était lui-même, et sans
se donner la peine d'en prendre copie, les manuscrits de
ses poésies, lui firent égarer un autre poème encore, dont
il nous fait connaître la perte dans la préface du dernier
recueil de ses œuvres.

Parlerai-je enfin, parmi les études de Saint-Amant,
d'un poème de *Joseph et ses frères en Égypte?* Celui-là n'a
jamais été perdu, il n'a jamais été terminé non plus;
mais, tout inachevé qu'il était, il avait semblé assez intéressant pour qu'il en courût de mauvaises copies. Saint-
Amant avait enclavé quelques-uns des fragments qui lui
restaient dans le *Moïse;* il se crut obligé de faire imprimer les autres en 1658, et, dans l'avis qui précède,
il dit que ce poème était alors composé depuis trente ans
et plus.

En suivant l'ordre chronologique, qui souvent sert à
reconstruire la vie morale d'un écrivain, nous trouvons
une pièce intitulée *les Visions :* c'est un cauchemar, c'est
le tableau des visions qui obsèdent le poète jour et nuit,
avec des fantômes, des spectres, des suaires, des sorciers.

Saint-Amant était alors revenu à Paris : il venait de
perdre un de ses aïeuls et aussi son ami Molière d'Essar-
tines : l'image funèbre de cette double mort fait le double
sujet de ce poème.

Ce fut sans doute pour se consoler qu'en 1627 il chanta

la vigne. Le choix d'un tel sujet était dans les allures de Saint-Amant. Son début est très poétique ; mais, dans la seconde partie, il se montre tel qu'il est, souvent trop licencieux, obligé même de voiler sous des caractères grecs ces mots obscènes qui charmaient ses bruyants amis, le baron de Saint-Brice, Chassaingrimont, Maricourt, Butte, La Motte, Chateaupers, et aussi le joyeux *Marigny*, *rond en toutes sortes*, — sans doute le Marigny-Mallenoë à qui il dédia sa *Chambre du Débauché*.

D'autres pièces de moindre importance ne trahissent pas moins son penchant à mener joyeuse vie, et aussi, avec une certaine philosophie, sa tendance à jeter sur l'avenir un regard aventureux et inquiet : nous voulons parler de ses sonnets, de ces charmants petits poèmes que son siècle prisait si fort.

Le sonnet, une des plus belles fleurs du parterre des Muses, dit Colletet, vit sa culture encouragée par les gratifications annuelles accordées par les villes de Caen et de Rouen aux auteurs qui s'y étaient signalés. Saint-Amant était de cette dernière ville. Son insouciance, la crainte d'être vaincu par d'illustres compatriotes dans cette lice poétique, l'empêchèrent-elles de se présenter aux concours ? Je ne sache pas qu'aucun de ses sonnets y ait été destiné.

Le premier de tous, comme la plupart des sonnets contemporains, n'est qu'un madrigal. Dans le second, il dit, en parlant de sa maîtresse, ces deux vers gracieux :

> Son visage est plus frais qu'une rose au matin,
> Quand, au chant des oiseaux, son odeur se réveille.

Pourquoi faut-il qu'au vers suivant la rime appelle le nom
de la bergère Catin? — Le goût inflexible de Boileau ne
permettait pas de changer ainsi,

> . . . . . Sans respect de l'oreille et du son,
> Lycidas en Pierrot et Philis en Toinon;

et s'il appelait les enfants de Racine, son illustre ami,
Babet, Fanchon, Madelon et Nanette, comme son père lui-
même, ce n'était pas dans ses vers.

Mais la fraîcheur du joli passage que nous citions doit
disposer à l'indulgence. Les vers qui suivent, tirés du
Soleil levant, n'ont pas moins de grâce légère et facile :

> L'abeille, pour boire des pleurs,
> Sort de sa ruche aimée,
> Et va sucer l'âme des fleurs
> Dont la plaine est semée.

Il parle plus loin du gentil papillon,

> Qui porte, de la part du lys,
> Un baiser à la rose.

Qui songerait à attribuer de tels vers à l'auteur de la *Crevaille* ou de la *Chambre du Débauché*, à ce joyeux ami des
orgies, du tabac, du vin et des femmes?

Car c'était un rude admirateur de la beauté que Saint-
Amant, toujours prêt à quitter Bélise pour Amaranthe,
et celle-ci pour Philis. En 1631, il était en Angleterre, où
il chantait l'amour de leurs sérénissimes majestés d'une
façon, selon moi, fort indiscrète.

Je ne sais jusqu'à quel point le cœur de Saint-Amant
était ouvert à l'amour :

> Je n'ay point sitost dit que j'ayme
> Que je sens que je n'ayme plus.

Etait-ce l'habitude de son temps ou de ses compatriotes ?
Saint-Amant ne tenait guères plus à paraître sincère que
le grand Corneille; il va jusqu'à nous prémunir contre
l'effet de ses larmes.

Malgré cet avis qu'il nous donne pour nous mettre en
garde, nous croirions volontiers à l'amour qu'il a chanté
pour une Amaranthe avec un luxe de sincérité, avec un
charme de poésie vraiment supérieur : on en jugera à la
lecture de l'élégie qu'il lui adresse.

La seule passion à laquelle Saint-Amant soit resté fidèle, c'est celle qu'il a chantée si souvent pour la bouteille; et sa réputation était bien établie, puisque Vion
Dalibray, le mordant auteur des soixante-treize épigrammes de l'Anti-Gomor, assied son renom de buveur
sur celui de Saint-Amant :

> Je me rendray du moins fameux au cabaret;
> On parlera de moy comme on fait de Faret.
> Qu'importe-t-il, amy, d'où nous vienne la gloire?
> Je la puis acquerir sans beaucoup de tourment,
> Car, grâces à mon Dieu, déjà je sais bien boire,
> Et j'ay fait la débauche avecque Saint-Amant.

Dans un autre sonnet, il s'adresse à Saint-Amant lui-
même : Toi, lui dit-il,

Toi qui, comme Bacchus, as bu par tout le monde,
Et qui dînes souvent avec des Suédois,
Apprends-moy, Saint-Amant.....

Dans le *Roman comique*, le poète de la troupe veut étaler, dans tout leur éclat, ses brillants mérites aux yeux des beaux esprits de la ville : « il se tuoit de leur dire qu'il avoit fait la débauche avec Beys et Saint-Amant. » — Un homme si altéré n'était point fait, sauf erreur, pour obtenir en amour de brillants succès.

Dépourvu de ces qualités qui excitent les grandes passions ou bien les entretiennent, Saint-Amant avoit un moyen du moins de provoquer les caprices. Sa conversation était si entrainante, ses réparties si fines ! J'aime à le voir, au milieu de ses joyeux amis, improvisant ses rimes faciles. Son vers est-il assez alerte ? a-t-il assez ses coudées franches ? Voyez-le au cabaret, drapé dans son insoucieuse sécurité : c'est là qu'il trouve ce génie que Boileau lui reconnaît pour les ouvrages de débauche et de satire outrée. Si l'on se reporte, en effet, au temps et au lieu où ont été composés les *Cabarets* et la *Chambre du Débauché*, ces pièces sont le chef-d'œuvre du genre. Lorsqu'il les écrivait, comme le poète ivre de Martial, ou comme maître Adam, sur un mur, avec un charbon, sans suite, par boutades, au milieu des éclats de rire, des quolibets, du choc des verres, l'auteur ne songeait guère à Boileau, et moins encore au précepte que le satirique donna plus tard aux écrivains :

Ajoutez quelquefois et souvent effacez.

Il écrivait toujours, ne corrigeait jamais, et se gardait bien d'effacer; et quand l'inspiration venait à lui manquer, il fallait entendre les folles remarques de ses amis, non moins bavards, non moins *languards* que lui, comme dit Régnier! il fallait voir leurs plaisantes grimaces! Un nouveau broc payait sa peine, une nouvelle pipe rallumait ses idées, et tous à la fois, sans s'écouter ni s'entendre, relisaient, citaient, reprenaient, refaisaient tel vers qui se présentait à leur riante imagination;

Et sembloit que la gloire, en ce gentil assaut,
Feust à qui parleroit non pas mieux, mais plus haut.

Il est permis de citer Régnier en parlant de Saint-Amant; nul autre nom ne peut s'accoler mieux à celui du poëte que nous examinons. Boileau disait que Saint-Amant s'était formé du mauvais de Régnier, comme Bensserade du mauvais de Voiture : opinion fausse qu'il serait inutile de discuter.

En vérité, en lisant Saint-Amant on croit assister à la composition de ses œuvres; il semble qu'on le provoque. Sa verve s'allume, et le voilà qui griffonne ses vers. Ses compagnons l'écoutent, mais sans cesser de *biffer* et sans respecter sa part. — *Holà! gourmands, attendez-moi!* — On ne l'écoute pas; il se presse un peu plus : sa pièce s'achève; il la termine volontiers par un cri de buveur : *A boire!* A la fin de sa pièce du *Fromage*, par exemple, il dit :

Fromage, que tu vaux d'escus!
Je veux que ta seule mémoire
Me provoque à jamais *à boire*.

Ce dernier cri, il le jette à pleine voix; le laquais accourt : — *Verse, laquais!* Et ces mots qui échappent à sa bouche échappent à son crayon; le papier les reçoit, l'impression les reproduit, et ils viennent jusqu'à nous comme une preuve et de la soif et de la négligence *du bon gros Saint-Amant.*

Une fois, il boit à la santé du comte d'Harcourt; à la fin de sa pièce il crie *Vivat!* et ce mot, qui glisse de sa langue à sa plume, nous le répétons après lui.

Il n'est pas étonnant que des vers ainsi composés aient de la vie et du mouvement, qu'on y trouve des tours d'une grande énergie et d'une facilité extrême, que les transitions y soient si naturelles et si variées, la rime si nette.

Je voudrais que l'on comparât Saint-Amant aux autres écrivains contemporains de sa jeunesse; je voudrais que l'on comprît bien aussi son rôle parmi les fondateurs de notre gloire littéraire.

Dire que notre littérature a commencé à Malherbe, c'est méconnaître la nature de l'esprit humain, qui n'arrive jamais sans avoir marché. Nous avions avant Malherbe une série d'œuvres dont le caractère bien tranché se détache complètement de celui qu'il imprima à ses poésies.

Ecrivains pleins d'élan et de verve, capricieux, badins et folâtres, les prédécesseurs de Marot et ses successeurs jusqu'à Ronsard, dans leurs poésies si légères et si malignes, étaient fidèles au vieux caractère gaulois : ils étaient eux-mêmes. Leur pensée s'étendait sans contrainte et sans entraves ; leur vers se produisait facile et spontané, copie exacte de la pensée, non dans sa forme précise et définie, mais dans son élaboration lente et successive, habile à détacher le trait caustique d'une mordante ironie, impropre à retracer les grands sentiments dans leur majestueuse gravité.

Vint Ronsard, vint du Bellay, vint Baïf, toute une pléiade enfin de jeunes et savants écrivains qui, désireux de donner à la langue une dignité qui lui manquait, la clouèrent sur le lit de Procuste d'une littérature étrangère. Audacieux pour détruire, timides pour réédifier, ils crurent avoir à renverser le monument qu'ils devaient achever. Exclusifs dans leur système, faux comme tout système, au lieu de greffer sur l'arbre sauvage des écrivains gaulois le rameau cultivé par les poètes grecs et latins, ils essayèrent de l'abattre : entreprise au-dessus de leurs forces. Vaincu, mais non soumis, l'esprit familier et populaire de nos premiers écrivains reparut, mûri par l'âge, dans les vers de Régnier, tandis que le génie d'une imitation plus intelligente, fécondée par son admiration pour les modèles de l'antiquité, se perpétuait à son insu dans les vers de Malherbe. Héritier de ces deux écoles antagonistes, Saint-Amant marcha à la fois sur les traces de Malherbe et sur celles de Régnier : élève du premier dans les poèmes sérieux qui l'occupèrent à la fin de sa vie, disciple du second dans ses pièces de débauche et de satire outrée.

C'est à son mérite bien reconnu dans les deux camps et à sa liaison avec les premiers fondateurs de l'Académie française que Saint-Amant dut de faire, dès l'origine, partie de cette société, sans avoir même songé à solliciter cet honneur.

Les premiers membres des réunions de Conrart avaient été Godeau, Gombauld, Giry, Chapelain, Philippe Habert de Montmor et son frère Germain Habert de Cérisy, Conrart, Serisay et Malleville; à eux se joignirent Faret, Desmarets et Bois-Robert; puis, lorsque le Cardinal en voulut former un corps, on y ajouta à la fois Bautru, Silhon, Sirmond, Bourzeys, Méziriac, Maynard, Colletet, Gomberville, Colomby, Baudoin, L'Estoille, Porchères d'Arbaud et enfin Saint-Amant.

Dans sa réunion du 2 janvier 1635, l'Académie avait ordonné que chacun de ses membres, dans un ordre dé-terminé par le sort, lirait un discours sur telle matière qu'il lui plairait. Trois académiciens sans plus, dit Pellisson, « se dispensèrent de faire cette sorte de discours à leur tour, quoiqu'ils en fussent très capables » : Serisay, Balzac et Saint-Amant; mais ce dernier — voulait-il donner une preuve de zèle? — offrit de recueillir pour le dictionnaire les termes d'abord appelés crotesques ou grotesques, puis par Sarazin bourlesques, de l'italien *burlesco*, et enfin burlesques.

Un travail de ce genre était facile à Saint-Amant; ces termes lui étaient familiers, et, s'il faut l'en croire, il était le premier à avoir composé dans le genre burlesque des poèmes suivis. Les paroles de Saint-Amant contre-disent l'opinion de ceux qui regardent le poème de *Ty-phon ou la Gigantomachie*, de Scarron, comme le premier en date de tous les ouvrages de cette espèce.

Quant au genre créé par Saint-Amant, il obtint rapidement en France une faveur qu'expliquent et sa nouveauté,
et le caractère plaisant des œuvres de Scarron, qui l'adopta
aussitôt. Bientôt les libraires ne voulurent rien accepter
qui ne portât ce nom de burlesque, et l'étendirent, pour
abuser le public, aux ouvrages les plus sérieux, comme
le poème de la *Passion de Notre-Seigneur Jésus-Christ*, dès
qu'ils étaient composés en petits vers. Ce livre est de 1649.
En 1648, le nouveau dictionnaire de rimes, publié chez
Courbé, fait aussi une concession au burlesque : « Le volume n'auroit pas esté si gros, dit l'avertissement, si le
bourlesque ne m'eust obligé à mettre beaucoup de mots
qui ne sont plus en usage qu'en ce genre-là. »
     Malgré le dédain de quelques bons esprits, le burlesque
comptait de nombreux partisans. Ce genre d'écrits, disaient ceux-ci, a un but moral ; il déconcerte la vanité humaine, en présentant les plus grandes choses et les plus
sérieuses d'un côté ridicule et bas. Le travail de Saint-
Amant avait donc son utilité ; mais un ouvrage collectif
marche lentement ; pour Saint-Amant ce ne fut pas une
grande fatigue de se tenir au courant ; et encore s'y te-
nait-il ? Je crois qu'il n'y songeait guère, et qu'il n'était
pas moins disposé que Bois-Robert à railler un établissement qu'ils avaient l'un et l'autre contribué à fonder.

     En 1643, suivant la Bibliothèque des théâtres, fut faite,
et en 1650, selon Pellisson, fut imprimée une comédie en
trois actes et en vers qui mérite plutôt le nom de farce
que celui de comédie, mais qui n'est pas sans esprit
et qui a des endroits fort plaisants : c'est la *comédie de*

l'Académie, des *académiciens* ou encore des *académistes,* que nous trouvons parmi les ouvrages de Saint-Evremont, mais que « quelques-uns ont voulu attribuer à un académicien même, parce que cet ouvrage ne se rapporte pas mal à son style, à son esprit et à son humeur, et qu'il y est parlé de lui comme d'un homme qui ne fait guère d'état de ces conférences ». Ce faux frère qui attaquait les académiciens, dans la pensée de Pellisson, c'était Saint-Amant. Calomnie! Et puis, voyez les erreurs! Faret est mis aussi au rang des personnages négligents. Mieux que personne, Saint-Amant savait que Faret était un des académiciens les plus influents et les plus zélés, et qu'on faisait dans la compagnie grand cas de son talent de *prosiste.*

La pièce s'ouvre par une scène entre Saint-Amant et Faret; ils ne sont là que pour médire : ils n'ont d'égards ni pour l'orgueilleux petit abbé Godeau, ni pour le fat et ridicule Chapelain. Selon eux,

> Colletet est bonhomme et n'écrit pas trop mal...
> Bois-Robert est plaisant autant qu'on sauroit l'estre...
> Gombauld, pour un châtré, ne manque pas de feu...

L'auteur confond Gombauld avec Berthaut (ou Berthod) le musicien, Berthaut l'incommodé, comme on disoit. Gombauld n'avait de ridicule que la façon de sa barbe.

Godeau paraît pendant ce conciliabule : voilà nos bavards en fuite. Saint-Amant s'écrie en partant :

> Nous reviendrons tantost. Allons, mon cher Faret,
> Trouver proche d'ici quelque bon cabaret.

Et de fait, ils reviennent à la deuxième scène du troisième et dernier acte, tous deux ivres morts. — « *Enfin*, ils sont partis ! » C'est alors seulement que l'Académie peut reprendre ses puériles discussions et donner ses décisions prétentieuses.

Quelque peu d'estime que Saint-Amant ait pu avoir pour l'Académie, il n'était pas homme à faire, pour la railler, un travail de cette importance. Il était toujours prêt à en médire, mais en passant.

Dans les *cabarets*, les *chambres des débauchés*, les *galères du comte d'Harcourt*, Saint-Amant était libre. Aussi étaient-ce ces lieux, plutôt que l'Académie, qu'il aimait à fréquenter : c'est là qu'il passait sa vie. Il descend en droite ligne des héros de Rabelais, et se plaît, comme eux, à « cauponiser ès tavernes ». Il y *chinquoit*, il y *biffoit*, il y *rimoit*, il y *fumoit;* que dis-je? car il avait toutes les mauvaises habitudes possibles, il y *maschoit de fin tabac.*

Admis à faire partie des flottes royales sur l'escadre du comte d'Harcourt, il se trouva avec Faret, secrétaire des commandements du prince, et nous devons l'y suivre. Tous trois étaient inséparables; entre eux point d'étiquette, point de gêne. Dans leurs réunions, le comte d'Harcourt n'est plus que *le Rond*, Saint-Amant *le Gros*, et Faret *le Vieux;* ainsi Richelieu nommoit Bois-Robert *le Bois*. Cette liaison n'était un mystère pour personne. L'indiscret Tallemant des Réaux nous eût trahi le secret de ces noms monosyllabiques, si Saint-Amant n'avait pris la peine de nous en instruire.

Le poète, dans la préface de la pièce où il décrit le
Passage de Gibraltar, nous apprend qu'il la composa « à
l'aspect des estoiles qui nous regardaient boire, et le
verre, non la plume, à la main ».

Arrivé heureusement à la côte de Provence, le comte
d'Harcourt contribua à la prise des îles Saint-Honorat
et Sainte-Marguerite, s'empara d'Orestani, en Sardaigne,
et eut tout l'honneur de l'expédition.

Cette campagne d'Italie et d'Espagne a tracé dans la
vie de Saint-Amant un sillon qu'il a semé de pièces nombreuses. — A Paris, il avait chanté le printemps dans un
sonnet ; il chante l'été à Rome, l'automne aux Canaries,
l'hiver aux Alpes : il a des sonnets pour toutes les sai-
sons. A Cazal, qu'il secourt avec un sonnet, il félicite le
comte d'Harcourt de ses victoires dans les îles du Levant, et

> Il pense avec raison qu'enfin toute la terre
> Sera, comme la mer, trop étroite pour lui.

Mais notre histoire a marché comme le comte d'Harcourt : il nous faut revenir sur nos pas.

Un an après s'être embarqué, Saint-Amant revint à
Paris. En effet, en 1638, Lorsque maître Adam Billaut,
cet homme qui, dit Baillet, fait plus d'honneur aux me-
nuisiers qu'aux poètes, vint à Paris, ce fut à Saint-Amant
d'abord qu'il voulut être présenté. Saint-Amant lui consacra une épigramme et un impromptu, sans lui donner
trop de ces éloges si souvent mendiés par les auteurs.

De retour l'année suivante (1639) en Piémont, il alla

avec l'armée du comte secourir Cazal (1640), et assista à la bataille d'Ivrée (1641), où le cardinal de Savoie fut vaincu par d'Harcourt. En 1643 il était à Rome, où il avait déjà fait un premier voyage sur les galères du maréchal de Créquy, en 1633, lorsque le maréchal alla négocier avec le pape Urbain VIII la dissolution du premier mariage de Gaston d'Orléans.

Ce fut là même qu'il composa sa *Rome ridicule*, qui fut depuis si souvent imitée.

Elle avait paru à Paris en 1643, sans nom d'auteur ni d'imprimeur. Le libraire qui la vendit fut seul puni : il perdit la liberté; il aurait pu y perdre la vie. Le libraire éditeur de la *Custode de la Reine*, satire de Blot, de Marlet ou de Morlet, fut pendu, et l'imprimeur, s'il eût été pris, était passible du même châtiment.

Après un rapide séjour à Rome, le comte d'Harcourt fut envoyé (1643) en Angleterre : Saint-Amant l'y suivit. Le comte était chargé de proposer la médiation de la France entre Charles Ier et le parlement, mission stérile comme devait l'être aussi, en 1645, celle de l'ambassadeur Montreuil.

Saint-Amant aimait le Roi et suivait avec intérêt les événements. Il fit sur Fairfax, le général du parlement, ce qu'il appelle une *épigramme endiablée*, où il prétend que « le prince des sabats » ne l'a pas encore emporté, parce que

> . . . . . Il craint que, par quelque attentat,
> Que par quelque moyen oblique,
> Fairfax n'aille du moins renverser son état
> Pour en faire une république.

Lorsqu'il apprit la mort de Charles Ier, Saint-Amant, comme l'Europe entière, fut indigné et sincèrement affligé. Dans trois de ses sonnets, il exprime l'impression que ce crime lui avait laissée ; mais il semble que son sentiment va s'affaiblissant de plus en plus dans son esprit, si l'on en juge par l'argument brutal de l'ordre dans lequel il a dis-disposé ses poésies.

C'est par la renommée que Saint-Amant connut le martyre de Charles Ier. En effet, le comte d'Harcourt avait été rappelé et remplacé, en 1645, par Montreuil, puis envoyé en Catalogne pour succéder au maréchal de la Mothe. Le poète le suivit-il dans cette expédition ? Nous ne pouvons rien affirmer à cet égard. En 1647 il était à Collioure, petit port du Roussillon ; mais, en 1645, nous croirions volontiers qu'il était resté à Paris. Il n'avait pas été plus heureux en Angleterre que Bois-Robert, lorsqu'il accompagna le duc et la duchesse de Chevreuse au mariage du prince de Galles, depuis Charles Ier, avec Henriette-Marie de France. Bois-Robert, dit crûment Tallemant des Réaux, n'était allé là que « pour y attraper quelque chose » : il n'en rapporta rien qu'une maladie.

Ce ne fut pas son seul malheur : un jour qu'il était « panse pleine », qu'il « en tenoit un peu », on vola sa bourse pendant son sommeil, et, *horresco referens !* « Bacchus trahit Saint-Amant ! »

Une autre fois, je ne sais quel maladroit petit barbier ou *barberot*, comme il l'appelle, « roy des vilains museaux », entreprit de l'écorcher sous nom de le raser. Grande colère, grand désespoir de Saint-Amant ! A la fin du *Barberot*, il s'écrie avec dépit :

Je perds tout en Angleterre,
Poil, nippes et liberté;
J'y perds et temps et santé,
Qui vaut tout l'or de la terre;
J'y perdis mon œil, que prit
Un bel œil dont il s'éprit
Sans espoir d'aucun remède.
Et je crois, si Dieu ne m'ayde,
Qu'enfin j'y perdrai l'esprit.

Bois-Robert n'eut jamais plus longue rancune contre
le *climat barbare* qui l'exposa à tant de malencontres.
Saint-Amant fit pour l'Angleterre ce qu'il avait fait pour
Rome : il composa un poème de l'*Albion* qui fait partie
des manuscrits de la Bibliothèque nationale. C'est une
attaque virulente contre les Anglais, et souvent si mordante qu'il n'osa pas la publier.

L'ALBION, *caprice héroï-comique*, est dédié par l'auteur à
Monseigneur le maréchal de Bassompierre; il se compose
de cent vingt et une stances de sept vers, et se termine par
un *c'est fait* énergique, qui témoigne du plaisir avec lequel
l'auteur a terminé son ouvrage, ou au moins le manuscrit,
si nettement exécuté, à la date du 12ᵉ *febvrier* 1644, des
soixante et une pages in-4⁰ qui le composent.

Le séjour de Saint-Amant à Paris fut plus agréable,
ou du moins plus fructueux. En 1645, en effet, Marie-
Louise de Gonzague accepta la main et le trône de
Ladislas-Sigismond, roi de Pologne, lequel mourut peu
après. Son frère, l'ex-jésuite et cardinal Casimir, fut son

successeur comme roi et comme époux : il prit pour
femme, en 1649, la veuve de Ladislas. L'abbé de Villeloin, le sieur de Marolles, jouissait alors d'une immense
réputation et d'une non moins grande influence auprès
de la nouvelle reine, dont il avait été le précepteur. Il
mit tout son crédit au service de ses amis, entre autres
de Saint-Amant. Dans ses Mémoires, en effet, à la date
de 1645, on lit : « La reine de Pologne mit en considération l'estime que je luy avois toujours faite des vers de
M. de Saint-Amant, qu'elle avoit ouï quelquefois de ses
poèmes sérieux avec beaucoup de plaisir, et le retint au
nombre des gentilshommes de sa maison, avec une pension de trois mille livres, qu'elle lui octroya par brevet, et
qu'elle fit expédier exprès. »

Ainsi, voilà Saint-Amant à la reine de Pologne, comme
il avait été au duc de Retz-le-bonhomme, puis au comte
d'Harcourt; mais toute sa vie il se regarda comme indépendant. Ainsi, un jour qu'il dinait à la table du Coadjuteur, il put se permettre, dit Tallemant, cette parole,
devant une assemblée de valets : « J'ai cinquante ans de
liberté sur la tête. »

La reine de Pologne avait pour secrétaire de ses commandements M. des Noyers, ami du poète, qui ne le servit pas moins que l'abbé de Marolles auprès de leur
protectrice commune. Saint-Amant contracta envers la
reine de Pologne, des Noyers et l'abbé de Marolles, une
triple dette, qu'il paya en pièces de toute sorte.

Dans un *Sonnet à la reine de Pologne*, il parle de l'amour
qu'elle a inspiré « au plus grand roy du pôle », mais ne
dit mot des visites nocturnes qu'elle recevait de Cinq-

Mars, ni des lettres qu'elle lui écrivit, et qui faillirent tant la compromettre quand il mourut.

L'*Epistre à l'hyver sur le voyage de sa Sérénissime Majesté en Pologne* est écrite dans un style plein de dignité; quelques vers même sont d'une grande beauté, celui-ci, par exemple, où l'on voit Borée

> Ployer l'orgueil qui couronne sa teste.

Nous ne citons que pour mémoire :

Sonnet à la S^me R^ne de Pologne, en luy envoyant une partie du Moïse. — *Sonnet à la Santé, pour le second mariage de la S. R. de P.* (1649).

Lorsqu'il fit son *Épître diversifiée à Monsieur Des Noyers*, Saint-Amant était à Collioure, port de mer du Roussillon, dont le gouverneur était Tilly, son ami intime. Dans son épitre, il remercie Des Noyers de lui attirer tant de faveurs de la reine; il lui raconte ses plaisirs.—Plus loin il prétend

> . . . Que l'usage en chaque nation
> Porte avec soy son approbation ;

et, pour preuve, il montre le ridicule de la mode en France. Ce passage est une véritable gravure de mode : rien n'y manque; nulle part ailleurs on ne trouverait une meilleure satire du costume, ni qui le fasse mieux connaître.

Saint-Amant revint à Paris peu de temps après, et il s'y trouvait au temps de la Fronde. C'est alors qu'il composa contre Condé une chanson satirique qui le fit bâtonner par le prince sur le pont Neuf, et qu'il fit paraître ses *Triolets sur les affaires du temps*.

Ce genre de poésies est fort ancien, puisqu'on en trouve un exemple dans le *Cléomadès* d'Adenez le Roi, et puisque, dans notre vieux théâtre, les triolets tenaient la place des couplets de nos vaudevilles; il ne fut pas remis en honneur par Marot, comme le prétend Boileau, qui en eut vainement cherché un dans les œuvres de ce poète; mais, pendant la Fronde, ils se font jour de nouveau. Déjà, sous la date de 1648, le recueil de Maurepas en contient quelques-uns; en 1649, le nombre en est infini. Saint-Amant en formula les règles et en donna de nombreux exemples. Il se montra moins favorable au rondeau, autre ancien genre de poésie remis en vogue quelque temps avant le triolet. Saint-Amant écrivit, contre le succès usurpé de nombreuses pièces de ce genre, une longue satire qu'il intitule *la Pétarade aux rondeaux*.

Une idée assez bouffonne du sieur de la Croix, auteur d'un volume intitulé *l'Art de la poésie françoise et latine* (Lyon, 1694, in-12), c'est d'avoir, dans l'énumération des divers genres de poésie, regardé comme des noms de poèmes certains titres de pièces. Ainsi Sarasin avait fait une glose du sonnet de Job : l'auteur donne place à la *glose*, à côté de la fable, pas trop loin du cantique; Saint-Amant a fait une pièce qu'il intitule *l'Énamouré*, une autre qu'il nomme *Crevaille* : ce sont deux genres distincts pour le docteur ès poésie.

Nombre de pièces légères de Saint-Amant portent le

nom de *caprices*. Dans beaucoup d'auteurs de son temps, et même de l'âge suivant, on retrouve des poèmes sous le même titre. Le mot *caprice* s'appliquait aux pièces de poésie, de musique, d'architecture et de peinture, un peu bizarres et irrégulières, et qui réussissaient plutôt, dit Furetière, par la force du génie que par l'observation des règles de l'art. A cette époque, on parlait des Caprices de Saint-Amant comme des Caprices ou grotesques de Callot le graveur.

Plusieurs de ces Caprices pourraient faire passer leur auteur

> Pour satirique agréable et cuisant ;

mais ces poèmes ne peuvent se comparer ni aux satires de Boileau ni à celles de Régnier. Il a dans les pièces de cette sorte une indulgence à lui particulière. Dans l'avant-satire, voici comment il définit le genre : c'est un poème, dit-il,

> . . . . Où l'on mord plaisamment,
> Où l'on verse à flots noirs de l'encre seulement,
> Où la plume est l'espée avec quoy l'on s'escrime,
> Où de joyeux brocards la sottise on réprime ;
> Bref, où ceux que l'on blesse, au lieu de s'en fascher,
> Sont, pour leur propre honneur, contraints d'en riocher.

Saint-Amant n'a jamais fait une satire entière ; mais il a laissé de nombreux traits piquants dans ses œuvres. Le vers, sans manquer d'une certaine verve et de quelque

fermeté, n'a pas le caractère farouche, la résistance ner-
veuse des *Tragiques* de d'Aubigné, la brutale et trop iné-
gale vigueur des satires de Courval-Sonnet, ou la mordante et leste ironie de Régnier.

Les poésies de Saint-Amant ont cependant ce mérite
qu'elles sont en général aussi fournies d'idées que celles des
plus beaux génies ses contemporains. De plus, il a la dis-
crétion de taire le nom de ses ennemis ; ainsi il ne nomme
pas même, dans son *Poète crotté*, Marc de Maillet, ce ridicule poète qu'il paroit avoir eu en vue, selon Tallemant
des Réaux. — Il est souvent à regretter que Boileau n'ait
pas eu la même réserve. Lorsqu'il attaquait Saint-Amant,
celui-ci était mort, et les coups du satirique n'atteignaient
plus que sa mémoire ; peut-être eût-il été convenable de
la respecter, de ne pas railler la pauvreté, heureusement
imaginaire, d'un poète qui avait racheté par sept ou huit
années de vie sérieuse les folles erreurs de sa jeunesse.

Les traits de Saint-Amant atteignirent aussi les ruelles,
mais toujours sans personnalité blessante. Nous n'avons
point à parler ici de l'hôtel de Rambouillet et de la ruelle
fameuse d'Arthénice ; Saint-Amant y était connu, et on lui
savait gré des tours nouveaux qu'il avait introduits dans
la langue. Le *Dictionnaire des Pretieuses*, de Somaize, l'a
admis sous le nom de *Sapurnius*. — Avoir *l'ame roide
aux soucis*, troupes *faisant un grand débordement dans la
plaine*, l'eau appelée *miroir céleste, le mot me manque :*
bonnes ou mauvaises, ces locutions sont de Sapurnius, et
Somaize lui en a conservé la gloire, ou du moins la propriété.

Sapurnius - Saint - Amant était vu aux ruelles avec

estime ; ses œuvres y avaient leur entrée au même titre
que la *Sophonisbe* ou le *Cinna*. Ainsi Scarron dit *à ses vers :*

> Adieu donc, rimes ridicules...,
> Vous qui croyez qu'être volume
> Vaut mieux qu'être écrit à la plume,
> Que tout le monde vous lira,
> Que chacun de vous parlera
> Comme on fait des pièces nouvelles,
> Que vous aurez dans les ruelles
> Presque autant d'estime qu'en a
> La *Sophonisbe* ou le *Cinna,*
> *Ibrahim* ou la *Marianne,*
> *Alcyonée* ou la *Roxane,*
> Et les œuvres de Saint-Amant,
> Au style si rare et charmant.

Nous sommes étonnés de voir rapprocher le *Cinna* des
autres pièces : le crible du temps, comme dit quelque
part Mme de Sévigné, les a bien séparées.

Lorsque Saint-Amant fut revenu de ses voyages et de
ses excès, il donna à la religion des pensées devenues
plus graves ; il adressa à Corneille, son compatriote et son
ami, des vers sur sa traduction de l'*Imitation*, et s'occupa,
selon le goût des ruelles, de cette géographie allégorique
que l'on aimait à y cultiver. Ainsi, vers 1656, il entreprit
une « carte du pays de Raison », que nous avons perdue.
Chevreau, dans une lettre qu'il lui écrit de Loudun, le félicite d'avoir entrepris cette carte, et lui conseille de ne
pas l'étendre « généralement au delà de Loire. »

On sait quelle vogue avaient alors les allégories; les romans étaient des histoires travesties. L'abbé d'Aubignac, Mlle de Scudéry, le père Lemoyne, s'étaient exercés dans ce genre. Après la *Relation du royaume de Coquetterie*, on vit paraître la *Carte de Tendre*, la *Carte de la Cour*, puis le *Royaume des Précieuses*, puis la *Carte du Jansénisme*, puis la *Description de la grande île de Portraiture*, et mille autres pièces conçues dans le même goût et le même esprit.

La Rochefoucauld dit dans ses *Maximes* que « quelques découvertes que l'on fasse dans le pays de l'Amour-Propre, il y restera toujours bien des terres inconnues. » Ce pays de l'Amour-Propre était inconnu lui-même avant l'invention des allégories. Scarron parle de la Scarronnerie, comme Malherbe de Balbut en Balbutie, d'où il se prétendait originaire.

Ainsi, lorsque Saint-Amant s'exerçait à ces descriptions, il suivait le goût du siècle : peut-être l'intérêt de sa fortune lui en faisait-il une loi. Cependant, avec les revenus de la verrerie dont il avait le privilège, avec la pension qu'il recevait de la reine de Pologne, avec le produit de ses ouvrages, fort estimés avant Boileau, avec l'amitié qu'avaient pour lui le duc d'Arpajon, les divers membres de la famille de Retz, et bien d'autres grands seigneurs, nous avons peine à croire qu'il ait été dans cette misère noire que lui ont généreusement prêtée plusieurs satires.

Enfin, si Saint-Amant ne trouvait pas en France la fortune, il avait un asile ouvert à la cour de la reine de Pologne, qui faisait de lui une estime particulière. Lorsqu'il se rendit auprès d'elle, il y trouva, avec de bons appoin-

tements, le titre de conseiller d'état de la Reine et de gentilhomme ordinaire de sa chambre. Le désir de présenter
à sa protectrice son poème du *Moïse sauvé*, auquel il tra-
vaillait depuis longtemps, l'avait décidé à faire ce voyage.

Pour se rendre à Varsovie, il passa par la Flandre;
mais *il fut arrêté et conduit à Saint-Omer*, où il resta
quelque temps en prison. On fouilla ses papiers; le *Moïse*
fut saisi, et, sans le nom de la Reine qu'il invoqua, « le
Moïse sauvé — c'est lui parle — étoit le Moïse perdu. »

A Amsterdam, il rencontra Chanut, ambassadeur près
la reine de Suède, un des compagnons d'étude de l'abbé
de Marolles au collège de la Marche. Ils se lièrent bientôt
d'amitié sous le patronage de leur ami commun, et de là
des vers à Chanut.

L'accueil qu'il trouva en Pologne fit oublier à Saint-
Amant et son arrestation à Saint-Omer, et les fatigues du
voyage, et les désagréments des hôtelleries. Il resta en
route jusqu'à l'entrée du carême; il arriva à temps pour
faire des stances sur la grossesse de la reine de Pologne,
et, avec les stances, des prédictions qui ne réussirent pas.

« La reyne de Pologne estoit accouchée d'une fille; sur
quoy monsieur de Saint-Amant fit des vers qui nous furent
envoyés de Varsovie, où il estoit alors. Mais l'augure qu'il
fit pour la naissance de la princesse royale ne fut pas accomply selon ses souhaits et les nôtres, puis qu'elle mourut
bientôt après, aussi bien qu'un frere que le Ciel lui avoit
donné; mais il se contenta de montrer l'un et l'autre
comme deux astres qui paroissent en même temps qu'ils
descouvrent leur splendeur. » (*Mémoires* de Marolles.)

Saint-Amant eut tort d'oublier les prédictions malen-

contreuses de Marot et le *si qua fata aspera rumpas* de
Virgile. Sa pièce, d'ailleurs, ne méritait pas un meilleur
succès. Ses stances sur la grossesse, ses sonnets sur les
prochaines couches de la Reine et sur la naissance du
prince de Pologne, n'ont rien de remarquable.

Saint-Amant passa deux années en Pologne. Il ne rentra
en France qu'en 1651, après avoir fait, de la part de Marie
de Gonzague, un voyage à Stockholm, qui lui profita peu,
pour assister au couronnement de la reine de Suède.

Il revint par la Hollande, et, forcé par le vent contraire
d'attendre douze ou quinze jours à l'embouchure de la
Meuse, il composa un *caprice marinesque* intitulé la *Rade*,
où il se plaint fort de son capitaine de vaisseau :

C'est, en Bartas, un donne-ennuy.

c'est-à-dire, dit-il dans une note de la table, en style de
du Bartas, — « raillerie sur les épithètes composez de du
Bartas. »

Il se mit, dès son retour, à corriger son *Moïse*, et le
refit presque entièrement. L'ouvrage fut « achevé d'imprimer pour la première fois le 22 novembre 1653 », et put
être mis en vente cette même année, puisqu'il avait son
privilège depuis le 20 octobre. Cette date contredit l'assertion du savant M. de Montmerqué, qui dit, dans une
de ses notes sur Tallemant : « Le *Moïse* ne fut imprimé
qu'en 1660, et le privilège avait été accordé dès le 20 octobre 1653. » (Édit. in-18.)

Saint-Amant, malade alors, n'avait pu surveiller l'im-

pression de son poëme : c'est ce qu'il dit lui-même dans
une lettre inédite à M. Bochart du 5 mars 1654. Lorsqu'il
l'écrivit, il était à Rouen, et y faisait valoir la verrerie
dont le chancelier Séguier lui avait accordé le privilège.

De Rouen, où il boit du cidre et l'ose chanter, lui qui,

> Comme Bacchus, a bu par tout le monde,

nous le voyons écrire plusieurs fois en Pologne. L'épître
qu'il adressa en 1654 à l'abbé de Marolles répond à tout
ce qu'on a pu dire de la prétendue misère de Saint-Amant.
Voici en quels termes il lui parle. D'abord sa cassette,

> .... en sa capacité,
> N'a jamais veu l'aspre nécessité.

Puis il ajoute qu'il n'a jamais eu

> D'éclipse entiere en son petit trésor.

La reine de Pologne, paraît-il, ne l'oubliait pas; il a
reçu d'elle une lettre de change, et il est dans un grand
embarras pour lui faire des remerciements en rapport
avec un tel bienfait.

Après tout, l'argent est reçu. Saint-Amant, reconnaissant, se propose de donner en retour à la Reine quelque
ouvrage digne d'elle. Mais quel ouvrage lui présenter?
Déjà c'est à elle qu'est dédié le *Moïse :* il a chanté toutes
ses grossesses; il se décide à écrire une seconde idylle
héroïque, la *Généreuse.*

Ce second poème est peu connu. Il fut composé en 1656 à l'occasion du combat de Varsovie, où la reine de Pologne elle-même commanda les canons pendant trois jours, et aida son mari Casimir à se raffermir sur le trône. Lorsque cette pièce parut, en 1658, l'auteur écrivit à la Princesse Palatine, sœur de la reine Marie-Louise, une épître dédicatoire où, après l'avoir priée de faire parvenir la *Généreuse* à la Reine, il ajoute : « Elle apprendra par là qu'un de ses vieux et plus fidelles domestiques vit encore... pour souhaitter qu'elle se voye et bientost et de tout point retablie au fleurissant et paisible état où il a eu le bonheur de la voir autrefois. Ce n'est point, Madame, par la bouche de l'intérêt que je parle : ce n'est point mon foible, Dieu mercy ; et j'oseray dire avec une honorable fierté que ceux qui me connoissent jusqu'au fond du cœur me tiennent assez généreux et assez détaché de la fortune pour n'avoir jamais offert l'encens à son idole, pour ne lui avoir jamais lâchement sacrifié mes soins et mes biens, et enfin pour n'en avoir jamais voulu faire le moindre de mes désirs. »

Saint-Amant fut bien inspiré en conservant sa fidélité pour une reine malheureuse, mais il oublia que sa vieillesse un peu affaiblie n'avait plus sa verve ni ses accents d'autrefois. Ce *second idylle* est écrit en stances irrégulières de neuf vers.

Bien supérieures, sont deux autres pièces de caractère tout différent : l'une, plaisante satire contre la bosse du duc de Savoie ; l'autre, adressée à Corneille sur son *Imitation*.

La première, *le Gobbin*, lui « fut expressément commandée de la part du feu Roy, par son altesse feu Monseigneur le Prince et par Son Eminence feu Monseigneur
le cardinal duc de Richelieu, au voyage de Sa Majesté en
Piémont, un peu après la fameuse action du Pas de Suze. »
Cette satire est en stances de dix vers, dont chacune a son
épigramme sur la difformité du duc.

La seconde lui fut inspirée par des sentiments de piété
sincère qui déjà lui avaient dicté une méditation sur le
crucifix, dont le style ne manque pas de la sévérité nécessaire au sujet.

Mais toutes ces pièces de la vieillesse de l'auteur,
écrites sur des sujets convenables à son âge, sont loin
d'avoir l'entrain prodigieux qui animait les autres. Son
poème de *Moïse*, son œuvre capitale, a des beautés de
premier ordre, malheureusement cachées dans le dédale
d'un plan assez mal entendu et dans un grand nombre
de vers oisifs qui allongent le texte sans développer la
pensée. Ses contemporains en ont fait grand cas, et les
éditions s'en succédèrent assez rapidement. On vit dans
cet ouvrage non pas un poème épique, solennel et tendu
comme pouvaient l'être le *Saint-Louis*, l'*Alaric* ou la *Pucelle*, mais simplement ce que l'auteur y voyait lui-même,
une idylle, astreinte à moins de majesté, accessible à plus
de détails d'une vérité familière que les épopées de Chapelain, de Scudéry, ou du Père Lemoine. C'est faute
d'avoir voulu juger le *Moïse* d'après son titre d'idylle que
Boileau se moque du passage où l'auteur, en vers charmants,

> Peint le petit enfant qui va, saute, revient
> Et joyeux à sa mère offre un caillou qu'il tient.

Ce n'étaient pas des critiques de ce genre qu'adressait à Saint-Amant le savant Samuel Bochart. Lorsque parut le *Moïse*, il lui envoya ses observations, non plus aiguisées par une ironie piquante du moins, si elle était déplacée, mais hérissées de citations polyglottes dont le pédantisme dut terriblement alarmer Saint-Amant. Toutefois, le poète tint grand compte des remarques critiques du savant, et entra avec lui dans une discussion qui a paru pour la première fois à la suite du *Moïse*, dans notre édition des œuvres complètes du poète.

Il nous reste à disculper Saint-Amant du crime qu'on lui a fait d'avoir composé un poème inédit, un poème inconnu, dont le nom seul nous a été transmis par Loret et plus tard par U. Chevreau et par Brossette, *La Lune parlante*.

La *Muse historique* de Loret, consacrant le souvenir de Saint-Amant, dit :

> Sa muse estoit d'un noble étage,
> Ayant fait pour dernier ouvrage,
> Sur la naissance du Daufin,
> Un poème galant et fin,
> Et de construction charmante,
> Intitulé : « Lune parlante »,
> Que l'on vend (je croy) chez Sercy...

M. Paulin Pâris, à l'obligeante érudition duquel on n'a fait jamais appel en vain, nous a fait remarquer à ce sujet que « Loret, seul des contemporains, en a parlé; encore ne dit-il pas absolument que la pièce soit imprimée : le *je croy* témoigne qu'il n'en étoit pas sûr. »

Le Dauphin était né le 1er novembre 1661 ; Saint-Amant mourut peu après, et sans doute, après sa mort, Sercy, qui s'était chargé de l'impression, ne publia même pas un poème qui n'avait d'autre mérite peut-être que son opportunité. Brossette prétend que l'auteur y félicitait Louis XIV de savoir nager, et semble trouver cette louange fort ridicule. Nous croyons que la poésie n'a pas moins de privilèges que la prose, et qu'il n'est aucune idée, aucun sentiment, que les vers ne puissent rendre; les termes seuls de l'éloge et la place qu'il occupe dans le poème peuvent le disculper ou le condamner. Mais cet ouvrage est perdu, et nous n'en pouvons parler que par ouï-dire.

On prétend que l'accueil fait par le Roi à la *Lune parlante* abrégea les jours de Saint-Amant. Nous ne croyons pas plus à ce conte qu'à la mort de Racine avancée par un coup d'œil de Louis XIV. Lorsqu'il mourut, Saint-Amant avait soixante-sept ans ; mais les folies de sa jeunesse, les fatigues de ses voyages, l'avaient usé, et il semblait plutôt âgé de soixante-quatorze ou soixante-quinze ans. C'est ce que nous apprend une note curieuse extraite d'un journal de Colletet le fils, et que nous avons été le premier à publier en 1852, d'après une communication du savant M. Rathery, de la bibliothèque du Louvre :

« Le jeudy, 29e décembre 1661, jour de saint Thomas de Cantorbéry, mourut chez monsieur Monglas, son ancien hôte, qui étoit décédé huit jours avant, le sieur Saint-Amant, âge de 74 ou 75 ans, après une maladie de deux jours. Il reçut les sacrements, et mourut un peu devant midy. Monsieur l'abbé de Villeloin l'assista en ce dernier moment, et luy rendit ce dernier devoir. Il est inhumé à..... » (Incomplet.)

Ces quelques mots, en même temps qu'ils nous apprennent la date exacte de la mort de Saint-Amant, prouvent encore combien est erronée l'assertion de Tallemant des Réaux, qui prétend que l'auteur du *Moïse* était huguenot, comme Conrart et Gombauld. Saint-Amant était catholique; si sa jeunesse fort orageuse ne prouve pas une bien vive piété, ses dernières années nous le montrent revenu à résipiscence, et sa mort fut celle d'un chrétien.

Dirai-je maintenant quel fut Saint-Amant, son caractère, son rôle parmi ses contemporains? C'est surtout par des comparaisons qu'il est possible de juger les hommes; l'isolement où les biographes placent nécessairement leur héros semble augmenter toujours les véritables proportions qu'il doit avoir; pour nous, qui nous faisons de l'impartialité une loi absolue, nous ne voulons point exagérer l'importance d'un poète qui faisait lui-même assez bon marché de ses œuvres[1].

Saint-Amant, bien supérieur aux Tristan, aux Maillet,

---

1. Saint-Amant a été l'objet de divers travaux : M. Philarète Chasles lui a consacré une étude sérieuse; M. Théophile Gautier lui a donné une large place parmi ses *Grotesques*; enfin M. Xavier Aubriet a fait des recherches et recueilli les matériaux pour un livre qu'il n'a pu publier.

aux Pelletier et aux autres poètes de son temps, n'est inférieur qu'à Corneille. Représentant d'une école toute libérale, dont Marot transmit les traditions à nos romantiques du XIXᵉ siècle par l'intermédiaire de Molière, de la Fontaine, des contes de Voltaire, Saint-Amant écoute volontiers son caprice et se laisse facilement voir sous ses vers. Il a dû surtout son succès à une originalité puissante, à une verve sans égale, à l'allure vive, ardente, qu'il a su donner à ses vers; — dans des genres tout opposés, aucun n'a eu plus de grâce facile et délicate. S'il eût vécu du temps de Boileau et de Racine, il aurait gagné sans doute à suivre les traces de ces grands maîtres; mort avant leurs premiers écrits, il a mérité au-dessus de ses contemporains une place qu'il n'a pas eue, et que l'on pourra maintenant lui assigner, preuves en main, sur une édition de ses œuvres, que nous avons publiée complète pour la première fois.

PHILIPPE COSPEAU

Au xviie siècle, l'instruction était moins généralement appréciée peut-être qu'aujourd'hui ; mais elle n'était pas moins répandue dans les classes pauvres, et la science pouvait s'acquérir dans de nombreuses écoles de tout degré publiques et gratuites : alors aussi, la persévérance courageuse qui préférait les jouissances austères de l'étude aux gains plus recherchés d'une profession lucrative, pouvait longtemps végéter obscure au milieu des privations et de la misère ; mais l'énergie d'une laborieuse jeunesse assurait toûjours à l'âge mûr une position qui, si elle était inférieure au talent, dépassait de beaucoup les espérances premières de l'heureux parvenu : c'est ce que prouveraient nombre de noms justement célèbres dans l'armée, le clergé ou les parlements. Je m'arrêterai sur un seul personnage, qui fut successivement évêque d'Aire, de Nantes et de Lisieux.

La vie du pieux évêque semble calquée sur celle du traducteur de Plutarque ; tous deux ont eu pour instrument unique de leur fortune leur volonté énergique, persévérante et nécessairement heureuse, de se distinguer par leur savoir. Tous deux furent d'abord attachés à des écoliers, et tous deux moururent évêques. Pour finir un rapprochement qui s'offre si vite à l'esprit, si Amyot a

servi au progrès de la langue française, Cospeau sut enrichir un idiome qui lui était étranger, de toutes les ressources d'une éloquence pittoresque, pure et élégante :
de son temps même il obtint une réputation de prédicateur dans laquelle il fut sans rival, et qui n'a pu cependant
sauver d'un injuste oubli son nom et ses œuvres.

La première difficulté à écarter dans la vie de ce prélat,
c'est l'incertitude de son nom. Les uns écrivent Cospean,
d'autres Cospéan, d'autres encore Coespeau et Cospeau [1];
si ces différences d'orthographe et de prononciation exis-
taient de son vivant même, il semble qu'une décision à
prendre soit plus difficile encore à notre époque. Nous
avons dû cependant faire un choix, et nous nous sommes
arrêté sur la forme Cospeau.

Nous avions d'abord adopté le nom de Cospéan, parce
que le latin Cospeanus ne semble pas être la traduction de
Cospeau ou Coëspeau ; et que nous avons vu sa signature
« *Phlippes, euesques de Nantes* », au bas d'un acte dont le
rédacteur a écrit partout très lisiblement Cospean : traité
authentique, revêtu en outre de la signature de son successeur à son premier évêché, et de deux notaires.

Mais nous avons dû céder à des preuves irréfragables
que nous devons à l'obligeance éclairée de M. le baron

---

1. L'écriture confondait alors l'U et l'N : de là une difficulté
semblable attachée au nom, moins important, d'un des trois gentilshommes qui accompagnèrent en 1613 la reine régente aux
sources de la fontaine de Rougis. — On hésite entre les deux
formes de Revis ou de Renis. (*Hist. de Paris*, par Dom Félibien.)
—La même incertitude d'orthographe explique : couvent, de *con-
ventus*, etc. — Et, pour revenir au prélat, ou prononce Cospeau,
selon Tallemant.

de Stassart, membre correspondant de l'Institut de France à Bruxelles, auteur lui-même d'une notice sur l'éloquent prédicateur.

M. de Stassart, pour répondre aux questions que nous lui avons adressées au sujet de son illustre compatriote, a écrit au bourgmestre de Mons, et celui-ci a chargé l'archiviste de la ville, M. Lacroix, de recherches qui ont amené la découverte de pièces importantes dont nous donnons la substance.

Philippe Cospeau', fils de Loys Cospeau et de Michiele Mainsent, naquit à Mons, dans le Hainaut; il fut tenu sur les fonts de baptême de l'église de Saint-Germain, — paroisse aujourd'hui détruite,—par Jehan Mesureur et Phlipote Lebrun, le 15 février 1571.

Son père, pauvre, si l'on en croit la tradition, ne tenait à la noblesse d'aucun côté, mais était d'une de ces familles de la haute bourgeoisie que les villes de Flandres nomment encore familles patriciennes.

« De 1442 à 1720, la famille Cospeau a fourni six échevins à la magistrature municipale de Mons, un massart ou trésorier, trois chanoines au chapitre de Saint-Germain et une foule de jurisconsultes distingués, au nombre desquels on compte Pierre Cospeau, cousin de l'évêque de Nantes, avocat à la cour souveraine de Hainaut, auteur de

1. Voici le texte même de l'acte de naissance :

« Februarius 1571.

» Le mesme jôr (15 février, d'après ce qui précède) à 7 heures Ph^{li} (Philippe), filz Loys Cospeau et de Michiele Mainsent pòr parin Jehan Mesureur, pòr mar° Phlipote Lebrun. »

plusieurs ouvrages très estimés sur l'ancienne législation de la province, »

Sa grand'mère, Jeanne de Boussu[2], femme de Jacques Cospeau, était probablement de la même famille que l'avocat Gilles-Joseph de Boussu, auteur de l'histoire de la ville de Mons (1725).

Son frère Jehan[3], né le 26 juin 1569, eut pour parrain un membre de la famille de Boussu, et la même marrain qu'eut plus tard Philippe, demoiselle Philippine (Phlippote) Lebrun.

Philippe Cospeau fit ses études au collège d'Houdain, à Mons, et y fut reçu avec honneur maître ès arts. De là, attiré par la réputation de Juste Lipse, il se rendit à Louvain, où il suivit le cours de philosophie, au collège du Château[4]; il se distingua parmi ses compagnons, et à la promotion générale il obtint une des premières places. Ce fut alors qu'il prit l'habit ecclésiastique et se dirigea vers la théologie[5].

Son mérite déjà reconnu fit oublier son âge, et, à dix-sept ans à peine, dès 1588, il fut pourvu, à l'église de

1. Lettre de M. le baron de Stassart.

2. *Mémoires pour servir à l'histoire littéraire des dix-sept provinces des Pays-Bas, de la principauté de Liège et de quelques autres contrées voisines*, par l'abbé Paquot. — (Tome II, p. 23 et *sq.*)

3. Voici son acte de naissance :

« Junius 1569.

» Le 26, a 2 et demie Jehan, filz Mᵉ Lois Cospeau et Michielle Maïnsent, po= pain Jehan de Boussu, po= mare dᵘˡᵉ Phĩnĩe (Philippine) Lebrun. »

4. In pædagogio Castri. (Foppens, *Bibl. belg.*, tome II, p. 1029.)

5. *Mémoires pour servir....*, etc., — *loc. cit.*

Saint-Germain, à Mons, d'un canonicat qu'il résigna, en 1597, en faveur de son frère aîné, Jean : c'est vers le même temps qu'il fut nommé chanoine de l'église métropolitaine de Cambrai.

A cette époque, l'Université de Paris brillait d'un vif éclat; Henri IV, désireux d'en relever encore la gloire, préparait une réforme qu'il imposa en 1602, et qui donna à ce corps savant une nouvelle vie[1]. Cospeau fut séduit par l'attrait des fortes études qu'on y faisait, et, en 1604, il y était reçu docteur en théologie.

Ce fut alors, sans doute, qu'il se fit naturaliser français; mais, aux termes de ses lettres de naturalité, il « ne pouuoit pretendre aucun grand benefice dans le royaume » : il n'en fut pas moins « destiné par vne election plus diuine qu'humaine a occuper trois Eueschés[2]. »

Déjà chanoine de la cathédrale de Cambrai, est-il probable que Cospeau se soit trouvé dans la misère à Paris? Nous ne pouvons le croire; aussi sommes-nous tout disposé à nier le récit d'Amelot de la Houssaye. Si l'on en croit les mémoires du savant ambassadeur, Cospeau aurait été placé auprès du fils du duc d'Epernon, depuis cardinal de la Valette, par Monchal, précepteur du jeune abbé, et ses fonctions se seraient bornées à « le suivre en classe et lui porter ses livres et son écritoire : » — Amyot avait commencé ainsi; le cardinal Dubois fit de même; Cospeau jeune et pauvre l'aurait pu faire : mais il devait

---

1. Voir notre *Histoire de l'enseignement en France au* XVIIᵉ *siècle,* dans la *Revue française.*

2. Le *Prelat accomply,* par René Le Méc, p. 220.

être à l'aise, et nous n'avons pas grande confiance en ces lignes écrites longtemps après l'époque dont il s'agit; nous nous en rapporterons plutôt à un rare petit volume latin imprimé dès 1607, et nous lui emprunterons, au sujet du professorat de Cospeau, les détails beaucoup plus précis qui suivent.

Bien jeune encore, mais déjà maître ès arts et docteur de Sorbonne, il fut chargé d'un cours de philosophie au collège de Tréguier, à Paris. Le succès de ses leçons le fit appeler au collège de Lisieux par le principal, Adrien Bavien (Adrianus Bavenius), qu'il appelait son père. Son enseignement faisait bruit : ce n'était pas du haut d'une chaire que le jeune docteur exposait ou imposait son opinion; mais, comme Aristote, dont il était d'abord partisan, il se promenait au milieu de ses écoliers, discutant avec eux, prêt à les écouter, prompt à leur répondre. Cette nouveauté fit la fortune de ses cours et du collège, qui ne fut plus assez grand bientôt pour recevoir les élèves que ses intéressantes leçons y attiraient[1].

Bientôt, Cospeau quitta l'enseignement de la philosophie et professa la théologie. Sa science se répand, et ce sont ses élèves qui occupent et illustrent les principaux sièges[2]. Il se lie alors d'amitié avec un gentilhomme, *domestique* ou familier du duc d'Épernon, Le Plessis-Baussonnière[3], que le charme de ses leçons lui avait attaché. Celui-ci

---

1. Joannes Roennus, Rotomagensis,—*Philippi Cospeani nupera in urbem reversio,* — 1 vol. de 39 pp. imprimé en 1607, chez Est. Prévosteau. — (*Biblioth. mazarine,* n° 20615.)

2. *Id.*

3. *Vie du duc d'Épernon,* par Girard, Paris, 1730, 1 vol, in-4°, p. 219.

fait à son maitre l'éloge de Cospeau ; le duc va l'entendre
et devient bientôt son auditeur assidu. Confondu presque
avec les écoliers, sans vouloir occuper un siège isolé,
comme il convenait à sa dignité et comme le faisaient
sans doute les autres grands seigneurs de la cour, il ne
manque pas une leçon, et se fait de son professeur un ami.

« Lors même, dit son panégyriste Le Mée, qu'il n'étoit
que professeur dans les colleges de l'Université de Paris,
et que, selon la coustume, il faisoit le catechisme pour
l'instruction des Ecoliers, il auoit pour auditeurs des magistrats, des Cordons bleus, des plus grands seigneurs
du royaume, qui, rauis de sa façon d'expliquer nos mys-
teres, le consideroient dès lors comme le saint Paul de
l'eglise de Dieu, tel qu'on l'a veu puis après. »

Le marquis de Rambouillet, admirateur de son éloquence, tira Cospeau de l'enseignement public et le reçut
chez lui, où il mit à sa disposition bonne chambre, bonne
table, serviteur pour lui seul, un cheval même : peut-être
se chargea-t-il alors, comme le dit Girard, de l'éducation
du jeune marquis de Rambouillet; peut-être aussi, comme
le dit J. Roën, trouva-t-il au contraire chez son nouvel
hôte des loisirs qu'il consacra entièrement à l'étude de
la philosophie et de la théologie, « ces deux reines qui ne
peuvent pas plus se séparer que Socrate ne séparait l'honnête de l'utile. »

Fort de ses nouvelles études et cédant aux sollicitations
de Le Plessis-Baussonnière, il commença à se livrer à la
prédication. Dès l'année 1603, nous le trouvons consacrant
à la maréchale de Retz sa première oraison funèbre : mal-

heureusement elle est perdue, et nous ne pouvons juger de la langue dont il se servait.

Il y avait quatre ans à peine que Cospeau habitait la France ; quand il y arriva, il était « muet pour le françois et ne pouvant prononcer comme il le falloit un seul mot de ce doux langage[1]. » Le succès de son oraison funèbre prouve la facilité avec laquelle il apprit à fond notre langue, et explique la vogue de ses sermons dans les principales églises de Paris. « Quand il prêche à Saint-André, à Saint-Paul, à Saint-Eustache, les voitures, les carrosses, les litières, les chevaux, sont en foule à la porte, et l'église est trop petite. Le cardinal Pierre de Gondi, qui le porte dans ses yeux, qui l'aime jusqu'à la moelle (*medullitus*), son neveu Henri de Gondi, ne le laissent pas monter en chaire sans l'aller écouter. Ce vieux seigneur, Nicolas d'Angennes de Rambouillet, va entendre à Paris tous ses sermons, et même il l'emmène quelquefois au Mans, non pour lui procurer du repos, lui faire interrompre la toile commencée, mais pour que la rosée bienfaisante de ses paroles viennent désaltérer les âmes ardentes dont la piété l'appelle[2]. »

1. *Oraison funèbre de Henri IV.* — A la fin. — « Ceci a besoin d'être expliqué... Cospeau fait allusion à son mauvais accent de province. A Mons, on parlait, et l'on parle encore le patois ; mais c'est un patois français, comme en Picardie : il ne faudrait pas s'imaginer que Cospeau parlait une langue étrangère, le flamand par exemple, qui ne se parle point dans le Hainaut, et dont certes il n'avait pas la moindre connaissance. » (*Lettre de M. le baron de Stassart.*)
2. Jean Roën, liv. cit.

Dans la joie de ces premiers succès, il n'avait pas oublié son professeur Juste Lipse, et celui-ci, vers cette époque à peu près (avril 1606), le remerciait de sa lettre et de l'envoi de ses essais (*tentamenta*). Cospeau avait demandé à Juste Lipse son amitié; celui-ci lui répondit : « Et vous, donnez-moi la vôtre; continuez et à vous illustrer dans la mémoire des hommes, et à illustrer en vous votre patrie[1]. »

Cospeau, célèbre, dès son arrivée à Paris, comme professeur; accueilli avec enthousiasme à sa première apparition dans la chaire; hôte du marquis de Rambouillet, a-t-il donc pu connaître cette gêne qu'on veut bien lui prêter? Nous ne le pouvons croire, et certaines anecdotes viennent encore combattre cette idée qu'ont répandue de sa pauvreté plusieurs écrivains.

Un jour, pendant qu'il était professeur de l'Université de Paris, on lui déroba une somme de cinq cents écus. Il ne tarda pas à s'en apercevoir; et, pour toute plainte, il dit que celui qui avait volé cette bourse en avait peut-être plus besoin que lui[2].

« Messieurs de Rembouillet, qui ont tousiours fait profession d'vne grande generosité et d'vne rare pieté, ayant reconnu et admiré la vertu de ce grand homme, luy demanderent en grace singuliere qu'il luy pleust leur faire l'honneur d'accepter un present de douze cens liures de rente qu'ils luy auoient ordonné pour toute sa vie... Mon-

---

1. Juste Lipse, ép. LXII de la centurie de ses épîtres latines aux Allemands et aux Français. — Anvers, Plantin, 1614, in-4°.

2. *Le Prelat accomply*, par René Le Méc. — Saumur, 1646; 1 vol. in-4°

sieur de Lizieux fit tous les efforts imaginables pour s'en excuser;..... mais sa resistance n'ayant peu arrêter le cours de cette ciuilité qui luy a esté continuee pendant mesme qu'il a esté Euesque jusqu'à sa mort, il voullut qu'on disposast de ce present comme d'vn depost sacré, qui estoit destiné pour les pauures, et pour des œuures de charité, aussi bien que le reste de son reuenu[1]. »

Combien de temps resta-t-il l'hôte du marquis de Rambouillet? Nous ne saurions le dire; mais bientôt nous le voyons à la Sorbonne; c'est là qu'est sa vraie famille; c'est là qu'il a vécu jusqu'à sa nomination à l'évêché d'Aire, s'il faut en croire Jean Roën, qui ne dit pas en quelle année il y entra, et qui ne nous le montre gouverneur de Charles de Rambouillet, fils unique de Nicolas, et aussi d'Achille de Harlay, fils de Nicolas Harlay de Sancy, qu'après l'avoir conduit à l'épiscopat; il aurait été précepteur aussi de M. du Fargis, neveu du marquis de Rambouillet, dit Girard dans son *Histoire du duc d'Épernon* : mais Tallemant des Réaux dément d'une manière formelle le savant archidiacre d'Angoulême[2].

Le même auteur, Girard, nous donne les détails les plus circonstanciés sur la vie du jeune docteur. Dès le pre-

---

1. *Le Prelat accomply.* — Tallemant des Réaux dit quinze cents livres. — Le Mée ajoute : « Et pour reconnestre cette action de generosité si singuliere et si extraordinaire, il prenoit plaisir de la publier à la gloire de cette Auguste Maison, et de dire partout comment et combien il luy estoit obligé, par les biens faits qu'il en auoit receus, et par la maniere dont il les auoit receus, qui est aussi considerable que le bien fait mesme, par les circonstances magnifiques qui l'ont accompagnée. » — P. 175.

2. Tallemant, IV, p. 94.

mier sermon, « estant demeuré satisfait au dernier point
de l'éloquence de ce nouvel orateur, il fit prendre à toute
la Cour le chemin de l'Université... Le duc d'Espernon,
ne se contentant pas d'avoir favorisé la réputation d'un
homme qui l'avoit si bien mérité, voulut encore rehausser
par ses bienfaits une vertu qu'il avoit le premier *tirée de
l'obscurité.* L'évêché d'Aire avoit vaqué quelque temps
auparavant par la mort de François, Monsieur de Foix et de
Candalle; cette dignité ayant esté laissée à sa disposition,
il préféra de bon cœur le mérite de cet ami à la considération et au respect de plusieurs personnes de condition,
qui lui touchoient d'alliance. Il luy fit expédier à son déçu
le brevet de l'évêché, il luy fit venir les bulles de Rome
à ses dépens, *et luy donna les meubles et l'équipage* nécessaires pour soutenir sa dignité, laquelle sans cela eust
pu lui estre à charge. Ce bon prélat m'a souvent raconté
cette partie de son histoire, car personne ne témoigna
plus sa gratitude d'un bienfait qu'il en fit paroître toute
sa vie. S'il se louoit hautement de la liberalité du duc, le
duc ne se louoit pas moins de sa bonne fortune de luy
avoir fait rencontrer un si digne sujet pour placer heureusement ses *bienfaits* : nous ayant dit souvent qu'il
avoit reçu plus d'assistance de luy en ses affaires, plus
de douceur et de contentement en sa conversation, et plus
de consolation en ses déplaisirs, que de tous les autres
avantages qu'il avoit retirez de la fortune durant tout le
le cours de sa vie[1]. »

1. Girard, *Hist. du duc d'Épernon.*

COSPEAU, ÉVÊQUE D'AIRE.

Avant de quitter des amis si dévoués, Cospeau se fit sacrer par l'archevêque de Paris, Henri de Gondi, en Sorbonne, le 18 février 1607 : celui-ci était assisté de l'Aubespine, évêque d'Orléans, qui avait été élève de Cospeau, et de Berthier, évêque de Riez. Quand il dut s'éloigner, Cospeau laissa à la cour les plus vifs regrets, à Henri IV surtout, qui aimait à s'entretenir familièrement avec lui[1].

Lorsqu'en 1610, ce prince succomba sous le poignard de Ravaillac, la Reine, qui conaissait l'éloquence du nouvel évêque, qui savait combien il était cher au Roi et qui l'aimait elle-même, le chargea de l'oraison funèbre.

Cospeau n'eut pas seul l'honneur de faire l'éloge public du monarque. G. du Peyrat, aumônier servant de Sa Majesté, publia toutes celles qui furent prononcées ou écrites, et nous en trouvons dans son recueil jusqu'à trente-quatre, françaises, latines, italiennes et espagnoles.

Les obsèques se firent avec une solennité extraordinaire ; une ordonnance du 15 juin avait chargé « au prix de neuf-vingts livres tournois, le sieur Gaspard Melon, juré crieur de corps et de vins, » de recouvrir de tentures noires divers monuments et aussi les arcs de triomphe récemment élevés pour l'entrée de la Reine ; toutes les maisons par où passait le cortège durent être également tendues d'un lé de serge ou de drap noir, et les habitants

_. Joan. Roëni..., etc.

s'être pourvu d'un cierge au moins de cire jaune[1]; et sur
ces tentures, placées par ordre du prévôt des marchands
et des échevins, furent posées de distance en distance,
les armes de Paris, peintes, à raison de 42 sous la douzaine, par le sieur François Henri, peintre ordinaire de la
ville. Prévôt et échevins rivalisèrent de zèle pour qu'on
fît un enterrement en rapport avec ceux des règnes précédents, « et encore mieux s'il est possible[2]; » digne enfin
d'un roi, « le brave des braves..., le miracle des rois et
le roi des miracles[3]. Dans le convoi, outre les prêtres de
toutes les églises, les religieux de tous les couvents,
pour ne parler que du clergé, les prédicateurs, confes-
seurs et aumôniers du feu Roi, on remarquait encore,
marchant à pieds, « dix-sept tant archevesques et evesques, deux à deux, tous mitrez de mitres blanches et por-
tans chappes de velours noir; à la fin desquels marchoit
monsieur l'archevesque de Lyon, seul et éloigné des autres. » Séparés par le corps des ambassadeurs, « messieurs les deux nonces du pape, ordinaire et extraordinaire, marchoient aprez, et des deux costez alloient
messieurs les archevesques d'Aix et d'Embrun montez
sur leurs mules. Suivoient messeigneurs les révéren-
dissimes cardinaux de Joyeuse et de Gondy, avec leurs
chappes violettes et chapeau rouge, aussi montez sur des
mules et suivis de leurs officiers. »

Ce jour-là, 29 juin, le cortège parti du Louvre à deux
heures, n'arriva à Notre-Dame qu'à neuf heures du soir :

1. Ordonnance du 19 juin.
2. Ordonnance du 29 juin.
3. Relat. du *Mercure*.

le corps du Roi y fut déposé; on fit quelques offices, mais l'oraison funèbre ne put être prononcée.

« Le lendemain matin, dernier jour de juin, les princes, les cardinaux, seigneurs et officiers de la couronne, la cour de parlement, la ville, couvents, paroisses et tous ceux qui avoient accompagné le corps du Roy le jour précédent, se rendirent à ladite église Notre-Dame sur les dix heures du matin, où fut célébré le divin service par Monsieur de Paris; et, après l'offertoire, monsieur l'evesque d'Aire fit l'oraison funèbre, laquelle dura une bonne heure[2]. »

Quel était donc le mérite de Cospeau, pour être chargé de faire l'éloge du feu Roi, entre tant d'évêques si célèbres par leurs poésies, comme Bertaut, évêque de Seez, par leur style, comme Coëffeteau, évêque de Marseille, par leurs sermons, comme André Valladier, et tant d'autres dont les discours suivent le sien dans le recueil de du Peyrat? Notre évêque ne trompa point l'attente générale; son œuvre est sans contredit la plus remarquable de celles qui nous sont parvenues, et elle nous semble mériter un examen attentif.

C'est une habitude si répandue parmi les critiques de louer à tout prix l'écrivain dont ils s'occupent, que nous devons nous expliquer au sujet des reproches que nous avons cru devoir adresser à Cospeau. Nous avons voulu être impartial; et quand, après avoir fait la part du temps et signalé dans son discours des taches qui semblaient

---

1. Relat. du *Mercure.*

peut-être des mérites aux yeux de ses auditeurs, nous montrerons les qualités qu'il se doit à lui-même d'avoir rencontrées, sa part sera encore assez belle pour justifier les éloges que nous lui donnons d'avoir servi au progrès de notre langue. Il est le seul prosateur de ce temps (1610) que nous placions à côté de Du Vair pour la puissance et la vigueur du style. Ses beautés sont moins soutenues, mais d'un ordre non moins élevé que celles de l'illustre chancelier; la phrase de celui-ci est colorée, pittoresque, empreinte d'une énergie constante : l'autre est plus souvent sublime, et ses tours de style sont plus neufs et plus saisissants.

Comme tous les autres orateurs qui ont traité le même sujet, c'est à la Reine que Cospeau dédie son discours funèbre[1], dans une épitre dont on ne saurait trop remarquer la convenance et la modestie. Son texte est bien choisi, et, dans tout son discours, il est ramené avec une rare habileté : « *Cecidit corona capitis nostri ; væ nobis quia peccavimus :* La couronne de nostre teste est tombée : malheur à nous, parce que nous avons péché. »

Après un court exorde dans lequel il annonce le but qu'il se propose, sans donner une division précise, comme toujours Massillon, ou la faire entrevoir, comme Bossuet, il entre en matière, et voici les principaux points qu'il traite : Henri IV dans la guerre, Henri IV dans la paix.

---

1. Il a été publié à part, et en voici le titre exact : « Oraison funebre prononcee dans la grande eglise de Paris aux obseques de Henry le Grand, roy tres chretien de France et de Navare, par messire Philippe Cospeav, evesque d'Aire, premier aumosnier et conseiller de la serenissime Reyne Marguerite. » — Paris, Macé, 1610, in-4°.

C'est à cette seconde partie que devraient se rattacher deux autres subdivisions dont il fait des points principaux, et à tort : Clémence du Roi, — Douceur du Roi. Enfin il le célèbre comme chrétien : suit une prière, et la péroraison. Combien Bossuet a mieux fait, dans son éloge de Condé, de simplifier ce plan, le même qu'il a adopté! Il nous parle du prince d'abord comme guerrier, puis comme chrétien, et les diverses qualités du général et de l'homme privé viennent se classer naturellement sous ces deux chefs, sans que deux d'entre elles prises, comme ici, au hasard, viennent se placer au premier rang.

Nous serons sobres de citations, mais nous ne pouvons résister au plaisir de reproduire ici ce beau passage où, en termes éclatants et chaleureux, il peint Henri IV guerrier.

« L'honneur de ses armes, les lauriers d'vne infinité de victoires qu'il a planté parmy ses fleurs de lis, ont mis sans doute le premier et l'vn des plus brillans fleurons à ceste Couronne : mais qui pourroit ou trouuer des paroles suffisantes et dignes, s'il falloit les considerer en leur verdeur, et côme il les arrousoit du sang bouillant de ses ennemis, ou manquer de souspirs, de larmes et de sanglots, maintenant que nous les voyons fletris et abbatus? Durant sa vie, le bruit de tout l'vniuers, le son des plus esclattantes trompettes, dont la renommee se seruit iamais, les plumes eloquentes et veritables d'vne infinité d'historiens, la confession d'vn million de vaincus, les chants de triomphe d'autant de vainqueurs, faisoient retentir partout la force et la valeur de son inuincible courage. C'estoit donc alors qu'il eût fallu ioindre nos chants

de ioye et d'allegresse, à l'harmonie de tant de voix qui
celebroient comme à qui mieux le contentement de la
France, et les conquestes de son Roy : mais maintenant
que ceste heureuse vie est changée en vn lamentable
trespas ; le son de ces funestes et douloureuses cloches,
la voix dolente de la renommee, les funebres poëmes des
Muses affligees, la frayeur, les regrets, les gemissements
des François, les pleurs de nos ennemis mesmes, l'eston-
nement de tout le monde, ne nous peuuent rien faire entendre, sinon que la malheureuse mort a vaincu ce Prince
admirable, qui pour l'avantage des François, et pour l'honneur des fleurs de lis, pouuoit vaincre tout l'Vnivers. Or
que puis-je respondre à toutes ces dolentes voix que
celles-cy qui sont de mesme accent? *Cecidit corona capitis nostri, væ nobis quia peccauimus.* »

Les tirades suivantes ne sont pas moins bien agencées :
dans chacune de ses périodes, il marche d'ordinaire par
énumération, procédé d'analyse merveilleusement appro-
prié à notre langue ; et l'on y rencontre avec plaisir de
ces mots simples dont l'heureux emploi est du plus bel
effet.

Tantôt, c'est la Providence qu'il nous montre tenant
« registre des désirs du Roy, pour les porter au but de
ses intentions ; » tantôt il anime son style par des mouvements d'une vivacité pressante : s'il parle, par exemple,
de la promptitude d'action de Henri, écoutez-le : « Ses
ennemis deliberent de la guerre, il tonne à la porte de
leur conseil, et fait qu'ils se trouuent vaincus auant que
s'estre resolus de combattre. »

Une remarque frappante, qui n'échappera pas à ceux

25

qui liront tout entière, avec suite, l'œuvre de Cospeau,
c'est que son accent, sa manière change complètement
quand il rentre dans la paix avec son héros. Son style devient embarrassé, ses périodes trop chargées empruntent
à des mots surannés je ne sais quelle odeur de vétusté ;
ses épithètes se multiplient, les termes abstraits de *type*,
prototype, *idée*, se répètent fréquemment, un philoso-
phisme pédant et déplacé évoque pythagoriciens et pla-
toniciens, et veut leur faire admirer la paix et la concorde
de l'univers, les premiers, à tel point de vue ; les se-
conds, à tel autre... Il serait facile de citer ici quatre ou
cinq pages où Henri IV est complètement oublié ; elles
pourraient facilement se transporter dans toute autre
oraison funèbre d'un guerrier, d'un évêque, d'un paysan,
sans être plus déplacées que dans celle-ci : grave défaut
dans tous les temps.

Que dire de la manière dont il prouve que la clémence
est le plus beau fleuron de la couronne du Roi? — Le
nom *tetragrammaton* hébraïque IEUE (Jéhovah) a le rare
privilège de marquer toujours l'idée de la toute-puis-
sance unie à la clémence, sous quelque anagramme qu'on
le produise : il est donc clair que l'idée de clémence attachée à cet heureux mot est la plus sublime des idées, et
fait le plus grand titre de gloire du monarque.

Ailleurs, il fait un tableau hideux, que l'historien ne
pouvait s'empêcher de rappeler, mais dont la chaire devait
peut-être adoucir les couleurs. Ce qui l'arrête dans les
reproches qu'il veut faire au meurtrier, c'est la pensée du
châtiment que la foule lui a imposé : « La vengeance que
le peuple a pris de ce traître et la sainte rage qui l'a porté

à s'acharner sur son corps depecé et le dechirer en cent mille autres pieces, mais à manger sa chair toute crue, nous impose silence... Le fer, le soufre, le feu, les tenailles, mille morts amassées en une, le corps du parricide mis en quartiers, ces quartiers dechirés en mille autres parties, ne peuvent contenter la juste douleur de ce peuple. Sa vengeance imite son amour : cestuy-cy a esté sans bornes, elle en est de mesme : il faict par les devoirs d'une affection plus qu'humaine ce que les cannibales ne font que par une barbare et dénaturée cruauté. »

Tout cela est bien mauvais ; nous serons plus sévères encore pour Cospeau quand il nous jettera dans le calendrier, nous montrera Mars (le Roi) tué en Mai, et voudra, dans la série des mois de l'année, retrancher Mai, qui a enlevé Mars. — Il nous semble entendre Saint-Amant : celui-ci nous peint un berger qui est tout feu pour sa bergère et qui la poursuit ; mais la cruelle, qui a pour lui l'insensibilité de la pierre, ne se laisse pas atteindre, et le poète ajoute :

> O dieux ! vous souffrez qu'une roche
> Soit plus légère que du feu !

C'est une même faute expliquée par une même cause, l'abus de la métaphore : dans l'orateur comme dans le poète, elle est sans excuse.

Mais à côté de défauts que nous n'avons point songé à dissimuler, il y a des tours de phrase, des formes de langage, des alliances de mots, qu'on chercherait vainement ailleurs. Quelle fermeté, par exemple, dans cette phrase : « Le plus esclatant fleuron de ceste royale couronne, et la croix, pour mieux dire qui en couronne le sommet, c'est la religion. » Quel cri sublime que ce mot brusquement jeté à la fin d'une période qui résume la pensée de l'auteur quand il nous a montré la Providence dirigeant toutes les actions humaines : « Tu es le Dieu des Dieux, Seigneur! et rien ne peut résister à ta dextre! » Et un peu plus loin, quand il considère le cercueil du Roi, quelle tristesse profonde! quel dédain des choses de la terre! « Seigneur tout-puissant! quelle difference! Est-il possible que ce soit celuy-là qui tonnoit à Ivry? Faut-il que le prince que nous avons veu depuis deux mois mettre d'une main triomphante sur la teste de son espouze le plus noble diademe de l'univers, ne soit maintenant qu'un peu de cendre! ô monde! ô vanité! ô douleur! »

De telles beautés expliquent pourquoi nous n'avons pas craint de compromettre la gloire de Cospeau par l'aveu de ses imperfections. Les dernières pages de son discours, les prières qu'il adresse à Dieu pour le royaume, pour la noblesse, pour la magistrature, pour les princes du sang royal, pour le clergé, pour la Reine, laissent peu à désirer sous le rapport de la phrase; l'emploi habile de la périphrase, et la répétition fréquente d'une forme heureuse qui commence chacune de ses périodes, sont d'un effet admirable. Voici comment il termine sa longue péroraison.

« Surtout, Seigneur, surtout, *in virtute tua lætetur Rex, et super salutare tuum exultet vehementer…* Surtout bénissés le Roy! Qu'il apprenne dès son enfance à craindre son Dieu, à aymer son peuple; à gaigner vostre cœur et le nostre : à vous faire sainctement service et à le tirer doucement de ses subiects. Que nous ne rendions pas long temps l'extrême amour que nous auons pour luy, au seul honneur de sa naissance, à l'authorité de vostre onction, aux merites du feu Roy son pere; mais que sa Iustice mesme, sa clemence, sa pieté, sa vaillance, luy en donnent de nouueaux tiltres, et luy facent posseder nos cœurs, non seulement comme fils du grand Henry IIII et de S. Louys, comme nostre Roy et l'Oinct du Seigneur; mais encore comme le Pere, le bien-faicteur, le nourrissier, le deffenseur, les douces amours et les delices de son Peuple...

» Vous cependant, Henry, mon doux Prince, à qui de deux puissans Royaumes il ne reste plus que sept pieds de terre[1], prenés en bonne part ce petit service de ma langue, ce funebre sacrifice de mes tristes parolles : helas! elles vous sont bien deües! il n'y a pas douze ans que je vins en vostre Royaume, muet pour le françois, et ne pouuant prononcer comme il falloit vn seul mot de ce doux langage : vous m'y aués receu par vostre bonté, gaigné par vostre douceur, encouragé par vostre faveur, esleué par vostre liberalité, et recognoissant que mon cœur estoit tout à vous, vous aués oublié que mon corps estoit estranger. Receués d'un œil fauorable, ces soupirs et ces larmes que i'espands dessus vostre tombe où mon cœur est enfermé au lieu du vostre, et trouués, par le sang et la grace de Iesus-Christ, la terre douce à vos os, et le Ciel misericordieux à vostre ame. »

On ne peut nous savoir mauvais gré, après ces éloquentes paroles, de nous être effacé si longtemps : nous

---

1. « Il est là : sous trois pas un enfant le mesure. »
(LAMARTINE.)

allons d'ailleurs rentrer dans la biographie, et nous n'en
sortirons plus, pas même pour présenter une analyse ou
des extraits du *Mémoire* que Cospeau présenta au Roi, en
1617, au nom du clergé de France. La vigueur avec laquelle
il s'adressait à Louis XIII, les reproches directs qu'il lui
faisait, la crainte salutaire qu'il lui inspira d'être puni par
Dieu de crimes dont sa faiblesse le rendait complice, l'autorité et la sainteté de sa parole, déterminèrent Sa Majesté à donner, sur l'exécution des ordonnances contre les
duels, des lettres patentes qui, signées le 14 juillet, furent
enregistrées au Parlement le 21 juillet 1617. Le Roi maintenait toutes les mesures répressives de ses prédécesseurs, l'ordonnance de juin 1609 surtout, où Henri IV en-
joignait à ses sujets la paix et la concorde (*art.* 1er), à
peine d'encourir son indignation : se réservait d'autoriser
ou de défendre le combat dans des cas graves ; portait la
peine de mort contre les duellistes et leurs témoins s'ils
se battaient, la déchéance de noblesse pour les uns et les
autres, et la perte de la moitié de leur revenu. Louis XIII
confirma à plusieurs reprises, en 1611, en 1613, en 1614,
cette ordonnance : mais dans celle de 1617, il jura et
promit « en foy et parole de Roy, de n'exempter à l'ad-
venir aucun, pour quelque chose ou occasion que ce soit,
de la rigueur d'icelle. » De plus, « afin que ceux qui tom-
beront en ce crime sçachent qu'ils n'y peuvent, ny leur
postérité, jamais esperer aucun bien, honneur, repos, ny
commodité, ny recevoir aucun soulagement et consolation
par nostre misericorde, » il les déclarait à tout jamais,
eux et leurs descendants, déchus de leurs charges, et de
tous leurs biens. Il prévoyait même le cas où les grands

de la couronne violeraient l'édit, et, donnant tous autres biens aux hôpitaux, il se réservait « toutefois les fiefs principaux mouvans directement et nuëment de notre couronne. » Cette ordonnance, rendue sur le vœu du clergé, exprimé par Cospeau, porta fruit, et depuis, dans le recueil des édits contre le duel, nous ne trouvons plus que des arrêts de condamnation.

Dans le *Mémoire* de Cospeau, on trouve les mêmes qualités que dans l'oraison funèbre de Henri IV, mais moins de défauts, et aucune de ces citations profanes qu'il s'est encore plus d'une fois permises dans le discours que nous citions tout à l'heure. Cependant, on lui sait gré d'avoir purgé la chaire de ce fatras d'extraits des auteurs grecs et latins ; et, s'il n'en est pas tout à fait exempt dans son éloge du Roi, peut-être l'était-il dans les nombreux sermons de lui qui n'ont pas été conservés.

L'Estoille, dans son journal, ne lui est pas trop favorable ; après avoir consacré quelques mots à chacun des prédicateurs qui ont fait l'oraison funèbre du Roi, il ajoute : « Cospean (*sic*), evesque d'Aire, le jour de S. Pierre, à Nostre-Dame où le corps fut apporté, fit son oraison funebre avec apparat, *hoc est*, beaucoup de monstre et peu de rapport ; loua le Roy et les Jesuites, et prescha *el paulo* en espagnol, disait lon, duquel il a le visage, la garbe (l'orgueil) et la contenance. » Et L'Estoille semble préférer à l'évêque d'Aire le prédicateur Deslandes, qui fit l'oraison funèbre à Saint-Merri, et qui eut d'ailleurs, semble-t-il, plus de succès, malgré la fade banalité d'un discours fait froidement avec une sorte d'enthousiasme de commande.

Nous connaissons peu de faits relatifs à Cospeau jusqu'à sa nomination à l'évêché de Nantes. Voici cependant
quelques détails que nous empruntons à une biographie
manuscrite de Cospeau (*sic*), conservée dans son premier
évêché, et dont Mgr l'évêque d'Aire a bien voulu nous
transmettre une copie.

Pendant la minorité de Louis XIII, les religionnaires
causèrent des troubles dans le diocèse d'Aire ; le sieur de
La Force s'empara de la maison épiscopale, qui fut reprise en 1616 par le marquis de Poyanne. C'était, semble-
t-il, une véritable forteresse ; et le marquis, pour assurer
la tranquillité des peuples des Landes, dont il était sénéchal et gouverneur, fit arrêter que ce château serait rasé,
et que le pays indemniserait l'évêque. Cospeau consentit
à cette mesure.

Il travailla beaucoup à réparer les églises de son diocèse : c'est à lui qu'on doit le portail de la cathédrale
d'Aire, et l'on y voit ses armoiries, trois fusées d'argent ;
mais c'est une œuvre plus que médiocre, qui témoigne
assez mal en faveur de son goût, ou du talent de l'archi-
tecte.

Cospeau s'occupa aussi de former un clergé dans son
diocèse[1] ; mais il ne put y jouir longtemps des bons effets
de son zèle : il quitta le siège d'Aire en 1622 pour celui
de Nantes, qui était beaucoup plus avantageux pour lui :
les revenus de son premier évêché s'élevaient à dix-huit
mille livres ; ceux du second, à vingt-deux mille[2], sans

1. *Archives diocésaines d'Aire.*
2. *Pouillé général.*

parler du casuel, qui, affermé en 1599, tant au temporel qu'au spirituel, pour la somme de neuf mille livres, s'éleva en 1622 à dix mille cinq cents : ce que prouve un acte passé en 1622, pour six ans, entre l'évêque Cospeau et le sieur Jean Mellet; en 1639, un acte, encore conservé, porte la ferme à dix-huit mille livres[1].

COSPEAU, ÉVÊQUE DE NANTES.

Cospeau dut l'évêché de Nantes à l'amitié d'un religieux carme, Philippe Thibaud, qui, désigné pour succéder à M. d'Orgères, appelé au siège de Saint-Malo, refusa cet honneur, et indiqua l'évêque d'Aire à la reine Marie de Médecis. Cospeau accepta, mais il montra peu d'empressement à jouir de son nouveau titre : nommé le 17 janvier 1621, ce fut seulement en 1622 qu'il vint à Nantes. Le 17 mars, il prit possession, par procureur, et, le 18, il arriva en personne : le même jour, il reçut le corps de ville et l'Université; ce fut seulement le jeudi 7 avril, qu'il parut à la Chambre des comptes de Bretagne, pour prêter au Roi le serment accoutumé.

Nantes était afors dans la position la plus difficile; le prince de Soubise, chef de la maison de Rohan et du parti calviniste, venait sans cesse harceler la ville; on ne savait quelles mesures prendre pour mettre les habitants à l'abri de ses incursions; enfin, le Roi lui-même voulut frapper un grand coup, et se décida à marcher contre l'armée du prince : le 9 avril, il était à Nantes, où il fut

1. *Archives de Nantes.*

rejoint le 11 par sa mère et sa sœur, la princesse Henriette ; le 12, il couchait à Vieillevigne ; le 13, à Legé ; le 14, il chassait de l'île de Ré le prince de Soubise et faisait sur lui six à sept cents prisonniers, qu'il envoyait à Nantes quelques jours après.

Le zèle du nouveau prélat, sa charité toute évangélique, s'exercèrent au milieu de ces troubles : le 27 mars, François L'Huillier, prévôt général de la connétablie de France, des camps et armées du Roi, rendit contre tous ces prisonniers un jugement qui condamnait treize d'entre eux à la potence et les autres aux galères[1]. Cospeau, informé de ces mesures si rigoureuses qui devaient s'exécuter le jour même, voulut voir les condamnés, et, si ses démarches ne purent faire lever ou retarder la sentence, du moins ses bonnes paroles acquirent à la religion catholique cinq conversions. Sa bonté n'abandonna pas les autres ; à ses instructions, fréquemment répétées, cinq ou six cents d'entre eux abjurèrent le calvinisme, et bientôt le Roi écrivait de Montpellier à la ville de Nantes une

---

1. Le Méé dit quatorze. « Quatorze rebelles ayans esté sententiés de mort dans l'Isle de Ré pour crimes personnels : ce Religieux Euesque se presenta pour les secourir en ce dernier deuoir : mais auec quel transport de charité ! On le vit marcher le long des ruës, d'vn des bouts de la Ville où estoit la prison, iusqu'à l'autre où estoit le supplice, les tenant embrassés chacun d'vne main, les arrosant de ses larmes, les embrasant de ses soupirs, leur disant des paroles de feu et de flames, et les encourageant de telle façon qu'ils sembloient trouuer les délices dans la douleur, la gloire dans l'ignominie, la satisfaction dans l'opprobre, et la vie dans la mort. Il ne se rebutoit point d'estre personnage dans vn spectacle qui donnoit de l'horreur et de l'effroy à tous les spectateurs. »

lettre (4 septembre 1622) qui montrait l'intérêt que prenait le pieux évêque à ces pauvres gens : « Afin que vous soyez deschargez de ceulx qui se sont volontairement convertis, *nostre volonté est que vous les mettiez en liberté*, ayant trouvé bon de leur accorder cette grâce *à la prière qui nous en a esté faite de la part de l'evesque de Nantes.* Vous n'y ferez donc faulte, car tel est nostre plaisir. »

Cette même année, Cospeau, à qui le Roi avait abandonné, comme il l'avait fait à plusieurs de ses prédécesseurs, ses droits de régale, réclama du chapitre les émoluments du sceau perçus pendant la vacance. Ces droits, fort modiques, restaient ordinairement au secrétaire ; aussi est-il à croire que le nouvel évêque, en les réclamant, défendait plutôt un principe qu'il n'agissait par intérêt; car, dit le cardinal de Retz dans ses mémoires[1], « il soutenoit l'épiscopat avec une piété sans faste et sans fard, et son désintéressement étoit au delà de celui des anachorètes. » Aussi, le factum du chapitre, tout en combattant ses prétentions, rendit pleine justice à son insigne piété et à son savoir éminent, et montra une impartialité qui prouve bien qu'il n'y avait dans ce débat rien de personnel. D'ailleurs, sans cesse occupé de son diocèse, qui depuis cinq ans n'avait pas été même visité par les évêques ses prédécesseurs, il cherchait à réformer les abus que le temps avait apportés, et faisait publier un *Propre des Saints de Nantes*, rédigé par Vincent Charron[2].

1. *Mém. du cardinal de Retz.*— Genève, Fabry,1751,4 vol. in-12, t. I, p. 58.
2. « Qui pourra dire, s'écrie René Le Mée, avec quel zele il s'est comporté en ce sacré ministere...? Et ne faut-il pas confesser

Après avoir ainsi pourvu aux affaires les plus pressées,
il partit pour Paris : il y était appelé par l'affection qu'il
portait à la famille de Retz, qui venait de perdre un de
ses membres, l'évêque de Paris, cardinal de Retz, mort
à Montpellier, dans le camp du Roi.

Quand le corps du défunt fut apporté, la ville fit mettre
sur pied un assez bon nombre d'archers, et l'alla recevoir jusqu'à l'église de Saint-Jacques du Haut-Pas, dans
le faubourg Saint-Jacques, avec les plus grands honneurs :
l'on était au 6 octobre. Le lendemain se fit à Notre-Dame
le service des morts ; une contestation s'éleva entre la
Cour des comptes et le chantre de Notre-Dame, qui voulait avoir son siège au-dessus de la Cour, comme le duc
de Montbazon, gouverneur de la ville, avait le sien au-
dessus du Parlement ; l'office fut un instant troublé ; mais
le chantre se retira, et Cospeau, qui était chargé de l'o-
raison funèbre, put rendre au cardinal de Retz l'honneur
qu'il avait déjà rendu à la maréchale de Retz en 1603, à
son début dans la carrière de la prédication : malheureusement, ces deux discours, qui ne semblent pas avoir été
imprimés, sont probablement perdus.

Cospeau n'attendit pas la mort du cardinal de Bérulle,
dont il était l'ami, pour se déclarer son apologiste ; dès
que les persécutions de l'envie s'attaquèrent au vénérable

que par ses soins infatigables, il a réussi en telle sorte que ceux
qui dormoient dans le clergé se sont resueillés de leur sommeil...?
que par son moyen, les laïques ont esté éblouïs de la pompe des
vestements sacrés, que les plus grands et les plus sages du siecle
ont confessé que la charge des seigneurs et des sénateurs de la
terre n'etoit point si illustre que celle d'vn prestre de Jésus-Christ?»

fondateur de l'Oratoire, Cospeau mit sa plume au service d'une cause qui lui était chère.

Les ouvrages du cardinal de Bérulle sont aujourd'hui peu consultés : son style, plein d'onction, a le défaut d'être un peu diffus; mais le rôle important de leur auteur attirait alors sur eux l'attention; lorsqu'il publia ses douze *Discours de l'état et des grandeurs de Jésus*, ses ennemis, qui ne pouvaient lui pardonner sa faveur auprès de la Reine, se levèrent en masse contre lui; « on poussa les excès à un tel point, qu'on voulut le lapider, et qu'on osa l'accuser d'hérésie.

» L'orage commença à Bordeaux; on y assembla plusieurs docteurs, et l'on eut bien soin de cacher aux juges l'auteur des *Prières* en question. La vérité triompha[1]. »

M. de Bérulle, ferme et modeste, dédaigna de répondre à ces attaques, dont il ne chercha à se justifier qu'après une dizaine d'années d'un silence patient. Ses ennemis profitaient de sa longanimité, pour répandre dans le pays libelles sur libelles, calomnies sur calomnies; le pieux cardinal, qui eut l'occasion de voir le Roi lorsqu'il passa à Poitiers pour se rendre à Bordeaux, ne parla même pas des persécutions dont il était l'objet. Mais ses amis s'émurent pour lui; et Cospeau, qui avait joint son approbation à celle que les évêques de Poitiers, de Langres et de Belley avaient accordée au livre de leur respectable ami, fit paraître en 1622, chez Ant. Estienne, une petite brochure de quinze pages, intitulée : « *Reverendissimi do-*

1. *Vie du cardinal de Bérulle.* — Paris, Nyon, MDCLXIV, in-12, *passim.*

*mini Philippi Cospeani, Nannetensium episcopi, ad illus-
trissimum cardinalem Bentivolium, Galliarum protectorem,
pro reverendo patre Berullio epistola apologetica.* » Il ne
peut s'élever avec trop de force contre deux diminutifs
de moines (*fraterculi*), dont le devoir est de pleurer et
non d'enseigner, qui ont eu l'audacieuse folie d'attaquer
le P. de Bérulle, le plus parfait modèle de la piété, le plus
heureux des hommes dans ses luttes contre l'hérésie :
s'ils ont fait paraître leurs libelles sans nom d'auteur ni
d'imprimeur, c'est qu'ils n'ont pas voulu, — sagesse de
fou, — signer un mensonge. — Suit l'examen de quatre
passages du père de Bérulle, à qui l'auteur donne les
plus grands éloges.

Cospeau, qui prenait volontiers en main la cause de
l'opprimé, ne partageait pas contre le poète Théophile la
haine que lui témoignaient les Garasse et les Guérin. Il
avait défendu M. de Bérulle vertueux et persécuté; il n'a-
bandonne pas plus Théophile coupable peut-être de mauvaises mœurs et d'impiété, mais à coup sûr d'un fort
mauvais livre, et c'est à peu près à la même époque qu'il
lui montre toute sa bienveillance. Aussi Théophile, avant
sa sortie de prison en 1624, parle-t-il de lui avec éloge.

Un autre poète, aussi débauché, mais moins impie que
Théophile, et qui était en ce moment à Belle-Ile auprès
du duc de Retz, Saint-Amant, ne sait quelles louanges
donner à Cospeau, qui avait accepté la dédicace de son
poème du *Contemplateur :* Vous, lui dit-il,

> Vous, par qui i'espere estre exempt
> De choir en l'éternelle flame,

Apostre du siecle present,
Cause du salut de mon ame,
Divin Prelat, sainct Orateur,
Juste et souverain Destructeur
Des infernales Heresies,
Grand Esprit, de qui tout prend loy,
Et dont les paroles choisies
Sont autant d'articles de Foy;

Vous qui gardez d'vn soin si dous
Le cher troupeau de vostre Maistre,
Luy donnant, en despit des lous,
Le sacré pain de grace à paistre :
Vray Ministre d'Estat du Ciel,
Cœur debonnaire, Homme sans fiel,
Qui viuez comme font les Anges,
Et meritez qu'en chaque lieu
On vous fasse part aux louanges,
Que vous mesmes rendez à Dieu;

Vous, dis-ie, qui daignant cherir
Les Nobles travaux de la Muse,
Auez voulu vous enquerir
A quoy maintenant ie m'amuse;
Je vous le veux dire en ces vers....

Malgré le charme que devait trouver Cospeau à vivre
au milieu de beaux esprits dont il avait partagé l'instruction, ou qui s'empressaient de rendre hommage soit à
ses vertus, soit à son crédit, l'évêque ne prolongea pas
son séjour à Paris jusqu'à la fin de l'année, et il put assister aux États qui se tinrent à Nantes, en décembre 1622,
sous la présidence de Jean de Rieux, marquis d'Assérac.

Bientôt après, nous le voyons commencer à témoigner de sa faveur pour les établissements religieux; les Carmélites et les Bénédictines du Calvaire surtout étaient l'objet de ses affections : c'est en faveur de ces dernières qu'il proposa au chapitre, le 23 janvier 1623, d'admettre l'ordre à Nantes; en même temps, il faisait demander au bureau de la ville, par Raoul de la Guibourgère, sénéchal et maire de la ville de Nantes, l'autorisation nécessaire pour que les religieuses s'établissent dans un des faubourgs.

Cospeau ne pouvait mieux montrer son amitié pour M. de Bérulle qu'en favorisant les Carmélites, dont celui-ci était allé chercher le noyau en Espagne[1], ni son désir de seconder le P. Joseph qu'en soutenant ses efforts pour répandre par la France l'ordre si rigoureux des Bénédictines du Calvaire. Les sympathies ne sont pas en général attachées au nom de l'*âme damnée de Richelieu;* mais si l'*Éminence grise* a trop écouté son ambition dans les affaires d'État, on est forcé, quand il s'agit de l'établissement des religieuses du Calvaire, de lui reconnaître des qualités qui semblent incompatibles avec son caractère politique. Son zèle ne se dément jamais quand il s'agit d'elles; c'est surtout de Poitiers et de Paris que sont datées ses lettres; mais nous en voyons aussi de Bordeaux, de Metz, de Ratisbonne même : par son active correspondance, il vit au milieu d'elles[2]; son langage est empreint d'une dou-

---

1. *Vie du cardinal de Bérulle.*

2. 1ᵉʳ vol. — *Epistres ecrites a plume volante aux religieuses benedictines de la congrégation de nostre Dame du Calvaire, par le*

ceur, d'une onction toute paternelle, et le style en est fort remarquable pour sa date (1619-1631 environ), s'il n'a pas été retouché au moment de la publication.

Ses efforts, vivement aidés par l'évêque de Poitiers, pour ramener les couvents, alors si déréglés, aux rigueurs de leur institution, trouvaient un appui non moins puissant dans Cospeau : comment ne se serait-il pas rendu aux plaintes si sages du fondateur?

Le P. Joseph indique aux religieuses de ces monastères les péchés auxquels elles s'exposent par le luxe de leur église ou de leurs vêtements, par leur facilité à accueillir les visiteurs, par leur empressement à recevoir et à faire des présents, et il termine sa lettre par ce passage :

« Maintenant il n'y a maison si réformée où toutes les dames de la Cour n'ayent permission d'entrer : n'avoir point ce privilège, c'est une marque de peu d'autorité. Oui, je dis des plus réformées, car pour les autres l'on ne daigne y aller. Or, non seulement elles y entrent, mais encore elles y demeurent les huit ou quinze jours, y mangent et y couchent et mènent avec elles cinq ou six jeunes filles; chaque religieuse en prendra une : c'est ma cousine, ma confidente et ma dévote. Jugez durant ce

---

Fondateur de sainte mémoire, le très R. P. Joseph de Paris, capucin. — pp. 1-221.

2° vol. — Plusieurs epistres fort spirituelles du tres Reverend Pere Joseph de Paris, capucin d'heureuse mémoire, écrites à plume volante à une illustre religieuse, grande servante de Dieu, sa Disciple, conduite de Dieu par un trait de souffrance et de grandes epreuves interieures. — pp. 1-237. In-8°, 1677. — Pour ce passage, voy. pp. 195-196, 1ʳᵉ partie.

temps comme tout va, quel silence, quelle retraite, régularité et mortification il y a dans une maison : l'on rit, l'on décharge ses sentiments à son amie, l'on murmure de celles qui ne sont conformes à son humeur, etc. »

L'évêque de Nantes s'associa pleinement aux vues du père Joseph, et seconda ses efforts pour fonder ou réformer les couvents. Il faisait de fréquentes visites dans les communautés. Voici, à ce sujet, quelques détails que nous empruntons à l'ouvrage si rare de René Le Mée :

« Il n'auoit pas seulement la pudeur pour soy mesme, mais encore il la communiquoit aux personnes qui l'approchoient; et il a souuent changé les flames de Babilone en celles de Jérusalem, l'amour profane en vn amour sacré. C'estoit le respect de la virginité qui l'attiroit à la fréquentation de quelques deuots monasteres, pour y reuerer une vertu qui transplante le Paradis en terre, et qui fait voir des personnes qui viuent dans vn corps humain comme s'ils n'auoient point de corps.

» L'honneur qu'il portoit à cette diuine qualité ne luy permettoit point de parler seul à seul à aucune fille ny femme; disant que ce n'estoit pas assés de se garder du mal, mais encore qu'il falloit euiter le soupçon et l'occasion..... Pour preuenir le soupçon aussi bien que le mal, il vouloit que la présence de ses aumosniers ou de quelqu'autres personnes obseruast toutes ses paroles, et éclairast toutes ses actions.

» Quand il frequentoit quelque monastere, il ne parloit à aucune fille en particulier, et l'on a remarqué dans Font-Eurault qu'après auoir salué Madame, il la suplioit d'ordinaire de faire venir la plus grande compagnie qu'elle

pourroit de ses Religieuses : ce n'estoit pas seulement
pour que sa conversation fust plus fructueuse par le
nombre des personnes qui receuroient ses bonnes instructions; mais c'estoit encor pour euiter le soupçon qui
accompagne les discours solitaires d'vn homme avec vne
fille quand ils se font hors de nécessité. »

Malgré l'intérêt qu'il portait aux religieuses, ce fut en
1626 seulement que la première pierre de leur couvent
fut posée par la Reine-Mère. Peut-être Cospeau, appelé à
Paris pour une affaire grave, avait-il un peu négligé les
intérêts de la communauté. En effet, nous le voyons à la
fin de 1622 à Paris, où il soutenait en Sorbonne, contre
Edmond Richer, deux articles du cardinal de La Rochefoucault, défavorables aux privilèges, encore mal définis,
de l'Église gallicane. Voici ce que nous lisons à ce sujet
dans l'abbé Travers, qui a d'ailleurs emprunté ce passage
à Baillet, *Vie de Richer.*

Dans le courant du mois de mai 1622, ou à peu près,
Cospeau se rendit à Paris, « où il eut la foiblesse de se
prêter au dessein du cardinal de La Rochefoucault, qui
étoit de faire signer en Sorbonne deux articles, par lesquels il prétendoit discerner les Richeristes, ou ceux qui
ne croyoient pas le pape monarque absolu dans le gouvernement de l'Église, et qui, par conséquent, ne rece-
voient pas la bulle *Unam sanctam*, donnée par Boniface VIII.
Le dessein du cardinal était de les exclure des assemblées
de Sorbonne, et de n'y laisser que ceux qui croyoient le
pape roi et monarque de l'Église avec un pouvoir absolu.

« Voici quels étoient ces articles :

» PREMIER ARTICLE : *Le Pape, comme pape, peut faire des loix qui obligent en conscience tous les fideles en general et chacun en particulier.*

» DEUXIÈME ARTICLE : *Le Pape peut donner privilege aux religieux pour ouïr les confessions par tous les dioceses.*

» ..... Mais ces deux articles, dont le conseil, les évêques et les curés sentirent aussitôt les conséquences, furent arrêtés et ne furent point proposés. En effet, ils ruinoient les libertés de l'Église gallicane, faisoient les conciles généraux inférieurs au pape, lui asservissoient les évêques et tout le clergé, le roi et tout le royaume, s'ils avoient passé en Sorbonne, comme cela seroit arrivé infailliblement, si l'évêque de Nantes n'avoit pas été arrêté dans son dessein, par le conseil et le parlement. » — Peu de temps après, en 1630, il s'était réuni à une députation envoyée par le même cardinal de La Rochefoucault auprès de François de Harlay, alors archevêque de Rouen, pour l'engager à supprimer de son mémoire quelques articles fort innocents, coupables seulement du crime de déplaire au puissant cardinal, aux volontés duquel Cospeau eut tort peut-être de se prêter.

Travers, si complet dans son histoire de Nantes, nous ramène ensuite avec Cospeau aux États du 20 novembre 1622, tenus à Nantes sous la présidence du duc Henri de la Trémouille ; nous fait assister à la consécration par ce prélat d'un grand autel détruit vers 1750 ; nous fait lire une instruction sous forme de catéchisme, sur la dévote communion, avec mandement d'approbation du 19 janvier 1624 ; nous rappelle enfin un discours prononcé par l'évêque à Saint-Nicolas, le 7 mars, sur les avantages d'avoir au milieu de soi le Saint-Sacrement : sermon de circonstance maintenant perdu.

Au retour d'un nouveau voyage à Paris, le 12 avril 1625, Cospeau, que l'on a quelquefois de son temps cherché à montrer un peu trop attaché aux biens de la terre, changeait avec son chapitre une rente de cent livres pour un mince revenu de douze livres. Certes, s'il gagnait au change, ce ne pouvait être qu'en reconnaissance : mais, comme le remarque Travers, assez malveillant d'ordinaire pour Cospeau, un père ne regarde pas de près avec ses enfants.

Si Cospeau était désintéressé dans ses rapports avec le Chapitre, il n'était pas moins zélé en faveur des pauvres et des malades : ainsi, en 1625, le 8 juin, nous le voyons assister à une réunion du conseil de ville où l'on délibéra sur les moyens de renfermer les pauvres de la ville et des faubourgs, et de pourvoir à leur nourriture ; cependant, on regrette, au moment où la peste sévissait à Nantes (fin de 1626 et 1627) de le voir occupé à défendre à Paris un livre de Santarel, déjà condamné par le parlement de Paris et les principales facultés de théologie du royaume. Cospeau s'était déjà montré l'instrument d'un parti dans l'affaire de Richer, par faiblesse sans doute plutôt que par passion. Ici encore il obéissait au Roi, qui ne voulait pas admettre les termes violents des censeurs contre un ouvrage où cependant était soutenu le droit reconnu au pape de déposer le Roi. « Le 2 janvier, monsieur Cospeau lut en l'assemblée de Sorbonne, avec exprès commandement du Roy où il presenta les lettres de creance que Sa Majesté luy avoit baillecs[1]. » Il exprima le mécontentement de Sa Majesté, obtint qu'on adoucirait les termes de la censure, et porta la délibération au Roi, qui s'en montra fort satisfait.

En 1626, le 19 août, il avait assisté à ses derniers moments le malheureux comte de Chalais, condamné la veille par une commission, et exécuté sur la place du Bouffay de Nantes ; le 22 juin suivant (1627), il accompagnait à l'échafaud François de Montmorency, comte de Bouteville, et François de Rosmadec, comte des Chapelles, condamnés à avoir la tête tranchée en place de Grève, pour avoir contrevenu à ces arrêts contre le duel que Cospeau lui-même avait provoqués : on pense même que ce fut le pieux évêque qui dicta ou inspira à ce dernier les cinq lettres qu'il écrivit dans sa prison.

Quelques jours après, le 30 juin, il faisait à Saint-Denis l'oraison funèbre de Madame, Marie de Bourbon, princesse de Dombes, duchesse de Montpensier, femme de Gaston d'Orléans, frère du Roi, qu'il avait assistée dans la maladie dont elle était morte le 4 juin.

La réputation de piété de Cospeau le faisait rechercher non seulement à Paris, mais dans les diocèses voisins. On lit dans l'*Histoire de l'église de Meaux*[2] : « Ce qui contribua

---

1. *Mercure fr.*, 1627, p. 18.
2. Par dom Toussaint du Plessis, Paris, Gaudoin, 1731, 2 vol. in-4°. — Cf. *Annales benedictini, anno 1660* : — « En 1627, le très illustre Philippe Cospeau, alors évêque de Nantes, tira du tombeau les restes sacrés de sainte Thelchilde et de sainte Agliberte, et les enferma dans un coffret d'argent. » — Travers nomme la première sainte Theudechilde.

le plus à la gloire de l'abbaye naissante de Jouarre (diocèse de Meaux), fut d'avoir élevé dans son sein deux vierges illustres, sainte Bertile et la vénérable Éthérie, qui méritèrent peu de temps après d'être abbesses, l'une de Chelles, et l'autre de Notre-Dame de Soissons..... Il y avoit environ 900 ans que le corps de ces saintes et de quelques autres reposoient dans deux chapelles de Jouarre, lorsqu'ils furent levés de terre pour être transportés en la grande église de l'abbaye. La cérémonie se fit avec solennité, le 13 d'octobre 1627, en présence de la reine Marie de Médicis, mère de Louis XIII, par Philippe Cospeau. »

Les cérémonies de ce genre étaient plus fréquentes à cette époque qu'elles ne le sont aujourd'hui. Cospeau eut bientôt l'occasion d'autoriser, dans l'église des Carmes, la fête de la canonisation de saint André-de-Corsin (28 avril 1630).

Les règlements sur la résidence des évêques étaient alors, paraît-il, assez mal observés; car nous voyons plus souvent l'évêque de Nantes à Paris que dans son diocèse [1]. C'est ainsi qu'au 30 octobre 1629 il faisait à Paris,

---

1. Son panégyriste, Le Mée, a pour lui des excuses très acceptables; il dit, p. 107 : « Saint Paul... consoloit tous ceux qui auoient de la douleur;... c'est ce mesme sentiment qui a obligé si-souvent notre Prelat à quitter Dieu pour Dieu, en quittant son diocese pour aller à la Cour : car pourquoy y alloit-il? puisque l'obligation la plus essentielle d'vn bon Prelat c'est l'actuelle residence aupres de son troupeau. Estoit-ce pour y briguer des honneurs, luy qui les fuyoit autant que l'infamie : estoit-ce pour y solliciter un plus grand revenu? luy qui n'en a voulu que pour le distribuer aux pauvres : estoit-ce pour y chercher des plaisirs? luy qui auoit consacré toute sa vie à vne austere penitence; qui

dans l'église des Cordeliers, l'oraison funèbre de la princesse de Condé, et qu'à la fin de 1630, au moment où des circonstances difficiles, la cherté du pain, les maladies, un hiver rigoureux, semblaient exiger sa présence à Nantes, il sollicitait l'élargissement du duc de Vendôme, frère naturel du Roi, emprisonné à Vincennes depuis quatre ans et plus. —Cospeau obtint sa liberté et alla lui-même porter sa grâce au prisonnier le 30 décembre.

C'était une bonne œuvre, mais peu profitable au diocèse; cependant il y était aimé, et, en 1631, Padioleau écrivait dans sa *Belle et curieuse recherche traictant de la jurisprudence souveraine de la Chambre des comptes de Bretagne sur le faict de la régale*[1] : « Or, c'est maintenant assez, j'arreste sur cette année 1622..... L'occasion m'obligeant de finir, et faisant rencontre sur ce point qu'elle m'en presse le plus, de la personne de nostre bon pasteur nantois, le pere de son peuple, l'honneur du diocese, l'un des plus vertueux et recommandables prelats qui paroissent aujourd'huy dans la hierarchie ecclesiastique de France. »

portoit le cilice et la haire; qui tenoit cette maxime de Tertulien qu'vn chestien doit tousiours plorer s'il doit estre chrestien; et que les voluptés ne sont faites que pour ceux qui n'adorent point Jésus-Christ?

» Mais pourquoy y alloit-il donc? Disons auec verité qu'il y alloit, comme saint Ambroise a esté souuent en celle du religieux empereur Théodose, ou comme les Prelats de France ont esté en celle de saint Louis : il y alloit pour travailler à la gloire de Dieu et de J.-C...; il y alloit pour solliciter des œuvres ou de justice ou de charité, auprès d'vn Roy et d'vne Reyne qui n'auoient rien de plus cher que l'exercice de ces deux grandes vertus. »

1. Nantes, Sébast. de Heuqueville, 1631, un vol. in-4°, p. 322.

Peut-être faudrait-il voir seulement dans ces éloges une flatterie intéressée ; mais ils sont unanimes, et c'est seulement au siècle suivant qu'on remarque à l'égard de Cospeau, dans Travers par exemple, une malveillance que n'avaient pas pour lui ses contemporains.

Les détails de sa vie privée que nous lisons dans Le Mée, ajoutent encore à notre estime. On nous reprochera trop de citations peut-être ; mais nous trouvons à ce style du bon cordelier un charme de grâce antique, de simplicité honnête que nous voulons faire connaître à nos lecteurs :

« Comme un autre saint Charles, Philippe Cospean (*sic*) disoit d'ordinaire son breuiaire à genoux, et l'arrosoit de ses pleurs : comme luy il celebroit la sainte messe tous les jours auec vne deuotion plus qu'humaine, auec des larmes qui representoieut celles que J.-C. auoit repanduës dans la croix.

» Comme luy, il faisoit plusieurs retraites l'année, pour s'apliquer entierement aux exercices spirituels, pour les pratiquer luy-mesme, et pour les faire pratiquer à quelques sainctes ames. Comme luy, il lisoit l'Escriture saincte à genoux et la teste descouuerte, preschoit en toute occasion, faisoit des aumones au-dessus de son bien, seruoit les pestiferés, portoit sous sa pourpre la haire et le cilice, couchoit sur la dure, visitoit son diocese à pied, estoit tousiours le premier à l'Eglise, à l'Hospital, aux prisons, aux malades, au sermon et à toutes les bonnes œuvres....

» Il appelloit son carrosse, le Carosse de l'Euesché, et

ne s'en seruoit d'ordinaire, que quand la bienseance et la necessité ne luy permettoient pas d'aller à pied. Il n'a iamais affecté aucune maison, ny disposé d'aucun lieu comme luy appartenant. Il se consideroit tousiours commé estranger dans ce monde.

» Lorsqu'il se trouuoit dans des palais magnifiques, dans des maisons de plaisance, dans des jardins délicieux : voilà qui est beau, disoit-il, s'il ne falloit point mourir; mais le paradis est encore plus beau, et c'est pour luy que nous devons reserver tous nos desirs....

» C'est dans l'entretien de ces divines pensées que nostre sainct Prélat passoit la plus grande partie de la nuit, après lesquelles il faisoit vne abiuration constante de toutes les voluptés du monde, pour ne sauourer que celles de Jésus-Christ....

» Il s'occupoit jusqu'à trois ou quatre heures du matin dans cet exercice, auquel tems il se recouchoit iusqu'à sept ou huit heures, cachant tant qu'il pouuoit cette pratique de vertu comme toutes les autres, pour que personne ne s'aperceust que sa conuersation étoit toute celeste, aussi bien pendant les tenebres de la nuit que durant les lumieres du iour. »

Richelieu, bon juge de la valeur des hommes, avait grande estime pour lui; on prétend que le Cardinal avait été l'élève de Cospeau, en théologie : son Éminence «avoit fait amitié avec lui, et en fit cas toute sa vie. Comme il le connaissoit un homme franc et sans malice, il ne trouva point mauvais qu'il sollicitast pour M. de Vendosme,.... car son Eminence etoit persuadée qu'en pareil cas il en auroit autant fait pour luy.— Le Cardinal souffrit tout de mesme qu'il s'attachast à la Reine[1]. »

Ménage prétend que Richelieu, devenu ministre, répondit à l'envoi d'un ouvrage de son ancien professeur, par cette épître laconique et flatteuse : *Accepi, legi, probavi.*

Le Cardinal ne tarda pas à lui donner d'autres marques de sa faveur. Nommé gouverneur de Bretagne en 1632, à la mort du maréchal de Thémines, il eut de plus fréquents rapports avec Cospeau. Celui-ci, en janvier 1635, fut appelé à l'évêché de Lisieux : le 13 mars, il remercia le Roi, à Reaumont, de l'avoir nommé à un plus riche évêché. Son revenu à Nantes était de vingt-deux mille livres; à Lisieux, le pouillé accuse trente-trois mille livres. Cependant, il continua à porter le titre d'évêque de Nantes pendant plus d'un an, et ne fit son entrée à Lisieux, selon le *Gallia christiana*, que le 4 novembre 1636.

En quittant Nantes, il laissa au Chapitre une somme de trois mille livres, dont cinq cents pour la fabrique, quinze cents pour les ornements, mille pour un service anniversaire après sa mort. Le Chapitre reconnaissant inscrivit son nom, par décision en date du 3 juillet et du 28 septembre 1637, au nombre des bienfaiteurs dont on lisait autrefois les noms à la station qui se fait dans la nef[2]. Depuis la Révolution, le service qu'il avait fondé ne se

1. Travers, t. III, p. 293.— Nous avons vérifié et complété dans d'autres auteurs les assertions du savant abbé; mais l'ordre chronologique de cette notice, pour ce qui regarde le séjour à Nantes de Cospeau, et plusieurs passages que nous avons généralement cités, disent assez combien nous avons tiré parti de l'*Histoire des Évêques de Nantes.*

2. Tallemant des Réaux, 2ᵉ édit.— Paris, Delloye, 1840, t. IV, p. 95.

célèbre plus; une messe quotidienne, dite pour tous les
bienfaiteurs, remplace cette fondation particulière.

Le successeur de Cospeau à Nantes fut le jeune abbé
de Beauveau, prévôt de l'église de Nîmes.

COSPEAU, ÉVÊQUE DE LISIEUX.

La promotion de Cospeau à l'évêché de Lisieux témoignait de la faveur de Richelieu; le ministre n'abandonna
pas son ancien professeur, devenu son protégé, et nous
voyons celui-ci mêlé à la plupart des grands événements
de l'époque. Jusqu'à la mort du Cardinal, Cospeau ne
quitta Paris qu'à de rares intervalles. Comment s'administrait le diocèse pendant l'absence du prélat? Sans doute
à l'aide d'une de ces correspondances actives qui seraient
de l'histoire pour nous, à deux siècles de distance, mais
dont la négligence des contemporains ou l'incendie révo-
lutionnaire nous laisse à regretter la perte.

A Paris, Cospeau était fort recherché : l'auteur d'un
abrégé de Baronius, L.-Aurèle de Pérouse, lui dédiait
son livre (1638); les littérateurs du temps enviaient son
amitié. Voiture, à son retour de Rome, lui écrit une lettre
marquée de la plus respectueuse affection : « Toutes les
fois que je vous approche, lui disait-il, je sens que mon
bon Ange reprend de nouvelles forces, et qu'il me conduit
avec plus d'asseurance. Il y a longtemps que j'ay dans
l'esprit que si Dieu veut jamais ma conversion, il ne se
servira point d'autres moyens que de vos discours et de
vos exemples pour me faire cette grâce : et que s'il m'envoye une voix du Ciel pour me r'appeler, il me la fera

entendre par vostre bouche. Déjà il me semble, que la volonté que j'ay de vous servir, me sanctifie en quelque sorte : et que je ne sçaurois estre tout-à-fait prophane, ayant tant de respect et d'affection pour une personne si sainte. » Plus loin, Voiture le remercie de sa protection auprès du cardinal Barberin : « Je ne puis assez bien vous exprimer le bon accueil qu'il m'a fait à vostre recommandation, et l'affection qu'il témoigne avoir pour tout ce qui vous regarde. L'Italie, Monseigneur, ne vous connoît guère moins que la France : et, sans mentir, je n'ay rien veu à Rome, qui m'ait tant édifié que l'estime et la passion qu'on y a pour vous »[1].

Cette estime, cette *passion* qu'on avait pour Cospeau, ne nous édifie pas comme elle édifiait Voiture ; mais elle nous fait connaître la place qu'occupait le pieux évêque dans l'esprit de ses contemporains.

Il était fort aimé de la reine Anne d'Autriche. Lorsque, le 5 septembre 1638, elle eut son premier fils, le Roi, qui connaissait l'affection dont elle entourait Cospeau, le fit entrer dans sa chambre, où le prélat dit la messe à quatre heures du matin : peu de temps après, la Reine mit heureusement au monde le dauphin de France, depuis Louis XIV[2]. A quelques jours de là, quand elle put se lever, Cospeau dit encore, à sa prière, la messe dans le palais, et elle communia[3] ; enfin, le dimanche 26 sep-

---

1. *OEuvres de Monsieur de Voiture, nouvelle édition, corrigée.* — Paris, Vᵉ F. Mauger, MDCLXXXI. — Tome I, p. 222, lettre XCVIII, du 13 janv. 1639.

2. *Gallia christiana.*

3. *Mém. de Richelieu.*

tembre, la Reine voulut offrir son fils à Dieu : ce fut encore l'évêque de Lisieux qui officia, à un nouvel autel
élevé à la Sainte-Vierge dans la cathédrale, et qui, à la
fin de la messe, lut l'Évangile sur la tête du nouveau-né.

De telles faveurs fortifiaient de plus en plus son crédit,
et Cospeau en profitait pour venir en aide à ses amis. On
connaît sa conduite lors du grand démêlé qui s'éleva entre
le duc d'Épernon et le cardinal de Sourdis, « le prélat le plus
battu de France », dit Tallemant. L'archevêque avait excommunié les gardes du Duc et le Duc lui-même. Celui-ci fit
mille soumissions pour faire lever cette terrible sentence,
et cependant l'archevêque d'Arles et plusieurs autres prélats allèrent auprès du Roi dénoncer le Duc, qui ne pouvait payer trop cher ces coups de bâton à Monsieur de Bordeaux. Cospeau, indigné de leur dureté, s'écria « que si le
diable se pouvoit soumettre envers Dieu au point que faisoit
le Duc, il obtiendroit le pardon de ses fautes, et que l'Église
dénioit ce pardon à un chrétien, qui avoit toujours servi
Dieu et l'Église. » Quelque temps après, il intervint encore auprès de l'archevêque, pour obtenir des conditions
moins dures à l'absolution[1]. Dès sa première jeunesse, il
s'était attaché à la famille de Retz, et avait prononcé des
oraisons funèbres pour deux de ses membres. Lorsqu'en
1641, les étourderies du jeune Paul de Gondy lui eurent
aliéné les bonnes grâces de Richelieu, il trouva dans « ce
bonhomme » un défendeur zélé. Il faut lire d'ailleurs la
page des mémoires du Cardinal relative au pieux évêque.

1. Girard, *Vie du duc d'Épernon.*

— Transportons-nous avec lui chez Mme de Vendosme, dont le mari, emprisonné à la Bastille, avait dû sa liberté à Cospeau. ·

« M. de Lisieux étoit son directeur et logeoit toujours chez elle quand il étoit à Paris. Il revint en ce temps-là de son diocèse, et, comme il avoit beaucoup d'amitié pour moi, et qu'il me trouva dans les dispositions de m'attacher à ma profession, ce qu'il avoit souhaité passionnément, il prit tous les soins imaginables de faire valoir dans le monde le peu de qualités qu'il pouvoit excuser en moi. Il est constant que ce fut à lui à qui je dus le peu d'éclat que j'eus en ce temps-là, et il n'y avoit personne en France dont l'approbation en pût tant donner. Ses sermons l'avoient élevé d'une naissance fort basse et étrangère à l'épiscopat : il l'avoit soutenu avec une piété sans faste et sans fard. Son désintéressement étoit au delà de celui des anachorètes : il avoit la vigueur de saint Ambroise, et il conservoit dans la Cour et auprès du Roi une liberté que M. le cardinal de Richelieu, qui avoit été son écolier en théologie, craignoit et révéroit. Ce bonhomme, qui avoit tant d'amitié pour moi qu'il me faisoit trois fois la semaine des leçons sur les épîtres de saint Paul, se mit en tête de convertir M. de Turenne et de m'en donner l'honneur. »

Puis le Cardinal rappelle les conférences tenues chez madame de Vendôme; la complaisance de Turenne, qui jouait le néophyte pour ménager à son ami, le comte de Brion, des entrevues avec mademoiselle de Vendôme, dont le comte était amoureux : « le comte de Brion, qui avoit été deux fois capucin, et qui faisoit un salmigondis

perpétuel de dévotion et de péchés, prenoit une sensible
part à sa conversion prétendue, el il ne bougeoit des
conférences qui se foisoient très souvent, et qui se te-
noient toujours dans la chambre de mademoiselle de
Vendosme. »

Cospeau était dupe, mais se réjouissait d'avance d'une
conversion qui lui échappa. Elle était réservée à un tout
jeune prêtre, qui n'avait alors que quinze ans, et qui plus
tard, devenu évêque et l'une des gloires de l'Église, eut
le même rôle dans une intrigue galante, quand il porta à
Mme de Montespan une lettre d'amour de Louis XIV. Mais
Bossuet, autrement rigoureux que Richelieu et les prélats les plus recommandables de la génération qu'avait
connue sa jeunesse, n'aimait pas le théâtre et n'aurait
pas assisté volontiers à une représentation : en en sortant, il aurait cru voir les comédiens aller en enfer, riant
et grimaçant encore[1]. Cospeau, moins scrupuleux, accepta la proposition que lui firent Mme de Choisi et Mme de
Vendôme de lui donner la comédie à Saint-Cloud. « Le
bonhomme, qui admiroit les pièces de Corneille, répondit
qu'il n'en feroit aucune difficulté ; » cependant, il fit ses
conditions : — il voulut « que ce fût à la campagne et
qu'il y eût peu de monde. La partie se fit ; l'on convint
qu'il n'y auroit que Mme et Mlle de Vendosme, Mme de
Choisy, M. de Turenne, M. de Brion, Voiture et moi.
Brion se chargea de la comédie et des violons ; je me
chargeai de la collation. Nous allâmes à Saint-Cloud,

1. On sait en quels termes inconvenants Bossuet a parlé de
Molière.

chez monsieur l'archevêque; mais les comédiens, qui jouoient le soir à Ruel, chez monsieur le Cardinal, n'arrivèrent qu'extrêmement tard. M. de Lisieux prit plaisir aux violons. »

Cette partie fut encore égayée par un incident comique. Au retour, à la petite pointe du jour, le carrosse s'arrête brusquement. Le cocher tremble et n'ose parler; Voiture commence un oremus; Mlle de Vendôme dit son chapelet; « Mme de Vendosme vouloit se confesser à M. de Lisieux, qui lui disoit : *Ma fille, n'ayez point de peur, vous êtes en la main de Dieu.* Le comte de Brion avoit entonné bien dévotement, à genoux avec les laquais, les litanies de la Vierge. » Turenne tira son épée, et, « de l'air dont il eut demandé son diné, dont il eut donné une bataille », il s'élança... L'abbé de Retz saisit l'épée d'un laquais et suivit Turenne. — Ce sont des diables. — Ce sont des esprits.—Point : c'est une procession de capucins noirs, qui eurent peur, qui crièrent; Dieu sait s'ils prêtèrent à rire!

Le courage du jeune abbé, qui s'était moins troublé encore que Turenne, lui attira des compliments de Mlle de Vendôme; il se crut appelé à supplanter Brion, et mérita de plus en plus les éloges de tout le monde, par son assiduité à prendre les leçons de M. de Lisieux..., qui demeurait à l'hôtel de Vendôme. Il alla très loin, dit-il, et très longtemps; mais il fut arrêté dans sa course par le mariage de la princesse.

Cospeau, enchanté de son élève, cherchait à combattre les justes reproches que le cardinal de Richelieu faisait au jeune abbé. — Il est ami de tous mes ennemis, disait

le ministre. — « Il est vrai, répondait Cospeau ; et vous
l'en devez estimer : vous n'avez nul sujet de vous en
plaindre. J'ai observé que ceux dont vous entendez parler étoient tous ses amis avant que d'être vos ennemis. »
Le Cardinal se serait rendu sans doute à ces raisons qu'il
avait l'indulgence de trouver bonnes ; mais il mourut
avant que M. de Lisieux eût pu achever ce qu'il avait
commencé[1].

Mᵐᵉ de Rambouillet, qui se faisait un plaisir de surprendre les habitués de son hôtel, imagina aussi, pour
charmer le vieil ami de la famille, une petite scène my-
thologique dont le récit se trouve dans Tallemant des
Réaux. On connaissait sa chasteté, égale à celle de saint
François de Sales peut-être, et l'on savait que « mis à
l'épreuve des charmes de la plus ravissante beauté, il
avoit toujours paru aussi invincible aux armes de la vo-
lupté qu'un séraphin incarné[2]. » Aussi ce n'était pas une
séduction, mais une surprise innocente que lui ménageait
la marquise.

« Il y a au pied du château (de Rambouillet) une fort
grande prairie, au milieu de laquelle, par une bizarrerie
de la nature, se trouve comme un cercle de grosses
roches, entre lesquelles s'élèvent de grands arbres qui
font un ombrage très agréable. C'est le lieu où Rabelais se
divertissait, à ce qu'on dit dans le pays,... et, encore au-

1. *Mémoires de Retz.*—Genève, Fabry et Barillot, MDCCLI, 4 vol.
in-18 ; t. I, pp. 58-70.
2. *Le Prelat accomply,* par Réné Le Mée.

jourd'hui, on appelle une certaine roche creuse et enfumée, la Marmite de Rabelais. La marquise propose donc à M. de Lisieux d'aller se promener dans la prairie. Quand il fut assez près de ces roches pour entrevoir à travers les feuilles des arbres, il aperçut en divers endroits je ne sais quoi de brillant. Étant plus proche, il lui sembla qu'il discernoit des femmes, et qu'elles étoient vêtues en nymphes. La marquise, au commencement, faisoit semblant de ne rien voir de ce qu'il voyoit. Enfin, étant parvenus jusqu'aux roches, ils trouvèrent Mlle de Rambouillet et toutes les demoiselles de la maison vêtues effectivement en nymphes, qui, assises sur ces roches, faisoient le plus agréable spectacle. Le bonhomme en fut si charmé, que depuis il ne voyoit jamais la marquise sans lui parler des rochers de Rambouillet [1]. »

Le *bonhomme*, comme l'appellent depuis quelque temps tous les textes que je cite, n'était pas seulement aimé de la marquise de Rambouillet et de ses nombreux amis, mais encore des dissidents de l'hôtel. On en trouve la preuve dans les lettres qu'il écrivit à l'abbesse d'Yères, cadette de la famille de Rambouillet, caractère détestable, fille insoumise, abbesse indisciplinée et négligente : Cospeau seul put avoir sur elle un peu d'influence, mais pas assez pour épargner à Mme de Rambouillet les chagrins d'un factum publié par sa fille, où elle était peu épargnée ; la pauvre mère s'en plaint amèrement dans une assez longue réponse à ce mémoire, où elle rend, comme tout le monde, justice à l'évêque de Lisieux.

1. Tallemant, édit. cit., t. III, pp. 216-217.

C'est à l'hôtel de Rambouillet, véritable palais d'honneur, selon l'expression de Furetière, que Bossuet commença à prêcher, — « car il a prêchotté dès l'âge de douze ans[1]. » — Bossuet avait seize ans, lorsque, en 1643, il y fut présenté, et improvisa, vers la fin d'une soirée, ce fameux sermon qui fit dire à Voiture : « Je n'ai jamais entendu prêcher si tôt ni si tard. » Les éloges les plus empressés furent prodigués au jeune prédicateur : « C'était peut-être fait de son génie, s'il eût moins écouté les conseils de sa conscience que les louanges du monde. » Heureusement M. de Cospéan (*sic*), évêque de Lisieux, l'ayant soumis à la même épreuve qu'il venait de subir à l'hôtel de Rambouillet, vit ce qui manquait au jeune orateur, et ne lui cacha point la vérité que si peu de gens savent dire, et que moins encore savent entendre. Bossuet fit plus que de l'entendre, il en profita. Après le départ du jeune prédicateur, le prélat avait dit à ceux qui l'entouraient : « *Celui que vous venez de voir sera une des grandes lumières de l'Église.* Bossuet n'entendit pas cette prédiction, mais il la réalisa. Encouragé par les conseils du prélat plus que par les éloges de l'hôtel de Rambouillet, il se remit à l'étude avec une nouvelle ardeur[2]. » C'est à Cospeau qu'est dédiée sa première thèse de philosophie.

M. le baron de Stassart cite ce passage dans sa *Note relative à Cospeau*, et rapporte le mot d'un de ses amis qui, dans un élan de patriotique enthousiasme, s'écriait, à propos des conseils du vénérable prélat au jeune théo-

---

1. Tallemant des Réaux. — Édit. citée.
2. Mennechet, *Cours de littérature moderne.* — Paris, 1848, t. III, pp. 177 et suivantes.

logien : « Ainsi donc la Belgique serait en droit de se
prévaloir des chefs-d'œuvre de Bossuet, qui, sans notre
Cospeau, n'existeraient point! »

C'est pousser un peu loin l'orgueil national; ce n'est
pas d'avoir reconnu dans Bossuet les qualités que l'Europe chrétienne admire en lui qu'il faut le féliciter, c'est
d'avoir été dans son temps un digne précurseur de l'Aigle
de Meaux. Ses contemporains étaient placés trop près de
lui pour le bien apprécier ; mais nous qui le voyons à distance, nous pouvons facilement l'isoler de ses rivaux, et
lui reconnaître des qualités qu'on chercherait vainement
dans d'autres prédicateurs.

Toutefois, si, de son temps, on lui accordait la gloire
d'avoir purgé la chaire des citations profanes, on lui savait bien plus gré des vertus de sa vie privée; sa vieillesse, son air grave et bon lui attiraient le respect et le
faisaient rechercher comme directeur. Quand Louis XIII
mourut, le 14 mai 1643, Cospeau lui ferma les yeux.

La mort frappait autour de lui ses protecteurs. Richelieu n'était plus là pour le défendre, Louis XIII lui manquait; la Reine l'aimait, mais moins et autrement qu'elle
n'aimait le cardinal Mazarin : aussi sa faveur commença-
t-elle à diminuer; et le premier ministre même, jaloux de
son influence, ne tarda pas à l'éloigner. Mme de Motteville
a écrit à ce sujet une de ces pages charmantes, tracé un
de ces tableaux qui semblent vivifiés par le cœur, et qui
nous admettent dans l'intimité du cercle choisi de la Cour.
On nous saura gré de reproduire cette petite scène d'intérieur.

« *Année 1643...* On fit commandement à tous les évê-

ques de s'en aller à leurs diocèses. Cet ordre fut donné
afin que l'évêque de Lisieux se retirât dans le sien. Il
étoit dévot, grand prédicateur, et libre à dire la vérité. Il
étoit le saint de la Cour ; il avoit toujours appelé la Reine
sa bonne fille, et la Reine avoit toute sa vie marqué l'estimer infiniment. Le feu Cardinal, quoiqu'il ne l'aimât pas,
à cause qu'il étoit bon ami de la Reine, ne l'avoit jamais
voulu chasser, et avoit toujours quelque vénération pour
sa vertu et sa barbe grise ; mais enfin il fallut qu'il s'en
allât aussi bien que les autres.

» Il devina aisément que le commandement général
n'étoit donné que pour lui, et que la fortune du ministre
plutôt que la piété de la Reine, l'envoyoit satisfaire à ses
obligations. Il étoit intime ami des princes de Vendosme ;
il logeoit dans leur maison et parloit librement à la Reine ;
si bien que le Cardinal (Mazarin), le craignant avec sujet,
fut bien aise de s'en défaire. Il vint trouver la Reine un
matin, pour prendre congé d'elle. Elle étoit à sa toilette,
qui s'habilloit ; et, ne sçachant que luy dire dans l'embarras que la présence du bonhomme lui causoit, elle le
pria succinctement de se souvenir d'elle dans ses bonnes
prières. Pour luy, il ne luy parla point : il luy voulut
montrer sans doute qu'il obéissoit sans estimer le commandement. J'y étois, et je le remarquai avec peine pour
la Reine, et aussi pour celuy qu'elle chassoit si doucement.
La Reine, ensuite, étant au Val-de-Grâce, dit à la marquise de Maignelay (Claude-Marguerite de Gondy, tante
du coadjuteur de Retz), dame de grande qualité et de
grande vertu, amie de cet évêque, qu'elle avoit été obligée, par beaucoup de considérations, de l'éloigner ; mais

qu'elle luy juroit par le Dieu qu'elle venoit de recevoir
(car elle sortoit de la sainte communion), qu'elle en avoit
été très fâchée, et qu'elle avoit eu autant de peine à se
résoudre à le perdre, que s'il eût été un véritable père[1]. »

Rentré dans son diocèse, Cospeau s'attacha à la surveil_
lance des monastères qu'il avait fondés. Il avait toujours
témoigné beaucoup de faveur aux établissements religieux. Aussi, en 1639, il avait été appelé à bénir Jeanne
de Bourbon, abbesse de Fontevrault; le 4 juillet 1640, il
consacrait un nouveau dortoir pour les religieuses du
Préau; lors d'un grand différend qui s'éleva à Fontevrault, il fut un des juges nommés par le Roi pour y
mettre fin : le jugement fut rendu à Amiens, le 11 novembre 1641; le 18 janvier 1642, il permettait aux religieuses Carmélites de s'établir à Pont-Audemer, où leur
couvent existe encore; le 11 mars 1643, il abandonnait aux
réguliers de Sainte-Geneviève la possession du prieuré
de Sainte-Barbe en Auge, maintenant détruit. Pendant
son épiscopat enfin, les Hospitalières s'établirent à Hon-
fleur, et les Dominicaines, le 25 juin 1645, à Pont-
l'Evêque[2].

Cependant il s'occupait activement des affaires de l'évêché; dans les statuts synodaux du diocèse de Lisieux publiés en 1652 par l'évêque Léonor de Matignon[3], on

1. *Mémoires de Mme de Motteville.*
2. *Gallia christiana,* et lettre de Mgr l'évêque de Bayeux.
3. *Les Statuts synodaux de nosseigneurs François Rouxel de
Medavy, Philippes Cospeau, et Léonor de Matignon, evesques et comtes
de Lisieux, imprimez par le commandement de mondit seigneur de
Matignon, à présent séant. — Caen,* Pierre Voisin, MDCLII, in-12.

trouve, de Cospeau, une ordonnance du 1ᵉʳ février 1640, sur la résidence des curés du diocèse; il ne pouvait qu'exiger l'observation d'une règle qu'il avait peut-être trop négligée lui-même; au synode de juin 1642, il rédigea et publia de nouvelles ordonnances qui furent suivies d'une lettre où, « sur la remontrance que plusieurs de nos curez nous auroient faites par plusieurs fois de la trop grande multitude des cas reservez, » le nombre en avait été beaucoup réduit.

Nous sommes conduits, par ces derniers actes, jusqu'à la mort de Cospeau; il s'éteignit au château des Loges, à l'âge de soixante-quinze ans, le 8 mai 1646.

Nous empruntons à René Le Mée quelques détails intéressants sur les derniers moments de l'illustre prélat :

« Un médecin l'ayant averty qu'il aprochoit de sa fin, après l'en avoir remercié, il se mit promptement en deuoir de pratiquer trois grandes actions d'humilité pour se preparer à la mort. La premiere fut d'adorer l'obeissance que le Sauveur auoit renduë à son pere jusqu'à la consommation de la croix... La seconde, fut de s'vnir à J.-C. pour reuerer avec luy la divine justice... La troisieme fut de s'offrir auec larmes et soupirs à ce pitoyable redempteur...

» Ce grand prelat sçavoit le secret de vivre dans le monde sans estre du monde : car longtemps auparauant que d'estre arrivé au terme de la vieillesse, il auoit pris congé de tous les emplois qui ne regasdoient point son salut ou celuy du prochain : il n'estoit en terre que comme le lis qui se seme par ses propres larmes ; il y estoit comme l'oyseau du Paradis, qui passe sans s'y arrester.

» Finalement, apres auoir attaché ses yeux et son cœur au ciel, il prononça cette priere de saint Estienne : *Domine Jesu, accipe spiritum meum,* puis il expira, comme un autre Moyse, sur la bouche de Dieu, entre les bras du Seigneur, et acheua par ce pieux moment la course de soixante et quinze années sur la terre, pour aller commencer l'Éternité dans le ciel.

» Ainsi mourut le grand Cospeau, dont le nom, pendant sa vie, auoit esté celuy de la vertu ; sa personne, le centre du merite ; sa vie, le theatre de la saincteté ; ses actions, des exemples de la vraye sagesse ; son esprit, le tresor des graces diuines et humaines ; son cœur, vne source de generosité ; toutes ses paroles, des instructions de pieté et d'honneur ; et sa mort, vne excellente leçon à tous les hommes pour leur apprendre à mourir. »

Ses dernières paroles ont été commentées par David de La Vigne, dans l'insupportable fatras d'un livret de 49 pag. in-4°, intitulé : « *Le Miroir de la bonne mort, ou Méthode de bien mourir, tirée des dernieres paroles de l'évêque de Lisieux, Philippe de Cospeau, dressée en forme d'oraison funèbre,* par le P. David de La Vigne, de l'ordre des Freres mineurs, qui l'assista à sa mort. » — Paris, Leduc, 1641. — Dédié à la Reine.

Ce livre, qui a la prétention d'être « dressé en forme d'oraison funèbre, » n'est en réalité qu'une exhortation à la mort, surchargée de citations de l'Écriture sainte, et où l'on chercherait vainement quelques traits de la vie publique ou privée du saint évêque. On trouve quelques

rares détails dans le livre que nous avons cité de René
Le Mée, « *le Prélat accomply*[1]; » mais ils sont noyés dans
cinq parties, véritables sermons, où l'auteur examine longuement ce que doit être un évêque, et ce qu'était Cospeau. Le premier livre traite de la sainteté, le second de
la charité, le suivant de la prudence, le quatrième de la

---

[1]. Voici le titre exact de ce rare volume : *Le prélat accomply
représenté en la personne d'illvstrissime seigneur Philippe Cospéau,
esvesque et comte de Lisieux*. Dédié à nosseigneurs les Prélats de
l'assemblée generale du clergé de France, par le commandement
de tres auguste et tres religieuse princesse Mᵐᵉ de Fonteurault.—
A Saumvr. Jean Lesnier, MDCXLVII. — 1 vol. in-4°. — Portrait.
(Bibl. Sainte-Geneviève, H, 2135.)

La dédicace au clergé et l'épître sont suivis de cinq sonnets,
dont le dernier est un anagramme, d'un quatrain (anagramme), de
stances et d'épigrammes.

ANAGRAMME.

SONNET.

Philipes Cospean. — Pol pris en chaise.

Toutes les qualités d'un prelat veritable
Ont orné Cospean et vrayment anobly :
Son premier aduantage est qu'il n'a point failly,
Et dedans ce seul point, il est inimitable.

Quatre grandes vertus, par un bonheur notable,
Comme autant d'elements son âme ont embelly,
Et l'on peut justement appeler accomply
Un prélat sainct, prudent, sçavant et charitable.

Son cœur, tousiours ardent pour Dieu s'est consumé :
Par les mesmes vertus qui l'auoient animé,
Ce feu qui l'enflâmoit a brûlé sa fournaise.

Le Ciel couronne enfin tant de perfections,
Lorsque la terre admire et suit les actions
De cet homme divin, *pris* pour un *Pol en chaise.*

R. PRESTRE,
de Souzan.

doctrine, le dernier de la mort du saint prélat, « ce saint Ambroise de notre France, cet apostre de nos jours. »

Le portrait de Cospeau a été plusieurs fois gravé, soit dans l'œuvre de Charpignon, soit dans Odieuvre, soit par Michel Lasne, qui le représenta à l'âge de 68 ans, ou enfin par un anonyme qui n'est pas mentionné dans le P. Lelong, mais que nous avons vu à Nantes, dans la riche collection Lajarriette.

Il portait pour armes, écartelé au premier et quatrième d'azur, à trois bouterolles d'or, 2 — 1 ; au deuxième et troisième, d'or à la croix alaisée de gueules.

Suivant ses dernières intentions, ses entrailles ont été ensevelies devant le grand autel de l'église de Lisieux, près du lutrin ; son corps, apporté à Paris le 18 juin, reposa d'abord chez les religieuses capucines, plus souvent appelées filles de la Passion ; de là, le 10 juillet, ses funérailles se firent chez les Carmélites déchaussés, au temps même où s'y tenait une assemblée générale du clergé gallican. Le nonce apostolique y célébra les messes, et monseigneur Grillet ou Grillié, évêque d'Usez[1], le même dont on connaît une *Remontrance au Roi* au nom du clergé de France, fit l'oraison funèbre. Après le service, le même jour, le corps de Cospeau fut porté chez les Bénédictines du Calvaire, au Marais, comme le voulait son testament. C'est là qu'il est enterré, devant le grand autel, avec cette épitaphe en français :

---

1. *Uticensis episcopus.* — Et non évêque *in partibus* d'Utique, comme le dit M. Dubois dans son *Histoire de Lisieux*, ajoutant le *in partibus* à tous les titres connus de Mgr l'évêque Grillet.

« Ci-gist le corps de Philippe de Cospean (*sic*), Evêque et Comte de Lisieux, la lumiere et le patron des illustres personnages de son siecle, qui, après avoir excellé en doctrine, en excellence et en pieté, après avoir porté la mitre quarante-deux ans, avec l'approbation des souverains pontifes qui lui ont donné le titre de defenseur de l'héritage de Saint-Pierre, après avoir esté l'honneur des prelats de notre France, le modele des plus fameux predicateurs et sçavants theologiens, le pasteur sans interest, le pere des pauvres, le consolateur des affligez, le parfait amateur de la Croix, mourut dans son evesché de Lisieux, le 8 mai 1646, âgé de 76 ans, prononçant ces paroles : *Viximus in Christo, moriamur in Christo*. Il etoit superieur et protecteur des religieuses du Calvaire, auxquelles, après avoir donné ses soins pendant sa vie, il leur (*sic*) a donné son corps par testament, pour estre inhumé dans ce monastere. »

Nous n'ajouterons rien à cette épitaphe, qui a le mérite de sortir de la banalité par la vérité des éloges. Nul, du temps de Cospeau, n'a mieux que lui mérité le nom de prélat bienfaisant, d'homme de bien, de grand prédicateur.

FLÉCHIER

L'abbé Mongin, directeur de, l'Académie française, répondant au discours de réception de Mgr de Nesmond, archevêque d'Alby, successeur de Fléchier, ne craignait pas de dire dans une assemblée qui avait encore le souvenir de Bossuet : « Tant que l'élégance du style, la beauté de l'expression, la justesse des pensées, la variété des tours, la pompe et la magnificence des images, la richesse et l'importance de la matière, feront admirer les écrits du siècle de Louis XIV, on se souviendra toujours que l'illustre Fléchier en fut comme l'inventeur et le père ; que ce fut lui qui porta avec tant d'éclat et de dignité l'éloquence dans les chaires évangéliques. »

Dans un de ses dialogues, au contraire, Vauvenargues fait demander par Pascal à Fénelon « ce que c'est qu'un certain évêque qu'on a égalé à Bossuet pour l'éloquence », et Fénelon, qui, sans doute, aurait désavoué les paroles que lui prête Vauvenargues, répond en parlant de Fléchier comme « d'un rhéteur au déclin de sa réputation. »

En regard de ces opinions extrêmes, il n'est pas sans intérêt de placer celle de Fléchier lui-même sur ses propres écrits. Dans son portrait, tracé à la demande de mademoiselle Deshoulières, il s'exprime ainsi avec une parfaite sincérité: « Pour son style et pour ses ouvrages,

il y a de la netteté, de la douceur, de l'élégance ; la nature
y approche de l'art, et l'art de la nature. On croit d'abord
qu'on ne peut ni penser ni dire autrement ; mais après
qu'on y a fait réflexion, on voit qu'il n'est pas facile de
penser ou de dire ainsi. Il y a de la droiture dans le sens,
de l'ordre dans le discours et dans les choses, de l'arrangement dans les paroles et une heureuse facilité qui
est le fruit d'une longue étude. » .

L'abbé Mongin exagère l'éloge, en faisant de Fléchier
l'inventeur et le père du grand style français du dix-septième siècle ; Vauvenargues est trop dur en ne voyant en
lui qu'un rhéteur ; Fléchier seul est juste, et il le serait
plus encore s'il avait été moins modeste et avait ajouté
à son talent, si finement caractérisé, le don de l'éloquence,
qu'il atteignit souvent dans ses œuvres oratoires.

Fléchier fut un merveilleux ouvrier de style ; d'autres,
comme Pascal, durent à leur génie une forme pure et
sainement française ; mais personne avant lui, excepté
Balzac, ne chercha avec plus de soin et d'étude raisonnée,
les qualités qui firent de lui un de nos grands écrivains.

C'est à ce titre surtout que Fléchier est digne de sa réputation, non comme le créateur de l'éloquence française,
mais comme un de ceux qui, les premiers, comprirent,
cherchèrent et trouvèrent le mérite, alors bien rare parmi
nos prosateurs, « de l'arrangement dans les paroles. »

Quant à sa vie privée, elle n'a jamais eu grand éclat,
et, comme évêque, il est resté assez effacé, ne se distin-
guant guère de ses illustres confrères dans l'épiscopat ni
par des qualités plus brillantes, ni par des actes qui aient
plus vivement frappé l'attention des contemporains.

L'ouvrage où M. l'abbé Delacroix nous retrace l'histoire de Fléchier, nous le fait connnaître à la fois sous ces trois aspects, d'homme privé, de prélat et d'écrivain. Mais l'auteur, préoccupé surtout de célébrer une des gloires de l'Église de Nîmes et d'instruire par d'illustres exemples les membres du clergé catholique, auquel il appartient, attribue souvent à des événements qui n'ont d'importance qu'aux yeux des Nîmois, ou à des renseignements qui sont surtout utiles aux ecclésiastiques, une part si large, que l'intérêt du livre s'en ressent et qu'il n'a rien de bien entraînant pour un public moins spécial. Du reste, M. l'abbé Delacroix a fait preuve d'une conviction honnête et sincère et d'un désir consciencieux d'être complet et impartial, de tout dire et de ne rien surfaire; s'il n'a pas été toujours d'une rigoureuse exactitude, c'est lorsqu'il a fait des excursions dans un milieu qui n'est pas le sien, et qu'il a voulu suivre Fléchier dans les réunions mondaines où le Prélat avait accès.

Né à Pernes, près de Carpentras, en 1632, Fléchier, l'évêque de Nîmes, fut comme l'avait été Cospeau, l'évêque de Lisieux, une preuve vivante que le talent, même au dix-septième siècle et dans un temps de privilèges, pouvait s'élever aux plus hautes dignités. Fils d'un marchand et neveu du P. Hercule Audiffret, qui était supérieur général des Doctrinaires, il dut à son oncle l'éducation littéraire que son père, sans fortune, ne pouvait lui donner; après avoir fait son noviciat à Avignon, il entra dans la Congrégation de la Doctrine, en 1648, et fut envoyé à Tarascon en qualité de professeur. « Il y appor-

tait, dit M. Delacroix, une connaissance assez approfon-
die, pour son âge, des lettres anciennes et modernes, un
esprit observateur, capable de discerner les caractères et
de les tourner à bien. » On sourit involontairement en
songeant que de telles qualités sont prêtées à un enfant
de seize ans. Disons bien vite toutefois que le biographe
montre rarement ce parti pris puéril, mais trop commun,
d'attribuer à son héros tous les mérites requis par la profession qu'il exerce, au lieu de signaler ceux qui lui sont
propres et le distinguent.

Après la mort de son oncle, en 1659, Fléchier quitta la
Doctrine et vint chercher fortune à Paris. Présenté, dit-
on, au protestant Conrart, secrétaire perpétuel de l'Académie française, il connut chez lui la plupart des hommes
de lettres de ce temps-là, qui s'y réunissaient fréquemment, entre autres Chapelain, et s'essaya à la fois dans la
poésie latine et française. Ses premières pièces furent des
flatteries : en latin, il chante le mariage de Louis XIV, et
ce fut son début, comme celui de Racine ; mais où Racine
voyait une occasion de louer le jeune roi, Fléchier trouva
un prétexte pour donner à Mazarin les plus grands éloges :
« Le Cardinal était le seul espoir d'un siècle malheureux,
soit qu'il fallût conduire les Français au combat, ou donner ses soins à la paix du monde ; il soutenait, comme un
autre Atlas, le poids de l'Europe entière ébranlée par
les armes... » — Quel fut le prix de cette poésie où, selon
M. Delacroix, dont l'avis peut à bon droit paraître sus-
·pect, « Fléchier joignit au mérite du vers la sincérité et
la délicatesse de l'éloge? » On n'en sait rien.

Mazarin mort, Fléchier retrouva la même inspiration pour célébrer la naissance du Dauphin, et, en 1662, le fameux carrousel offert par Louis XIV à Mlle de La Vallière. Si l'on peut admirer l'élégante facilité avec laquelle il fit passer des idées toutes françaises à travers des mots d'une excellente latinité, l'art avec lequel, imitant Virgile, il introduisit sous les traits du jeune Dauphin, l'Amour auprès de Louis XIV, et ses galantes peintures de la Reine et des dames qui vinrent admirer les brillants jouteurs, on doit lui savoir gré de n'avoir pas fait la plus légère allusion à la favorite, et d'avoir, au contraire, rappelé au Roi l'amour de la Reine dans des termes émus et touchants.

La même année, devenu poète français, Fléchier, plus désireux de plaire au Roi que soucieux de ménager le souverain Pontife faisait paraître une « Plainte de la France à Rome, sur l'insulte faite à son ambassadeur, » et sacrifiait à la fois, à la France Rome ancienne et moderne, et à Louis XIV tous ses héros et le Saint-Père lui-même.

Poète français ou poète latin, Fléchier, jeune et inconnu, n'écrivit guère que des éloges, qui le firent connaître et lui valurent des protecteurs puissants. M. Delacroix, et c'est là une de ses plus graves erreurs, prétend que ses talents littéraires lui ouvrirent les portes de l'hôtel de Rambouillet, et le firent admettre parmi les familiers d'*Arthénice*. Il est vrai que Mme de Rambouillet vivait encore ; mais ses dernières années se passèrent dans une retraite presque absolue ; depuis la mort de son mari, ces réunions fameuses qui avaient eu tant d'éclat, surtout jusqu'au mariage de Julie d'Angennes avec M. de Montausier, avaient complètement cessé. C'est une autre erreur

de faire passer à l'abbé d'Aubignac la principale partie de
la succession de Mme de Rambouillet : aucune ruelle n'hérita de l'heureuse influence de la *chambre bleue*. Mais s'il
ne grossit pas le cercle de la marquise, fermé avant
même son arrivée à Paris, l'abbé Fléchier n'en devint
pas moins plus tard un des protégés de M. de Montausier,
qui contribua puissamment à le produire.

A cette époque, il ne fut point admis tout d'abord dans
les ruelles galantes, et Somaize, si bien renseigné, ne
prononce pas même son nom dans son *Dictionnaire des
Précieuses*. En revanche, il était assidu aux Conférences
académiques de Richesource, le famélique professeur de
plagiat; en compagnie de MM. Prieur, Joubert, Cattier,
Plancy et autres illustres inconnus, il s'y exerçait à l'éloquence. Un jour, il soutenait que « un général d'armée,
sous les ordres du souverain, peut se battre en duel pour
le bien de l'État, » à une condition cependant : c'est qu'il
fût « assuré de la victoire! » Un autre jour, il assurait
que « il est plus glorieux de mourir sur la brèche, en combattant pour la patrie, que d'expirer sur la tribune en parlant pour le public. » D'autres fois, abordant des sujets
plus galants, il soutenait que « la beauté et la bonté sont
également l'objet de l'amour; » que « les passions des
femmes sont plus violentes que celles des hommes. »
Qu'en savait-il, le jeune abbé? Ou que « la femme doit
préférer la vie de son père à celle de son mari. ».

A ces questions oiseuses, il assouplissait sa parole et
s'essayait au style oratoire; il y augmentait encore sa facilité naturelle, mais il y prenait le goût des antithèses,

fleurs de rhétorique qu'il a trop cultivées, et qu'il était
amené à prodiguer en traitant de tels sujets, où le grand
art était non pas d'arriver au plus vite à la conclusion,
mais de la retarder le plus possible, en soutenant le pour
et le contre à l'aide de subtilités et d'arguties.

Heureusement, Fléchier avait en lui des qualités plus
sérieuses que ses confrères des Conférences ; il ne tarda
pas à les dépasser ; et si, dans ses premiers sermons, qui
n'ont pas été conservés, il a pu sacrifier encore au faux
goût, il est certain du moins qu'il revint à un naturel parfait, à une simplicité exquise, dans sa Relation des grands
jours d'Auvergne.

« Esprit Fléchier, lisons-nous dans un manuscrit du
temps, homme de si basse naissance qu'il avoit été précepteur de Louis Urbain de Caumartin, maître des requêtes », avait accompagné son élève à ces célèbres assises
des Grands Jours, qui se tinrent à Clermont, de septembre 1665 à février 1666 ; comme autrefois aux fameux
Grands Jours de Poitiers, où de graves magistrats, Pas-
quier tout le premier, aimaient à se délasser de leur sévère mission en célébrant à l'envi la puce de mademoiselle
Des Roches, leurs successeurs de Clermont ne se bornè-
rent pas à rendre la justice. Rien ne fait mieux connaître
et les hommes, et les affaires, et la situation des pays, et
la vie de province à cette époque, que l'ouvrage de Fléchier : mais ce charmant récit, sur lequel tout a été dit
maintenant, fit peu pour la gloire de son auteur, puisqu'il
n'a été publié qu'en 1844.

Le véritable Fléchier, comme le remarque fort justement M. Delacroix, après Sainte-Beuve, n'était pas là

où nous l'avons vu jusqu'à présent ; il n'était pas dans les
ouvrages historiques, auxquels il commença dès lors à
s'appliquer en publiant le texte de la vie du cardinal Com-
mendon, par Graziani, qu'il traduisit plus tard en français ;
« il était dans la chaire, où il allait trouver le principal et
le plus brillant emploi de son talent. » Son Histoire de
Théodose, quoique fort bien écrite assurément, et son
Histoire du cardinal Ximénès sont oubliées, même des
curieux ; mais l'oraison funèbre de madame de Montausier, sa première œuvre en ce genre, prononcée le 2 janvier 1672, celles de madame d'Aiguillon et de Turenne,
celle enfin de M. de Montausier, qui fut la dernière, sont
et resteront classiques.

Sa réputation de prédicateur ne tarda pas à se répandre,
et il ne négligea rien pour l'entretenir, lisant sans cesse
les auteurs italiens et espagnols, afin de se prémunir
contre leurs défauts, et les anciens orateurs français,
entre autres non pas du Bellay, comme dit M. Delacroix,
mais Camus, évêque de Belley[1], le fidèle ami de saint
François de Salles. M. Delacroix étudie avec grand soin
les oraisons funèbres, les panégyriques, les sermons de
Fléchier ; il analyse avec finesse les qualités et les défauts
de son style ; il est cependant deux points sur lesquels
nous lui demanderons la permission de n'être pas d'accord avec lui : — « En le lisant, dit-il, on croit entendre
deux sons, celui des mots qui se choquent avec le plus

---

1. J'ai remarqué d'autres noms propres ainsi estropiés : p. 93,
Bautiville pour Bouteville ; p. 177, Vignoral pour Vignerod : ce
sont sans doute fautes d'impression.

doux bruit; et cette musique plus intime, en quelque sorte immatérielle que forme le mouvement des pensées et que l'âme seule peut saisir : *Il résulte de là une clarté, une limpidité parfaites.* » Quand M. Delacroix parle ainsi, nous ne pouvons le suivre, parce que nous ne le comprenons pas, et que notre esprit se refuse à se payer de mots. —Quand il dit aussi que « Fléchier se fit remarquer entre tous par la dignité de la louange, parce que, en homme de goût, il eut horreur de l'exagération en toute chose », nous ne pouvons davantage accepter son jugement.

Nous avons vu, en effet, quelles louanges peu modérées Fléchier, jeune et débutant, il est vrai, a prodigué à Mazarin, à Louis XIV, à tous ceux enfin dont il attendait une protection nécessaire; les dédicaces de ses livres, ses discours à l'Académie, ses compliments et ses harangues pendant les États de Languedoc, ne le montrent pas plus sobre dans l'éloge, alors que sa grande réputation lui permettait de satisfaire à moindres frais les plus exigeants.

Du reste, M. l'abbé Delacroix nous paraît juge assez discutable en fait de mesure; ainsi, quel que soit le mérite de l'oraison funèbre de madame de Montausier, cette femme célèbre appartenait, à trop de titres, à l'histoire pour devoir son immortalité à l'éloquence seule de Fléchier; le biographe de l'orateur sacré n'en dit pas moins : « Quant à M. de Montausier, le cœur et l'esprit lui révélèrent du premier coup que l'immortalité de celle qu'il pleurait dépendait désormais de ces pages, et il en exigea l'impression. » Pourquoi tomber dans des exagérations semblables? Pourquoi prêter à Fléchier, chargé de faire, après Bossuet, les oraisons funèbres de Marie-Thérèse d'Autriche et du chancelier Le Tellier, des raisonnements comme celui-ci : « Bossuet a ému, ravi, enlevé ; il sut intéresser, plaire et toucher. » Pourquoi surtout ajouter ? « L'aumônier ordinaire de la Dauphine n'était pas si *sot* que de se comparer à Bossuet. » — Défaut de mesure.

C'est ainsi que, mal renseigné sur l'importance historique de la Fronde, il ne juge pas sérieuse cette lutte si grave des cours souveraines unies et coalisées contre le pouvoir absolu du Roi, et que, ayant à parler de cette puissante manifestation, il dit d'un ton assez léger : « La Fronde était trop chétive pour avoir préoccupé l'Esprit saint de près ou de loin ; » c'est ainsi encore que, pouvant se maintenir dans les régions sereines du passé, il en descend, sans aucune nécessité, pour se mêler, par d'inutiles allusions, à des incidents contemporains qu'il conviendrait d'oublier : « De nos jours, Nîmes, encore dévoué à ses évêques, a vu des ovations, etc. » Où manque la mesure, il est rare de trouver la justesse et le goût.

De temps à autre, cependant, on sent que l'auteur résiste à ses entraînements, et qu'il vise à faire preuve d'une impartiale modération ; c'est ce qu'on remarque dans l'appréciation suivante du talent de Fléchier : « Fléchier, dit-il, a été le plus grand ouvrier en style de ce temps-là, mais il n'a été qu'ouvrier ; il a eu de la main, pour ainsi parler, il a manqué de génie... Avec des idées plus hautes, plus variées, plus originales ; avec une imagination plus féconde et plus hardie, il aurait égalé ses contemporains les plus illustres dans l'art d'écrire. N'était une symétrie trop rigoureuse et partant fatigante, sa phrase est claire, abondante, harmonieuse; ses tournures n'ont pas vieilli; ses mots sont à peu près tous usités. »

Tout en rendant justice aux qualités considérables de Fléchier, M. l'abbé Delacroix ne méconnaît pas, on le voit, ses défauts. Il est un autre côté de son talent sur lequel nous sommes obligés de consulter les contemporains et sur lequel nous ne les trouvons pas d'accord : je veux parler de son geste et de son débit : l'abbé du Jarry, ami particulier de Fléchier, en fait grand cas. « A l'égard de la prononciation (du débit), dit-il, je ne suis pas de l'avis de ceux qui croient que ce n'étoit pas ce qu'il y avoit de meilleur en lui. » Sous cette forme assez pénible, il est facile d'entrevoir une opinion peu favorable au débit oratoire de Fléchier. Cet avis se formule d'une façon plus nette dans les lignes suivantes, qui servent de commentaire à un mauvais couplet conservé dans les manuscrits de Maurepas :

> Pour réussir bien en parlant,
> De Fléchier suivez le talent;
> Toujours élégant il sera.
> Alleluia!

« Esprit Fléchier, lit-on ensuite, prêtre, de l'Académie française, homme de si basse naissance qu'il avait été précepteur de Louis-Urbain Caumartin, maître des requêtes, mais d'un esprit si bon et si juste, d'un sçavoir si éminent, d'une éloquence si parfaite, et avec tout cela d'une piété et d'une vertu si solides qu'ayant été connu puis produit par Charles de Sainte-Maure, duc de Montausier, pair de France, et gouverneur de monseigneur le Dauphin, il fut en droit de prétendre à tout. L'abbé Fléchier n'avoit aucun extérieur, prononçoit mal : on n'y faisoit aucune attention, tant ses sermons et ses oraisons (ses discours) étoient des ouvrages achevés. »

Voilà sur le débit oratoire de Fléchier deux jugements bien différents, et tous deux portés par des admirateurs de son mérite : auquel croire?

Quoi qu'il en soit de son talent d'*action*, Fléchier, après peu d'années de prédication, put en effet prétendre à tout, comme le dit le commentateur que nous citions : lecteur du Dauphin, prédicateur ordinaire du Roi, membre de l'Académie française, il obtint tous ses titres en moins de trois ans, sans parler de plusieurs abbayes qui lui furent accordées et dont les revenus suffisaient à ses besoins. Enfin, en 1685 il fut nommé à l'évêché de Lavaur, d'où il passa, en 1687, à celui de Nîmes, d'un revenu beaucoup plus considérable.

Fléchier n'avait point sollicité cette nouvelle faveur, et c'est une lettre vraiment apostolique que celle où il se défend de l'accepter, tout en remerciant le Roi de la lui avoir spontanément accordée. La même absence d'ambition se remarque dans un discours qu'il prononça devant l'assemblée générale du clergé de France, lorsqu'on détacha une partie considérable de son diocèse pour en former l'évêché d'Alais. On y voit combien il est attaché à ses devoirs, jaloux de les bien remplir et effrayé de son fardeau; il n'a pas d'autre préoccupation personnelle, et s'il veut encore quelque chose avec le salut de ses ouailles, c'est la satisfaction du monarque à qui il doit tout.

C'est dans ce sentiment qu'il se montre à nous en deux circonstances solennelles, l'assemblée générale du clergé de France en 1682, et la révocation de l'édit de Nantes en 1685.

Avant même 1682, Fléchier avait témoigné de tendances gallicanes que M. l'abbé Delacroix, — qui nous semble fortement ultramontain, — n'a garde de passer sous silence. Quelques phrases de l'*Histoire de Théodose* servent à instruire le procès. Un passage du panégyrique de saint Louis, où Fléchier parle des démêlés du saint roi avec le Pape, et qui tend visiblement, dit M. Delacroix, au gallicanisme du prédicateur, est une pièce de conviction irréfutable. Mais l'auteur lui-même, en parlant de ces « démêlés prétendus », comme il dit, est-il dans le vrai? Lorsque le pape invita saint Louis à s'abstenir de tout rapport avec l'empereur Frédéric, récemment excommunié, le Roi lui répondit crûment : « Je continuerai mes relations avec l'empereur; je l'ai vu à l'œuvre, je connais sa piété et je ne connois pas la vôtre; j'en appelle au futur concile. » Était-il donc si bien d'accord avec le Saint-Père, ou bien M. Delacroix oublie-t-il ce fait acquis à l'histoire?

Étranger aux questions de polémique religieuse, je ne discute ni pour ni contre le gallicanisme de Fléchier ou l'ultramontanisme de son biographe; je constate un point historique, rien de plus. Mais j'avoue que si quelque chose pouvait me faire sortir d'une réserve commandée par mon ignorance en ces matières spéciales, c'est la pensée que, chez Fléchier, le gallicanisme était une forme du patriotisme; c'est le sentiment pénible que me cause la thèse soutenue par M. l'abbé Delacroix que « le clergé, comptant pour beaucoup dans l'État, était français, *plus qu'il ne peut l'être depuis la Révolution.* » Eh! quoi, on peut être plus ou moins Français! le patriotisme aura ses degrés! Le clergé sera plus ou moins dévoué au pays, selon qu'il sera plus ou moins « grand corps de l'État et grand propriétaire », et il y aura des paroles pour justifier de telles théories! Ah! monsieur l'abbé, laissez-moi croire que de tels préjugés vous sont personnels, et sont désavoués par le clergé contemporain tout entier.

Pour nous, il nous semble que Fléchier pouvait séparer la religion de la politique, rester soumis au Pape en matière de gouvernement, et que sa soumission dans les deux cas, laissait encore à ses sentiments personnels une large place.

C'est ainsi que, dans l'affaire de la révocation de l'édit de Nantes, il pouvait, sans manquer au Pape ni au Roi, montrer une modération qu'il n'a pas eue. Je sais que les dragonnades amenèrent dans le pays de terribles représailles; que Fléchier, tout entier à la douleur que lui causaient les massacres dont ses fidèles et ses prêtres étaient victimes, put oublier les maux causés aux protestants au nom du catholicisme, et réserver sa pitié à son troupeau plutôt qu'à ses ennemis. Mais est-il bien d'un prêtre, est-il bien d'un homme de cœur, d'exprimer des sentiments comme celui-ci : « Nous sommes, grâce au Seigneur, dans une grande tranquillité, contents que Cavalier soit embarqué dans la flotte anglaise. Ce vaisseau périra sans doute, étant chargé de tant de crimes; quelque orage im-

prévu se lèvera et se brisera contre quelque effroyable
rocher, aussi bien ce scélérat serait venu périr ici sur
une roue. »

Nous ne reconnaissons pas ici la modération qui, d'après
une opinion générale, faisait le fond du caractère comme
du talent de Fléchier. M. l'abbé Delacroix lui-même, citant les paroles précédentes, ne trouve pas que « Fléchier
ait cessé d'être évangélique; » cependant il a un jugement
sévère, dont nous lui savons gré, pour le prélat qui a
écrit : « J'espère que cette conspiration sera étouffée dans
le sang de ces scélérats. » — Triste souhait pour un
évêque, dit l'auteur; nous sommes de son avis.

A côté de ces exagérations, que le fanatisme seul peut
expliquer, sinon justifier, nous trouvons dans l'évêque de
Nîmes des sentiments bien différents : une délicatesse exquise, unie à une rare générosité. M. de Gonthiéri, récemment nommé à l'archevêché d'Avignon (1707), avait perdu
dans le pillage d'un vaisseau, une somme considérable.
Fléchier en est informé et lui écrit : « J'ai appris, monseigneur, avec beaucoup de regrets, la perte que vous
avez faite de trois ou quatre cents louis, pris sur un vaisseau où vous les aviez confiés... Je sais les dépenses ex-
cessives qu'on fait dans un nouvel établissement, quelques
biens ou quelques secours qu'on puisse avoir, surtout
quand on vit noblement, et qu'on fait les honneurs d'une
ville comme vous les avez faits de la vôtre. Pardonnez-
moi, monseigneur, si j'entre ainsi dans ce détail, et si
j'ose offrir à Votre Excellence, comme son serviteur et
son voisin, une somme pareille à celle qu'elle a perdue,

en attendant qu'elle ait réparé ce dommage et rétabli ses affaires. Ce ne seroit point elle, ce seroit moi qui lui serois obligé, si elle vouloit accepter ma bonne volonté qui seroit bientôt exécutée... »

Tout le mérite de cette lettre est dans la générosité empressée qui l'a dictée. Mais ne peut-on y remarquer aussi la noble et délicate simplicité du style dont ce sentiment est revêtu? La correspondance de Fléchier, qui offre en général peu d'intérêt, et qui contient rarement des faits importants au milieu d'innombrables banalités, permet peu de faire des extraits aussi remarquables. Chose singulière! on y retrouve parfois, jusqu'en 1705, des traces d'une *préciosité* alors bien passée de mode. Nous citerons, par exemple, cette lettre à madame de Nouy, religieuse carmélite, qui lui avait envoyé des fleurs artificielles : « ..... J'ai reçu vos fleurs avec beaucoup de plaisir; elles ne sont pas naturelles, mais elles n'en sont pas moins estimables, puisqu'elles sont sorties de vos mains et qu'elles ont pris racine dans la charité de votre cœur, votre modestie, votre ferveur, et parmi tout cela j'ai senti la bonne odeur de ces vertus que vous pratiquez avec tant d'édification..... »

Mais de tels retours vers le passé sont rares. On aimerait plutôt à ressaisir le Fléchier des Grands-Jours; il reparaît quelquefois, par de rares échappées, et, si le ton n'est pas toujours d'accord avec le sujet, le tour du moins en est aisé, vif, galant, et sent son homme de cour. — Voici, par exemple, ce qu'il écrit à madame la présidente Druillet : « Celui qui aura l'honneur de vous demander votre protection est, de sa profession, maître d'école. Il

n'est pas autrement savant, mais il s'est trouvé brave. Il
a défendu plus d'une fois le clocher de son village contre
une troupe de fanatiques; il a poursuivi et battu ces
gens-là en plusieurs rencontres; il en a tant tué, qu'un
meurtre s'étant fait dans sa paroisse, on a voulu croire
que c'étoit lui qui l'avoit fait. On l'a arrêté, mis en justice,
absous, déclaré innocent; et absous par le présidial, il
s'agit d'être innocent au Parlement. C'est votre protection
qu'il vous demande, et moi l'honneur de me dire, madame,
votre très humble, etc. »

Voici encore ce qu'il écrit à la duchesse de Roquelaure,
femme de celui que Louis XIV fit duc et père, disaient les
chansons du temps : « Les États vont toujours leur train.
Nous avons passé les fêtes fort dévotement. Le sermon
de Noël fut une satyre de commande contre l'Opéra, avec
des expressions et des images bien éloignées d'un Enfant
sauveur et d'une Mère vierge. Je sçais qu'on vous en a
fait le détail. Ce qui fut fâcheux au prédicateur, c'est que
le lendemain il y eut beaucoup moins de monde à l'église
et beaucoup plus à l'Opéra. M. le duc de Roquelaure, à
qui sans doute cette déclamation s'adressoit, fut par malheur au sermon de sa paroisse ce jour-là, et le coup porta
sur le grand auditoire, et non pas sur le grand auditeur
qu'on attendoit. »

C'était affaire à M. l'abbé Delacroix d'examiner si ce
style dégagé était bien en rapport avec le caractère de
l'évêque et les objets dont il parlait; mais il n'a pas cru
devoir relever dans la correspondance de Fléchier ces
passages qui tranchent si vivement sur le ton général de
lettres plus péniblement que simplement écrites. Pour

nous, nous aimons à y trouver, et nous nous bornons à y montrer un vieillard de soixante-seize ans, dont la plume conserve encore toute sa jeunesse, comme son esprit a gardé toute sa sève et sa verdeur.

Jusqu'à sa dernière heure, l'evêque de Nîmes eut le précieux privilège de ne rien perdre des grandes qualités qui l'avaient distingué; il supportait les années avec une fermeté digne et résignée. Rien n'est plus touchant que de voir ce vieillard, à l'âge de près de quatre-vingts ans, écrire à un autre vieillard, le ministre Le Pelletier, des consolations admirables « sur les infirmités de la vieillesse. »

« La confidence que vous me faites, lui dit-il, de l'état où vous êtes et où vous réduit le poids des années, me toucheroit davantage si vous n'en parliez pas si bien. Mais, enfin, votre appréhension est raisonnable; tout ce qui tend à sa fin demeure nécessairement; la vigueur passe, les organes s'usent, l'esprit s'affoiblit avec le corps; le feu qui nous anime s'éteint insensiblement et la raison aussi bien que les sens succombent quelquefois sous les infirmités de la vieillesse. Il y a peu de ces vieillesses heureuses qui se soutiennent jusqu'à la fin, et où le temps n'ôte à l'homme quelque partie de lui-même, et cette bénédiction que Moïse prononça : *sicut dies juventutis tuæ, ita senectutis tuæ* ne se renouvelle guère depuis. Cet affoiblissement que vous croyez remarquer en votre personne est une marque de l'attention que vous avez vers vous-même. Il n'est pas étonnant que vous éprouviez quelque changement et quelque diminution de force, que votre imagination se refroidisse, que votre application se relâche, que vos prières soient moins ferventes, que vos pensées et vos actions soient moins vives, que le corps qui se corrompt appesantisse l'âme. La réflexion que nous avons à faire, monsieur, car, à deux ou trois années près, nous sommes dans le même cas, c'est de nous regarder sur le déclin de l'âge comme des serviteurs qui sont devenus inutiles, de mettre à profit les heures que Dieu nous laisse avant que le temps vienne où, selon l'Évangile, il ne sera plus libre de travailler pour le salut. »

Voilà dans quels sentiments de piété tranquille et de résignation toute chrétienne Fléchier parvint à la fin de sa carrière. Cette lettre est de la fin de 1709 ; il mourut le 6 février 1710.

Quelques jours avant sa mort, il avait demandé à Joly, sculpteur de Montpellier, le plan de son tombeau. Un jour que celui-ci apportait au prélat deux dessins, ses neveux le prièrent de se retirer sans l'entretenir dans de tristes pensées. Mais l'évêque envoya chercher le sculpteur : « Vos neveux m'ont barré le passage, lui dit Joly. — Ce sont de bons enfants, répondit Fléchier ; allez toujours votre chemin. » Il examina ensuite les deux dessins, choisit le plus simple, et ajouta en le lui rendant : « Mettez la main à l'œuvre ; le temps presse. »

Se peut-il voir une mort plus tranquille et plus douce ? — Son successeur à l'Académie française, Mgr de Nesmond, archevêque d'Alby, put dire, le jour où il prononça son discours de réception : « Toujours égal à lui-même, il ne cessa d'être éloquent que lorsqu'il cessa de vivre. »

— Saint-Simon, plus tard, écrivit : « C'étoit Fléchier qui avoit été sous-précepteur de Monseigneur, célèbre par son savoir, par ses ouvrages, par ses mœurs, par une vie épiscopale. » De telles lignes, sous la plume de Saint-Simon, valent les plus grands éloges.

L'abbé Delacroix, en retraçant, avec le désir d'être impartial, la vie de Fléchier, n'a pas toujours atteint son but ; nous avons essayé de rentrer dans le vrai de l'histoire en signalant quelques fautes, et chez Fléchier et chez son biographe ; mais nous serions injuste envers l'un et envers l'autre si, de notre critique, ne ressortait cette vérité, que le livre de M. Delacroix a des qualités très recommandables et que Fléchier doit rester un de nos maîtres en l'art d'écrire comme une des gloires du clergé de France.

RACAN

———

Racan est plus connu qu'il n'est lu. Son nom, environné de l'estime de ses contemporains et de la génération qui suivit, a pris facilement une place dont la postérité n'a point songé à le déposséder. Disciple favori de Malherbe, vanté par Despréaux, si prompt à médire, Racan a dû à cette double protection une faveur qui s'est soutenue comme le crédit de ses patrons. Ses ouvrages étaient rares ; le contrôle était donc difficile des jugements portés sur lui. Mais voici qu'une nouvelle édition a paru, d'une acquisition facile, d'un format commode, en outre plus complète qu'aucune autre, et enrichie de nombreuses et savantes notes. Le moment est venu où la critique peut aisément examiner les titres de Racan, interroger ses œuvres et lui rendre une justice indépendante de toute opinion préconçue.

Avant de discuter les mérites de Racan et de lui assigner la place qu'il nous semble devoir prendre parmi ses contemporains, nous chercherons à faire connaître en quelques mots et sa vie et ses œuvres ; vie peu agitée, œuvres tranquilles, dont la plume élégante de M. Antoine de Latour a présenté une charmante esquisse en tête de l'édition des écrits du vieux poète donnée par son père, M. Tenant de Latour.

Sorti d'une famille qui avait passé les Alpes depuis six siècles, dit-il, au temps où il écrivait, Honorat de Bueil, marquis de Racan, appartenait à une famille qui avait donné à l'État un amiral et deux maréchaux de France ; son père et son oncle maternel avaient été honorés du cordon bleu et du titre de chevalier de l'ordre du Saint-Esprit[1] ; cette illustre origine lui donna de bonne heure entrée à la cour, où il avait des protecteurs tout puissants : Mme de Moret était sa parente ; le duc de Bellegarde avait épousé sa cousine germaine. Né en 1589, Racan avait douze ans, lorsqu'en 1601 son père le fit entrer parmi les pages du Roi, dont le duc de Bellegarde, comme grand écuyer, avait la direction. Lourd et maladroit, peu soigneux de sa personne, bégayant beaucoup, comme Malherbe, Racan n'obtint point, paraît-il, les bonnes grâces du Roi[2]. Sa jeunesse se passa à la suite de la cour, tantôt à la guerre, tantôt à Paris. Là, il fréquentait, comme tous les jeunes seigneurs du temps, ces académies où l'on apprenait l'équitation, l'escrime, la danse, la musique et la carte, c'est-à-dire la géographie.

Jusqu'à quel degré d'habileté arriva-t-il dans l'art de monter à cheval, de danser et de faire des armes ? Il n'en dit rien : mais s'il y eût été expert, il eut perdu de cette gaucherie qui choquait tant Sa Majesté. Pour la musique, il en apprit ce qu'on peut apprendre avec la voix fausse et sans oreille ; il ne put jamais accorder un luth[3] ; et s'il

---

1. *Lettre* de Racan à MM. Chapelain, Ménage et Conrart, *Œuvres* ; Bibliothèque elzév., t. I, p. 321.

2. Tallemant des Réaux. Nouv. édition, t. II, p. 377.

3. *Lettre à Chapelain.* — *Œuvres*, t. 1, p. 335.

est vrai, comme il le dit, qu'il oublia bien vite la musique, la géographie ne lui réussit pas mieux : il connaissait de nom le Borysthène et la Vistule, mais, hors d'état de les trouver sur la carte, il les plaçait hardiment en Suède[1]. En toutes choses les plus ignorants lui en auraient remontré. — Qui donc alors ne savait pas l'italien et l'espagnol? Racan seul; il n'avait aucune teinture des langues étrangères[2]. Pour le latin, on ne sait trop où il a pu l'apprendre, et même il affirme à mainte reprise qu'il ne l'entend pas; cependant on peut croire qu'il en savait assez, non pour l'écrire facilement ou le lire avec plaisir, mais pour le comprendre à l'aide d'un peu d'attention. Il est vrai que Ménage le range avec l'Estoile, Gomberville, Serisay, Saint-Amant, Conrart et Baro, parmi

> Ces grands et fameux paladins
> Etrangers ès pays latins[3].

Mais l'abbé de Marolles, qui ne connaissait pas moins Racan, et qui avait même écrit pour lui la plupart de ses infidèles traductions, assure positivement le contraire : « M. de Racan, dit-il, estoit très peu sçavant dans la langue latine, qu'il n'eut jamais assez d'esprit pour bien apprendre; ce qui faisoit qu'il disoit à tout le monde qu'il n'en sçavoit pas un mot : cela n'estoit pas veritable. Il entendoit assez bien les poëtes latins pour les pouvoir

1. *Ibid.*, p. 326.
2. *Harangue à l'Académie contre les sciences*, t. I, p. 246.
3. Voyez notre édition de l'*Histoire de l'Académie française*, par Pellisson et d'Olivet. — Paris, Didier, 2 vol. in-8°, t. I, p. 487.

lire en leur langue. » N'est-il pas permis de penser que
Racan, entouré d'amis dont il redoutait les conversations
pédantes, exagérait son ignorance pour les rendre impos-
sibles devant lui, ou pour n'avoir pas à y prendre part?
Pour l'orthographe, il n'en apprit ou n'en retint jamais les
premières règles : il suffit de voir quelques pièces auto-
graphes qui nous restent de lui pour accepter comme une
vérité rigoureuse ce qu'il a courageusement déclaré à la
face de l'Académie : « qu'il sçavoit à peine assémbler
ses lettres. »

Tel était Racan, avant de connaître Malherbe. Son père
avait étudié pour être prêtre; mais Despautère et Codret
ne lui avaient appris que l'art de la guerre. Racan, au
contraire, savait à peine ce qu'il fallait pour être homme
d'épée, et le voilà poète. Il est le premier à s'étonner de
ce contraste entre sa nature et son éducation : « Quelle
gloire se demande-t-il, pouvois-je donc esperer de me
produire par les lettres, dont je n'avois aucun commencement, plustôt que par les armes où j'avois été né et
nourry? »

La guerre, en effet, ne lui apporta ni gloire ni profit; il
fit ses premières armes au siège de Saint-Jean-d'Angély,
en 1612. Il avait alors vingt-deux ans; il se trouvait à la
fois trop jeune pour n'être que simple soldat, et avait trop
peu d'expérience pour être capitaine et parvenir à des
charges dignes de sa naissance; il n'avait ni le sang-froid
nécessaire dans les occasions, ni la parole aisée pour les
commandements : il se dégoûta bientôt de sa profession.
Cependant, il assista au siège de la Rochelle, passa les

Alpes avec Louis XIII, en 1629, et ne prit guère sa retraite que dix ans plus tard, quand il pouvait dire :

> Déjà cinquante hyvers ont neigé sur ma teste;
> Il est temps désormais que loin de la tempeste,
> J'aspire à ce repos qui n'est point limité,
>   Que dans l'éternité[1].

Pendant qu'il était sous le harnais, Racan, paraît-il, ne
fut pas insensible à la beauté de Mme de Termes, dont le
mari, frère du duc de Bellegarde, se trouvait être beau-
frère de la duchesse, sa cousine; il aimait, et, facile à
s'abuser, il se croyait aimé. Malherbe était son confident.
Rien ne peint mieux la situation d'esprit de Racan et la
nature de ses relations avec le vieux poète, son maître,
que les lettres où celui-ci cherchait à éclairer son disciple. Toute l'histoire des amours de Racan est là, et
nous le suivons pas à pas jusqu'à son mariage. Quoique
nous n'ayons pas les réponses de Racan, on pressent ce
qu'il opposait aux brutales et paternelles admonitions du
vieillard. Une première lettre de Malherbe, disait : « Étant
amis au degré que nous le sommes, et vivant ensemble
comme nous vivons, je ne saurois vous taire le déplaisir
que vous me faites de continuer un dessein dont j'ai tant
de fois essayé de vous dégoûter. Vous aimez une femme
qui se moque de vous... Il est malaisé que je n'aye dit devant vous ce que j'ai dit dans toutes les bonnes compagnies de la cour, que je ne trouvois que deux belles
choses au monde : les femmes et les roses (les femmes

---

1. *OEuvres,* t. I, p. 324.

avant les roses !), et deux bons morceaux : les femmes et
les melons (les femmes avant les melons !)... Vous pouvez
bien penser qu'un homme qui tient ce langage ne trouve
pas mauvais que vous soyez amoureux. Il le faut être, ou
renoncer à tout ce qu'il y a de doux dans la vie ; mais il
le faut être en lieu où le temps et la peine soient bien employés. » Puis, Malherbe entre adroitement dans les sentiments de celui qu'on pourrait appeler son fils adoptif ;
il le flatte avant de le combattre : concession d'un homme
d'expérience qui consent à perdre un pas pour en rega-
gner dix : « Celle à qui vous en voulez, ajoute-t-il, est
très belle, très sage, de très bonne grâce et de très bonne
maison. Elle a tout cela, je l'avoue, mais le meilleur y
manque. Elle ne vous aime point. » D'autres raisons suivent
celle-ci. Mais à quoi bon les relever ? N'y a-t-il pas là assez
pour dégoûter un amoureux ? Cependant à quelque temps
de là, Malherbe revient à la charge. « La bonne dame, lui
écrit-il (18 janvier 1625), ne songe point à vous : ne son-
gez point à elle. Je vous le dis en prose, et — promesse
précieuse ! — je vous dirai en vers en quelque pièce que
je voudrois bien faire si je pouvois : j'y feray mon effort. »
A huit mois de là, il semble que Racan, persistant dans
sa fidélité obstinée à un amour dédaigné, n'ait pas tenu
grand compte de ces sages avis, et que Malherbe par une
condescendance tout affectueuse, ait promis à Racan d'in-
tercéder pour lui auprès de l'ingrate Mᵐᵉ de Termes. Puis
Racan se ravise. Il ne veut pas d'intermédiaire, et son
vieil ami lui récrit :

« Pour la dame de Bourgogne (Mᵐᵉ de Termes), je ne
lui écriray point puisque vous ne l'approuvez pas ; aussi

n'en avois-je pas grande envie. Je ne me donne pas volontiers de la peine aux choses dont je n'espere ni plaisir ni profit. Si elle m'eût envoyé de la moutarde, son honnêteté eût excité la mienne. Mais elle n'a que faire de moy ni de vous non plus, quoy que vous disent ses lettres. Elle écrit bien, mais ce qu'elle écrit ne vaut rien. Si elle venoit ici, vous seriez perdu, car elle se moqueroit de vous sur votre moustache; et, s'en moquant au lieu où elle est, vostre déplaisir est moindre d'une chose que vous ne voyez pas » (18 octobre 1625). — Une dernière lettre, de juillet 1626, prouve que Racan recevait toujours avec un bonheur passionné les lettres où Mme de Termes se jouait de ses sentiments. Enfin le jeune poète renonça, sinon à son amour, du moins à l'espoir d'épouser Mme de Termes, qui, veuve depuis 1621, ne se remaria qu'en 1635 avec le président Vignier, du parlement de Metz.

Racan, après avoir manqué une alliance qui l'eût fait entrer dans la famille des Chabot, et qui, plus tard, l'eût rattaché aux Rohan, escompta la promesse que lui fit sa cousine, Mme de Bellegarde, de le faire son héritier, et rechercha « une fille d'Anjou, que l'on dit être assez riche » Magdelaine du Bois, fille du sieur de Fontaines Marany. Il fit alors mentir la mauvaise opinion que Malherbe avait donnée de lui à Balzac : « Du côté des bergers, son cas va le mieux du monde. Mais certes, pour ce qui est des bergères, il ne sauroit aller pis. Cette affaire veut une sorte de soins dont sa nonchalance n'est pas capable. S'il attaque une place, il y va d'une façon qui fait croire que, s'il l'avoit prise, il en seroit bien em-

pesché. Et s'il la prend, il la garde si peu qu'il faut croire
qu'une femme a esté bien surprise quand elle a rompu
son jeûne pour un si misérable morceau. »

Les faits parlent mieux que des jugements mal fondés.
Racan, si misérable morceau, comme le dit dédaigneuse-
ment Malherbe, se maria au temps du siège de la Rochelle, et, malgré les fréquentes absences exigées par
ses voyages à la suite de Sa Majesté, il eut quatre fils et
trois filles. Au temps de ce mariage, Malherbe écrivant à
Mme de Termes, lui en annonçait la nouvelle avec une sorte
de laisser-aller qui ne prouve que mieux l'indifférence de
la coquette marquise. « M. de Racan est ici, lui disait-il,
pour demander à Mme de Bellegarde congé de se marier...
Cela lui étant accordé, comme je crois qu'il sera sans
beaucoup de peine, il fait compte de s'en retourner : tellement que si quelqu'un de ses amis des lieux où vous
êtes a envie de danser à ses noces, il est temps qu'il se
prépare. Pour l'épithalame, il ne lui coûtera rien ; il fera
ses écritures lui-même. Après cela, adieu les Muses. Il
aura bien à monter ailleurs que sur Parnasse. »

Oui, adieu les Muses, *Valete, Camœnæ.* Racan les oublia
comme avait prédit Malherbe. « Les rossignols, lui écrivit son vieil ami, ne sont muets que quand ils ont des petits. » Racan bientôt perdit la voix, et son silence dura
vingt ans. « Le bonhomme Racan fut vingt ans sans faire
de vers, après la mort de Malherbe, » dit Tallemant des
Réaux. Malherbe mourut en effet peu de mois, peut-être
peu de jours, après le mariage de son élève. Mais on voit
que ce sont les soins de sa jeune famille, et non la perte

de son maître, qui éloignèrent ainsi des muses le poète des *Bergeries*.

Au moment où Racan achetait ainsi, au prix d'un mariage, le droit au silence, par quelles œuvres s'était-il fait connaître dans le monde lettré? — Ses *Bergeries* sont de 1625.

Les Bergeries, dont le titre semblerait indiquer une suite de pièces bucoliques, sont une sorte de poème dramatique inspiré par les pastorales italiennes, comme l'*Amynta* du Tasse et le *Pastor fido* de Guarini, et aussi par les romans champêtres venus à la suite de *l'Astrée* : ajoutez qu'on peut suivre sous la fable toute une allégorie. Comme le Tasse s'était caché sous le nom de *Tirsi* et Guarini sous le nom d'un de ses bergers dans les *Bergeries*, *Arténice* est Mme de Termes et *Alcindor* pourrait être Racan.

On ne peut guère juger à un point de vue absolu ce poème, calqué sur l'italien ; mais comme copie, il laisse bien loin derrière lui la piètre traduction laissée par Malherbe des *Larmes de Saint-Pierre*; et parfois on y trouve des scènes charmantes où Racan paraît seul, sans ses guides italiens, inspiré par la vraie nature et par son génie : telle l'admirable scène qui ouvre le cinquième acte.

En 1627, il fit imprimer quelques lettres dans le *Recueil* de Faret, et Malherbe lui écrivait à ce sujet : « Si vous voulez que l'on mette quelque chose du vôtre dans le *Recueil de lettres* que l'on va faire, dépêchez-vous. M. Faret m'avoit dit qu'il vous en vouloit écrire et qu'il m'enverroit sa lettre pour la mettre en mon paquet. Mais jusques à cette heure, il n'en a rien fait. » Racan, pressé par Mal-

herbe, envoya sept lettres, que M. Tenant de Latour n'a
eu garde de ne pas reproduire dans son édition. Les trois
dernières s'adressent à la cruelle Mme de Termes. Mais le
manuscrit du poète arriva si tard, que Faret, en le plaçant
le dernier dans son *Recueil*, prit la peine de s'excuser :
« Il paroît bien, dit-il dans un avis au lecteur, que l'on n'a
gardé aucun ordre dans ce recueil, puisque M. de Racan
est le dernier. Je les ay tous mis comme j'ay pu retirer
d'eux leurs lettres, et pour luy, le peu de cas qu'il fait des
siennes est cause que je ne les ay pu avoir qu'à l'heure
où je ne les esperois plus. » Il n'est pas besoin de dire
que ses lettres à Mme de Termes, alors vivante, ne la dé-
signent que sous un nom supposé : Il l'appelle Arténice,
nom que la postérité a conservé pour Mme de Rambouillet,
et qu'il fut seul, avec Cotin, à disputer à la marquise.

S'il est vrai qu'il resta vingt ans sans faire de vers après
son mariage, il semble qu'alors il se fût ménagé, en fait
de poésie, quelques économies, car, en 1631, il publia une
imitation en vers des sept Psaumes de la pénitence, et,
en 1633, on trouve encore de lui quelques poésies dans un
de ces Recueils comme ceux de 1621 et de 1627, qui étaient
les Revues du temps, et où son nom paraît plusieurs fois.

C'est avec ce léger bagage, fort peu grossi dans la suite,
qu'il entra à l'Académie. Il ne fut pas de ce petit cercle,
composé de Godeau, Chapelain, Giry, Philippe et Germain
Habert, Serisay et Malleville, qui se réunissait chez Conrart et qui fut le germe de l'Académie française. Faret,
Desmarest et Boisrobert y parurent aussi avant lui; mais,

comme il faisait déjà partie du docte corps en août 1634,
et qu'on ne voit point la date de son entrée figurer dans
les registres cités par Pellisson à partir du 13 mars 1634,
tout porte à croire qu'il y fut introduit avec le gros de la
troupe, c'est-à-dire avec Bautru, Silhon, Sirmond et dix
autres, parmi lesquels Pellisson a oublié de le mentionner.
Il se montra fort assidu aux séances : « Il n'en manque
point, dit Chapelain, et confesse, avec sa bonté ordinaire,
que les conférences qui s'y font ne lui sont point inutiles,
quelque excellent homme qu'il soit. » Il prit même une
part active aux travaux de la compagnie ; ignorant et pa-
resseux, il vanta, par un jeu d'esprit plaisant sous sa
plume, l'ignorance et la paresse : son discours fut dirigé
contre les sciences. Après avoir écrit, au courant de la
plume, sa harangue, il la laissa dans son cabinet, où il
avait eu le bon esprit d'enfermer un jeune levron qui dé-
chiqueta à belles dents son manuscrit et le força à le
récrire. C'était lui rendre service, car, dit-il, « je ne say
d'autre finesse pour polir ma prose, quand elle doit être
vue en public, que de la rescrire plusieurs fois. Et certes,
ajoute-t-il, l'Académie et ma réputation avons grande obligation au jeune levron enfermé qui mangea ma harangue
et qui m'obligea de la rescrire par cœur. Si elle eust paru
au mesme estat que je l'avois apprestée pour le disner de
ce folastre animal, elle eust agacé les oreilles délicates de
ces Messieurs, et m'eust fait chasser comme un rustique
du cabinet des Muses. »

Racan ne parut point pour en faire lecture à la Compagnie. Il bégayait beaucoup, et, le jour où il devait la prononcer, il eut soin de s'absenter. M. de Serizay lut pour

lui son manuscrit recopié [1]. L'auteur ne fut point chassé,
« comme un rustique », d'un corps dont il avait ainsi raillé
les tendances scientifiques. Mais un de ses confrères se
chargea de réfuter le paradoxe : Porchères d'Arbaud parla,
dans la séance du 10 mars 1636, en faveur des sciences.

Par un contraste assez singulier chez un poète qui devait tout son talent à la nature, Racan avait beaucoup de
goût pour les sciences exactes, la géométrie et l'arithmé-
tique : aussi en médit-il moins que de cette rhétorique
barbare qu'on enseignait dans les écoles, et qu'il connaissait tout juste assez pour la mépriser.

Depuis ce temps, que devint Racan? Son silence ne nous
fournit pas de renseignements, et les contemporains sont
muets comme lui sur son compte. Nous savons seulement
qu'en 1651 il publia une traduction, ou plutôt une imitation des Psaumes de David. Comme il s'était peu astreint
à suivre le texte, qu'il connaissait seulement par les
traductions de l'abbé de Raimefort, il n'osait donner ces
poésies pour un calque de l'original.

En les soumettant à l'appréciation de l'Académie, il
demanda à la compagnie sous quel titre il devrait les
publier : d'après le conseil de Conrart, il les fit paraître
comme des « Odes sacrées dont le sujet est pris des
Psaumes de David, et qui sont accommodées au temps présent. » Comme le titre l'annonce, les Psaumes de Racan,
qui ne rappellent que de loin les Psaumes de David, ne
prennent que le sujet du texte sacré. Un grand nombre,

1. 9 juillet 1635.

surtout parmi ceux qu'il comprit, en 1660, dans une nouvelle édition, ont été évidemment composés sous l'influence du temps : les troubles de la Fronde, les embarras
de la Régence, les vices du siècle, la mort de Charles Ier,
la naissance d'un Dauphin, la guerre des Turcs à Candie,
les pieux sentiments de la Reine Mère forment nettement
l'objet des Psaumes 13, 19, 36, 37, 71, 78 et 130. Il n'y
faut donc chercher ni la couleur hébraïque, ni cette audacieuse poésie dont Racan, d'ailleurs, ne pouvait guère
comprendre toute la forte et primitive saveur.

Il joignit à cette édition des Psaumes son discours
contre les sciences, et, la même année (1651), il donna
aussi, au dire de l'abbé d'Olivet, ses Mémoires sur la vie
de Malherbe. Quelques années après, en 1660, il compléta
sa traduction des Psaumes, et y ajouta quelques cantiques
de l'ancien et du nouveau Testament. On y trouve enfin
un sonnet, cri de douleur, où il pleure la perte d'un de
ses fils, qui mourut en 1652, page de la reine[1].

> Ce fils dont les attraits d'une aimable jeunesse
> Rendoient de mes vieux jours tous les désirs contens,
> Ce fils qui fut l'appui de ma foible vieillesse,
> A vu tomber sans fruit la fleur de son printemps.
>
> Trois mois d'une langueur qui n'eut jamais de cesse
> L'ont fait dans ce tombeau descendre avant le temps,
> Lorsque sous les couleurs d'une grande princesse,
> Son âge avoit à peine atteint deux fois huit ans.
>
> Tout le siècle jugeoit qu'en sa vertu naissante,
> La tige de Bueil, jadis si florissante,

1. Nouvelle édition, t. II, p. 412.

Vouloit sur son déclin faire un dernier effort.

Son esprit fut brillant, son âme généreuse,
Et jamais sa maison, illustre et malheureuse,
N'en a reçu d'ennuy que celuy de sa mort.

Resté avec un fils aîné « qui n'est qu'un sot », dit Tallemant, et rendu à sa paresse, Racan, après avoir achevé ses Psaumes, qui sont son *exegi monumentum*, se fit à peu près oublier. Lorsque Chapelain fut chargé par Colbert, en 1662, de lui faire connaître les écrivains contemporains, et de lui désigner surtout ceux qui étaient propres à écrire l'histoire du Roi, il laissa cette note sur Racan : « Il n'a aucun fond, et ne sçait que sa langue, qu'il parle bien en prose et en vers. Il excelle principalement en ces derniers, mais en pièces courtes et où il n'est pas nécessaire d'agir de teste. On ne l'engageroit pas facilement à travailler. » Et Chapelain en donne pour raison le grand âge, les infirmités et les procès qui tourmentaient le poète depuis vingt ans.

C'est au milieu de ses longues souffrances et de ses ennuis, rappelés par Chapelain, que Racan mourut, en février 1670, âgé de quatre-vingt-un ans.

Telle est, en résumé, cette vie d'un poète dont la nouvelle édition de ses œuvres devra rajeunir l'immortalité.

Racan est le poète mesuré du *ne quid nimis*, qui répugne à tout excès. Il s'élève souvent et s'abaisse quelquefois, mais toujours avec calme et sans soubresauts. Sa tristesse n'a rien d'amer et ne va jamais jusqu'au désespoir; s'il est joyeux, il sourit; mais le rire et ses éclats l'épouvantent. Dans un temps où ce qui manquait le plus aux poètes, c'était le tact et la tenue, où les *concetti* les plus risqués se mêlaient aux beautés les plus pures, où le goût flottait indécis entre les fantaisies bizarres et les vulgaires platitudes, Racan occupe une place à part. Si on le supprimait, il manquerait un anneau, je ne dis pas entre Régnier et la Fontaine, mais entre Malherbe et Racine, non entre les successeurs de Marot, mais entre les adeptes de la poésie noble et d'un style toujours grave et digne.

Je ne fais donc point de Racan, comme M. Antoine de Latour, un prédécesseur de la Fontaine, mais de Racine, et, si l'on veut de J.-B. Rousseau, le lyrique, et de toute cette école dite *classique*, où la fantaisie n'est admise ni dans la pensée ni dans l'expression. C'est à ce titre, qui était alors et qui reste encore à nos yeux d'une grande valeur, que Racan mérite une place parmi ceux de ses contemporains qui doivent survivre à l'époque où ils ont paru.

TABLE DES MATIÈRES

Fontainebleau. — E. Bourges, imp. breveté.

www.ingramcontent.com/pod-product-compliance
Lightning Source LLC
Chambersburg PA
CBHW060949280326
41935CB00009B/669